Obst- und Gartenbauverlag München

Franz Mühl

Alte und neue Apfelsorten

Bayerischer Landesverband für Gartenbau und Landespflege e. V.

Herausgeber:
Bayerischer Landesverband für Gartenbau und Landespflege e. V.
Herzog-Heinrich-Straße 21, 80336 München, Deutschland

E-Mail:
info@gartenbauvereine.org

Internet:
www.gartenratgeber.de

Bearbeitung:
Texte und Fotos: Franz Mühl
Alle Rechte beim Obst- und Gartenbauverlag des Bayerischen
Landesverbandes für Gartenbau und Landespflege e.V., München

Reproduktion:
MMIntec GmbH, Am Windfeld 15, 83714 Miesbach

Druck:
Mayr Miesbach GmbH, Am Windfeld 15, 83714 Miesbach

Auflage:
8. Auflage 2014, ISBN 978-3-87596-093-8

Zu diesem Buch

Die Auswahl der in dieser Broschüre vorgestellten Sorten beschränkt sich nicht nur auf solche, die allgemein oder unter bestimmten Bedingungen lohnend sein können. Vorgestellt werden auch Sorten, deren Anbau aus verschiedenen Gründen nicht oder nicht mehr empfehlenswert ist. Das gilt auch für alte und historische Sorten, die wir als unser pomologisches Kulturerbe betrachten und deshalb erhaltenswert sind.

Die begleitenden Sortenbilder, vor allem der alten Sorten, können nicht in jedem einzelnen Fall präzise den pomologischen Erkennungsmerkmalen entsprechen, denn sie wurden teilweise von Streuobstbäumen entnommen, deren Pflegezustand selten einwandfrei ist. Sie sind vor allem als Betonung des Textes gedacht.

Die kenntnisreichen, heute noch maßgeblichen Pomologen des 18. und 19. Jh. wiesen ausdrücklich immer darauf hin, dass Standort, Klima, Bodenverhältnisse und auch der Pflegezustand (Schnitt, Pflanzenschutz, Ernährung) einen entscheidenden Einfluss auf die äußere und innere Sortenausprägung haben. Praktiker wissen außerdem, dass eine Obstsorte, speziell der Apfel, in der Höhenlage anders aussehen kann als die gleiche Sorte aus dem Weinbauklima. Deshalb ist es auch völlig unmöglich, dass eine Sorte von dem kalkhaltigen Lehm in Sachsen-Anhalt genau die gleichen Merkmale aufweist wie diejenige vom sauren Humus- oder Sandboden Norddeutschlands.

Und schließlich spielt auch die langjährige, oft mehrere hundert Jahre lang andauernde Vermehrung eine Rolle (Beispiel 'Brauner Matapfel' oder 'Goldparmäre', einschließlich der unterschiedlichen Herkünfte des Vermehrungsmaterials) bei den Abweichungen von einem bekannten Sortenbild. Die spontan entstandenen, modernen Auslesen einer Stammsorte (weit mehr als 30 bei 'Jonagold' und 'Cox Orange') mögen ein Beispiel für solche Varianten sein.

Als Grundgedanke sollte mit diesem Buch ein Leitfaden für Obstfreunde entstehen, die keine ausreichenden eigenen Kenntnisse über die besonderen und vielfältigen Eigenschaften der Apfelsorten besitzen. Das Buch wendet sich weniger an Fachleute und Pomologen, die ja in der Regel über andere Informationsquellen verfügen, als an interessierte Gartenfreunde. Deshalb enthält diese Zusammenstellung, die bei der Vielzahl an Sorten niemals vollständig sein kann, sowohl die alten Sorten als auch einige Neuheiten in kritischer Betrachtung.

Die weltumfassenden Handelsbeziehungen und massiven Marktstrategien des Erwerbsanbaues spülen uns in immer kürzeren Abständen so viele Neuheiten in das obstbauliche Blickfeld, sodass ein gewisser, kritischer Wertemaßstab für das eigene Umfeld doch recht nützlich sein kann. Deshalb soll dieses Buch auch eine praktische Entscheidungshilfe sein für den Anbau – oder für die Ablehnung – von Sorten, die in einschlägigen Katalogen meist nur mit lückenhaften Angaben versehen sind.

Bayerischer Landesverband
für Gartenbau und Landespflege e. V.

Inhalt

Zu diesem Buch 3

Wissenswertes über Äpfel 8

Geschichte des Obstbaus 10
Die asiatische Urheimat der Arten 10
Die europäische Urheimat der
Sorten 10
Die Entstehung der Sorten 10
Heutige Zuchtziele 11
Die sortenechte Vermehrung als
Grundlage für den Obstanbau 11
Die Anzucht von Obstgewächsen 11
Die Verbreitung von Kenntnissen
und Fertigkeiten im Obstanbau 12

**Drei herausragende Pfarrer
im Sinne des Obstanbaues** 13

**Zur Sortenwahl der
Obstarten** 14
Was erwarte ich von einer Sorte 14
Alt oder neu? 14
Auf den Standort kommt es an 15
Apfelallergie 15
Apfel-Unterlagen 16
Die Besonderheit der Säulenbäume 17

Das Streuobst 20

Sortenschutz 21

**Erläuterung zu den
Beschreibungen im Text** 22
Die Enstehung der Sorte 22
Frucht 22
Reife, Apfellager 23
Baum, Standort 23
Anfälligkeit, Blüte, Ertrag 24
Anbauwert 25
Faustzahlen für die Baumpflanzung 25

Begriffe im Obstbau 25

**Beschreibung der
Apfelsorten** 28
Aargauer Jubiläumsapfel 28
Adams Parmäne 29
Adersleber Kalvill 30
Ahra 31
Ahrina 32
Akane 33
Alantapfel 34
Alkmene 35
Allington Pepping 36
Altländer Pfannkuchenapfel 37
Ananasrenette 38
Angold 39
Antonowka 40
Ariwa 41
Arlet 42
Auralia 43
Ausbacher Roter 44

Bath (Schöner von) 45
Batullenapfel 46
Baumanns Renette 47
Beerbacher Taffetapfel 48
Berkersheimer Roter 49
Berlepsch 50
Berner Rosenapfel (Neuer) 51
Beutelspacher Renette 52
Biesterfelder Renette 53
Birnförmiger Apfel 54
Bischofshut 55
Bismarckapfel 56
Bittenfelder Sämling 57
Blauacher Wädenswill 58
Blenheim 59
Blumberger Langstiel 60
Börtlinger Weinapfel 61
Bohnapfel (Rheinischer) 62
Bonza 63
Boskoop 64
Boskoop-Mutante 'Spurkoop' 65
Braeburn 66
Bramleys Sämling 67
Brauner Matapfel 68
Brettacher 69

Breuhahn (Geheimrat) 70

Čadel 71
Carola 72
Carpentin 73
Cellini 74
Champagnerrenette 75
Charlamowsky 76
Clivia 77
Collina 78
Cortland 79
Coulons Renette 80
Cox Orange 81
Cox Pomona 82
Croncels 83

Danziger Kantapfel 84
Deans Küchenapfel 85
Delbarestivale 86
Der Leckerbissen 87
Deutscher Goldpepping 88
Discovery 89
Ditzels Rosenapfel 90
Diwa 91
Dülmener Rosenapfel 92

Ecolette 93
Edelborsdorfer 94
Edelrambur von Winnitza 95
Elan 96
Elise 97
Elise Rathke 98
Ellisons Orange 99
Elstar 100
Engelsberger 101
Enterprise 102
Erbachhofer 103
Ernst Bosch 104
Erwin Baur 105

Falstaff 106
Fameuse 107
Fießers Erstling 108
Finkenwerder Prinzenapfel 109
Freedom 110

Fresco (Wellant) 111
Fromms Goldrenette 112
Fuji 113

Gacksapfel 114
Gala 115
Galloway Pepping 116
Gartenmeister Simon 117
Gascoynes Scharlachroter 118
Geflammter Kardinal 119
Geheimrat Wesener 120
Gehrers Rambur 121
Gelber Bellefleur 122
Gelber Edelapfel 123
Gelber Richard 124
George Cave 125
Gerlinde 126
Gestreifter Cousinot 127
Gewürzluiken 128
Glockenapfel 129
Glogierowka 130
Gloria Mundi 131
Gloster 132
Golden Delicious 133
Goldparmäne 134
Goldstar 135
Goldzeugapfel 136
Goro 137
Graham 138
Granny Smith 139
Graurenette 140
Gravensteiner 141
Greensleeves 142
Großer Bohnapfel 143
Großherzog Friedrich 144
Grünapfel 145
Grüner Fürstenapfel 146
Grüner Stettiner 147

Halberstädter Jungfernapfel 148
Halder (Apfel von) 149
Hammerstein 150
Harberts Renette 151
Hausmütterchen 152
Hauxapfel 153

Hawthornden 154
Helios 155
Herma 156
Herrnhut (Schöner von) 157
Heuchelheimer Schneeapfel 158
Hibernal 159
Hilde 160
Himbacher Grüner 161
Himbeerapfel von Holowaus 162
Honeycrisp (Honeycrunch) 163

Idared 164
Ingol 165
Ingrid Marie 166
Ivette 167

Jakob Fischer 168
Jakob Lebel 169
Jamba 170
James Grieve 171
Jazz 172
Johannes Böttner 173
Jonagold 174
Jonathan 175
Josef Musch 176
Jubilée 177
Juno 178

Kaiser Alexander 179
Kaiser Wilhelm 180
Kanadarenette 181
Kandil Sinap 182
Kanzi 183
Kardinal Bea 184
Karmeliter-Renette 185
Karmijn 186
Kasseler Renette (Große) 187
Katja 188
Klarapfel 189
Kleiner Herrenapfel 190
Königlicher Kurzstiel 191
Kohlapfel 192
Korbiniansapfel 193
Kronprinz Rudolf 194

Landsberger Renette 195
Lanes Prinz Albert 196
Langtons Sondergleichen 197
Lausitzer Nelkenapfel 198
Leipferdinger Langstiel 199
Liberty 200
Linda 201
Linserhofener 202
Lobo 203
Lodi 204
Lohrer Rambur 205
Lombarts Kalvill 206
Lord Lambourne 207
Lotos 208
Luna 209
Lunow (Apfel von) 210
Luxemburger Triumph 211

Macoun 212
Mairac 213
Malus pumila 214
Mars 215
Martini 216
Maunzenapfel 217
McIntosh Rogers 218
Mecklenburger Königsapfel 219
Melrose 220
Morgenduft 221
Multhaupts Renette 222
Muskatrenette 223
Mutterapfel 224

Nathusius Taubenapfel 225
Newton (Köstliche Renette v.) 226
Nordhausen (Schöner von) 227

Oberdiecks Renette 228
Oberdiecks Taubenapfel 229
Öhringer Blutstreifling 230
Oldenburg 231
Ontario 232
Opal 233
Orleansrenette 234

Peasgood 235
Pfirsichroter Sommerapfel 236
Pia 237
Piflora 238
Pilot 239
Pingo 240
Pink Lady 241
Pinova 242
Pirella 243
Piros 244
Pohorka 245
Pommerscher Krummstiel 246
Porzenapfel 247
Primiera 248
Prinz Albrecht 249
Prinzessin Luise 250
Priscilla 251
Purpurroter Cousinot 252

Reanda 253
Rebella 254
Recolor 255
Red Delicious 256
Red Winter 257
Reglindis 258
Rekarda 259
Remo 260
Resi 261
Resista 262
Rewena 263
Rheingold 264
Rheinischer Krummstiel 265
Ribston Pepping 266
Riesenboiken 267
Rote Sternrenette 268
Roter Astrachan 269
Roter Augustiner 270
Roter Bellefleur 271
Roter Eiserapfel 272
Roter Hauptmann 273
Roter Herbstkalvill 274
Roter Jungfernapfel 275
Roter Metternich 276
Roter Stettiner 277
Roter Trierer 278

Roter Winterkalvill 279
Rote Walze 280
Rubinette 281
Rubinola 282
Ruhm von Kirchwerder 283

Safran-Pepping 284
Salemer Klosterapfel 285
Santana 286
Saturn 287
Schafsnase (Rheinische) 288
Schmalzprinz 289
Schweizer Orangenapfel 290
Shampion 291
Signe Tillisch 292
Sir Prize 293
Sommer-Gewürzapfel 294
Sommer-Parmäne 295
Sonnenwirtsapfel 296
Spätblühender Taffetapfel 297
Spartan 298
Stark Earliest 299
Starking 300
Sternapi 301
Stina Lohmann 302
Summerred 303
Suntan 304
Sweet Delicious 305

Teser 306
Topaz 307

Ulmer Polizeiapfel 308
Undine 309

Vesna 310
Virginischer Rosenapfel 311
Vista Bella 312

Wachsrenette 313
Wagenerapfel 314
Wealthy 315
Weißer Matapfel 316
Weißer Rosmarinapfel 317
Weißer Winterkalvill 318

Weißer Wintertaffetapfel 319
Welschisner 320
Wettringer Taubenapfel 321
Wiltshire (Schöner von) 322
Winesap 323
Winterbanana 324
Winterrambur (Rheinischer) 325
Winter-Zitronenapfel 326

Zabergäurenette 327
Zuccalmaglio 328
Zwiebelborsdorfer 329

Übersicht der Krankheiten, Risiko-
faktoren und Standorteigenschaften 330

Eignung der Apfelsorten
für verschiedene Verwendungen 344

Vitamin-C-Gehalt von Apfelsorten 351

Adressen 352

XXI.ᵇ Der große Bohnenapfel.

Adam und Eva, 1525, Lucas Cranach d.Ä.
Münster, Westfäl. Landesmuseum

Wissenswertes über Äpfel

Auf rund 20000 schätzt man die Zahl der Apfelsorten weltweit. Äpfel spielen nicht nur als Nahrungs- und Genussmittel (Apfelwein, Saft, Schnaps usw.) eine bedeutende Rolle. Ihre Symbolkraft ist seit Urzeiten überliefert. Am sechsten Tag der Schöpfungsgeschichte beginnt denn auch die Geschichte des Apfels, schon bei Urmutter Eva, wenn auch auf sehr frühen Darstellungen eher ein Granatapfel als eine unserer heutigen Früchte der Gattung Malus zu erkennen ist. Und hätte nicht Eris, die Göttin der Zwietracht und Schwester des Kriegsgottes Ares, den großen Apfel mit der Aufschrift „Der Schönsten" in die Hochzeitsgesellschaft der Götter gerollt, so wäre es auch nicht zum Trojanischen Krieg gekommen. Paris hatte die Wahl zwischen Juna, Minerva und Venus. Diese erhielt denn auch den Apfel wodurch die nachfolgenden Probleme ausgelöst wurden. Daher sagte man später auch: *„Malum ex malo"* (Unheil kommt vom Apfel).

Im Paradiesgarten der Griechen spielten die Töchter des Atlas und wollten so gerne von den goldenen Äpfeln naschen, doch der böse, hundertköpfige Drache bewachte sie streng. Später stahl Herkules, vom Göttervater Zeus beauftragt, drei dieser goldenen Früchte, die hier am Wunderbaum der Hera hingen.

In den norddeutschen Mythen und Sagen war die Göttin Iduna die Hüterin der goldenen Äpfel, die den Göttern ewige Jugend verliehen.

In jeder Kultur war der Apfel ein Symbol der Erde und des Weiblichen, er galt als Attribut jener Göttin, die mit ihrem Apfel den Weg zur Vollkommenheit wies. Ischtar, Hathor, Demeter, Aphrodite, Venus, Iduna – die Namen wechselten, doch das Symbol der Göttin, ihr Apfel des Lebens, aber blieb.

Auch bei den Kelten wird von einem wunderschönen Apfelbaum berichtet, der die goldenen Lebensäpfel trägt. Bei ihnen galt der Apfel auch als Symbol der Fruchtbarkeit und – besonders der rote – als Liebesfrucht. Er war nach keltischer Ansicht mit magischen Kräften ausgestattet. „Avalon" hieß ihr Wunderland der Äpfel, in dem es sich herrlich und in Freuden leben ließ.

Gemeinsamer Stammvater aller Apfelsorten ist der wilde Holzapfelbaum, der die lichten Waldrandzonen Südosteuropas besiedelte. Allerdings ähnelte er dort mehr einem zerzausten, dornigen Strauch.

Funde aus den Pfahlbauten Unteruhldingen am Bodensee belegen, dass man schon zur Jungsteinzeit bei uns die Äpfel (Frühformen) kannte, wohl aber von der Art, wie sie später der Römer Cato beschrieb: *„Sie sind so sauer, dass scharfe Schwerter davon stumpf werden."*

Die Syrer sollen den Apfelbaum vor 5000 Jahren nach Ägypten gebracht haben. In großen Plantagen kultivierten die Pharaonen bereits süße, wohlschmeckende Früchte. Edelreiser und die Kunst des Veredelns brachten dann die römischen Legionäre um die Zeitenwende ins Germanenland. Sie kannten damals schon 29 verschiedene Sorten. Tacitus berichtet vom ländlichen Apfel der Germanen (*agrestia poma*) im Gegensatz zum feinen Tafelapfel der Römer.

Im neunten Jahrhundert sorgte vor allem Karl der Große in seiner Verfügung *„Capitulare de Villis"* (die erste Rechtsordnung) dafür, dass schmackhafte Äpfel auch bei uns heimisch wurden. Im übersetzten Text heißt es: *„An Fruchtbäumen soll man nach Unserem Willen verschiedene Sorten Apfel- Birn- und Pflaumenbäume halten"*, danach wurden folgende Apfelsorten genannt, *„'Gosmaringer', 'Geroldinger', 'Krevedellen', Speieräpfel süße und saure. Ferner Frühäpfel, drei bis vier Arten"*.

Im Mittelalter wurde der Apfel auch *„Affalter"* genannt. Diese alte Bezeichnung hat sich in heutigen Ortsnamen erhalten, etwa in Affhalterbach (Unterfranken), Affolderbach (Odenwald), Affaltrach (Baden-Württemberg).

Vor allem waren es Mönche, die sich mit der Züchtung und der Veredelung weiterer Sorten beschäftigten, sodass um 1600 bereits etwa 50 Sorten in Deutschland bekannt waren. Von da an breitete sich der Anbau sehr schnell aus und zur Zeit, als Wilhelm Tell auf den Apfel zielte, kannte man europaweit schon an die 1000 Sorten. Eine unter diesen Sorten könnte im Sommer 1666 dem Physiker Isaak Newton auf den Kopf gefallen sein, was ihn zur Entdeckung des nach ihm benannten Gravitationsgesetzes gebracht haben soll. Ein Symbol als Sinnbild der gottgewollten Macht ist der Reichsapfel, den Kaiser Karl der Große vor dem Historischen Museum in Frankfurt viel sagend in der Hand hält. Manch auswärtigem Betrachter wird von einem Spaßvogel erklärt, der Kaiser sei der Erfinder des hiesigen Apfelweins. Das kann aber schon zeitlich nicht sein, denn die erste Apfelweinkelterei in Frankfurt am Main wurde ziemlich genau 1000 Jahre nach des Kaisers Geburt gegründet.

Geschichte des Obstanbaus

Die asiatische Urheimat der Arten

Zu Beginn der Tertiärzeit (vor ca. 60 Millionen Jahren) entwickelten sich in den tropischen Bergregionen Südostasiens primitive Vorformen von Apfel und Birne. In der darauf folgenden Zeit, bis vor einigen Millionen Jahren, breiteten sie sich fast über die gesamte Nordhalbkugel aus. Dabei entwickelten sich regionale Kolonien, die sich den jeweiligen Lebensumständen anpassten. Aus diesen Vorläufern gingen dann die verschiedenen Wildarten der Kern- und Steinobstgewächse hervor.

Bei uns sind versteinerte Funde von Ehringsdorf bei Weimar bekannt. Das Alter des dortigen Süßwasserkalkes (Travertin) wird auf 100000 Jahre geschätzt. Zusammen mit den eingeschlossenen Wildäpfeln versteinerten auch die Reste verschiedener Tiere des Eiszeitalters. Es gilt als sicher, dass diese Früchte gesammelt wurden. Meistens sind nur Abdrücke vorhanden. Einige sind jedoch körperlich erhalten und man kann sogar das Kernhaus erkennen. Gemessen am Alter dieser Versteinerungen ist der versteinerte „Urapfel von Heilbronn" mit etwa 6000 Jahren noch recht jung. Man fand ihn in einer Behausung der Bandkeramiker in Böckingen. Weitere Funde belegen auch das Vorkommen von Wildkirschen.

Heute wachsen in einigen Regionen Mittelasiens, vor allem im Kaukasus, immer noch bestimmte Wildarten, in denen alle wichtigen Merkmale für unsere Kultursorten enthalten sind. In diesen natürlichen Verbreitungsgebieten, den so genannten Genzentren, liegen die genetischen Quellen und somit auch die Wurzeln unserer heutigen Kultursorten. Die Verbreitung erfolgte wohl entlang der alten Handelsstraßen. Ein gesonderter Wanderweg der Wildarten führte von Transkaukasien ins südliche Russland und bildete dort ein eigenes Zentrum.

In neuerer Zeit nutzte der russische Züchter Mitschurin (1855 bis 1935) wohl als erster diese genetischen Quellen. Er brachte durch Einkreuzungen mit diesen Wildarten Obstsorten und Unterlagen hervor, die auch die harten sibirischen Winter überstehen konnten.

Die europäische Urheimat der Sorten

Ab etwa 3000 v. Chr. wurden, zusammen mit der indogermanischen Völkerwanderung, besonders wertvoll erscheinende Obst-Wildarten aus den mittelasiatischen Genzentren in den Orient eingeführt. In Persien entwickelte sich wohl zuerst die Obstkultur zur hohen Blüte, zunächst durch laufende Auslesen. Es ist bekannt, dass der Apfel ein Machtsymbol der dortigen Herrscher war und Nachbildungen als Auszeichnung für besondere Verdienste verliehen wurden.

Der römische Schriftsteller Plinius d. Ä. (24–79 n.Chr.) soll bereits 30 Kultursorten Äpfel mit exakter Kulturbeschreibung und Vermehrungsmethoden beschrieben haben. Möglicherweise stammte aber dieses Wissen aus früheren persischen Quellen.

Um etwa 1000 v. Chr. erreichte der Obstanbau Griechenland. Hier kam es dann durch die Wiederentdeckung der Veredelung und anderer Vermehrungen zu einer ersten europäischen Blütezeit der Obstkultur. Später übernahmen die Römer diese Kulturmethoden und verfeinerten die Vermehrungstechniken.

Um die Zeit nach Christi Geburt gelangte der Obstanbau von den Griechen über den Balkan und von den Römern über Frankreich nach Mittel- und Westeuropa. Man nimmt an, dass schon bald nach dieser Zeit die älteste, noch heute bekannte Kultursorte 'Brauner Matapfel' entstanden sein könnte. Auch die Sorte 'Goldparmäne' könnte mit den Römern nach England und von dort wieder nach Frankreich gelangt sein, bevor sie erst um 1800 zu uns kam.

Die Entstehung der Sorten

Über die Jahrtausende hinweg entstanden neue Sorten fast ausschließlich durch Auslesen, zunächst in Klöstern und Herrschaftsgärten, später auch durch Pfarrer, Lehrer und Bauern oder Gärtner. Nach der Aussaat dauerte es lange (oft 10–15 Jahre) bis zum ersten Ertrag. Erst dann konnte eine neue Sorte – unter Tausenden von Sämlingen mit unbefriedigenden Eigenschaften – nach inneren und äußeren Merkmalen beurteilt werden.

Richard Cox, ein Bierbrauer aus Colnbrook-Lawn bei London, säte im Jahr 1830 Kerne von 'Ribston Pippin' und erhielt außer 'Cox Pomona' auch eine der heutigen Hauptsorten 'Cox Orange Pippin' (kurz: 'Cox').

Neue Sorten entstanden aber auch ohne züchterische Einwirkung auf natürliche Weise, etwa durch Mutationen. Eine Mutation (lat. *mutatio* = Änderung) ist eine sprunghafte, erbliche Abweichung einzelner Eigenschaften von denen der Vorfahren. Neben den zufälligen Mutationen wird sie auch (seltener) in der Züchtung durch verschiedene Verfahren ausgelöst. Das Institut für Obstforschung in Pillnitz brachte die schwach wachsende Sorte 'Piglos' durch eine künstlich herbeigeführte Mutation (Kobaltbestrahlung) der Apfelsorte 'Gloster' hervor. In der Natur kommen auch natürliche Knospenmutationen vor, wie sie bei der Sorte 'Boskoop' (aus 'Renette de Montfort') vermutet wird oder auch (selten) Pfropfchimären, wie bei *Crataegomespilus*.

Gezielte Züchtungen wurden aber erst möglich durch die Kenntnis der „Mendelschen Gesetze". Gregor Johann Mendel (1822–1884) stammte aus kleinbäuerlichen Verhältnissen in Mähren. Er war Abt und Lehrer der Naturkunde im Augustinerkloster zu Brünn. Auf das Ergebnis seiner Forschungen gründet sich die Vererbungslehre bei Mensch, Tier und Pflanze. Danach vererben beide Elternteile ihre Eigenschaften, jedoch nicht zu gleichen Teilen, auf ihre Nachkommen.

Ein stark vereinfachtes Beispiel: Die erste gezielte Kreuzung beim Obst auf deutschem Boden gelang 1838 Amtsrat Meyer im Klostergut Adersleben bei Halberstadt mit den Sorten 'Weißer Winterkalvill' (Muttersorte) x 'Gravensteiner' (Bestäubersorte). Das Ergebnis war 'Aderleber Kalvill', mit dem Erstnamen 'Amtsrat Meyer'.

1880 kreuzte D. Uhlhorn jun. die 'Ananasrenette' x 'Ribston Pepping' und erhielt dadurch 'Goldrenette Freiherr von Berlepsch', noch heute eine der Spitzensorten. Aus Kreuzungen der „Königlichen Lehranstalt für Obst- und Weinbau" in Geisenheim gingen ab 1880 Sorten hervor, wie 'Minister von Hammerstein', 'Geheimrat Breuhahn', 'Geheimrat Dr. Oldenburg'. 1951 entstand in der Obstbauversuchsanstalt Jork an der Niederelbe die Sorte 'Gloster'.

Heutige Zuchtziele

Die modernen Zuchtziele sind heute nicht nur die Verbesserung der Fruchtqualität, sondern vor allem die Einkreuzung von Resistenzträgern. Besonders dem Institut für Obstzüchtung in Dresden-Pillnitz ist es zu verdanken, dass zum Teil mehrfachresistente Sorten im Anbau sind. Sie tragen alle die Vorsilbe „Re" (z.B. 'Rewena'). Der Züchtungsvorgang selbst ist außerordentlich kompliziert und setzt nicht nur umfassende wissenschaftliche Kenntnisse, sondern auch langjährige Praxis voraus.

Die sortenechte Vermehrung als Grundlage für den Obstanbau

Die Geschichte des Obstanbaues hängt eng mit der Kunst des Veredelns zusammen. Schon im 6. Jahrhundert liefert der Bischof von Tours einen Beleg für das Pfropfen. Bei den Franken und in den Klöstern blühte im 9. Jahrhundert eine hoch entwickelte Obstkultur, einschließlich verschiedener Veredelungstechniken.

Aus dem „Pelzbuch" (Anweisungen für das Veredeln) des Gottfried von Franken wissen wir, dass sich bereits im 4. Jahrhundert außer Bischöfen und Mönchen auch Ritter und Bürger mit den Gartenkünsten beschäftigten. Für die folgende Zeit beweisen die erhaltenen Handschriften, dass das Pelzbuch auch Bürgern und Bauern zugänglich wurde.

Spätestens im 17. Jahrhundert entwickelte sich der Beruf des umherziehenden Baumpelzers, von denen man schrieb: *„Die gemeinen Baumpeltzer, so von einem Ort zu dem anderen ziehen, und um Lohn Peltzreiser aufsetzen."* Dieses Zeugnis für die gewerbsmäßige Ausübung des Pfropfens durch Männer aus dem Volke lehrt, dass das Pfropfen volkstümlich geworden war. Diese „Peltzer" genossen ein so hohes Ansehen, dass es ihnen, als einzigem bürgerlichen Stand, erlaubt war, einen Degen zu tragen.

Als „Pelzen" (lat. *impellitare*) bezeichnete man in früheren Jahrhunderten alle Arten des Veredelns. Heute versteht man unter Pfropfen (lat. *propagare*) nur das Aufsetzen eines Reises auf eine stärkere Unterlage. Gegendweise spricht man aber auch heute noch vom „Pelzen", gemeint ist damit aber eher das Rindenpfropfen. In „Gottfrieds Pelzbuch", das aus zahlreichen Handschriften des weit gereisten Gottfried von Franken besteht und wahrscheinlich um die Mitte des 14. Jh. entstand, werden erstmals genaue, schriftliche Anweisungen zu erfolgreichen Veredelungen gegeben. Er kannte auch die Technik des Okulierens und das Ablaktierens.

Die Anzucht von Obstgewächsen in Baumschulen

Die Anzucht wurde vor 1700 zumeist in Klostergärten, bei Bauern oder als Nebenkultur in Gärtnereien durchgeführt. Fehler, die hier schon zu Kulturbeginn gemacht wurden, waren sehr häufig verhängnisvoll für die spätere Baumentwicklung. Gute Gehölzqualitäten waren selten zu erwarten. Erst die planmäßige Einrichtung von Baumschulen mit Fachpersonal konnte Pflanzen erzeugen, die auch für einen Erwerbsanbau tauglich waren. Erst jetzt begann der wirtschaftliche Aufschwung des systematischen Obstanbaues.

Als eines der ersten Unternehmen dieser Art galt die Baumschule L. Späth in Berlin. Seit ihrer Gründung im Jahr 1720 entwickelte sie sich bis zum 2. Weltkrieg zu einem der führenden Betriebe in Europa und der Welt. Der Hauptkatalog von 1938/39 (kurz vor Kriegsbeginn) listete noch über 350 Obstarten und Sorten auf, dazu 245 Rosensorten und zahlreiche andere Ziergehölze, Stauden, Knollen- und Zwiebelpflanzen. Apfelsorten wurden entweder auf der Unterlage 'Paradiesapfel' (schwachwachsend) mit zahlreichen Baumformen oder 'Doucin' (starkwachsend) angeboten.

Etwa von 1780 an begann eine neue Baumschulentwicklung, an der Pfarrer Christ einen erheblichen Anteil hatte. Grundlage waren zahlreiche Schriften des In- und Auslandes, die sich mit der zweckmäßigen Ausstattung von Baumschulen und Obstgärten beschäftigten.

Johann Caspar Schiller, der Vater des Dichters Friedrich von Schiller, war Offizier und Feldarzt, später über 20 Jahre lang Leiter der Hofgärten von Schloss Solitude, in Diensten des Herzogs Carl Eugen. Sein wichtigstes Werk war *„Die Baumzucht im Großen aus zwanzigjähriger Erfahrung im Kleinen beurtheilt"*. Er war darin der Meinung *„… es habe noch Niemand den offenbaren großen Nutzen von Anlegung großer Baumschulen vornehmlich zur Besetzung der Haupt- und Landstraßen, überzeugend genug auseinandergesetzt"*. Er erkennt auch den Wert der luftreinigenden Funktion von Straßen- und Landschaftsbäumen und gibt präzise Anweisungen, wie große Baumschulen einzurichten seien, um Obstbäume für öffentliche Anlagen, Straßen und Landschaft zu erziehen. Außerdem verfügte er über große pomologische Kenntnisse, denn im o.g. Buch werden 111 Apfel- und 86 Birnensorten mit ihren heute noch wichtigen Merkmalen beschrieben.

Die Verbreitung von Kenntnissen und Fertigkeiten im Obstanbau

„Die Gärtnerey verdient die Aufmerksamkeit jeder wohleingerichteten Staatsverwaltung. Durch ihre Verbreitung werden alle nährenden Pflanzen und Früchte in größerer Menge erzeuget, der Handel damit fängt an zu blühen, der Zusammenfluß wird stärker und die Waare wird zum Genuß für den Bedürftigen wohlfeiler", so ein Zitat von Franz Freyherr von Heinke, k.k. Hofrath und Ritter des königlichen St. Stephanordens, 1792.

Es ist deshalb bemerkenswert, weil die Kunst des Obstanbaues bis zur damaligen Zeit im Wesentlichen auf die Herrschaftsgärten beschränkt war. Man hielt sich „Kunstgärtner", die die Technik des Veredelns, das Formen von Spalieren und die Topfkultur zur Erzielung von edlem Obst beherrschten, was dem „gemeinen Volk" nur selten zugänglich war. Von Heinke zielte mit seinem Ausspruch auf die volkswirtschaftlich wichtige, größere Verbreitung des Anbaues von Obst und Gemüse, für die Baumschulen und Gärtnereien die Grundlage schaffen sollten.

Die Obstgärten der Klöster waren in diesem Sinne schon seit langem bewirtschaftet, wie es noch heute, u. a. im Kloster Schäftlaarn/Oberbayern, zu sehen ist. Nach ihrem Beispiel wurden vielfach auch die Pfarrgärten und die Gärten der Schulmeister bepflanzt, einmal zum persönlichen Nutzen, oft aber auch als Lehr- und Versuchsobjekt.

Pfarrer und Lehrer waren es denn auch, die aufgrund ihrer gesellschaftlichen Stellung die erworbenen Kenntnisse und Fertigkeiten im Obstanbau am besten in Wort und Schrift verbreiten konnten.

Drei herausragende Pfarrer im Sinne des Obstanbaues

• Der „Obstpfarrer" **Johann Ludwig Christ** wurde am 18.10.1739 in Öhringen (Württemberg) geboren und wirkte – nach Zwischenstationen – bis 1813 als Oberpfarrer in Kronberg, nahe Frankfurt am Main. Dort entwickelte er sich zu einem bedeutenden Pomologen (Obstkundler) seiner Zeit. Er schrieb über 30 Bücher für Praktiker und zahlreiche Aufsätze für angesehene Zeitschriften, in denen er sich unter anderen mit den Themen Obst- und Weinbau, Apfelweinherstellung und Bienenzucht befasste. Außerdem richtete er zwei Baumschulen ein, für die er allgemein gültige Qualitätsnormen aufstellte, wie sie in ergänzter Form auch heute noch in den Baumschulen für die Obstgewächse bindend sind. Für seine Sortenprüfungen beschaffte er sich Edelreiser aus ganz Europa. Durch praktische Arbeit und in zahlreichen Unterweisungen machte der Pfarrer den allgemeinen Obstanbau so populär, dass die gesamte Region bis zum Main (bis heute) ein bedeutendes Anbaugebiet wurde. Allerdings hatte die Kirchenbehörde oft genug Anlass, den streitbaren Pfarrer auch auf seine Aufgaben als Seelsorger hinzuweisen.

• Der Pfarrer **Johann Volkmar Sickler** aus Klein–Fahrnern in Thüringen war ein Zeitgenosse Christs. Sein bedeutendstes Werk erschien 1794–1804 als Magazin in Weimar unter dem Titel *„Der Teutsche Obstgärtner"*. Es enthält naturgetreue Obstabbildungen und Sortenbeschreibungen von außerordentlich hoher Qualität und ist heute noch eines der bedeutendsten Nachschlagewerke der Obstliteratur. Nach diesen Vorlagen wurden im Bertuch-Verlag ursprünglich über 300 naturgetreue Wachsmodelle von allen Obstarten hergestellt. 193 dieser Modelle kamen 1803 als „Pomologisches Kabinett" nach Bamberg. Sie sind heute von großem kulturhistorischen Wert und – zusammen mit dem *„Teutschen Obstgärtner"* – ein wichtiges Archiv zur Bestimmung alter, in Vergessenheit geratener Sorten.

• **Pfarrer Korbinian Aigner**

„Der Obstanbau ist die Poesie der Landwirtschaft". Mit diesem Zitat hat der „Apfelpfarrer" nicht nur sein persönliches Verhältnis zum Obstanbau auf die kürzest mögliche Form gebracht, sondern es gilt wohl auch für alle, die sich dem Obstanbau in irgendeiner Weise verbunden fühlen.

Aigner lebte von 1885–1966, zuletzt als Seelsorger im oberbayrischen Hohenbercha. Seine besondere Aufgabe sah er in der Verwirklichung des heimatlichen Obstanbaues und vor allem der

Johann Ludwig Christ

Johann Volkmar Sickler

Korbinian Aigner

Verbreitung bodenständiger Sorten. Er wirkte zunächst in seiner engeren Heimat und später in verschiedenen Funktionen auch landesweit. Dafür erhielt er mehrere hohe Auszeichnungen.

Als persönliche Gebrauchskartei zur Sortenbestimmung malte Pfarrer Aigner rund 1000 Sorten von Äpfeln und Birnen, meist auf einfachen Karton. Obwohl der künstlerische Wert dieser Bilder für ihn zweitrangig war, gelangen ihm im Laufe seines Lebens immer naturgetreuere Darstellungen. Dieses umfangreiche Lebenswerk vermachte Pfarrer Aigner testamentarisch dem Lehrstuhl für Obstanbau der Technischen Universität München-Weihenstephan. Sie werden gelegentlich als Leihgabe anlässlich von Obstausstellungen gezeigt.

Schlimme fünfeinhalb Jahre musste er wegen eines Denunzianten zuerst im KZ Sachsenhausen, dann im KZ Dachau zubringen. Und selbst dort verlor er nicht sein Gottvertrauen. Er durfte eine winzige Baumschule anlegen, aus der eine Sämlingsauslese hervorging – der bekannte 'Korbiniansapfel'. Diese Sorte wird noch immer im Institut für Obstanbau in Weihenstephan vermehrt und ist in süddeutschen Baumschulen erhältlich.

Pfarrer Aigner gründete den Bayerischen Landesverband für Gartenbau und Landespflege nach dem II. Weltkrieg neu und war von 1945 bis 1950 Präsident.

Dem hohen Eifer und Einsatz dieser und vieler anderer, ungenannter und unbekannter Lehrer ist es zu danken, dass der Obstanbau heute einen so hohen Stellenwert, auch als Wirtschaftsfaktor in der Öffentlichkeit hat.

Goldparmäne, gemalt von Pfarrer Aigner

Zur Sortenwahl der Obstarten

Was erwarte ich von einer Sorte

Jede unserer Obstsorten hat ganz bestimmte innere und äußere Merkmale, die sie von anderen der gleichen Art unterscheiden. Eine Entscheidung für die Anpflanzung sollte deshalb keinesfalls nach äußeren Eindrücken – etwa nach Katalogbildern – getroffen werden, sondern stets als Ergebnis einer sorgfältigen Planung. Der Weg zur Entscheidungsfindung wird im Erwerbsbereich natürlich anders sein müssen als im Freizeitgarten, aber dennoch gibt es eine Reihe gemeinsamer Merkmale.

Die zentrale Frage lautet: *„Was erwarte ich von der Anpflanzung?"*. In der Regel wird man wohl nicht alle Eigenschaften der gewünschten Sorten im Einzelnen genau kennen. Dann hilft ein aufgezeichnetes Raster, in dem zutreffende Punkte für den eigenen Bedarf enthalten sind. Man holt sich danach die nötigen Entscheidungshilfen in einer der speziellen Beratungsstellen oder beim Gartenbauverein.

Das Raster kann vor allem die begrenzenden Faktoren für einen eigenen Obstanbau aufzeigen. Wenn auch die Fruchterzeugung der eigentliche Anlass für die Anpflanzung eines Obstbaumes ist, so müssen doch die sortentypischen Pflanzeneigenschaften im Vordergrund der Anbauplanung stehen. Dabei nimmt man für eine robuste, nahezu krankheitsfreie Sorte sicherlich auch gerne geringe Geschmackseinbußen in Kauf. Die meisten der „hochedlen" Sorten, oft aus fernen, wärmeren Herkunftsländern, bedürfen eines sehr hohen Pflegeaufwandes, einschließlich umfangreicher Pflanzenschutzmaßnahmen, was im Freizeitgarten heute nicht mehr vertretbar ist.

Alt oder neu?

Viele der so genannten „alten Sorten" bieten keineswegs eine Garantie für Robustheit. Es ist unsinnig zu glauben, dass alle alten Sorten robust sind und gut schmecken, die neuen (am falschen Beispiel 'Golden Delicious') dagegen fade und anfällig sein sollen. Bei manchen alten Sorten ging nämlich nicht nur die Widerstandskraft im Laufe der vielen Jahre unter den oft erheblich veränderten Witterungsbedingungen oder anderen Einflüssen verloren, sie erliegen auch eher den modernen, meist eingeschleppten Krankheiten. Die moderne Pflanzenzüchtung hat heute andere Ziele, als es früher der Fall war, wo die meisten Sorten weniger zielgerichtet als vielmehr durch Auslesen nach den örtlichen Verhältnissen entstanden sind.

Edelborsdorfer

Zwiebelborsdorfer

Zur Frage des Pflanzenschutzes ist die Erkenntnis hilfreich, dass unsere Obstsorten keine Wildpflanzen, sondern mitunter recht sensible Kulturgewächse sind. Auf jeden Fall bedürfen sie unserer Unterstützung durch geeignete Maßnahmen, um sich zahlreicher Krankheiten und Schädlinge erwehren zu können. Die wichtigste der Pflanzenschutzmaßnahmen ist stets, neben erstklassiger Pflege, eine an die örtlichen Verhältnisse angepasste Sorte.

Auf den Standort kommt es an

Es ist keinesfalls zu erwarten, dass eine noch so geschmackvolle Apfelzüchtung aus Australien ('Bonza', 'Granny Smith'), Japan ('Akane', 'Fuji', 'Mutsu', 'Yakata') oder Neuseeland ('Braeburn', 'Gala', 'Freyberg') unter unseren, völlig verschiedenen Klimabedingungen problemlos wachsen kann. Selbst norddeutsche ('Cox Orange') oder englische Züchtungen ('Ribston Pepping') zeigen in Süddeutschland eine bedeutend höhere Anfälligkeit für Krankheiten und Schädlinge als in ihrem Stammland. Das gilt selbstverständlich auch für andere Obstarten.

Außer in Extremlagen gibt es bei sorgfältiger Planung immer eine Möglichkeit, standortgerechtes Obst anzupflanzen. Es müssen ja nicht gleich die scheinbar edelsten Sorten sein.

Apfelallergie

Hierbei handelt es sich meist um eine Kreuzallergie, die zu einem ernsten Problem beim Rohverzehr bestimmter Sorten werden kann. Der „Deutsche Allergie- und Asthmabund" empfiehlt als weniger bedenklich die (extrem seltene) Sorte 'Hammerstein'. Fachleute zählen aber auch gut gereifte 'Boskoop', 'Berlepsch', 'Goldparmäne', 'Gravensteiner', 'Jamba' und 'Topaz' zu den niedrig allergenen Sorten.

Als stark allergen gelten 'Braeburn', 'Cox', 'Jonagold' und 'Granny Smith', sofern sie roh verzehrt werden. Geschälte und verarbeitete Äpfel, u. a. zu Kuchen, Kompott, Saft werden als verträglich beschrieben.

Apfel-Unterlagen

Die Kulturformen unserer Obstbäume bestehen alle mindestens aus zwei, in der Regel verwandten, pflanzlichen Lebewesen: dem Wurzelteil, fachlich Unterlage genannt und der (meist durch Okulation) aufveredelten Edelsorte, z.B. 'Cox Orange'. Bei Hochstämmen ist eine *Zwischenveredelung* als Stammbildner noch üblich. Dann erfolgt die Veredelung in Kronenhöhe.

Die Unterlage beeinflusst die Edelsorte hinsichtlich Wuchskraft, Ertragsbeginn, Ertragshöhe, Fruchtausfärbung, Aroma, Standfestigkeit, Lebensdauer, Widerstand gegenüber Krankheiten und Schädlingen. Das Zusammenspiel Sorte/Unterlage kann unterschiedlich ausfallen. Standort und Wuchsstärke der Edelsorte haben dabei den größten Einfluss auf die Wahl der optimalen Kombination.

Wie Versuche belegen, ist virusfreies Pflanzmaterial dem virusgetesteten oder gar den ungeprüften Unterlagen im Ertrag eindeutig überlegen.

Unterlage, Typ	Wuchsstärke	Eigenschaft	Zusätzl. Bemerkung
M 27 (M 13 x M 9) East Malling 1929	Geringstes Wachstum aller Unterlagen	Gute Fruchtausfärbung, bildet keine Wurzelschosse. Nicht standfest. Keine Alternanz. Tendenz zu Kleinfrüchtigkeit.	Nur für sehr stark wachsende Sorten (u.a. 'Boskoop') und sehr gute Böden. Für Topfbäume.
Supporter 1 (M 9 x *baccata* 'Himalaica'), Pillnitz	Etwa 20–40 % geringer als M 9	Ausreichend frosthart. Keine Alternanz. Kurztriebbildung.	Nur für gute Böden. Laub ist schorffrei. Wenig Mehltau.
P 22 (Last Minute®). M 9 x 'Antonowka' Neuheit aus Polen	Etwa 20–30 % geringer als M 9	Frosthart, ohne Kragenfäule, wenig Krebs. Keine Alternanz. Tendenz zu Kleinfrüchtigkeit.	Ertrag liegt leicht unter M 9. Neigung zu Kleinfrüchtigkeit.
Joha Neuheit aus Tschechien	Etwa 20 % geringer als M 9	Neigung zu Luftwurzeln. Mittlere Frosthärte.	Erträge wie M 9. Gut für stärker wachsende Sorten ('Rubinola').
B 9 (Züchter Budagovski)	Etwa 10 % geringer als M 9	Tolerant gegenüber Winterfrost und Kragenfäule.	Keine Wurzelausläufer und Luftwurzeln.
Supporter 2 (M 9 x *M. micromalus*) Pillnitz	Etwas unter M 9	Wie Supporter 1, aber etwas höhere Erträge.	Wie Supporter 1. Ausdünnung nach der Blüte ist nötig.
Supporter 3 (M 9 x *M. micromalus*) Pillnitz	Fast gleich mit M 9	Wie Supporter 1, größere Krone als Supporter 1 und 2.	Sehr gute Fruchtfärbung, ohne verkürzte Lagerdauer.
M 9 Auslese aus 'Gelber Metzer Paradiesapfel' in East Malling. Die vielen Auslesen sind kaum noch übersehbar.	Schwach, Lebensdauer etwa 10–20 Jahre	Nicht standfest. Die Auslesen unterscheiden sich nur in Fruchtform und -größe. Nur virusfreies Material aufpflanzen.	Gefährdet durch Wühlmäuse u. Wildverbiss. Nur für beste Böden. Am ertragreichsten sind virusfreie Unterlagen.
M 26 (M 16 x M 9) East Malling 1929	Etwa 20 % stärker als M 9	Nicht standfest. Frosthart, keine Kragenfäule, wenig Wildverbiss. Anfällig für Trockenheit.	Auch für etwas geringere Böden. Die Deckfarbe wird gut ausgeprägt. Geringere Erträge als M 9. Empfindlich für Trockenheit.
Pi 80 (M 9 x M 11) Ältere Auslese aus Pillnitz	Etwas stärker als M 26	Nicht standfest. Frühe Erträge, begünstigt aber Alternanz.	Für mittlere und schwere Böden.
MM 111 East Malling	Mittelstark	Gute Erträge, aber Alternanz. Erträgt Trockenheit.	Widerstand gegen Blutläuse und Kragenfäule.
A 2 Schwedische Auslese	Stark, für Hochstämme auch in rauen Lagen	Standfest. Gute Erträge mit wenig Alternanzneigung.	Widerstand gegen Trockenheit, Holzfrost, Kragenfäule.

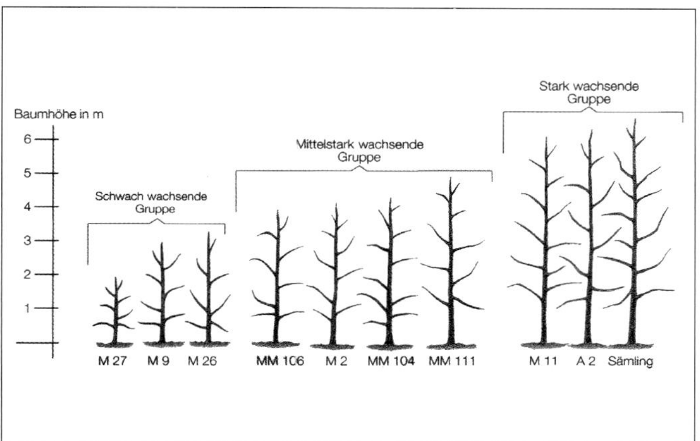

Die ursprüngliche Obstunterlage ist der Sämling. Das Saatgut wird von ausgewählten Mutterbäumen u. a. der Sorten 'Antonowka', 'Bittenfelder', 'Graham' oder 'Hibernal' hauptsächlich für Mostsorten gewonnen. Solche Bäume sind oft sehr starkwüchsig, standfest und frosthart. Sie können ein hohes Alter erreichen. Allerdings setzt der Ertrag meist spät, frühestens nach 8 Jahren ein und wechselt jährlich zwischen hoch und sehr gering (Alternanz). Sämlinge werden heute meist durch die robustere Unterlage A 2 aus schwedischer Auslese ersetzt.

Heute vermehren Spezialbaumschulen in unterschiedlichen Kulturweisen (Abrisse, Grünstecklinge oder labormäßig *In Vitro*) so genannte Malus-Typen (*Malus* = lat. Apfel). Dadurch ist es möglich, eine Edelsorte verschiedenen Unterlagen mit ganz unterschiedlicher Wuchskraft aufzuveredeln. Nur so sind einheitliche Bestände für den Erwerbsanbau und im Garten möglich. Die in vielen Ländern gewonnenen Typenunterlagen wurden um 1925 in der englischen Forschungsanstalt East Malling auf ihre Eigenschaften geprüft und – in der Reihenfolge ihrer Prüfung mit römischen Zahlen versehen. Heute heißt es z.B. nicht mehr EM IX, sondern M 9. Vorangesetzt „MM" bedeutet Malling Merton und weist auf Blutlausresistenz hin.

Die Unterlagen M 4 (früher 'Gelber Doucin') und M 11 (früher 'Doucin' oder 'Grüner Doucin') werden heute praktisch nicht mehr vermehrt. Je nach Standort und Anforderung bevorzugen die Baumschulen unterschiedliche Unterlagen.

Für Apfelbäume sind heute, die links in der Tabelle aufgeführten Unterlagen, in der Reihenfolge ihrer Wuchskraft, gebräuchlich.

Die Besonderheit der Säulenbäume

Der Vorteil gegenüber herkömmlichen Baumformen mit ihren mehr oder weniger ausgedehnten Kronen liegt im geringen Platzanspruch der säulenartigen Wuchsformen, verbunden mit großem Zierwert und hoher Fruchtbarkeit. Ein Schnitt ist wegen der kurzen Seitentriebe nicht erforderlich. Er könnte sonst einen Reiz auslösen, der das typische Wuchsbild verändern kann. Solche Bäume sind auch ohne Blüte und Frucht durch ihre kompakte Form und das Laubwerk recht attraktiv. Sie eignen sich als Raumteiler in Gartenflächen, wegebegleitende Fruchthecken, für Gruppen in Vorgärten und in schönen Pflanzgefäßen (mind. 25 l) auf Balkon oder Terrasse. Bisher kannte man nur die Serie der „Ballerina-trees".

Wahrscheinlich ist der erste „Ballerina-Baum" 1960 aus einem Zufallssämling der Sorte 'McIntosh' in Kanada entstanden. 1970 holten die Züchter Dr. Ray Watkins und Kenn Tobutt einige Nachkommen dieses ursprünglichen Baumes zur weiteren Zuchtarbeit in die Versuchsstation East Malling. Daraus entstanden die heutigen Sorten, zunächst in der englischen Sprache nach Tänzen benannt. Sie wurden 1989 erstmals anlässlich der Chelsea Flower-Show vorgestellt. Aufgrund vieler Nachteile, darunter die Krankheitsanfälligkeit und Geschmacksdefizite, haben die bisherigen Ballerina-Sorten heute aber kaum noch eine Zukunft.

Säulenbäume sind derzeit ein Verkaufsschlager, vor allem im Versandhandel. Soweit es sich um die bereits eingeführten Säulenformen bei Äpfeln handelt, ist damit kein Risiko verbunden. Bei den Säulenäpfeln tragen nur die Nachkommen des Ursprungsbaumes das Säulen-Gen *Columnar* in sich. Andere Obstarten (Birnen, Steinobst) sind durch spezielle Erziehung oder Hormonbehandlung in die schmale Wuchsform gezwungen. Diese künstlichen Säulen können früher oder später die normale Ausdehnung ihrer Stammeltern annehmen, wenn sie nicht entsprechend behandelt werden. Bisher können also nur Apfelbäume echte Säulenbäume sein!

Anders als bei der schlanken Spindelerziehung geht ein Großteil der Energie weniger in die Triebe, als in die Produktion von Äpfeln. Deshalb sollte auch bei Überbehang nach der Blüte ausgedünnt werden, um eine Alternanz zu vermeiden. Der Schnittaufwand ist minimal. Er beschränkt sich auf das Einkürzen zu hoher Spitzen und zu langer Seitentriebe. Hier und da sollten zudem im Sommer zu steil stehende Langtriebe durch Riss entfernt werden.

„Säulenkirschen" (u.a. 'Sylvia') haben zwar einen schlanken Wuchs, wachsen aber steil und stark mit Seitenzweigen nach oben. es sind also keine echten Säulen, so wie auch die „Säulenpflaume" mit der Sorte 'Imperial'. Ein Kauf will also gut überlegt sein.

Sorten

Mittlerweile gibt es eine umfangreiche Sortenpalette, die sich größtenteils in Serien verschiedener Züchter untergliedern lassen, darunter auch aus der Züchtung von **Prof. Dr. Jacob** in der Forschungsanstalt Geisenheim.

Pomfital	'Maypole' x 'Roter Elstar'. Reife Mitte September. Säurebetonte, intensiv rotfleischige Verwertungssorte. Ertrag früh einsetzend, sehr hoch und regelmäßig. Resistent gegen Schorf und Mehltau, gering anfällig für Krebs, Fruchtfäule, Blattläuse. Klimatisch sehr robust. Hoher Zierwert.
Pomforyou (Syn. 'Lancelot')	'Maypole' x 'Roter Elstar'. Reife Mitte-Ende September, bis Februar lagerfähig. Leuchtend rote Deckfarbe, sehr festes Fruchtfleisch. Säurebetonter Tafel-, Verwertungs- und Mostapfel mit ca. 53 mg/l Vitamin C und 53° Oechsle. Sehr gering anfällig für Schorf, Krebs, Fruchtfäulen und Blattläuse. Klimatisch sehr robust.

Säulenäpfel 'Suncats'

Pompink (Syn. 'Ginover')	'Flamenco' x 'Topaz'. Baumreife Ende September, bis Februar lagerfähig. Fruchtfleisch sehr fest, säurebetont. Für Verwertung und Most, Frucht ca. 240 g schwer, mit 58° Oechsle. Ertrag früh einsetzend, sehr hoch und regelmäßig. Geringer Lagerverlust. Gering anfällig für Schorf, Mehltau, Krebs, Blattläuse. Klimatisch robust.
Pomredrobust (Syn. 'Galahad')	'Telamon-Waltz' x 'Topaz'. Mittelgroß bis groß. Sehr guter milder Tafelapfel. Baumreife Ende August, bis Dezember lagerfähig. Fruchtfleisch fest, saftig, feinsäuerlich-aromatisch. Schorf- und Mehltauresistenz, gering anfällig für Krebs, Fruchtfäulen und Blattläuse. Klimatisch robust.

Anbieter: Artländer Pflanzenhof, Dietrich, Ganter, Leinweber, Ritthaler.

Die **CATS-Serie** (CAT = Columnar Apple Tree) stammt ebenfalls aus Geisenheimer Züchtung. Alle sind nicht oder sehr gering anfällig für Schorf, Mehltau, Krebs, Blattläuse und daher für den Öko-Anbau gut geeignet.

Goldcats	'Waltz' x 'Calagolden'. Reife Ende September, fest hängend, lange lagerfähig. Tafelsorte ähnlich 'Golden Delicious'. Frucht ca. 205 g schwer, ca. 64° Oechsle.
Greencats	'Bolero' x 'Golden Delicious'. Reife Ende September, fest hängend, lange lagerfähig. Tafelsorte ähnlich 'Granny Smith'. Frucht ca. 190 g schwer und ca. 68° Oechsle.
Redcats	'Waltz' x Nummernsorte. Reife Mitte September, fest hängend, lange lagerfähig. Tafelsorte ähnlich 'Gala'. Frucht ca. 170 g schwer und ca. 60° Oechsle.
Starcats	'Bolero' x 'Elstar'. Reife Anfang September, fest hängend, lange lagerfähig. Tafelsorte, in Form und Farbe ähnlich 'Elstar'. Frucht ca. 180 g schwer und ca. 64° Oechsle. Klimatisch sehr robust.
Suncats	'Waltz' x Nummernsorte. Reife Ende August, begrenzt lagerfähig. Triploide Frühherbstsorte. In Form und Farbe ähnlich 'Pinova'. Frucht ca. 200 g, ca. 60° Oechsle. Flächig rot, guter Geschmack mit milder Säure. Klimatisch sehr robust.

Erhältlich bei: Baumschule Oberdorla, Ganter, Schmitt und Leinweber.

Die **Campanilo-Serie** ist unter maßgeblicher Beteiligung der Professoren Christa und Manfred Fischer in Pillnitz entstanden.

Campanilo Primo	'Piros'-Säule. Reife Mitte August. Mittelgroß, Deckfarbe gelbrötlich, aromatisch-würzig. Eher schwacher Wuchs. Nicht blattlausfrei, gering anfällig für Schorf, Mehltau.
Campanilo Secundo	'Reglindis'-Säule. Reife Anfang September. Mittelgroß, rot marmoriert, fein-säuerlicher Geschmack. Anfällig für Mehltau. Nahezu ohne Seitenverzweigung. Widerstand gegen Schorf und Triebsucht.
Campanilo Tertio	'Remo'-Säule. Reife Mitte September. Mittelgroß, rot mit kleinem Gelbanteil, knackiges Fruchtfleisch mit aromatischem Geschmack. Anfällig für Schorf und Mehltau.
Campanilo Quattro	'Rebella'-Säule. Reife Ende September. Mittelgroß bis groß, gelb mit rot, festes Fruchtfleisch, würzig und angenehm säuerlich. Mittelstarker Wuchs.

Erhältlich bei Hofmann (Sorteninhaber).

Die **'Starline'-Serie** stammt aus der Baumschule Delbard (Frankreich):

Blue Moon	Reife August bis September. Frucht sehr groß, bläulich bereift. Fruchtfleisch schwach säuerlich. Robust gegen Schorf, Mehltau und Spätfrost.
Fire Dance	Reife Mitte September-Oktober. Mittelgroß mit festem Fruchtfleisch, milde Säure. Sehr ertragreich.
Garden Foutain	Reife Ende September-Anfang Oktober. Mittelgroße Tafelsorte, festfleischig mit gutem Geschmack.
Golden Gate	Reife Mitte September-Oktober. Mittelgroß, Schale leuchtend rot, festes Fruchtfleisch mit feinsäuerlichem Geschmack. Robust.
Indian Summer	Reife Mitte September-Oktober. Mittelgroß, Schale gelborange, festes Fruchtfleisch mit milder Säure. Robust und sehr ertragreich.
Silver Pearl	Früchte klein, gelborange. Zier- und Geleefrucht mit sehr guten Eigenschaften. Als Pollenspender geeignet. Auffallend gesundes, glänzendes Laub.
Summertime	Reife Ende September-Oktober. Festfleischig mit milder Säure. Regelmäßig hoher Ertrag. Resistent gegen Schorf und Mehltau.

Erhältlich u. a. bei: Bahlmann, Giesebrecht, Leinweber, Rinn.

Die **tschechische Serie** vom Typ 'Ballerina' ist nicht ganz frei von Schorf und Mehltau. Außerdem hat sie Geschmacksdefizite.

Rhapsodie	Reife Oktober, bis Dezember lagerfähig. Mittelgroß. Grüngelbe Deckfarbe mit orangerot. Mittelfestes, sehr saftiges Fruchtfleisch, angenehm aromatisch. Schwacher, kompakter Wuchs.
Rondo	Reife Oktober, bis Februar lagerfähig. Groß. Grüngelb mit verwaschen roter Deckfarbe. Festfleischig, sehr saftig, säuerlich süß.
Sonate	Reife September, bis Dezember lagerfähig. Mittelgroß. Streifige, verwaschen rote Deckfarbe. Mittelfestes, saftiges Fruchtfleisch. Schwacher, kompakter Wuchs.

Erhältlich bei Bahlmann, Heros, Hofmann, Spieß.

Die Sorte **'Arbat'** stammt aus Russland. Eingeführt in Deutschland wurde sie durch die Obstbaumschule Krämer in Detmold. Es war der erste schorfresistente Säulenapfel und extrem fruchtbar. Deshalb ist ein Ausdünnen ratsam, sonst kann Alternanz auftreten. Die Sorte reift ab Mitte September und ist ab der Pflücke bis Anfang November haltbar. Die Frucht ist klein bis mittelgroß, mit festem, saftigem Fruchtfleisch. Ausgewogener Geschmack, fein säuerlich, ähnlich 'Jakob Fischer'.
Weitere Anbieter: Artländer Pflanzenhof, Horstmann, Rinn.

Sowohl in der Forschungsanstalt Geisenheim, wie auch im Staatlichen Obstversuchsgut in Heuchlingen steht derzeit eine Reihe von Columnar-Sorten in der Prüfung. In anderen Versuchsanlagen werden ebenfalls Säulenäpfel geprüft.

Die Sorte **'Spurkoop'** ist eine Auslese aus dem altbekannten 'Roten Boskoop'. Sie wächst extrem aufrecht, schwach und ist deshalb auch für Pflanzgefäße auf Balkon und Terrasse gut geeignet. Die sonstigen Baum- und Fruchteigenschaften sind mit der Muttersorte identisch.
   'Spurkoop' ist in vielen gut sortierten Baumschulen erhältlich, u. a. auch bei Artländer Pflanzenhof, Ganter, Hügele und Kiefer.

'Spurkoop' in Vollblüte

Das Streuobst

Ein Sonderbereich des Obstanbaues ist die Anlage einer Streuobstwiese mit einer Mehrfachnutzung (Obsterzeugung, Grasnutzung, Weide). Sie wird in der Regel mit Hochstämmen und regionalen Sorten bepflanzt, um mit einer Minimalpflege (Schnitt, Pflanzenschutz) auskommen zu können. Streuobstwiesen können sowohl unter dem Gesichtspunkt des Landschaftsschutzes als auch zum Obsterwerb angelegt werden. Hier ist die Sortenwahl, ausschließlich nach den örtlichen Gegebenheiten, erfolgsentscheidend. Wenn auch die Aufgaben des Natur- und Landschaftsschutzes für den Bereich der Obstwiesen sehr bedeutend sind, so spielt doch die Obsterzeugung und Verwertung für den langfristigen Bestand einer Streuobstwiese noch immer die wichtigere Rolle.

Für die Verwertungsindustrie bildet der Streuobstanbau mit Abstand die wichtigste Produktionsgrundlage, an deren Erhalt besonders den Kelterbetrieben gelegen ist. Inzwischen gibt es eine Reihe vorbildlicher Initiativen zwischen Anbauern und Verwertern.

Wo ausreichende Flächen zur Verfügung stehen, können auch robuste Wildobstarten ein belebendes Element sein, was auch den Keltereien oft willkommen ist. Allerdings darf von ihnen keine zusätzliche Gefährdung durch Krankheiten, wie Feuerbrand, Schorf oder Scharka ausgehen. Geeignet sind u.a. Speierling, Mispel, Schlehe, Maulbeere, Sanddorn, Holunder. Bei einer Beweidung sind solche Arten gegen Verbiss der Weidetiere zu schützen. Schafen sagt man den „goldenen Tritt" nach, weshalb man vielerorts eine Beweidung der Streuobstwiese der regelmäßigen Mahd vorzieht.

Fördermaßnahmen werden wegen des öffentlichen Interesses am Streuobstbau von Bund, Kreisen und Gemeinden eingeleitet. Auskunft erhält man bei den Unteren Naturschutzbehörden oder den Ämtern für Umwelt und Naturschutz. Nicht selten werden Erschwernisausgleiche für die Bewirtschaftung oder Beihilfen zum Pflanzmaterial bezahlt – oder beides. Entsprechende Beratungen bieten auch die Beratungsstellen der Landkreise, die Obst- und Gartenbauvereine oder auch ortsansässige Keltereien.

Merkmale von einigen Apfelsorten mit Eignung für Most (ohne Anspruch auf Vollständigkeit)
Anmerkung: „Most" leitet sich ab vom lateinischen *mustum* und bedeutet jung oder frisch.

Sorte	Ø Mostgewicht °Oe	Zucker-gehalt	Ø Säure g/l	Alkohol % nach Gärung	Sorte	Ø Mostgewicht °Oe	Zucker-gehalt	Ø Säure g/l	Alkohol % nach Gärung
Antonowka	50	10,4	12	5,9	Linsenhofener	52	11,4	16	6,5
Bittenfelder	57	14	14	8,1	Lohrer Rambur	60	13	11	7,5
Börtlinger Weinapfel	54	13	11	6,8	Maunzenapfel	56	12,2	11	7,0
Brauner Matapfel	56	14	10	8,1	Muskat Renette	63	15	10	7,9
Brettacher	53	13	12	6,5	Nordhausen	50	11	8	6,3
Champagnerrenette	54	13	11	6,8	Orleans Renette	67	17	13	8,4
Coulons Renette	58	14	10	7,3	Pilot	55	12	11	6,9
Dietzels Rosen	57	12,4	9	7,1	Porzenapfel	60	13	11	7,5
Engelsberger	55	12	7	6,9	Prinzenapfel	64	13,8	9	8,0
Erbachhofer	54	11,8	12	6,8	Purpurroter Cousinot	54	11,8	9	6,8
Florina	52	11,4	10	6,5	Remo	48	10,6	11	6,0
Gartenmeister Simon	35	8	7	4,4	Rewena	58	12,6	14	7,3
Gehrer Rambur	52	11,4	10	6,5	Rhein. Bohnapfel	58	12,6	10	7,3
Gewürzluiken	39	8,8	17	4,9	Rhein. Schafsnase	56	12,2	11	7,0
Harberts Renette	59	15	11	7,4	Rhein. Winterrambur	56	14	7	7,0
Glogierowka	51	13	10	6,4	Roter Eiserapfel	54	11,8	7	6,8
Großer Bohnapfel	56	12,2	9	7,0	Roter Trierer Weinapfel	65	14	12	8,1
Hauxapfel	48	10,6	10	6,0	Schneeapfel	55	12	9	6,9
Herrnhut	52	11,4	14	6,5	Sonnenwirtsapfel	47	10,4	13	5,9
Hilde	47	10,4	11	5,9	Spätbl. Taffetapfel	50	11	10	6,3
Himbacher Grüner	55	12,0	15	6,9	Stina Lohmann	50	11	10	6,3
Ingol	48	10,6	14	6,0	Wagenerapfel	57	14	9	7,1
Jakob Lebel	55	13	11	6,9	Welschisner	50	11	12	6,3
Kanadarenette	56	12,2	11	7,0	Wiltshire	47	10,4	10	5,9
Kardinal Bea	69	14,8	16	8,6	Winter-Taffetapfel	56	12,2	10	7,0
Königlicher Kurzstiel	66	16	16	8,3	Winter-Zitronenapfel	60	13	12	7,5
Lausitzer Nelkenapfel	60	13	8	7,5	Zabergäu	53	11,6	12	6,6
Leipferd. Langstiel	58	12,6	14	7,3	Zuccalmaglio	55	14	13	6,9

Mostgewicht (Grad Oechsle): 42–45 = geringe Süße, 48–55 = hoch, über 55 = sehr hoch.

Säuregehalt: unter 7 g/l = säurearm, 9–12 g/l = säurereich, über 12 g/l sehr hoch (Verschnittsorten).

Sortenschutz

Die meisten Neuheiten der Obstgewächse unterliegen dem Sortenschutz, etliche außerdem noch einem Markenschutz. Für Käufer von derartigen Jungbäumen besteht automatisch ein Verbot zur weiteren eigenen Vermehrung, sowohl zum Zwecke des Pflanzenvertriebes als auch zur Obsterzeugung. Die Baumschulen benötigen für die Vermehrung eine spezielle, gebührenpflichtige Lizenz des Sortenschutzinhabers. Während der Schutzdauer darf niemand außer dem Schutzinhaber oder dessen Lizenznehmer die betreffende Sorte vermehren oder Vermehrungsmaterial in Verkehr bringen. Die Voraussetzung für die Erteilung eines Sortenschutzes wird in einer mehrjährigen Freilandprüfung, in Verbindung mit ähnlichen Sorten derselben Art geprüft. Zuständig dafür ist das Bundessortenamt in Hannover mit den Zweigstellen Wurzen bei Leipzig (Kernobst, dessen Unterlagen und Beerenobst) und Marquardt bei Potsdam (Steinobst, dessen Unterlagen und Wildobst). Dort stellt man fest, ob die Sorte wirklich neu, unterscheidbar und beständig ist. Nach erfolgreichem Abschluss wird der Sortenschutz erteilt, der beim Baumobst höchstens 30 Jahre, beim Beerenobst bis zu 25 Jahre betragen kann.

Vermehrungsrechte für bestimmte Sortenneuheiten besitzen die Mitglieder der „Artus-Group" oder der „GEVO" (Adressen im Anhang).

Clubsorten

Eine Lizenzvergabe (u. a. für 'Pink Lady') für die Weiterverbreitung erfolgt ausschließlich durch die Lizenzinhaber. Die Lizenznehmer sind zur Einhaltung bestimmter Qualitätsnormen verpflichtet. Unberechtigte Anpflanzung oder Vermehrung wird strafrechtlich verfolgt.

Erläuterung zu den Beschreibungen im Text

Die Entstehung der Sorte

Kreuzungspartner und Herkunftsangaben lassen schon auf eine Anbaueignung am eigenen Standort schließen. Sorten aus stark abweichenden Klimazonen ferner Länder benötigen für die Ausbildung ihrer optimalen Inhaltsstoffe meist bedeutend längere Fruchtwachstumszeiten, als sie bei uns möglich sind. Aber auch Sorten aus Frankreich und England mit höherem Wärmeanspruch können bei uns außerhalb bevorzugter Lagen zum Problem werden. Deshalb werden die Anbauvoraussetzungen im Garten genau zu prüfen sein.

Frucht

Kleinere oder mittelgroße Sorten sind keineswegs geringerwertig, sondern die richtige Wahl als kinderfreundlicher Schulapfel oder handtaschenfähig für das Büro. Für die Verwertung in der Küche wünscht man sich dagegen größere Früchte. Allerdings können je nach Pflege am Baum unterschiedliche Größen vorkommen. Erstlingsfrüchte vom Jungbaum sind oft untypisch groß.

Die Form kann selbst innerhalb der Sorte recht unterschiedlich sein, denn es gibt daran kaum ein beständiges Merkmal. Deshalb müssen zur Sortenbestimmung im pomologischen Bereich immer mehrere Früchte vorliegen. Dafür bezieht man ein: Stärke und Länge des Stieles, Tiefe und Weite der Kelchgrube, Beschaffenheit des Kelches, einschließlich der Kelchblätter, mehr oder weniger starke Wülste und Rippen um die Frucht. Die beständigsten Merkmale einer Sorte zeigen sich wohl in der Art des Kernhauses, vor allem in der Form, Größe und (frischen) Farbe der Kerne.

Die Schale ist nach ihrer Beschaffenheit und vor allem nach der Färbung ein (mitunter unzuverlässiges) Merkmal für die Sortenzugehörigkeit. Sie kann je nach Lichtverhältnissen am Baum, Jahreswitterung und Gebietsherkunft sehr unterschiedlich sein. Sortentypische Früchte mit gut ausgeprägter Deckfarbe sind immer die besten. Einige entwickeln einen typischen Duft, etwa 'Gravensteiner', der auch als ein Sortenmerkmal gilt. Andere werden auf dem Lager fettig (u. a. 'Jonagold'), was beim Verzehr zwar als unangenehm empfunden wird, doch werden die Inhaltsstoffe dadurch vor Verdunstung geschützt. Beständiges Sortenmerkmal sind die Berostungen um Stiel und Kelch.

Das Fruchtfleisch variiert von weiß ('Schneeapfel') bis gelb ('Golden Delicious') in vielen Schattierungen. Es kann feinzellig und fest sein, oder auch mürbe bis locker. Die Farbe ist für den Frischverzehr oder die Verarbeitung selten von Bedeutung, wohl aber die Festigkeit, der Anteil an Fruchtzucker, Säure und Aromastoffen (Geschmack) und der Saftgehalt.

Auch der Vitamingehalt muss unterschiedlich bewertet werden. Natürlich hängt er zunächst von der Sorte ab, daneben aber auch vom Zusammenwirken weiterer Faktoren, etwa Standort, Jahreswitterung, Belichtung der Einzelfrucht am Baum, den Pflegemaßnahmen und noch anderen Einflüssen. Höhere oder niedrigere Gehalte an Vitamin C sind alleine kein Wertmaßstab, zumal bei einer vitaminreichen Sorte auch die Säure überwiegen kann, was aber sehr selten dem Kindergeschmack entspricht.

Die Verwertung des Apfels ist sehr vielseitig. Für Diabetiker sollte nicht die hohe Säure, sondern ein geringer Zuckergehalt maßgeblich sein. Beim Boskoop herrscht eine gewisse Säure (11 g/l) vor, doch ist der Zuckergehalt (14,6 %) so hoch, dass er keinesfalls als Diabetikerapfel gelten kann. Klassische Diabetikersorten sind dagegen: u.a. 'Ananasrenette', 'Berlepsch', 'Champagner', 'Croncels', 'Delcorf', 'Gelber Edelapfel', 'Idared', 'Ontario'.

Allgemein richtet sich das Interesse ja nur auf die Früchte, dabei findet man schon bei der heilkundigen Hildegard von Bingen Hinweise auf die gesundheitsfördernde Wirkung von Apfelblüten. Auch die feine Küche kennt ebenfalls zahlreiche Verwendungen von Blüten und Blumen, wie auch in eleganten Konditoreien aus kandierten Rosen- und Apfelblüten delikate Köstlichkeiten gezaubert wurden. Übrigens wird Spargelsalat mit Apfelblüten von Feinschmeckern für eine Delikatesse gehalten. Die Fruchtschale ergibt auch einen erfrischenden Tee.

Reife*

Baumreife. Die Frucht ist voll ausgebildet, das Trenngewebe (Korkzellen) zwischen Stiel und Baum fast fertig, die Kerne sind braun. Beim Anheben und leichter Drehung löst sich die Frucht. Nur Frühsorten des Kernobstes können ohne Qualitätsverlust einige Tage vor der Baumreife geerntet werden. Zu früh geerntete Lagersorten verlieren an Inhaltsstoffen, bleiben meist grün, geschmacklos, schrumpfen schneller und neigen eher zu Fäulnis. Andererseits wirkt sich eine Überreife ebenfalls nachteilig aus. Die Sorten bedürfen also zur Zeit der Fruchtreife einer besonders sorgfältigen Beobachtung, wenn die wertvollen Inhaltsstoffe erhalten bleiben sollen. Die Baumreife und die Haltbarkeit auf dem Lager kann je nach dem örtlichen Klima, dem Standort und auch nach dem Baumalter sehr verschieden eintreten. Der Gehalt an Vitamin C steigt, je mehr Zeit die Äpfel zur Reifung am Baum haben.

Genussreife. Nach der Ernte leben die Früchte selbständig weiter. Sie atmen, verdunsten Wasser, scheiden Gase aus und bilden langsam ihre Aromastoffe. Wenn sich auf dem Lager nach einiger Zeit das richtige Zucker-/Säureverhältnis eingestellt hat, so ist die optimale Genussreife erreicht. Gleichzeitig setzt dann aber auch wieder der langsame Abbau ein. Die Dauer von Baum- zur Genussreife ist sortenbedingt. Sie kann nur einige Tage betragen, wie bei 'Alkmene', 'Elstar', 'Gravensteiner', 'James Grieve', oder aber auch mehrere Monate, wie etwa bei 'Boskoop', 'Delicious', 'Granny', 'Ontario'.

Apfellager

Den kühlen Idealkeller mit Mauerwerk und gestampftem Lehmboden, wo das Obst in übersichtlichen Horden liegt, gibt es heute wohl nur noch in Ausnahmefällen. Die meisten Keller der Mietwohnungen eignen sich in der Regel nicht für die Obstlagerung. Sie sind mit ihren betonierten Fußböden meist zu warm und zu trocken, sodass die Äpfel in kurzer Zeit welken und ungenießbar werden. Dennoch lassen sich kleinere Mengen durchaus auch in etwas wärmeren Räumen mit Hilfe haushaltsüblicher Gefrierbeutel

über einen längeren Zeitraum aufheben. Sie fassen etwa ein Kilo. Folgende Punkte sind aber zu beachten:

- Nur gesunde, unverletzte, baumreife und trockene Früchte sind geeignet. Die Früchte müssen vor dem Einfüllen Raumtemperatur haben, damit sich kein Kondenswasser im Beutel bilden kann.
- Der Gasaustausch muss durch 2–3 stricknadelstarke Löcher in der Folie gesichert sein.

Doch nicht alle Sorten eignen sich für die Folienlagerung. Nach bisherigen Erfahrungen gelingt es am besten bei den festfleischigen Sorten. Weit besser, und auch für größere Mengen geeigneter als solch ein Notbehelf ist immer noch die Lagerung in der Gartenlaube, wenn die Steigen durch Zeitungspapier und alte Decken etwas gegen Frost geschützt sind. Sind die Äpfel doch mal angefroren, so fasst man sie nicht an, sondern bringt sie samt der Steige in einen kühlen Raum zum Auftauen. Danach sind sie wieder genussfähig.

Baum

Für die Anpassung an die örtlichen Verhältnisse sind nicht nur Ertragsverhalten und Fruchtqualität, sondern vor allem die besonderen Wachstumsmerkmale des Baumes maßgeblich. Sie werden u.a. deutlich in der Kronengestalt, dem Verzweigungsgrad (dichte/lockere Krone), Fruchtholzbildung, Wuchsstärke und dem Ertragsverhalten (mögliche Alternanz).

Abhängig vom Standort ist auch die Widerstandskraft des Baumes gegen Krankheiten und Schädlinge zu bedenken. Unerwünschte Wuchsstärke und mangelnde Winterhärte lässt sich etwas steuern durch einen späten Schnitt (kurz vor der Blüte oder bald danach). Schwaches Wachstum erfordert zur Erhaltung der Triebkraft, neben zusätzlicher Nährstoff- und Wasserzufuhr, einen frühzeitigen Schnitt, also sofort nach der Ernte. Genau zu dieser Zeit ist eine Blattdüngung sehr hilfreich, auch um eine mögliche Alternanz zu mindern. Die Gesamtheit der Sortenmerkmale bestimmt den erforderlichen Pflegeaufwand.

Standort

Ertragsverhalten, Pflanzengesundheit und Fruchtqualität sind streng an einen zusagenden Standort gebunden. Es ist nicht möglich, durch Erweiterung der Pflegemaßnahmen bessere Qualität und einen höheren Ertrag zu erzielen, wenn die betreffende Sorte nicht an den Standort angepasst ist.

Die wichtigsten Standortfaktoren sind unter anderem: Großklima, Windverhältnisse, Bodenqualität, Wasserführung. Durch Veränderungen der kleinklimatischen Verhältnisse (Windschutz), Bodenverbesserung oder Zusatzbewässerung lässt sich ein schlechter Standort zwar etwas günstiger gestalten, jedoch nicht grundsätzlich umformen. Andererseits kann sich aber auch eine anscheinend sehr günstige Lage auf schwerem Boden und in warmem, feuchten Klima befallsfördernd auf Krankheiten und Schädlinge auswirken. Sorten, die sich in bestimmten kühlen Höhenlagen wohl fühlen, sind in der Regel robuster als solche mit hohem Wärmeanspruch. Durch Steigerung der Pflegemaßnahmen (Schnitt, Ernährung, Pflanzenschutz) lässt sich ein ungünstiger Standort jedenfalls nicht oder nur unwesentlich ausgleichen. Viele Sorten erreichen ihre beste Qualität erst in kühleren oder höheren Lagen, wenn der Boden tiefgründig ist. Reine Südhänge sind weniger vorteilhaft, dagegen können nördliche Berghänge durchaus noch gutes Wachstum ermöglichen.

Anfälligkeit

Bei der Auswahl, besonders für den Freizeitgarten, legt man seit jeher besonderes Gewicht auf sortenbedingten Widerstand gegen Krankheiten und Schädlinge. Dafür nimmt man auch mal geringe Geschmackseinbußen in Kauf. In vielen Ländern gibt man sich große Mühe bei der Züchtung von krankheitsresistenten Sorten, die sich zum Teil auch im Erwerbsanbau bewährt haben.

Resistenz ist die Widerstandsfähigkeit gegen einen oder mehrere Schaderreger. Bei vielen Sorten gibt es allerdings fließende Übergänge von schwacher bis zu hoher Resistenz, die oft auch standortbedingt sind.

Bemerkung über die *Vf*-Schorfresistenz
Bei einer Reihe von neuen Apfelsorten beruht die Schorfresistenz auf einem Gen von Malus floribunda 821 (*Vf* = *Venturia floribunda*). Seit Mitte der achtziger Jahre wird aber – besonders aus dem nördlicheren Deutschland – zunehmend über Schorfbefall an bisher *Vf*-resistenten Sorten berichtet, sodass eine Pilzbekämpfung zukünftig nicht mehr völlig unterbleiben kann. Ursache ist zum Teil das Auftreten neuer Schorfrassen (6–7) oder physiologischer Stress (zu hoher Grundwasserstand u. a.). Allererste Befallsmerkmale sind meist schon an den Blütenstielen zu beobachten.

Toleranz ist eine Begriffsbestimmung für einen gewissen Resistenzgrad an Früchten oder Blättern, wenn sich der Befall von Schaderregern nicht wirtschaftlich bemerkbar macht.

Als robust bezeichnet man meist alte Sorten, wenn die Merkmale Resistenz oder Toleranz zutreffen.

In der Reihenfolge ihrer Schadfähigkeit werden beim Apfel folgende Krankheiten zu beachten sein: Feuerbrand (Bakterien), Virosen, Blatt- und Fruchtschorf, Mehltau, Krebs (Pilze).

Häufigste Apfelschädlinge: Wicklerarten, Spinnmilben, Blut- und Blattläuse. Diesen Schaderregern stehen allerdings auch zahlreiche Nützlinge gegenüber, die besonders schützenswert oder gezielt einsetzbar sind.

Blüte

Anders als einige andere Obstarten können sich Äpfel, auch Birnen und Süßkirschen, nicht selbst befruchten, sondern brauchen den Pollen einer anderen Sorte. Gute Befruchtersorten haben einen doppelten (diploiden) Chromosomensatz als Träger des Erbgutes im Zellkern, während triploide Sorten mit einem dreifachen Chromosomensatz für eine Befruchtung ungeeignet sind.

Durch zeitliche Unterschiede können sich die relativen Blütezeiten ertragsmindernd auswirken, denn eine sortenbedingt frühe Blüte (u. a. 'Alkmene') kann in bestimmten Lagen durch Spätfröste geschädigt werden. Lange anhaltende Blütezeiten (u. a. 'Berlepsch') sind zwar für eine gute Befruchtung vorteilhaft, andererseits steigt gleichzeitig die Infektionsgefahr durch verschiedene Krankheiten, vor allem durch den Feuerbrand. Deshalb duldet man auch keine „Nachblüher" im späten Frühling am Baum. Feuchte, wechselhafte Perioden, verbunden mit tiefen Temperaturen und einem geringen Bienenflug werden bei lange anhaltenden Blütezeiten zu deutlich geringerem Fruchtansatz führen. Schlechte Blütenqualität wird erwartet, wenn der Baum nach einer überreichen Ernte erschöpft ist, eine gute dagegen ist nach einem warmen Herbst und durch eine gezielte Fruchtregulierung im Vorjahr wahrscheinlich.

Ertrag

Sortenbedingte, stärkere Ertragsschwankungen von Jahr zu Jahr werden als „Alternanz" bezeichnet. Sie kann durchbrochen oder gemindert werden durch Ausdünnen eines zu starken Fruchtansatzes nach der Blüte, fruchtregulierenden Sommerschnitt und angepassten Winterschnitt. Ergänzend kann sich eine Blattdüngung sofort nach der Ernte alternanzmindernd auswirken. Auf schwachwachsenden Unterlagen ist die Alternanz meist weniger ausgeprägt. Die Ausdünnung nach der Blüte oder dem Junifruchtfall berücksichtigt, dass für eine optimale Fruchtentwicklung am Baum das Blatt-/Fruchtverhältnis mindestens 30 : 1 betragen muss.

Starke Ertragsschwankungen sind auch deshalb zu vermeiden, weil die Bäume nach überreichen Erträgen im kommenden Winter empfindlicher gegen Holzfrost werden. Nicht nur wegen des höheren Pflegeaufwandes wird man sich deshalb eher für Sorten mit jährlich gleichmäßigen Erträgen entscheiden.

Anbauwert

Zu trennen ist zwischen den Sorten des intensiven Erwerbsanbaues und solchen, die sich aufgrund geringerer Ansprüche an den Standort und die Pflege eher für den Freizeitgarten eignen. Hier wird man sich bei der Auswahl weniger an der Ertragshöhe und den ausgeprägten Geschmacksqualitäten einer Sorte orientieren, sondern eher an der Pflanzengesundheit und der Standorteignung. Manche Baumschulen bieten auch heute noch eine große Sortenvielfalt an, die sich für die eigenen Zwecke nutzen lässt. Die Anbauplanung sollte aber niemals nach Katalog, sondern stets in Absprache mit Fachleuten erfolgen.

Faustzahlen für die Baumpflanzung

(angegeben sind Mindestmaße, das angegebene Lebensalter gilt nur bei guter Pflege)

Rundkronen	Flächenbedarf	Abstand	Endhöhe	Lebensalter
Senkr. Schnurbaum auf M 9	Gerüst	0,8–1 m	> 3 m	ca. 18 Jahre
Spindelbusch auf M 9	5 m²	2,5 m	ca. 3 m	ca. 18 Jahre
auf M 9	7 m²	3 m	ca. 3 m	ca. 18 Jahre
auf M 26	9 m²	3,5 m	ca. 3 m	ca. 20 Jahre
auf MM 106	14 m²	4 m	ca. 4 m	ca. 30 Jahre
Hochstamm	50 m²	8 m	> 6 m	> 80 Jahre

Begriffe im Obstanbau

Alternanz. Sortenbedingter, jährlicher Wechsel zwischen hohen und geringen Erträgen oder (ausgeprägte Alternanz) völligem Ertragsausfall. Mögliche Minderung durch Ausdünnung und Blattdüngung sofort nach der Ernte.

Apfelwickler (Obstmade) ist einer der bedeutendsten Schädlinge. Es ist ein dämmerungsaktiver Kleinschmetterling, dessen 1. Generation dann fliegt, wenn die Nächte deutlich wärmer als 10 °C sind. Die Eier werden einzeln an Jungfrüchte gelegt, aus denen nach 10–14 Tagen die Räupchen schlüpfen und sich in die Früchte einbohren. Sie sind nach 4 Wochen ausgewachsen und verlassen die Früchte an einem Seidenfaden, um sich in der Erde zu verpuppen. Es folgt dann eine 2., oft auch eine 3. Generation.

Astring. Kennzeichnet die Triebbasis durch einen ringartigen, mehr oder weniger deutlichen Wulst. Dort wird ein Schnitt angesetzt, denn nur dort ist die bestmögliche Überwallung gesichert.

Ausdünnen (Fruchtausdünnen). Entfernen zu vieler Jungfrüchte nach dem Fruchtansatz. Das Blatt-/Fruchtverhältnis soll nach der Ausdünnung etwa 25–30:1 betragen, damit die Ernährung jeder Einzelfrucht gesichert ist. Pro Fruchtbukett bleibt nur eine Jungfrucht, mit Abstand von mindestens 20 cm zur nächsten.

Auslichten. Wegnahme zu dicht stehender Triebe in der Krone, eine Maßnahme des Sommer- und Winterschnittes, damit das Kroneninnere besser belichtet wird (Fruchtausfärbung).

Bakterienkrankheiten. Typische Beispiele sind Blütenbrand, der Bakterienbrand an der Rinde und Feuerbrand, der über die Blüte oder Rindenverletzungen eindringt. Sie sind mit herkömmlichen Mitteln nicht heilbar.

Befruchtung ist die Vereinigung des Pollenkorns mit der Eizelle in der Blüte. Die männliche Geschlechtszelle dringt dabei mit dem Pollenschlauch in den Fruchtknoten ein und von dort in die Eizelle. Die Pollenverbreitung wird im Wesentlichen durch die Bienen sichergestellt.

Befruchter. Im Apfelanbau eignen sich neben den diploiden Sorten auch einige Zierapfelsorten. Sie werden in Erwerbsanlagen gerne als Zwischenpflanzung angebaut. Triploide Sorten (wie z. B. 'Boskoop') sind als Befruchter ungeeignet.

Berostung. Natürliche, sortenbedingte, raue Beschaffenheit der Fruchtschale. Sie kann aber auch durch ungünstige Witterungseinflüsse oder falsch gewählte Pflanzenschutzmittel hervorgerufen werden.

Blutläuse. Saugstellen sind erkennbar an den weißen Wachsausscheidungen und krebsartigen Wucherungen, die bei stärkerem Befall bis zum Absterben des Astes führen können.

Diploid. Gute Befruchtersorten mit einem zweifachen Satz von Erbträgern (Chromosomen) im Zellkern.

Duft. Sortentypische Eigenschaft der Fruchtschale, ein wichtiges Merkmal bei Sortenbestimmungen.

Durchpflücken. Das Abnehmen schon baumreifer Früchte bei Sorten, die unterschiedlich (folgernd) reifen, in der Regel bei Früh- und Herbstsorten. Oft sind mehrere Durchgänge erforderlich, damit ein vorzeitiger Fruchtfall vermieden wird.

Feuerbrand tritt bei Wärme mit feuchter Witterung auf. Es ist die gefährlichste Krankheit beim Kernobst. Der Erreger ist ein Bakterium, das auch andere Rosengewächse, darunter Weißdorn und einige Ziergehölze befällt. Die Krankheit ist meldepflichtig bei den Pflanzenschutzämtern. Eindämmung im Anfangsstadium durch energischen Rückschnitt der befallenen Stellen bis in das gesunde Holz. Da eine aussichtsreiche Bekämpfung mit Pflanzenschutzmitteln im Gartenbereich nicht möglich ist, bleibt nur die Pflanzung widerstandsfähiger Sorten.

Fleischbräune ist zurückzuführen auf Stoffwechselstörungen während der Wachstumszeit. Sie wird ausgelöst durch stark wechselhafte Sommerwitterung oder plötzliche Ernährungsstörungen, wie sie bei Überdüngungen auftreten können. Mitunter tritt sie auch auf dem Lager bei zu tiefen Lagertemperaturen auf.

Fruchtfall (Vorerntefruchtfall). Die Früchte fallen mit beginnender Baumreife innerhalb kurzer Zeit ab. Abhilfe: mehrfaches Durchpflücken. Manche Sorten sind „wind- oder sturmfest".

Fruchtfäule (*Monilia frutigena*). Die Früchte faulen teilweise schon am Baum, erkennbar durch den ringförmigen „Polsterschimmel". Die infizierenden Sporen dringen bei feuchtkühler Witterung beim Bienenbesuch meist über die Blüten ein. Verwandt ist die *Monilia laxa*, welche die Triebspitzendürre, gut bekannt bei Sauerkirschen, hervorruft.

Frostrisse und Frostplatten äußern sich durch Aufreißen der Rinde nach einem starken Frost, häufig im Februar. Ursache: Überdüngung, verbunden mit spätem Triebabschluss, Erschöpfung des Baumes nach überreichem Ertrag oder eine falsche Sortenwahl in ungünstiger Lage.

Genussreife. Nach der Ernte leben die Früchte selbständig weiter. Sie atmen, verdunsten Wasser, scheiden Gase aus und bilden Aromastoffe. Wenn sich auf dem Lager das richtige Zucker-/ Säureverhältnis eingestellt hat, ist die Genussreife erreicht. Bei Spätsorten kann das mehrere Monate dauern.

Glasigkeit. Sie tritt, wie die Fleischbräune, je nach Sorte unterschiedlich auf. Der Grund: Stoffwechselstörungen, wobei Saft in die Zellräume gelangt, die normalerweise luftgefüllt sind.

Junifall (Junifruchtfall). Zu dieser Zeit stößt der Baum die meisten Fruchtansätze ab, die er nicht voll entwickeln kann. Sofort danach soll man mit der „Ausdünnung" beginnen. Es bleibt nur eine Frucht pro Bukett. Das fördert die Fruchtgröße, beugt einer Erschöpfung des Baumes vor und kann die Alternanz mindern.

Kleiner Frostspanner ist einer der wichtigsten Schädlinge an allen Laubgehölzen. Die männlichen Kleinschmetterlinge fliegen an warmen Oktobertagen auf der Suche nach den flügellosen Weibchen. Diese klettern an den Gehölzen aufwärts, um ihre Eier möglichst weit in der Gipfelregion abzulegen. Die Raupen schlüpfen dann im Frühjahr und fressen an den aufbrechenden Knospen zur Blütezeit und an Jungfrüchten.

Lager. Das Aufheben von Früchten in geeigneten, möglichst kühlen Räumen mit ausreichender Luftfeuchtigkeit. Wassergefüllte Tongefäße können darin für nötige Feuchtigkeit sorgen. So genannte Apfelhorden oder Lagerschränke ermöglichen laufende Kontrollen auf Lagerfäule oder Stippe. In weniger günstigen Lagerräumen lassen sich einige Apfelsorten auch in perforierten Folienbeuteln über längere Zeit aufheben.

Mehltau ist eine verbreitete Pilzkrankheit an Blättern, Jungtrieben, auch an den Früchten. Sie äußert sich durch einen weißgrauen, puderartigen Belag. Die Sporen überwintern in den Endknospen oder auf Triebspitzen. Hier sind sie durch die hellgraue Verfärbung mit den „Pinselknospen" erkennbar. Solche Triebe schneidet man noch vor dem Frühling heraus.

Mutanten entstehen bei einer Mutation (lat. *mutatio* = Änderung), das sind sprunghafte, erbliche Abweichungen einzelner Eigenschaften von denen der Vorfahren. Neben den zufälligen Mutationen wird sie auch in Züchtungsverfahren künstlich ausgelöst. Bei einer Knospenmutation (u. a. bei 'Boskoop' geschehen) kann eine abweichende Sorte auf derselben Pflanze entstehen.

Okulation. Art der Sommerveredelung, wobei eine Knospe (Auge) zwischen Rind und Holzkörper eingesetzt wird. Eine Abart ist die „Chip-Veredelung", die auch in der Wachstumszeit mit Erfolg möglich ist. Auf diese Weise werden die meisten Obstgewächse veredelt.

Pfropfungen sind verschiedene Veredelungsarten mit meist einjährigen Zweigstücken im Spätwinter, sobald die Rinde löst oder um die Blütezeit. Oft gelingen auch Umveredelungen mit (entblätterten) Reisern im Spätsommer, wie bei den Süßkirschen. Die Edelreiser für die Spätwinterpfropfung müssen zuvor um die Weihnachtszeit von der Mutterpflanze genommen und im kühlen Schatten eingeschlagen werden.

Pinzieren nennt man das Entspitzen wachsender Triebe, besonders bei Spalierbäumen. Ziel: kurzes Seitenholz und Bildung von Blütenknospen in Leitastnähe.

Quirlholz. Mehrjährige Kurztriebe mit jährlich nur geringem Zuwachs. Bei Rundkronen sind sie Anzeichen beginnender Vergreisung. Bei hell besonnten Spalierbäumen sind sie dagegen als Voraussetzung für eine gute Fruchtqualität erwünscht.

Schorf, in älteren Schriften als „Fusicladium" bezeichnet, ist eine gefürchtete, auch sortenbedingte Pilzkrankheit an Blättern, Früchten, bisweilen auch an der Rinde. Die Sporen überwintern hauptsächlich auf dem abgefallenen Laub, aber auch in Rindenritzen, um im zeitigen Frühjahr (bei Wind und Nässe) wieder auf die Bäume zu gelangen. Aus dem Züchtungsprogramm einiger Institute sind eine Reihe mehr oder weniger schorffreie oder tolerante Sorten hervorgegangen.

Sommerriss erfolgt am günstigsten exakt zur Goldrutenblüte im Juli. Es betrifft das Entfernen der unerwünschten, noch „glasigen" Jahrestriebe durch ruckartiges Abreißen samt der Basisaugen. Solche „Wasserreiser" wachsen oft büschelweise an Schnittstellen und im Kroneninneren. Sie kosten dem Baum viel Kraft, die er für das Fruchtwachstum besser brauchen könnte.

Sommerschnitt zur gleichen Zeit wie der Sommerriss, dient der besseren Belichtung und Fruchtausfärbung im Kroneninneren, gezielter Fruchtregulierung und einer Verbesserung der physiologischen Blütenbildung für das folgende Jahr.

Spätfrost. Eindringen von kalter Polarluft während der Blütezeit. Sie sammelt sich vorwiegend in Geländevertiefungen. Frühblühende Sorten mit lange anhaltender Blütezeit sind dort stark gefährdet. Besser ist eine leichte Hanglage für die Obstpflanzung, wo die Kälte abfließen kann.

Stippe. Braune, bitter schmeckende Punkte und Flecken auf und unter der Schale bis tief in das Fruchtfleisch. Oft ist es eine sortenbedingte Störung während der Fruchtentwicklung und kann verschiedene Ursachen haben, u. a. übergroße Früchte bei Jungbäumen, zu starker Schnitt, Überdüngung und Wassermangel. Oft tritt die Stippe auch erst am Lager auf.

Triebsucht (eine Mycoplasmose) äußert sich vor allem durch eine besenartige Verzweigung im oberen Bereich des Jungtriebes und klein bleibende, geschmacklose Früchte. Als Überträger gelten einige Zikadenarten oder auch der Wurzelkontakt mit kranken Bäumen. Die Krankheit befällt nicht alle Apfelsorten und ist nicht bekämpfbar.

Triploid. Schlechte Befruchtersorte mit einem dreifachen Satz von Erbträgern (Chromosomen) im Zellkern, u. a. bei 'Boskoop' oder 'Jonagold'. Meist sind es die starkwüchsigen Sorten.

Umveredelung. Verschiedene Veredelungsmethoden mit einjährigen Zweigstücken, wenn die bisherige Sorte nicht mehr befriedigt. Zeit: Ab Spätwinter, sobald die Rinde löst, bis zur Blütezeit. Es gelingen auch Pfropfungen im Spätsommer, sehr häufig bei Süßkirschen angewandt. Chipveredelung, eine Abart der Okulation, ist dann gleichfalls möglich.

Vergreisung. Sortenbedingt schwachwüchsige Bäume, deren Triebkraft infolge zu starker Erschöpfung bei hoher Fruchtbarkeit frühzeitig nachlässt. Merkmale: Viel Quirlholz, kaum Zuwachs, klein bleibende Blätter und Früchte, Spitzendürre, stärkere Anfälligkeit für Schadfaktoren. Die Vergreisung lässt sich durch angepassten Schnitt, eine energische Fruchtausdünnung bald nach der Blüte und eine Blattdüngung sofort nach der Ernte weitgehend mindern.

Verjüngung. Scharfer Rückschnitt bei älteren, vergreisten Bäumen bis in das alte Holz zur Anregung neuer Triebkraft. Der beste Zeitpunkt ist sofort nach der Ernte. Eine sorgfältige Wundversorgung sollte dann selbstverständlich sein.

Verwertung. Die Früchte dienen neben dem Frischverzehr auch der wirtschaftlichen Verwertung, darunter als Koch- und Backäpfel, für Mus, Säfte, Süßmost, Schnaps, Apfelwein, Essig und zum Dörren. Früher nahm man den Apfelmost zur Stabilisierung von Textilfarben. Kaum noch bekannt ist heute noch das Dörren, das Einsalzen, die Ölgewinnung aus den Kernen und die Verfütterung des Apfeltresters (Rückstände nach dem Pressen). Auch für die Blüten haben Spitzenköche vielfältige Rezepte. Aus den Apfelschalen wird ein erfrischender Tee bereitet.

Vitamin C. Der Gehalt an Vitamin C wird im Wesentlichen von der Sorte bestimmt. Innerhalb der einzelnen Sorten wirken eine Reihe von Faktoren auf den Gehalt, u. a. Standort, Jahreswitterung, Sonnenscheindauer, Behangdichte und die Belichtung der Früchte in der Krone. Deshalb können Messungen von Jahr zu Jahr unterschiedliche Ergebnisse bringen. Gleiches gilt auch für andere Messungen, z. B. Zucker oder Säure. Die Sorten sollten jedoch wertmäßig nicht nach ihrem Vitamin-Gehalt beurteilt werden, sondern nach ihren biologischen Wertstoffen insgesamt, die im Apfel in idealer Form zur Verfügung stehen.

Zucker-/Säureverhältnis: 10–16 : 1 = harmonisch (u. a. 'Boskoop'), über 16 : 1 = unharmonisch süß (u. a. 'Saturn'), weniger als 10 : 1 = unharmonisch sauer (u. a. 'Gewürzluiken' und viele andere Mostapfelsorten).

Beschreibung der Apfelsorten

Aargauer Jubiläumsapfel

Anfällig	Mittelhohe Schorfanfälligkeit. Schalenbräune auf dem Lager.
Blüte	Mittelfrüh, triploid.
Ertrag	Wechsel zwischen hohen Erträgen und völligem Ernteausfall. Ausgeprägte Alternanz. Lieferant: Baumgartner.

Doppelname	'Jubilée d'Argovie'
Entstehung	19. Jh. im Kanton Aargau (Schweiz), seit 1903 im Handel.
Frucht	Groß, unterschiedliche Form. Meist stumpfkegelförmig mit breiter Stielfläche. Stiel bauchig mit flachen Kanten über der Frucht. Stielgrube mäßig weit, nur selten etwas berostet. Sehr kurzer, dicker Stiel. Kelchgrube mäßig weit mit groben und feinen Rippen, geschlossener Kelch. Schale glatt, matt glänzend, bei Vollreife etwas gelblich, ohne Deckfarbe. Fruchtfleisch grünlich, etwas zäh, grobzellig, saftig und schwach gewürzt. Ohne hervortretendes Aroma.
Verwertung	Keine Tafelsorte. Brauchbar als Wirtschafts- und Mostapfel.
Reife	Schüttelreife Ende September bis Mitte Oktober.
Baum	Kräftiger Wuchs mit breit abstehenden Ästen.

Standort der Sichtungsbäume: Bavendorf, Triesdorf.

Adams Parmäne

Doppelnamen	'Norfolk Pippin' (erster Name), 'Norfolk Russet', 'Matchless', 'Hanging Pearmain', 'Spitzkasseler'.
Entstehung	1826 aus Samen. Züchter Mister Robert Adams in Norfolk (GB). Die Sorte wurde früher den Goldrenetten zugeordnet.
Frucht	Form ähnlich einer kleinen 'Goldparmäne'. Gleichhälftig, konisch hochgebaut. Kelcheinsenkung flach, fast ohne Falten und mit halboffenem Kelch. Mittellanger, holziger Stiel, oft mit Fleischwulst in der wenig berosteten Stielgrube. Schale nicht fettend, aber öfters berostet. Bei Reife hochgelb mit kurzen Streifen und hellen Schalenpunkten. Leichter Duft. Fruchtfleisch hellgelb, leicht mürbe mit angenehmer, zitronenartiger Würze.
Verwertung	Sehr gute Tafel- und Wirtschaftssorte.
Reife	Pflückreife ab Anfang Oktober. Wind- und sturmfest. Im kühlen Naturlager mindestens 4 Monate haltbar, mit Welkeneigung.

Baum
Mittelgroße, hochkugelige, mitunter pyramidale Krone mit langen Sommertrieben. Infolge der hohen Fruchtbarkeit höchstens mittelstarker Wuchs, im Vollertrag nur noch schwaches Wachstum. Ein regelmäßiger Überwachungsschnitt zielt auf den Erhalt der Wuchskraft und beugt einer frühzeitigen Vergreisung vor.
Für alle Erziehungsformen geeignet, auch für Spaliere und Topfbäume. Frostfest im Holz.

Standort
Trockene und magere Standorte sind im Sinne einer guten Ernte zu meiden. Mittlere Höhenlagen, auch windgeschützte Höhenlagen mit nährstoffreichen Böden sind anbaufähig.

Anfällig
Die Sorte gilt als widerstandsfähig gegen Schorf, außer in feuchten Tallagen.

Blüte
Je nach Lage früh bis mittelfrüh. Eine energische Ausdünnung bald nach der Blüte fördert die Fruchtgröße deutlich und vermeidet Überbehang.

Ertrag
Früh einsetzend, reich und regelmäßig. Nur nach sehr reichen, ungesteuerten Ernten kann Alternanz vorkommen.

Anbauwert
Eine nur mittelgroße, aber hervorragende Tafel- und Wirtschaftssorte für e nen (fast) problemlosen Anbau im Garten und in der Landschaft.

Lieferanten: Baumgartner, Cordes, Dr. Hofmann, Leinweber, Ritthaler.

Standort der Sichtungsbäume: Bavendorf, Triesdorf.

Adersleber Kalvill

Doppelname	'Amtsrat Meyer'
Bemerkung	Müsste eigentlich 'Aderslebener Kalvill' heißen. Bei dieser Sorte soll es sich um die erste, gezielte Kreuzung auf deutschem Boden handeln. Es gab ursprünglich drei Auslesen mit gleichem Namen, von denen der Typ III heute noch im Anbau ist.
Entstehung	Um 1830. Sämling von 'Weißer Winterkalvill' x 'Gravensteiner' im Klostergut Adersleben bei Halberstadt (Sachsen-Anhalt). Züchter Amtsrat Meyer.
Frucht	Groß, um 140 g schwer, auf stark wachsenden Bäumen mittelgroß, flachkugelig kalvillartig gerippt. Flache, gerippte Kelcheinsenkung mit geschlossenem Kelch. Kurzer Stiel in tiefer, kaum berosteter Stielgrube. Schale glatt, mattgelb, sonnenseits verwaschen rötlich mit dunklen Schalenpunkten. Druckempfindlich. Leichter Duft. Fruchtfleisch fein, gegen Lagerende mürbe, grünlichweiß, sehr saftig. Fein gewürzt mit süßweinigem Geschmack und gutem Aroma.
Verwertung	Überwiegend für den Frischverzehr, aber auch Wirtschafts- und Mostsorte.

Reife	Je nach Lage ab Mitte September, windfest bis zur Baumreife. Wegen des kurzen Stieles drücken sich die Früchte oft vorzeitig ab. Es ist mehrmals und druckfrei durchzupflücken. Im kühlen Naturlager etwa fünf Monate haltbar, im Kühllager bis Ende März bei 3 °C. Neigt zum Welken ab Januar.
Baum	Flachrunde, sparrige Krone mit langen, später hängenden Fruchtruten. Von Jugend an kräftiger Wuchs, der aber bald nachlässt. Bei anhaltender Trockenheit vorzeitiger Laubfall und nur schwaches Triebwachstum.
Standort	Beste Qualität und ausreichende Wuchskraft in geschützten Lagen auf nährstoffreichen, aber keinen trockenen Böden. Die Sorte wächst aber auch noch auf leichteren Böden bis in mittlere, windgeschützte Höhenlagen.
Anfällig	Stark anfällig für Feuerbrand. Auf schlechten Böden und bei anhaltender Wärme Mehltau möglich, in geschützten Tallagen Schorf und Krebs. Empfindlich für Kupfermittel.
Blüte	Mittelfrüh, lange anhaltend. Schlechter Pollenspender. Bei starkem Fruchtansatz ist Ausdünnen ratsam.
Ertrag	Wechselnd zwischen sehr hohen und geringeren Erträgen, aber ohne ausgeprägte Alternanz und insgesamt hoch.
Anbauwert	Sehr gute Liebhabersorte, auch für den Streuobstanbau. Beste Erträge auf Typ 9 (oder vergleichbare) in günstiger Lage. Gleichzeitig ist dort aber die Gefahr für Feuerbrand besonders hoch. Für Formobstbäume gut geeignet.

Lieferanten: Angendohr, Baumgartner, Brenninger, Cordes, Dr. Hoffmann, Leinweber, Spieß, Schmitt.

Standort der Sichtungsbäume: AHNU, Bavendorf, Geisenheim, Dresden-Pillnitz, Rhöner Apfelbüro, Triesdorf, Veitshöchheim.

Entstehung
1981, aus 'Prima' x Nummernsorte in der Bundes-
forschungsanstalt Ahrensburg, nahe Frankfurt/Oder.
1994 zum Anbau freigegeben.
Sortenschutz seit 1998.

Frucht
Mittelgroß bis groß, leicht flachrund. Weite und tiefe
Kelcheinsenkung mit großem, weit offenem Kelch.
Kurzer Stiel in flacher, berosteter Stielgrube.
Schale fest, fettig werdend. Goldgelb mit roter,
gestreifter Deckfarbe und Rostfiguren.
Fruchtfleisch gelblich, mittelfest, saftig. Süß
mit ausgewogener Säure. Im Geschmack an
'Goldparmäne' erinnernd.

Verwertung
Für den Frischverzehr, auch als Wirtscháftssorte
verwendbar.

Reife
Folgernd ab Anfang September. Nicht windfest,
deshalb ist mehrmals durchzupflücken. Etwa zehn
Wochen im kühlen Naturlager haltbar, gekühlt bis
Januar.

Baum
Breites, gut verzweigtes Wuchsbild, Seitenzweige
mit kurzen Internodien, typisch eingerollte Blätter.
Mittelstarkes Wachstum. Ein regelmäßiger Schnitt
zielt auf den Erhalt der Wuchskraft und vermeidet
frühzeitiges Altern. Nicht frostfest im Holz.

Standort
Geschützte Lage bevorzugt, nährstoffreiche,
durchlässige Böden.

Anfällig
Mittelstark für Feuerbrand. Seit 2001 ist die Schorf-
resistenz durchbrochen. Stark bis sehr stark anfällig
für Mehltau. Krebsfest. Nicht widerstandsfähig
gegen verschiedene Schädlinge, wie Blattläuse und
Apfelwickler. Große Früchte neigen zu Fleischbräune
und Stippe.

Blüte
Früh bis sehr früh, lange anhaltend. Empfindlich
für Blütenfrost. Fruchtausdünnung nach dem Junifall
ist ratsam.

Ertrag
Früh einsetzend, mittel hoch bis hoch mit Alternanz-
neigung.

Anbauwert
Wegen der nicht mehr gegebenen Schorfresistenz und
der Anfälligkeit für Feuerbrand und Mehltau ist der
Anbauwert gemindert.
Vermehrungsrechte besitzen die Mitglieder der
„Artus-Group".

Standort der Sichtungsbäume: Ahrensburg, Bavendorf, Dresden-Pillnitz,
Jork, Neustadt, Rostock, Weinsberg, Wurzen.

Ahrina

Entstehung
Kreuzung aus 'Meljoram' x 'Inglojon'. Bundesforschungsanstalt Ahrensburg und Obstbauversuchsanstalt Jork. 1993 zum Anbau freigegeben. Sortenschutz seit 1994.

Frucht
Groß, flachrund, gleichmäßige Form. Flache und weite Kelcheinsenkung mit geschlossenem Kelch. Kurzer, dicker Stiel in tiefer Stielgrube. Schale derb, duftend. Grundfarbe gelblich grün mit sonnenseits flächig bräunlich roter Deckfarbe. Sonst schwach gestreift. Fruchtfleisch gelblich grün, feinzellig, etwas weich, sehr saftig. Geschmack feinsäuerlich bis süßfruchtig.

Verwertung
Für den Frischverzehr, auch als Wirtschaftssorte brauchbar.

Reife
Folgernd ab Anfang September. Traubig hängende Früchte können sich schon kurz vor der Baumreife gegenseitig abdrücken. Bei Trockenheit oft plötzlicher Fruchtfall. Etwa vier Monate im kühlen Naturlager haltbar, gekühlt bis Februar.

Baum
Mittelgroßes, gut verzweigtes Wuchsbild. Mittelstarker Wuchs mit breit ausladenden Gerüstästen, im Vollertragsalter schwächer. Gelegentliche Verjüngung ist anzuraten. Nicht ganz frostfest im Holz.

Standort
Bevorzugt in geschützten Lagen und nährstoffreichen, durchlässigen Böden.

Anfällig
Anfällig für Feuerbrand, mittelstark für Schorf, und Mehltau.

Blüte
Mittelfrüh, mit großen, stark gekrümmten Blütenblättern. Witterungsempfindlich. Guter Pollenspender. Ausdünnen nach dem Junifall ist ratsam, um eine frühzeitige Vergreisung zu vermeiden.

Ertrag
Früh einsetzend, hoch und regelmäßig.

Anbauwert
Neuheit, die an verschiedenen Standorten noch weiter zu prüfen ist.
Vermehrungsrechte besitzen die Mitglieder der „Artus-Group".

Standort der Sichtungsbäume: Ahrensburg, Auweiler, Bavendorf, Geisenheim, Dresden-Pillnitz, Weinsberg, Wurzen.

Doppelnamen — 'Prime Red', 'Primrouge', 'Tohoku', 'Tokyo Rose'.

Entstehung — Japan. 'Jonathan' x 'Worcester Pearmain'.
Seit 1970 im Handel.

Frucht — Klein bis mittelgroß, regelmäßig flachkugelig.
Flache und weite, faltige Kelcheinsenkung.
Kurzer Stiel in enger, strahlig berosteter Stielgrube.
Schale derb, glatt, fettig. Gelb mit leuchtendroter,
flächiger Deckfarbe. Helle Schalenpunkte und
einzelne Rostfiguren.
Fruchtfleisch fast weiß, fest, feinzellig, saftig.
Süß mit parfümiertem Aroma.

Verwertung — Vorzugsweise für den Frischverzehr und
als Schaufrucht.

Reife — Folgernd ab Ende August. Es ist mehrmals durch-
zupflücken. Wegen des kurzen Stiels drücken sich
die Früchte oft vorzeitig ab. Etwa zehn Wochen im
kühlen Naturlager haltbar.

Baum — Schmales, aufrechtes Wuchsbild, mit auskahlenden,
dünnen Ästen. Schwacher Wuchs. Ein regelmäßiger,
scharfer Schnitt, sofort nach der Ernte, verbunden
mit einer Blattdüngung zielt auf den Erhalt der
Fruchtbarkeit, bessere Astgarnierung und größere
Früchte. Etwas frostempfindlich im Holz.

Standort — Nur für wärmere, geschützte Lagen in nährstoff-
reichen, durchlässigen Böden.

Anfällig — Mittelstark für Feuerbrand und Schorf, stark für
Mehltau und Stippe.

Blüte — Mittelfrüh, witterungsempfindlich. Energische
Ausdünnung bald nach der Blüte ist bei starkem
Fruchtansatz erforderlich.

Ertrag — Früh einsetzend, mittel hoch und regelmäßig.
Der Baum erschöpft sich bei nicht ausreichender
Fruchtregulierung frühzeitig.

Anbauwert — Attraktive Früchte für Ausstellungen, für den
Erwerbsanbau meist zu klein. Sie entsprechen
aber mehr dem asiatischen oder angelsächsischen
Geschmack. Nicht für Gärten empfehlenswert.

Lieferanten: Baumgartner, Bergt, Cordes, Ganter,
Gräb, Kiefer, Leinweber, Schmitt, Ulmer, Wetzel.

Standort der Sichtungsbäume: Bamberg, Geisenheim, Dresden-Pillnitz,
Magdeburg, Müncheberg, Pomona Franconica, Triesdorf, Veitshöchheim,
Wurzen.

Baum	Hochgehende, kugelförmige und gut verzweigte Krone mit schräg aufstrebenden Leitästen und hellen Lentizellen an den Zweigen. Von Jugend an kräftiger Wuchs, im Vollertragsalter schwächer werdend. Im Holz frosthart.
Standort	Für beste Fruchtqualität sind tiefgründige, ausreichend feuchte Böden bis in windgeschützte mittlere Höhenlagen ideal. Sehr schwere, nasse Böden sind zu meiden.
Anfällig	In schweren, nassen Böden besteht Krebsneigung, sonst gilt die Sorte als robust.
Blüte	Mittelfrüh, unempfindlich bei Nässe.
Ertrag	Auf geeigneten Standorten ist der Baum sehr fruchtbar mit regelmäßigem Ertrag.
Anbauwert	Diese vorzügliche Sorte ist wohl nur wegen ihrer Fruchtgröße nicht mehr im Anbau. Im Garten wäre sie durchaus eine Bereicherung des Sortiments. Lieferanten: Angendohr, Bergt.

Doppelnamen	'Großer Edler Prinzessinapfel', 'Princesse Noble', 'Pomme d'Aunée', 'Pomme carée', 'Gestreifter Imperial' und weitere.
Entstehung	Ungewiss, soll in der französischen Literatur schon im 16. Jh. erwähnt sein. Wurde 1874 vom Deutschen Pomologenverein zum Anbau empfohlen und war vor allem in Norddeutschland sehr verbreitet.
Frucht	Mittelgroß, mitunter auch klein. Unterschiedliche Form, häufig lang kegel- oder walzenförmig mit gleichen Hälften. Flache, gerippte Kelcheinsenkung mit geschlossenem Kelch. Mittellanger Stiel in tiefer, kaum berosteter Stielgrube. Schale dünn, glänzend. Bei Reife hellgelb mit schönen, karminrot geflammten Streifen und feinen Schalenpunkten. Starker Duft. Fruchtfleisch feinzellig, fest, am Lager zart und saftreich. Zimtartig gewürzt mit delikatem, weinigem und süßem Geschmack.
Verwertung	Vorzügliche Tafelsorte, auch als Wirtschaftsapfel gut.
Reife	Mitte Oktober, windfest bis zur Baumreife. Im kühlen Naturlager mindestens 4 Monate haltbar.

Standort der Sichtungsbäume: Bavendorf, Pomona Franconica, Triesdorf.

Alkmene

Entstehung 1930, aus 'Geheimrat Dr. Oldenburg' x 'Cox Orange'. Institut für Acker- und Pflanzenbau Müncheberg. Seit 1962 im Handel.

Frucht Meist klein bis mittelgroß, um 100 g schwer. Gleichmäßig stumpfkegelförmig. Flache, faltige Kelcheinsenkung mit geschlossenem Kelch. Kurzer, dicker Stiel in enger Stielgrube.
Schale dünn, glatt, trocken. Grünlichgelb mit verwaschen roter Deckfarbe und hellen Schalenpunkten. Leichter Duft.
Fruchtfleisch feinzellig, mittelfest, saftig. Edelaromatisch, an 'Cox' erinnernd.

Verwertung Herbstapfel für alle Verwertungsarten, auch zum Backen geeignet.

Reife Anfang bis Mitte September. Wegen des kurzen Stiels nicht gut pflückbar. Vom Baum essbar. Genussreife aus warmen Lagen bis Ende Oktober, aus kühlen Lagen länger. Im Kühllager bis Januar haltbar. Auf Stippe ist zu achten.

Baum Dichtes, kurz verzweigtes Wuchsbild, geringer Platzbedarf. Typisch dicke Triebe mit sehr kurzen Internodien. Nur anfangs starker Wuchs, im Vollertragsalter schwach. Auf schwachwachsenden Unterlagen vergreist der Baum, auch wegen der hohen Fruchtbarkeit, recht schnell. Ein sorgfältiger Schnitt, verbunden mit einer Blattdüngung nach der Ernte, zielt auf Erhaltung der Triebkraft und eine gut belichtete Krone. Nach starkem Behang nicht frostfest im Holz.

Standort Warme Lagen werden bevorzugt. Die Sorte gedeiht aber auch auf trockeneren, nährstoffreichen Böden bis in windgeschützte, mittlere Höhen. Nicht für Spätfrostlagen geeignet.

Anfällig Stark für Feuerbrand, Schorf und Mehltau. Auch anfällig für Spinnmilben und Triebsucht.

Blüte Früh, dadurch frostempfindlich. Guter Pollenspender. Starker Fruchtansatz sollte stets ausgedünnt werden, sonst bleiben die Früchte zu klein und der Baum erschöpft sich früh.

Ertrag Mittel hoch, stark abhängig von Wasser- und Nährstoffzufuhr, vom Schnitt und der Fruchtregulierung. Meist regelmäßig.

Anbauwert Für alle Baumformen, auch für Spalier und Topfkultur geeignet. Eingeschränkte Empfehlung in Feuerbrandlagen (warm, feucht) Pflegeintensiv. Zu beachten sind auch weitere Mutanten, etwa 'de Coster', 'Rosenberg', 'Rote Alkmene', 'Schneider'.

Lieferanten: Cordes, Ganter, Hammerschmidt, Hofmann, Dr. Hoffmann, Krämer, Leinweber, Wörlein.

Standort der Sichtungsbäume: Ahrensburg, Auweiler, Bamberg, Erfurt, Geisenheim, Dresden-Pillnitz, Magdeburg, Müncheberg, Pomona Franconica, Triesdorf, Veitshöchheim, Weihenstephan, Weinsberg, Wurzen.

"

Allington Pepping

Standort Gute Fruchtqualität ist nur in nährstoffreichen, ausreichend feuchten Böden in ausgesprochen warmer Lage zu erwarten.

Anfällig Mittelstark für Feuerbrand. Stark für Schorf und Fruchtfäule, mäßig für Mehltau. Anfällig für Blutlaus und Obstmade (Apfelwickler).

Ertrag Meist mittelhoch, je nach Jahreswitterung auch etwas geringer. Eine Blattdüngung sofort nach der Ernte kann den Ertrag im folgenden Jahr steigern.

Anbauwert Eingeschränkt empfehlenswert für den Hausgarten. Die einstige Bedeutung ist heute nicht mehr gegeben. Für Streuobst nur bei guter Pflege geeignet.

Lieferanten: Angendohr, Baumgartner, Bergt, Brenninger, Cordes, Hammerschmidt, Herr, Dr. Hoffmann, Leinweber, Spieß.

Entstehung England. Vermutlich um 1860 aus einem Samen der Sorte 'Cox Orangenrenette' entstanden.

Frucht Mittelgroß, seltener groß. Unterschiedliche, mitunter etwas hoch gebaute Form. Weite Kelcheinsenkung mit geschlossenem Kelch. Kurzer Stiel in enger, berosteter Stielgrube.
Schale zart, glatt, nicht fettend, mit dunklen Schalenpunkten. Bei Reife weißlichgelb mit streifiger, braunroter Deckfarbe.
Fleisch feinzellig, fest, saftig, mit deutlicher Säure. Das Aroma hängt vom Standort und der Jahreswitterung ab.

Verwertung Sowohl für den Frischverzehr als auch für andere Verwertungsarten, auch für Most.

Reife Je nach Standort ab Ende September, windfest bis zur Baumreife. Ein mehrmaliges Durchpflücken ist ratsam. Im kühlen Naturlager etwa vier Monate haltbar, dabei ist auf Stippe zu achten.

Baum Aufrechtes, mehr breites Wuchsbild mit gut verzweigten, schräg aufrechten Leitästen. Von Jugend an starkes, im Vollertragsalter noch mittelstarkes Wachstum. Ein Überwachungsschnitt sollte erst im Spätwinter erfolgen. Im Holz nicht ganz frostfest, besonders nach starkem Behang.

Standort der Sichtungsbäume: Dresden-Pillnitz, Müncheberg, Pomona Franconica, Rhöner Apfelbüro, Triesdorf.

Entstehung — Unbekannt. Vermutlich vor 1840 im Alten Land bei Hamburg als Sämling gefunden. Es gibt auch eine rote Mutante.

Frucht — Groß, um 250 g schwer, ungleichmäßige Form. Flachkugelig mit fünf flachen Wülsten. Tiefe, meist gerippte Kelcheinsenkung und offener Kelch. Dicker, kurzer Stiel in tiefer und breiter Stielgrube, meist unberostet.
Schale glatt, lederig, mäßig fettig. Bei Reife gelb mit trübroter, marmorierter Deckfarbe. Nicht druckempfindlich.
Fruchtfleisch mittelfest, gegen Lagerende mürbe, mäßig saftig. Grünlichweiß, grob, säuerlich mit geringem Aroma. Ähnelt dem 'Rheinischen Winterrambur'.

Verwertung — Weniger für den Frischverzehr. Vorwiegend Wirtschafts- und Kelterfrucht.

Reife — Ende Oktober, windfest. Im kühlen Naturlager bis zu sechs (auch sieben) Monate haltbar, ohne zu welken.

Baum — Breitkugelige, dicht verzweigte Krone mit anfangs steilen Leitästen. Der Wuchs ist im Vollertragsalter schwach, deshalb zielt der Schnitt auf die Erhaltung der Triebkraft und bessere Belichtung. Im Holz nicht ganz frostfest.

Standort — Nur für küstennahe Gebiete mit humusreichem Boden und hoher Luftfeuchte. Für Süddeutschland ungeeignet.

Anfällig — An geeigneten Standorten kaum Schorf. Mehltau ist in den letzten Jahren stärker aufgetreten. Mittlerer Befall mit Spinnmilben, gering Stippe.

Blüte — Am zweijährigen Trieb. Mittelspät. Länger anhaltend, dadurch witterungsempfindlich. Guter Pollenspender (diploid).

Ertrag — Mittelfrüh einsetzend. Zunächst regelmäßig, mit Beginn des Vollertrages jährlich wechselnd zwischen hohen und etwas geringeren Ernten (Alternanz).

Anbauwert — Typische Regionalsorte des Alten Landes, mit teilweise großer Bedeutung für die industrielle Verwertung und im Streuobstanbau.
In Gärten eher eine Liebhabersorte.

Lieferanten: Angendohr, Baumgartner, Bergt, Cordes, Hammerschmidt, Dr. Hoffmann, Leinweber, Spieß.

Standort der Sichtungsbäume: Geisenheim, Dresden-Pillnitz, Magdeburg, Müncheberg, Rhöer Apfelbüro, Triesdorf, Veitshöchheim, Wurzen.

Ananasrenette

Doppelname	'Neue Ananasrenette'

Entstehung Um 1820, möglicherweise auch früher, vermutlich in Holland. Eltern sind nicht bekannt. 1857 vom Pomologenverein zum allgemeinen Anbau empfohlen.

Frucht Klein, auch mittelgroß, um 110 g schwer. Gleichmäßig hochrund. Kelch fast aufsitzend, schmal und geschlossen. Kleine, strahlig berostete Stielgrube mit dünnem Stiel.
Schale bei Reife goldgelb, glatt, fettig mit deutlichen, typischen Rostpunkten. Duftend. Druckempfindlich. Fruchtfleisch fast weiß, feinzellig. Saftig, zunächst fest, erst am Lager etwas mürbe. Angenehm weinsäuerlich, etwas an Schwarze Johannisbeeren erinnernd. Hoher Gehalt an Vitamin C.

Verwertung Alle Verwertungsarten, auch zum Backen und Most. Früher gerne als Dörrobst verwendet.

Reife In warmen Lagen ab Ende September, sonst Anfang bis Mitte Oktober. Bestes Aroma bei später Ernte. Windfest. Etwa fünf Monate im kühlen Naturlager haltbar, ohne zu welken.

Baum Dichte, gedrungene und straff aufrechte Krone. Geringer Platzbedarf. Typisch dicke Triebe mit etwas flaumigen, kurzen Internodien. Dunkelgrüne, unterseits filzige Blätter. Schwacher Wuchs. Ein scharfer Schnitt zielt auf eine lichte Krone und Erhaltung der Wuchskraft. Der Triebabschluss ist spät, mit lange anhaftenden Blättern. Deshalb frostgefährdet im Holz.

Standort Befriedigende Fruchtqualität ist nur erzielbar auf guten Böden mit ausreichender Feuchtigkeit, in bester, windgeschützter Lage bis in mittlere Höhen.

Anfällig Stark für Feuerbrand. Ohne Schorf, aber stark Mehltau. Stark krebsanfällig auf schwereren oder nassen Böden. Anfällig für Obstmade (Apfelwickler) und Blutlaus. Eine Besonderheit: Krebskranke Bäume bringen die schönsten Früchte.

Blüte Mittelfrüh. Lange anhaltend, trotzdem nicht witterungsempfindlich. Guter Pollenspender. Wegen des starken Fruchtansatzes ist eine energische Ausdünnung bald nach der Blüte stets geboten, sonst bleiben die Früchte zu klein und geschmacklos.

Ertrag Früh einsetzend, regelmäßig bei günstiger Blühwitterung. Stark abhängig vom Pflegezustand, meist mittelhoch wegen der kleinen Früchte.

Anbauwert Einst Spitzensorte, aber auch heute noch sehr beliebt. Nicht für schwachwachsende Unterlagen geeignet, sonst erschöpft sich der Baum zu früh. Als Spalier und Topfbäume schon immer gerne angepflanzt. Eingeschränkte Empfehlung in Feuerbrandlagen (warm, feucht).

Lieferanten: Brenninger, Cordes, Ganter, Gräb, Ritthaler.

Standort der Sichtungsbäume: AHNU, Bavendorf, Dresden-Pillnitz, Müncheberg, Neustadt, Pomona Franconica, Rhöner Apfelbüro, Triesdorf, Veitshöchheim, Weinsberg, Wurzen.

Entstehung 1974 aus 'Antonowka'-Sämling x 'Golden Delicious' im Forschungsinstitut für Obstbau in Holovousy, Tschechien. Züchter Jan Blazek. Sortenschutz.

Frucht Groß, meist gleichmäßige, runde, auch hoch gebaute Fruchtform. Weite, schüsselförmige Kelcheinsenkung mit geschlossenem Kelch. Kurzer bis mittellanger Stiel in weiter, unberosteter Stielgrube. Schale glatt, zart, nicht fettend. Hellgrünlich, sonnenseits mit streifig oder flächig braunroter Deckfarbe mit hellen Schalenpunkten. Fruchtfleisch weiß, etwas weich, saftig, süß mit leichter Säure und etwas parfümiertem Aroma.

Verwertung Sowohl für den Frischverzehr als auch Wirtschaftssorte und zur Saftherstellung.

Reife Ab Anfang Oktober, gleichmäßig reifend. Windfest bis zur Reife, neigt aber dann zu schnellem Fruchtfall. Im kühlen Naturlager vier Monate haltbar, gegen Lagerende weich werdend. In Kühllagerung bis Februar, doch ist auf Fleischbräune zu achten.

Baum Aufrechte, schmale, unstabile Mittelachse mit langen, herabhängenden Seitenzweigen. Dünne Triebe mit langen Internodien. Schwacher bis mittelstarker Wuchs. Der Schnitt zielt auf ein stabileres Gerüst und den Erhalt der Wuchskraft. Nach starkem Behang nicht ganz frostfest im Holz.

Standort Optimal ist ein nährstoffreicher Boden bis in geschützte, mittlere Höhenlagen. In schweren, nassen Böden kann Krebs auftreten.

Anfällig Die anfänglich hohe Schorftoleranz ist in etlichen Regionen inzwischen durchbrochen, vor allem bei hohem Befallsdruck. Stark anfällig für Mehltau und für Spinnmilben.

Blüte Mittelfrüh, kurz anhaltend, gering frostempfindlich. Ausdünnung ist bei starkem Fruchtansatz immer erforderlich, um eine Erschöpfung des Baumes zu vermeiden und die Alternanz zu mindern.

Ertrag Sehr früh einsetzend, sehr hoch mit Alternanzneigung. Eine Blattdüngung sofort nach der Ernte kann – im Zusammenhang mit der Fruchtausdünnung – die Alternanz mindern.

Anbauwert Wegen der gebietsweise aufgetretenen Schorfanfälligkeit und dem starken Mehltaubefall nur eingeschränkte Empfehlung für den Garten. Vermehrungsrechte besitzen die Mitglieder der GEVO.

Antonowka

Reife — Je nach Lage ab Anfang September, kurz vor der Baumreife schon Fruchtfall. Im kühlen Naturlager etwa vier Monate haltbar.

Baum — Breite, sparrige, aber kompakte Krone mit langem Fruchtholz und rundlichen Blättern. Zeitweise ist eine Auslichtung nötig, damit die Krone nicht zu dicht wird. Von Jugend an mittelstarker, im Alter immer noch starker Wuchs. Im Holz extrem frostfest.

Standort — Anspruchslos, auch in nassen oder trockenen Böden. Bis in raue, windige Höhenlagen anbaufähig. Am trockenen Standort oder in trockenen Jahren ist der Anteil an Krüppelfrüchten hoch.

Anfällig — Ohne Feuerbrand und Schorf, mittelstark Mehltau. Insektenbefall ist möglich. Glasigkeit und Stippe bei anhaltend hohen oder wechselnden Temperaturen.

Blüte — Mittelfrüh, nicht frostempfindlich. Guter Pollenspender (diploid).

Ertrag — Früh einsetzend. Jährlich wechselnd zwischen hohen und sehr geringen Erträgen (Alternanz).

Anbauwert — In rauen, auch windigen, aber ausreichend feuchten Höhenlagen empfehlenswert, wo andere Sorten versagen. Sonst verzichtbar.

Lieferanten: Angendohr, Baumgartner, Bergt, Cordes, Leinweber, Schmitt.

Bemerkung — Verschiedene Mutanten sind Kreuzungspartner schorfresistenter Apfelsorten, im Institut für Obstforschung Dresden-Pillnitz und in Tschechien (Sorten 'Reglindis' und 'Angold'). Früher wurde die Sorte als Samenspender für Sämlingsbäume gebraucht.

Doppelnamen — 'Possarts Navilia' und zahlreiche weitere.

Entstehung — Ungewiss, vermutlich Russland, Distrikt Kursk. Um 1826 durch Justizrat Possart nach Deutschland gebracht. Einige robuste Neuzüchtungen von Mitschurin sind für Russland aus 'Antonowka' hervorgegangen.

Frucht — Mittelgroß bis groß, um 160 g schwer. Ungleichmäßig hochrund mit starken fünf Kanten vom Kelch bis zum Stiel. Flache und enge, wulstige Kelcheinsenkung mit kleinem Kelch. Sehr kurzer, dicker Stiel, in der engen Stielgrube strahlig berostet.
Schale hart, glatt, etwas fettig mit feinen Schalenpunkten. Bei Vollreife hellgelb, sonnenseits leichte Deckfarbe. Druckfest.
Fruchtfleisch gelblichweiß etwas locker, brüchig und mehlig werdend. Mäßig saftig. Vorherrschend säuerlich, schwach süß ohne hervortretendes Aroma.

Verwertung — Überwiegend gute Wirtschafts- und Mostsorte.

Entstehung 1986. Herausgegeben 1996. 'Golden Delicious' x Nummernsorte, gezüchtet East Malling (England), ausgelesen in der Eidgenössischen Forschungsanstalt Wädenswil/Schweiz. EU-Sortenschutz wurde 1999 beantragt.

Frucht Mittelgroß. Unregelmäßige Form mit flachen Kanten über der Frucht. Weite, schüsselförmige Kelcheinsenkung mit offenem Kelch. Langer Stiel in enger, wenig berosteter Stielgrube.
Schale mitteldick, am Lager fettig werdend. Grünlichgelbe Grundfarbe mit gemaserter, hellroter Deckfarbe und deutlichen Schalenpunkten. Fruchtfleisch hellgelb, fest, mittelsaftig. Süß mit ausgewogener Säure und schwachem Aroma.

Verwertung Vorwiegend für den Frischverzehr, auch für häusliche Verwertungen brauchbar.

Reife Ab Anfang Oktober, wind- und sturmfest. Der Stiel löst schwer vom Baum. Im kühlen Naturlager etwa 5 Monate haltbar, im CA-Lager bis April/Mai.

Baum Mäßig verzweigtes Wuchsbild mit dünnen, hängenden Trieben. Der Schnitt zielt auf stabilere Baumformen und Erhalt der Wuchskraft. Schwacher Wuchs.

Standort Gute Fruchtqualität ist nur auf guten, ausreichend feuchten Böden in warmer Lage zu erwarten.

Anfällig Wenig Feuerbrand. Die bisherige Schorfresistenz beruht auf *Malus floribunda*. Etwas anfällig für Mehltau, mittelstark anfällig für die Mehlige Apfelblattlaus. Minimaler Pflanzenschutz ist empfehlenswert.

Blüte Mittelfrüh mit kurzer Blühdauer. Guter Pollenspender. Gering frostempfindlich. Ein Ausdünnen bald nach der Blüte fördert die Fruchtgröße und mindert ein vorzeitiges Vergreisen.

Ertrag Früh einsetzend, dann mittelhoch bis hoch und regelmäßig.

Anbauwert Diese Neuheit ist noch im breiteren Anbau und auf verschiedenen Standorten zu prüfen hinsichtlich Schorf- und Ertragsverhalten.

Lieferanten: Gut sortierte Baumschulen, darunter u. a. Friedlein, Ganter, Leinweber, Schmitt.

Standort der Sichtungsbäume: Bavendorf, Dresden-Pillnitz, Jork, Veitshöchheim, Wurzen.

Entstehung
1958 aus 'Golden Delicious' x 'Idared'.
Eidgenössische Forschungsanstalt Wädenswil.
Seit 1984 im Handel.

Frucht
Mittelgroß, seltener groß, hoch gebaut. Flache, strahlige, berostete Kelcheinsenkung mit geschlossenem Kelch. Mittellanger, dünner Stiel in tiefer, wenig berosteter Stielgrube.
Schale glatt, etwas hart, auf dem Lager stark fettend. Goldgelbe Grundfarbe, sonnenseits auffällig rot geflammt mit hellen Schalenpunkten. Typischer Duft. Fruchtfleisch gelblich, fest, knackig. Saftig mit ausgewogener Säure und gutem Aroma.

Verwertung
Für den Frischverzehr, auch als Wirtschaftssorte brauchbar.

Reife
Folgernd ab Ende September. Windfest bis kurz vor der Baumreife. Dank der fettigen Schale etwa sechs Monate im kühlen Naturlager haltbar, im perforierten Folienbeutel bis Mitte März, im Kühllager bis Ende März.

Baum
Breites, gut verzweigtes Wuchsbild mit dominierender Mitte und etwas hängenden, leicht verkahlenden Fruchtästen. Der Sommerschnitt zielt auf eine gut belichtete Krone und damit gut aus-

gefärbte Früchte. Schattenfrüchte schmecken fade. Der Wuchs ist im Vollertrag noch mittelstark. Frostempfindlich im Holz.

Standort
Nährstoffreiche, tiefgründige Böden in geschützter Lage bis in windgeschützte, mittlere Höhen.

Anfällig
Gering Feuerbrand. Stark für Schorf und Mehltau, auch für Obstmade (Apfelwickler).

Blüte
Mittelfrüh, etwas empfindlich. Guter Pollenspender. Bei starkem Fruchtansatz ist eine Ausdünnung zur Erzielung gleichmäßiger Fruchtgrößen ratsam.

Ertrag
Hoch und fast regelmäßig, mit 'Jonagold' vergleichbar.

Anbauwert
Empfehlenswerte Sorte auf schwachwachsenden Unterlagen. Geeignet auch für Spalier und Topfbäume. Etwas störend die fettigen Früchte vom Lager. Gut gefärbt finden sie im Erwerbsanbau guten Absatz.

Lieferanten: Angendohr, Bergt, Cordes, Ganter, Rinn.

Standort der Sichtungsbäume: Ahrensburg, Auweiler, Bavendorf, Erfurt, Geisenheim, Dresden-Pillnitz, Pomona Franconica, Triesdorf, Veitshöchheim, Weinsberg, Wurzen.

Synonym   'Tumanga'

Entstehung   1930, aus 'Cox Orange' x 'Schöner von Nordhausen' im Institut für Acker- und Pflanzenbau Müncheberg, Nähe Frankfurt/Oder. Seit 1962 im Handel.

Frucht   Mittelgroß, mitunter groß, um 120 g schwer. Ungleichmäßige, flachkugelige Form. Flache, faltige Kelcheinsenkung mit geschlossenem Kelch. Kurzer Stiel in weiter Stielgrube.
Schale dünn, glatt, trocken mit undeutlichen Schalenpunkten, flächig gelbgrün, sonnenseits rötlich überhaucht. Druckempfindlich.
Fruchtfleisch mittelfest, feinzellig, saftig mit feiner Säure und zartem Aroma.

Verwertung   Für Frischverzehr, auch Wirtschafts- und Mostsorte.

Reife   Ab Mitte bis Ende September, windfest bis zur Reife. Mehrmaliges Durchpflücken ist anzuraten. Nicht zu früh ernten, um Welke am Lager zu vermeiden. Im kühlen Naturlager etwa fünf Monate haltbar, im Kühllager bis April bei 1 °C. Auf Stippe und Lagerfäule ist zu achten.

Baum   Breites, gut verzweigtes Wuchsbild mit flachen Gerüstästen und außen hängenden Trieben. Im Vollertrag noch mittelstarkes Wachstum. Sommerlicher Auslichtungsschnitt fördert gut gefärbte Früchte. Blüten sind auch an Langtrieben. Nahezu frostfest im Holz.

Standort   Auf nährstoffreichen Böden bis in mittlere Höhenlagen.

Anfällig   Stark für Feuerbrand und Mehltau, mäßig für Schorf.

Blüte   Mittelfrüh, lange arhaltend, nicht empfindlich. Guter Pollenspender. Ausdünnen nach der Blüte fördert die Fruchtgrößen deutlich und beugt frühzeitiger Erschöpfung des Baumes vor.

Ertrag   Früh einsetzend, mittelhoch bis hoch und regelmäßig.

Anbauwert   Nur auf schwachwachsenden Unterlagen empfehlenswert. Geeignet für alle Baumformen.

Lieferanten: Angerdohr, Bergt, Cordes, Dr. Hoffmann, Leinweber, Spieß.

Standort der Sichtungsbäume: Ahrensburg, Bavendorf, Erfurt, Geisenheim, Dresden-Pillnitz, Pomona Franconica, Triesdorf, Veitshöchheim, Weihenstephan, Weinsberg, Wurzen.

Standort — Keine Ansprüche an Boden und Klima, auch noch bis in raue Hochlagen anbaufähig.

Anfällig — In warmen, geschlossenen Tallagen stark für Blatt- und Fruchtschorf, sehr gering anfällig in windigen Hochlagen. Mehltau und Stippe können auftreten.

Blüte — Spät, nicht empfindlich. Schlechter Pollenspender (triploid).

Ertrag — Spät einsetzend, dann (fast) regelmäßig hoch mit geringer Alternanzneigung.

Anbauwert — Ursprünglich zwar eine Regionalsorte, die aber auch in anderen Extremlagen gut anbaufähig ist. In der Rhön ist die Mostsorte so beliebt, dass eine Kelterei nach ihr benannt wurde.

Lieferant: Bergt, Heinrich, Dr. Hoffmann, Leinweber, Rinn, Spieß.

Entstehung — Ungewiss. Eine verbreitete Regionalsorte aus der hessischen Rhön in der Gegend von Ausbach bei Bad Hersfeld (Gemeinde Hohenroda). Sie soll dort Ende des 18. Jh. schon länger bekannt gewesen sein.

Frucht — Meist mittelgroß, unterschiedliche Form. Flache, faltige Kelcheinsenkung mit halb offenem Kelch. Kurzer Stiel in tiefer, enger Stielgrube.
Schale fest bis hart, glatt, trocken mit kleinen, hellen Schalenpunkten. Bei Reife zitronengelb, überdeckt mit blutroter Deckfarbe.
Fruchtfleisch weißlichgelb, fest, weniger saftig. Schwach säuerlich, ohne hervortretendes Aroma.

Verwertung — Sowohl eine gute Wirtschafts- als auch Mostsorte.

Reife — Je nach Standort ab Anfang Oktober. Zwar sturmfest, doch drücken sich traubig hängende Früchte wegen des kurzen Stieles oft vorzeitig ab. Im kühlen Naturlager bis zu sieben Monate haltbar, gegen Lagerende mehlig werdend.

Baum — Im Alter große, breitrunde Krone mit dicht verzweigten Ästen. Deshalb kann eine Auslichtung gelegentlich nötig sein. Von Jugend an starker Wuchs, auch noch im Vollertragsalter. Im Holz vollkommen frostfest.

Standort der Sichtungsbäume: Bamberg, Erfurt, Dresden-Pillnitz, Müncheberg, Rhöner Apfelbüro, Pomona Franconica, Triesdorf, Weihenstephan.

Bath (Schöner von)

Baum — Große, breitrunde, etwas überhängende Krone mit sparrigen Ästen. Bei Vollertrag mittelstarker Wuchs. Regelmäßiges Auslichten zielt auf besser belichtete Kronen mit gut gefärbten Früchten.

Standort — Nur warme Standorte, am besten mit hoher Luftfeuchte, und nährstoffreiche Böden sind geeignet, andernfalls leidet die Fruchtqualität.

Anfällig — Wenig für Schorf und Krebs, mehr für Feuerbrand und Mehltau. Stark für Obstmade. Empfindlich für Kupfermittel.

Blüte — Früh, frostempfindlich. Guter Pollenspender. Fruchtausdünnung ist bald nach der Blüte ratsam.

Ertrag — Jährlich wechselnd zwischen mittelhohen bis hohen und sehr geringen Erträgen (Alternanz). Insgesamt kaum mittelhoch. Ausdünnen bei starkem Fruchtansatz wirkt alternanzmindernd, zusammen mit einem Sommerschnitt und Blattdüngung sofort nach der Ernte.

Anbauwert — Geschmacklich gute Frühsorte, doch grenzen die Ansprüche an Lage und Pflege sowie die Alternanzneigung eine Anbauempfehlung etwas ein.

Lieferanten: Angendohr, Baumgartner, Bergt, Brenninger, Cordes, Hammerschmidt, Heinrich, Leinweber, Nicolin, Ritthaler, Schmitt, Wetzel.

Doppelnamen — 'Beauty of Bath' (erster Name), 'Schönheit von Bath'. Nach einer anderen Quelle wurde die Sorte um 1864 aus Südengland eingeführt.

Entstehung — Um 1900 in der Grafschaft Avon (England) als Sämling gefunden.

Frucht — Mittelgroß, selten groß, um 110 g schwer. Flachkugelig. Sehr flache Kelcheinsenkung mit fast aufsitzendem Kelch. Unterschiedlich langer, durch einen Fleischwulst schiefer Stiel in enger Stielgrube. Schale fest, glatt, bei Reife orangegelb, sonnenseits flächig rot oder rot gestreift mit typisch hellen Schalenpunkten. Starker Duft.
Fruchtfleisch fast weiß, feinzellig, fest, saftig. Guter Geschmack nur bei gefärbten Früchten, Schattenfrüchte bleiben etwas fade.

Verwertung — Für Frischverzehr, auch Wirtschaftssorte zum Backen.

Reife — Folgernde Reife von Ende Juli bis Mitte August. Mehrmaliges Durchpflücken ist anzuraten, sonst bleiben die Früchte klein und fade. Vom Baum essbar. Genussreife etwa vier Wochen, ohne mehlig zu werden.

Batullenapfel

Anfällig Schaden durch Feuerbrand noch nicht beobachtet. Besonders in Höhenlagen kaum anfällig für Krankheiten und Schädlinge.

Blüte Spät, nicht witterungsempfindlich. Ausdünnen nach dem Junifall ergibt größere Früchte, vermeidet aber nicht die Alternanz.

Ertrag Jährlich wechselnd zwischen hohen Ernten und Ertragsausfall (ausgeprägte Alternanz).

Anbauwert Liebhabersorte. Anbauempfehlung für raue Hochlagen oder Streuobst.

Lieferanten: Cordes, Dr. Hoffmann, Leinweber, Ritthaler.

Doppelnamen 'Baut', 'Batullen', 'Batul' (in Rumänien).

Entstehung Ungewiss. Eine alte Sorte, die in Rumänien (Siebenbürgen), aber auch im Elsass verbreitet war.

Frucht Klein bis mittelgroß. Gleichmäßig rund, abgestumpft, mittelbauchig. Tiefe Kelcheinsenkung mit geschlossenem Kelch. Kurzer Stiel in strahlig berosteter Stielgrube.
Schale glatt, glänzend grünlichgelb mit rötlicher Backe.
Fruchtfleisch hellgelb, weniger fest, saftig. Weiniger, süßer, mitunter auch etwas herber Geschmack.

Verwertung Vorzugsweise Wirtschafts- und Mostsorte, auch gut zum Dörren.

Reife Anfang bis Mitte Oktober, in Höhenlagen später. Windfest. Im kühlen Naturlager etwa sechs Monate haltbar, ohne zu welken.

Baum Breit pyramidale, mäßig verzweigte Krone mit hängenden, dünnen Ästen. Früher als Straßenbaum empfohlen. Bei Vollertrag mittelstarker Wuchs. Im Holz vollkommen frostfest.

Standort Völlig anspruchslos an Boden und Klima bis in raue Hochlagen.

Standort der Sichtungsbäume: Pomona Franconica, Triesdorf.

Baumanns Renette

Doppelnamen	'Baumanns Rote Winterrenette', 'Couronne des Dames' (in Belgien).

Entstehung
Wahrscheinlich um 1800 in Belgien, Züchter van Mons. 1874 vom Deutschen Pomologenverein zum Anbau empfohlen.

Frucht
Je nach Standort und Unterlage in Größe und Form sehr verschieden, Fruchtgewicht um 110 g. Flache Kelcheinsenkung. Kurzer Stiel in typisch silbergrauer, berosteter, enger Stielgrube. Flache Kelcheinsenkung. Schale glatt, zäh. Zur Reife gelbgrün mit stark wechselnder, roter Deckfarbe und vereinzelten, hellen Schalenpunkten. Druckfest. Fruchtfleisch gelblichweiß, fest und grobzellig. Mittlerer Saftgehalt. Süßsäuerlicher Geschmack mit schwachem Aroma. Vitaminreich.

Verwertung
Mehr Wirtschafts- als Tafelsorte. Gut für Most.

Reife
Ab Mitte September, bis zur Reife windfest. Auf trockenen Böden vorzeitiger Fruchtfall. Bei dichtem Behang drücken sich die Früchte wegen des kurzen Stieles vorzeitig ab.
Im kühlen Naturlager etwa fünf Monate haltbar, ohne zu welken. Neigt zu Lagerschorf und Stippe. Im Kühlraum nicht unter 3 °C lagern (Fruchtfleischbräune) bis Ende Februar.

Baum
Breitkugelige, kleinere, ungleichmäßige Krone mit schräg aufwärts gerichteten, spärlich verzweigten Leitästen, die sich im Alter neigen. Bildet häufig „Astfahnen". Auffallend glänzendes Laub. Wuchs mittelstark, gipfelbetont, bei Vollertrag schwach, ebenso in trockenen Böden. Regelmäßiger Schnitt zielt auf Erhaltung der Wuchskraft und gut durchlichtete Krone. Im Holz frostempfindlich. Kann sehr alt werden.

Standort
Feuchte, nährstoffreiche Böden bis in hohe, aber geschützte Lagen. Neigung zu einem Anteil an Krüppelfrüchten an trockenen Standorten. Frost- und Schorflagen sind zu meiden. Empfindlich für Kupfer- und Schwefelmittel.

Anfällig
Stark für Feuerbrand, Triebsucht, Schorf, Krebs. Anfällig auch für Stippe, Blatt- und Blutläuse.

Blüte
Groß, kurz anhaltend, mittelfrüh, am ein- und zweijährigen Holz. Nicht empfindlich. Guter Pollenspender. Bei starkem Fruchtansatz ist energisches Ausdünnen bald nach dem Junifall erforderlich.

Ertrag
Früh einsetzend, hoch und fast regelmäßig. Der Anteil an Krüppelfrüchten ist recht hoch.

Anbauwert
Früher sehr beliebt und wahrscheinlich widerstandsfähiger als heute, doch sehr pflegeaufwendig. Für höhere Lagen und im Streuobstanbau für die Mostbereitung noch anzutreffen. Für Liebhaber gut geeignet als Topfbaum.

Lieferanten: Brenninger, Cordes, Hammerschmidt, Dr. Hoffmann, Leinweber, Wetzel.

Standort der Sichtungsbäume: AHNU, Bamberg, Bavendorf, Erfurt, Dresden-Pillnitz, Pomona Franconica, Triesdorf, Veitshöchheim, Weinsberg, Wurzen.

Beerbacher Taffetapfel

Entstehung Ungewiss, alte Sorte aus dem Odenwald.

Frucht Meist mittelgroß, seltener groß, meist um 110 g schwer. Regelmäßige, hochkugelige Form mit flacher, berosteter Kelcheinsenkung und kurzem Stiel in strahlig berosteter Stielgrube.
Schale dick, glatt, trocken mit hellen Schalenpunkten und Rostfiguren. Bei Reife goldgelb, sonnenseits flächig gerötet.
Fruchtfleisch fast weiß, fest, feinzellig, saftig. Angenehm säuerlich, ohne großes Aroma.

Verwertung Sehr gute Wirtschafts- und Mostsorte.

Reife Je nach Lage Ende September. Einzelfrüchte hängen windfest bis zur Reife, aber wegen des kurzen Stieles drücken sich viele vorzeitig ab. Etwa fünf Monate lagerfähig.

Baum Hochkugelige, breite, dicht beastete Krone. Der Schnitt beschränkt sich auf die Auslichtung. Auch bei Vollertrag noch kräftiger Wuchs. Im Holz sehr frostfest. Kann sehr alt werden.

Standort Anspruchslos an Boden und Klima bis in raue und windige Lagen.

Ertrag Jährlich wechselnd zwischen hohen Erträgen und völligem Ausfall (ausgeprägte Alternanz).

Anbauwert In der Regel Streuobstsorte für höhere Lagen.

Standort der Sichtungsbäume: Geisenheim, Triesdorf.

"

Berkersheimer Roter

Baum — Birnbaumähnliche, hohe, breit pyramidale Krone mit steil aufstrebenden Leitästen. Im Alter überhängende Seitenverzweigung. Im Holz frosthart.

Standort — Völlig anspruchslos an Boden und Klima.

Anfällig — Der Baum wächst robust, ohne hervortretende Krankheiten. Bisher ohne Feuerbrand.

Ertrag — Spät einsetzend, dann alle 2 Jahre reichlich.

Anbauwert — Wertvolle Mostsorte für den Extensivbereich.

Bemerkung — Die Sorte galt als längst verschollen, bis sie 1942 wieder entdeckt und 1999 in den Anbau des Extensivbereiches genommen wurde.

Entstehung — Unbekannt. Es handelt sich um eine alte Regionalsorte aus dem Umland von Frankfurt am Main, stellenweise auch in Nordhessen verbreitet.

Frucht — Meist mittelgroß, von jungen Bäumen auch groß. Unterschiedliche Form, meist flachrund mit kalvillartigen Kanten. Flache, weite Kelcheinsenkung mit deutlichen Höckern und kleinem, geschlossenem Kelch. Dicker, extrem kurzer Stiel in enger, kaum berosteter Stielgrube.
Schale fest, glatt, bei Vollreife leicht fettend. Grüngelb mit intensiv braunrot geflammter und gestreifter Deckfarbe.
Fruchtfleisch feinzellig, fest und saftig. Stark hervortretende Säure ohne Würze mit geringem Zuckergehalt. Viel Vitamin C.

Verwertung — Hervorragende Mostsorte mit Eignung für die Wirtschaft. Kein Tafelapfel.

Reife — Je nach Lage ab Mitte Oktober, nicht windfest. Für die Wirtschaft mindestens 6 Monate im kühlen Naturlager haltbar.

Standort der Sichtungsbäume: Obstbaubetrieb Andreas Schneider in 60437 Nieder-Erlenbach.

Reife — Ende September, auf trockenen Böden vorzeitiger Fruchtfall. Möglichst späte, schonende Ernte und mehrmaliges Durchpflücken ist ratsam. Etwa sechs Monate im kühlen Naturlager haltbar, ohne Aromaverlust bei welkenden Früchten. Lagerung in perforierten Folienbeuteln ist möglich. Im Kühlraum bei 1 °C etwa 7 Monate haltbar.

Baum — Breitkugelige, dichte Krone mit schräg aufrechten, gut verzweigten Leitästen. Starker Wuchs, später mittelstark. Jährlicher Schnitt zielt auf lichtere Krone, wobei ein Teil der Langtriebe als Tragholz erhalten bleibt. Mäßig empfindlich für Holzfrost. Blüte vorwiegend an einjährigen Langtrieben.

Standort — Hohe Ansprüche an geschützte Lage mit nährstoffreichen, genügend feuchten Böden. Spätfrostlagen sind zu meiden. Bei ungeeignetem Standort und bei sehr starkem Behang hoher Anteil an zu kleinen Früchten.

Anfällig — Besonders gefährdet durch Feuerbrand. Anfällig für Krebs, Kragenfäule, Triebsucht, Blatt- und Blutläuse, mittel Schorf und Mehltau. Empfindlich für Kupfer und Schwefelmittel.

Blüte — Spät, lange anhaltend, witterungsempfindlich. Guter Pollenspender. Bei starkem Fruchtansatz ist eine Ausdünnung nach dem Junifall unbedingt anzuraten.

Ertrag — Früh einsetzend, dann jährlich wechselnd von hohen Erträgen und Ertragsausfall (Alternanz), gesamt mittelhoch. Sorgfältige Ausdünnung nach dem Junifall, Sommerschnitt und sofortige Blattdüngung nach der Ernte können die Alternanz mindern.

Anbauwert — Nach Geschmack, Inhaltsstoffen und Verwertbarkeit noch immer eine herausragende Spitzensorte, bedarf allerdings sorgfältiger Beobachtung und fachlich einwandfreier Pflege. Im Garten nur für schwachwachsende Unterlagen geeignet.

Standort der Sichtungsbäume: AHNU, Ahrensburg, Bamberg, Bavendorf, Geisenheim, Dresden-Pillnitz, Magdeburg, Rhöner Apfelbüro, Veitshöchheim, Weihenstephan, Weinsberg, Wurzen.

Voller Name — 'Goldrenette Freiherr von Berlepsch' (erster Name).

Doppelnamen — 'Berlepschs Goldrenette', 'Freiherr von Berlepsch', 'Reinette Berlepsch' und andere.

Mutanten — 'Roter Berlepsch' (bevorzugt), 'Berlepsch Typ Bonn' (etwas großfrüchtiger).

Entstehung — Um 1880, aus 'Ananasrenette' x 'Ribston Pepping'. Züchter D. Uhlhorn, Grevenbroich.

Frucht — Mittelgroß, seltener groß, um 110 g schwer. Unterschiedliche Form, meist flachkugelig mit fünf typischen Rippen von der Kelcheinsenkung ausgehend. Kurzer Stiel in enger, tiefer und strahlig berosteter Stielgrube.
Schale trocken, bisweilen etwas rau, bei Vollreife und am Lager etwas fettig. Grundfarbe rötlichgelb, Deckfarbe je nach Typ sonnenseits rötlich gestreift oder verwaschen dunkelrot.
Fruchtfleisch gelblichweiß, feinzellig, hocharomatisch (18,8 % Zucker), mit edler Säure. Hoher Saftgehalt.

Verwertung — Spitzensorte für alle Verwertungsarten. Sehr hoher Anteil an Vitamin C.

Berner Rosenapfel (Neuer)

Entstehung Um 1870 als Sämling im Wald bei Bern in der Schweiz gefunden. Erste Früchte sind seit 1888 bekannt. Weitere Verbreitung erfolgte durch Baumschule P. Daepp in Oppligen (Schweiz).

Frucht Mittelgroß, um 90 g schwer. Unterschiedliche Form, meist leicht hoch gebaut mit breiten, flachen Kanten über der Frucht. Flache, weite und strahlige Kelcheinsenkung. Kurzer, dicker Stiel in tiefer und enger Stielgrube.
Schale glatt, fest, leicht bläulich bereift. Gelbgrün, Deckfarbe rosa bis karminrot mit auffälligen Schalenpunkten.
Fruchtfleisch fast weiß, unter der Schale mitunter etwas rötlich. Mittelfest, saftig, süßsäuerlich, schwaches Aroma.

Verwertung Vorwiegend Wirtschafts-, in höheren Lagen auch Tafelsorte.

Reife Je nach Lage Anfang bis Mitte September. Nur bei Trockenheit vorzeitiger Fruchtfall, sonst windfest. Möglichst spät ernten. Etwa vier Monate lagerfähig, dann werden die Früchte mehlig und fade. Im Kühlraum bis März/April haltbar.

Baum Hochkugelige Krone mit schrägen, weniger verzweigten Leitästen, im Alter hängende Zweige. Wuchs zunächst stark, mit zunehmendem Alter schwach.
Im Holz frostfest. Regelmäßiger Schnitt beugt vorzeitigem Vergreisen infolge der hohen Fruchtbarkeit vor. Blüten sind am ein- und mehrjährigen Holz.

Standort Keine trockenen, nährstoffarmen Böden, sonst anspruchslos bis in Höhenlagen.

Anfällig Mittel für Feuerbrand. Anfällig für Schorf nur in Tallagen, auch Mehltau, Krebs, Blutlaus, Apfelwickler, Fruchtfäule und Stippe. Empfindlich für Schwefelmittel.

Blüte Lange anhaltend, nicht empfindlich. Guter Pollenspender. Energisches Ausdünnen nach dem Junifall beugt der Kleinfrüchtigkeit und frühzeitiger Erschöpfung des Baumes vor.

Ertrag Früh einsetzend, hoch bis sehr hoch und regelmäßig. Fruchtregulierung ist unbedingt ratsam, um vorzeitiger Vergreisung vorzubeugen.

Anbauwert Besonders in höheren Lagen empfehlenswert. Liebhabersorte, gut geeignet als Topfbaum und für Spalierwände.

Lieferanten: Baumgartner, Brenninger, Cordes, Dr. Hoffmann, Leinweber, Ritthaler, Wörlein.

Standort der Sichtungsbäume: AHNU, Bamberg, Bavendorf, Erfurt, Geisenheim, Dresden-Pillnitz, Müncheberg, Pomona Franconica, Rhöner Apfelbüro, Triesdorf, Veitshöchheim, Weihenstephan, Weinsberg.

Ertrag Spät einsetzend, dann alle zwei Jahre hoch (ausgeprägte Alternanz).

Anbauwert Hauptsächlich Streuobstsorte in Baden-Württemberg.

Lieferanten: Baumgartner, Bergt, Cordes, Leinweber.

Entstehung Gefunden in der Baumschule Beutelspacher bei Stuttgart.

Frucht Groß bis sehr groß, um 220 g. Ungleichmäßig flachrund mit flachen Wülsten. Wulstige Kelcheinsenkung mit geschlossenem Kelch. Kurzer Stiel in tiefer Stielgrube.
Schale glatt, fest. Bei Vollreife gelbgrün, sonnenseits flächige Deckfarbe oder stark gestreift. Kräftiger Geruch.
Fruchtfleisch fast weiß, fest, saftig. Geschmack säuerlich, ohne ausgeprägtes Aroma.

Verwertung Gute Wirtschafts- und Mostsorte.

Reife Je nach Lage Mitte September. Bis zur Baumreife windfest. Genussreife bis Februar/März.

Baum Große, ausladende, gut verzweigte Krone.
Anfangs starker bis sehr starker Wuchs, bei Vollertrag etwas schwächer.

Standort Breit anbaufähig bis in geschützte, mittlere Höhenlagen.

Anfällig In warmen Tallagen für Schorf und Mehltau.
Krebs in schweren Böden.

Standort der Sichtungsbäume: Bavendorf, Geisenheim, Triesdorf, Veitshöchheim.

Entstehung Zufallssämling, nahe des Schlosses Biesterfeld bei Bad Pyrmont gefunden; möglicherweise von der Sorte 'Blenheim' abstammend. Seit etwa 1905 zunächst in Westfalen im Anbau, später weiter verbreitet.

Frucht Groß, breitrund, schüsselförmige, tiefe Kelcheinsenkung. Tiefe Stielgrube mit meist kurzem Stiel. Schale hart, dick und fest, etwas fettig. Grundfarbe grüngelb, sonnenseits verwaschen rot mit feinen grünen Schalenpunkten. Fruchtfleisch gelblichweiß, mittelfest, saftig, gegen Lagerende trocken. Angenehme Säure, mild-aromatisch.

Verwertung Tafelsorte, eingeschränkt durch häufig auftretende Stippe. Gut brauchbar auch für wirtschaftliche Verwertungen.

Reife Anfang bis Mitte September, bei Trockenheit vorzeitiger Fruchtfall. Bei stärkerem Behang ist Durchpflücken ratsam. Etwa drei Monate im kühlen Naturlager haltbar.

Baum In der Jugend stark aufstrebend mit großer, breit ausladender Krone. Leitäste schräg aufstrebend mit ausreichendem Seitenholz. Wuchs später mittelstark und schwach hängend. Im Holz ausreichend frosthart.

Standort Geschützte Lage auf nährstoffreichen Böden bevorzugt, doch sind auch leichtere Böden bis in höhere Lagen geeignet.

Anfällig Stark für Feuerbrand und Mehltau, weniger für Schorf. In schweren Böden stark Krebs.

Blüte Mittelfrüh, länger anhaltend. Nicht empfindlich. Schlechter Pollenspender (triploid).

Ertrag Meist unbefriedigend. Wechselnd zwischen mittel hohen und geringen Ernten.

Anbauwert Durch moderne und robustere Herbstsorten ersetzbar. Starker Stippebefall grenzt den Anbauwert weiter ein. Von der Standardsorte gibt es eine rote Auslese in Bavendorf.

Lieferanten: Brenninger, Cordes, Hammerschmidt, Dr. Hoffmann, Leinweber.

Standort der Sichtungsbäume: Erfurt, Dresden-Pillnitz, Müncheberg, Neustadt, Pomona Franconica, Rhöner Apfelbüro, Veitshöchheim.

Birnförmiger Apfel

Standort	Eher kühlere bis raue Lagen, auch trockene Böden sind anbaufähig.
Anfällig	Gering schorfanfällig, kaum Apfelwickler. Ohne Mehltau und Krebs. Oft picken Vögel die süßen Früchte an.
Blüte	Spät, nicht empfindlich. Guter Pollenspender.
Ertrag	Mittelhoch bis hoch und regelmäßig.
Anbauwert	Vorzügliche Sorte für den Streuobst-Anbau mit weithin leuchtenden Früchten.

Lieferanten: Leinweber, Ritthaler.

Doppelnamen	'Wahrer Birnförmiger Apfel', 'Pomme Poire'
Entstehung	Wahrscheinlich um 1844 im Kanton Solothurn/Schweiz. Verschiedene Typen dieser Sorte sollen existieren.
Frucht	Klein, birnen- bis fassförmig. Unregelmäßige, ungleichhälftige Form, im Querschnitt rund. Kelchgrube unterschiedlich weit, meist mit 2 Wülsten. Kleiner Kelch. Langer, dünner, fast aufsitzender Stiel, oft mit einem Fleischwulst zur Seite gedrückt. Fruchtschale hart, glatt, glänzend und auf dem Lager leicht fettig. Grundfarbe gelb, fast ganz überdeckt durch eine trübrote, marmorierte Deckfarbe. Fruchtfleisch gelblichweiß, sehr hart. Mäßig saftig, im Geschmack süßsäuerlich mit hohem Zuckergehalt. Leichtes 'Cox'-Aroma.
Verwertung	Weniger für den Frischverzehr. Sehr gute Wirtschafts- und Mostsorte, auch für Dörrobst und als Brennfrucht.
Reife	Je nach Standort Mitte bis Ende Oktober, windfest bis zur Vollreife. Im kühlen Naturlager mindestens 5–6 Monate haltbar.
Baum	Hohe, pyramidale Krone mit steilen Leitästen. Sehr starker Wuchs.

Standort der Sichtungsbäume: Bavendorf, Triesdorf.

Doppelnamen Viele Doppelnamen belegen die starke Verbreitung früherer Jahre, darunter 'Geflammter Kardinal', 'Bischofsmütze' und viele weitere.

Entstehung Unbestimmt, wahrscheinlich 1802 in der Lausitz. Möglicherweise ging der ursprüngliche Name verloren und man benannte ihn nach der Gestalt. Wurde 1860 vom Deutschen Pomologenverein zum allgemeinen Anbau empfohlen. Es gibt auch eine Auslese 'Roter Bischofshut'.

Frucht Mittelgroß, oft ungleichmäßig hoch und breit mit typischen Rippen über die Frucht. Je nach Standort große Schwankungsbreite in Form und Farbe. Tiefe, höckerige Kelcheinsenkung. Kurzer Stiel in enger, strahlig berosteter Stielgrube.
Schale glatt, mit zunehmender Reife und am Lager fettig. Grundfarbe grünlichgelb, sonnenseits rötlich punktiert und geflammt. Druckfest.
Fruchtfleisch grobzellig, locker. Meist etwas trocken, ohne hervortretendes Aroma.

Verwertung Als Tafelapfel brauchbar, vorwiegend aber Wirtschaftssorte, zum Most und als Backapfel.

Reife Je nach Lage ab Mitte September, wegen der kurzen Stiele nicht windfest. Im kühlen Naturlager etwa vier Monate haltbar.

Baum Im Alter große, hochkugelige und sparrige Krone auf meist schiefem Stamm. Typisch sind die wolligen jungen Blätter und Triebe. Der Wuchs ist kräftig, auch im Vollertrag.
Regelmäßiger Schnitt zielt auf gut durchlichtete Krone. Im Holz frostfest. Kann sehr alt werden.

Standort Keine Extremböden, sonst bis in geschützte, höhere und windgeschützte Lagen anbaufähig.

Anfällig Mittelanfällig für Feuerbrand und Schorf, vor allem in geschlossenen Lager. Krebs auf zu schweren Böden.

Blüte Früh, kurz anhaltend. Nicht empfindlich. Schlechter Pollenspender (triploid).

Ertrag Spät einsetzend, dann alternierend, insgesamt hoch.

Anbauwert Eine gewisse Bedeutung gebietsweise noch im Streuobstanbau, besonders in Höhenlagen.

Lieferanten: Angendohr, Baumgartner, Bergt, Cordes, Dr. Hoffmann, Leinweber.

Bismarckapfel

Synonym	'Prince Bismarck'
Bemerkung	Diese Sorte ist nicht identisch mit der geringerwertigen 'Fürst Bismarck'.
Entstehung	Angaben über die Herkunft sind unterschiedlich. Wahrscheinlich entstand die Sorte um 1870 in Neuseeland, kam 1888 über England zu uns und war zuerst in Baden durch den Hofgärtner Fießer verbreitet.
Frucht	Groß, um 190 g schwer. Flach- bis hochkugelig. Flache und weite Kelcheinsenkung mit kleinem Kelch. Unterschiedliche Stiellänge in strahlig berosteter Stielgrube. Schale dick, glatt, leicht bereift. Grundfarbe grünlichgelb, später hellgelb, sonnenseits mit unterschiedlich breiten, braunroten Streifen. Etwas nach Veilchen duftend. Fruchtfleisch weißlich, grobzellig, saftig, kräftig säuerlich, ohne hervortretendes Aroma.
Verwertung	Vorwiegend Wirtschaftssorte und für Most. Schaufrucht für Ausstellungen.
Reife	Ab Ende September, windfest bis zur Reife. Etwa sechs Monate lagerfähig. Auf Stippe ist besonders zu achten.
Baum	Große, breitkugelige Krone mit gut verzweigten Leitästen. Typisch sind die dicken Triebe und die sehr großen Blätter. Blüten sitzen hauptsächlich an einjährigen Trieben. Der Wuchs ist bei Vollertrag schwach. Regelmäßiger Schnitt zielt auf Erhaltung der Wuchskraft, nur dann sind gute Ernten zu erwarten. Starke Schnitteingriffe, etwa Verjüngungen, werden schlecht vertragen.
Standort	Geschützte Lagen und nährstoffreiche, durchlässige Böden, auch bis in höhere, windgeschützte Regionen.
Anfällig	Stark für Feuerbrand, Schorf und Mehltau.
Blüte	Spät, lange anhaltend. Nicht empfindlich. Bei starkem Fruchtansatz ist Ausdünnung ratsam.
Ertrag	Früh einsetzend, hoch und regelmäßig. Eine Fruchtregulierung ist stets anzuraten, um früher Erschöpfung des Baumes vorzubeugen.
Anbauwert	Ausgesprochene Liebhabersorte, heute nur noch selten anzutreffen. In Höhenlagen geschmacklich besser.

Lieferanten: Angendohr, Baumgartner, Bergt, Cordes, Dr. Hoffmann, Leinweber, Spieß.

Standort der Sichtungsbäume: Geisenheim, Dresden-Pillnitz, Müncheberg, Pomona Franconica, Rhöner Apfelbüro, Triesdorf.

Bemerkung Die Sorte dient auch heute noch als eine der besten Samenspender für Sämlingsunterlagen und als Stammbildner.

Entstehung Unbestimmt, erste Erwähnung 1908. In der Gemarkung Bittenfeld bei Waiblingen, nahe bei Ludwigsburg in Württemberg als Zufallssämling gefunden. Dort schon sehr lange bekannt.

Frucht Mittelgroß, um 120 g schwer. Flachkugelig mit leichten Kanten. Kelcheinsenkung flach, gerippt mit geschlossenem Kelch. Kurzer Stiel in enger Stielgrube. Schale glatt, fest, nur gering bereift. Grundfarbe bei Reife gelb, sonnenseits leicht rötlich mit hellen Schalenpunkten.
Fruchtfleisch weiß, fest, saftig, säuerlich, aber mit hohem Zuckergehalt. Der Zuckerreichtum wird durch die Säure überdeckt.

Verwertung Begehrte Mostsorte für einen gehaltvollen, klaren Apfelwein. Nach Abbau der Säure (ab Mitte Januar) auch als Tafelsorte brauchbar.

Reife Ab Anfang Oktober. Sturmfest. Für bestmögliche Ausbildung der Inhaltsstoffe so spät wie möglich ernten. Gut vier Monate haltbar, ohne zu welken.

Baum Verzögerte Jugendentwicklung. Im Alter hohe und breit ausladende und lockere Krone mit gut garniertem Seitenholz. Der Wuchs ist anfangs schwach bis mittelstark, mit Ertragsbeginn noch schwächer. Im Holz frosthart. Besonders langlebig.

Standort Auf nährstoffreichen Böden bis in raue, auch windige Regionen.

Anfällig Mittelstark für Feuerbrand. Widerstand gegen Schorf oder Krebs, auch gegen tierische Schädlinge.

Blüte Spät, nicht frostempfindlich. Guter Pollenspender.

Ertrag Erst spät einsetzend. Wechselnd zwischen recht hohen Ernten und völligem Ertragsausfall (ausgeprägte Alternanz), insgesamt unterdurchschnittlich, trotz großer Krone.

Anbauwert Aufgrund seiner Inhaltsstoffe eine der besten Mostsorten, auch für den erwerbsmäßigen Anbau.

Lieferanten: Baumgartner, Brenninger, Cordes, Ganter, Herr, Leinweber, Rinn, Schmitt, Spieß.

Anfällig	Der Feuerbrandstatus ist unbekannt. Anfällig für Mehltau in Warmlagen, weniger für Schorf.
Blüte	Mittelfrüh, nicht witterungsempfindlich. Schlechter Pollenspender (triploid).
Ertrag	Früh einsetzend, dann fast regelmäßig hoch.
Anbauwert	Eine typische und gute Sorte für den Streuobstbereich.

Lieferanten: Baumgartner, Leinweber, Müller, Ritthaler, Ulmer, Wörlein.

Entstehung	1820. Aufgefunden in einer Obstanlage im Kanton Thurgau/Schweiz. 1968 beschrieben.
Frucht	Mittelgroß bis groß. Ungleichmäßig geformt, meist etwas hoch gebaut mit breiten Kanten über der Frucht. Schale glatt, bei Reife fettig. Gelblichgrün mit geflammter, blauroter Deckfarbe und hellen Schalenpunkten. Fruchtfleisch fest, saftig. Ausgewogenes Zucker-/Säureverhältnis mit mildem Aroma.
Verwertung	Sehr gute Most- und Wirtschaftssorte.
Reife	Ab Ende September, windfest bis zur Baumreife. Im kühlen Naturlager etwa 5 Monate haltbar bei geringen Lagerverlusten.
Baum	Hochrunde, gut verzweigte Krone mit aufstrebenden Leitästen. Von Jugend an starker, im Vollertragsalter noch mittelstarker Wuchs. Blüht und fruchtet auch an einjährigen Trieben. Im Holz frostfest.
Standort	Windgeschützt bis in mittlere Höhenlagen auf ausreichend feuchten Böden.

Standort der Sichtungsbäume: Bavendorf, Dresden-Pillnitz, Triesdorf, Veitshöchheim, Weinsberg, Wurzen.

Voller Name	'Goldrenette von Blenheim'
Doppelnamen	'Blenheim Orange' (Original), 'Perle von England', 'Blenheim Pepping', 'Woodstock Pippin', 'Blenheimer Goldrenette', und viele weitere.
Entstehung	Um 1800. Findling in Blenheim Palace bei Woodstock, Grafschaft Oxfordshire (England). Wurde vom Deutschen Pomologenverein 1860 zum allgemeinen Anbau empfohlen.
Frucht	Groß, mitunter auch sehr groß, um 200 g schwer. Gleichmäßig flachkugelig, je nach Standort unterschiedlich in Form und Farbe. Typisch großer, offener Kelch in leicht faltiger Kelcheinsenkung. Stiel kurz und dick in enger, strahlig berosteter Stielgrube. Schale glatt, trocken mit lederiger Berostung. Grundfarbe grünlichgelb, vollreif orangegelb, sonnenseits rötlich marmoriert mit hellen Schalenpunkten. Druckfest. Fruchtfleisch gelblichweiß, saftig, feinzellig, am Lager mürbe. Mildsäuerlicher Geschmack mit edlem, etwas nussartigem Aroma.
Verwertung	Tafel- und Wirtschaftsapfel, auch für guten Most.

Reife	Anfang bis Mitte September. Wegen des kurzen Stieles drücken sich die Früchte bei dichtem Behang häufig vorzeitig ab. Fruchtfall schon vor der Reife, besonders in trockenen Jahren, deshalb ist mehrmaliges Durchpflücken erforderlich. Bis zu fünf Monate im kühlen Naturlager haltbar, danach werden die Früchte welk und mehlig.
Baum	Von Jugend an sehr große, hochgewölbte Krone mit anfangs aufrechten, später abstehenden, gut verzweigten Ästen. Auffällig die fast schwarze Borke. Wuchs von Jugend an sehr stark, auch bei Vollertrag. Nicht vollkommen frosthart im Holz.
Standort	Bevorzugt sind milde, windgeschützte Lagen und nährstoffreiche Böden. Wegen Stippegefahr nicht überdüngen!
Anfällig	Stark Feuerbrand. Kaum für Schorf, stärker für Krebs, Mehltau, Blutlaus und Stippe.
Blüte	Mittelfrüh, nur in freier Lage frostempfindlich. Schlechter Pollenspender (triploid).
Ertrag	Sehr später Ertragsbeginn, auf Hochstamm erst nach etwa 15 Jahren. Nur in besten Lagen ist mit hohen Erträgen und Qualitätsfrüchten zu rechnen, sonst höchstens mittelmäßig.
Anbauwert	Gute Liebhabersorte. Wegen des hohen Platzbedarfs und der Krankheitsanfälligkeit ist der Anbau stark rückläufig. Gegendwe se noch im Streuobstanbau wegen des guten Mostes.

Lieferanten: Baumgartner, Cordes, Ganter, Hammerschmidt, Heinrich, Leinweber, Rinn, Wetzel.

Standort der Sichtungsbäume: AHNU, Bamberg, Bavendorf, Erfurt, Geisenheim, Dresden-Pillnitz, Pomona Franconica, Triesdorf, Veitshöchheim, Weihenstephan, Weinsberg.

Blumberger Langstiel

Anfällig — Gilt als robust, besonders in höheren Lagen.

Blüte — Spät, nicht witterungsempfindlich. Schlechter Pollenspender (triploid).

Ertrag — Verhältnismäßig gering durch ausgeprägte Alternanz.

Anbauwert — Aufgrund des starken Wuchses und der ausgeprägten Alternanz weniger für Hausgärten, dafür aber in Obstwiesen zu empfehlen, wenn eine Befruchtersorte vorhanden ist.

Lieferanten: Baumgartner, Leinweber.

Entstehung — Ungewiss, vermutlich eine Sämlingsauslese. Stammt aus Blumberg bei Donaueschingen in Baden-Württemberg.

Frucht — Mittelgroß, mitunter auch groß, überwiegend flachrund. Flache, strahlige Kelcheinsenkung mit kleinem, geschlossenem Kelch. Langer Stiel in weiter, strahlig berosteter Stielgrube.
Schale glatt, etwas fettend. Bei Reife gelb, sonnenseits rot gestreift oder stellenweise flächig rot mit hellen Schalenpunkten.
Fruchtfleisch feinzellig, etwas mürbe mit säuerlichem Geschmack. Um 57° Oechsle und um 12,5 g/Liter Weinsäure.

Verwertung — Bevorzugt als sehr gute Wirtschaftssorte, aber auch noch für guten Most geeignet.

Reife — Je nach Lage ab Anfang Oktober, in Höhenlage 2 Wochen später. Im kühlen Naturlager etwa 3 Monate haltbar.

Baum — Breite, ausladende Krone mit überhängenden Zweigen. Starker Wuchs, im Vollertrag nur wenig nachlassend.

Standort — Breit anbaufähig bis in höhere, windige Lagen.

Standort der Sichtungsbäume: Bavendorf, Geisenheim, Müncheberg, Triesdorf, Veitshöchheim, Weinsberg.

Börtlinger Weinapfel

Entstehung Vermutlich um 1827 als Zufallssämling entstanden zwischen Stuttgart und Göppingen (Gemeinde Börtlingen).

Frucht Klein, auch mittelgroß, höchstens 100 g, kugelig.
Flache, etwas strahlige, schüsselförmige Kelcheinsenkung und enger Kelch. Meist langer Stiel.
Schale glatt, hart, trocken, nicht druckempfindlich. Hellgelb, sonnenseits mit flächiger, braunroter Deckfarbe.
Fruchtfleisch feinzellig, fest, sehr saftig. Hoher Zuckergehalt mit wenig Säure.

Verwertung Vorwiegend Mostsorte mit hoher Saftausbeute, auch für Wirtschaft.

Reife Ab Mitte Oktober, windfest. Etwa 2 Monate lang verwertungsfähig.

Baum Breitrunde Krone mit schrägen, im Alter überhängenden Ästen. Auffallend große, dunkelgrüne Blätter.
Anfangs starker, bei Vollertrag höchstens mittelstarker Wuchs.
Gelegentlicher Auslichtungsschnitt zielt auf die Erhaltung der Wuchskraft. Im Holz frostfest.

Standort Durchlässige, ausreichend feuchte Böden in warmer, höchstens mittlerer Höhenlage sind am besten geeignet. Keine Höhenlagen oder schwere Böden.

Anfällig Mittelstark für Mehltau, gering für Schorf, auf schweren Böden auffällig stark Krebs.

Blüte Mittelfrüh, guter Pollenspender.

Ertrag Trotz Alternanz ein Massenträger.

Anbauwert Als Keltersorte in der Stuttgarter Region noch immer verbreitet.

Lieferanten: Baumgartner, Bergt, Cordes, Ganter, Leinweber, Ley, Schmitt, Ulmer, Wetzel.

Standort der Sichtungsbäume: AHNU, Bavendorf, Erfurt, Geisenheim, Dresden-Pillnitz, Pomona Franconica, Rhöner Apfelbüro, Triesdorf, Veitshöchheim, Weihenstephan, Weinsberg, Wurzen.

Bemerkung
Im Anbau ist auch der rote Typ. Die Sorte ist (nach Oberdieck 1869) nicht identisch mit dem 'Großen Rheinischen Bohnapfel', gegendweise auch 'Anhalter' genannt.
Der Bohnapfel zählte – neben 'Jakob Lebel' und 'Ontario' – zu den drei „Reichsobstsorten" beim Apfel, die am 24.01.1922 durch die Deutsche Obstbaugesellschaft als wirtschaftlich wichtig eingestuft und empfohlen wurden.

Doppelnamen
'Jockerle' (Schwarzwald), 'Kleiner Bohnapfel', 'Petit Bohn'.

Entstehung
Ungewiss, vermutlich zwischen 1750 und 1800 am Niederrhein als Knospenmutation entdeckt. Von den Pomologen Sickler und Diel 1799 beschrieben.

Frucht
Klein, auch mittelgroß, um 110 g schwer. Etwas schief und fassförmig hoch gebaut. Weite, leicht, faltige Kelcheinsenkung mit geschlossenem Kelch. Meist kurzer, dicker Stiel in enger Stielgrube. Schale zäh, glatt, trocken, gering bereift, abziehbar. Grundfarbe grün bis gelbgrün, Deckfarbe verwaschen bräunlichrot gestreift mit hellen Punkten und Roststernen. Druckfest.
Fruchtfleisch gelblichweiß, sehr fest, wenig saftig. Säuerlich, schwach süß, ohne besonderes Aroma.

Verwertung
Neben 'Bittenfelder' eine der begehrtesten Mostsorten, auch für Saft und Wirtschaft, für Nasskonserve und zum Dörren. Frischverzehr ist nach dem Säureabbau etwa ab Februar/März möglich.

Reife
Schüttelreife ab Mitte bis Ende Oktober. Früchte hängen sehr fest und sturmsicher am Baum.

Baum
Mittelgroße, breit pyramidale Krone. Im spitzen Winkel aufstrebende Äste sind mit kurzem Seitenholz besetzt und ausreichend verzweigt. Der Wuchs ist mittelstark, ohne im Alter zu vergreisen. Im Holz frosthart.

Standort
Anspruchslos an Lage und Klima. Auch in feuchten Grasnarben der Streuobstwiesen bis in raue Lagen anbaufähig.

Anfällig
Gering Feuerbrand und Schorf. Krebs nur auf nassen, schweren Böden. Ohne Mehltau und Stippe. Widerstand gegen Blutlaus.

Blüte
Mittelfrüh, lange anhaltend. Blüten an ein- und mehrjährigen Trieben. Nicht empfindlich. Schlechter Pollenspender (triploid). Selbstfruchtbarkeit wurde beobachtet.

Ertrag
Spät einsetzend, zunächst gering, mit zunehmendem Alter immer höher. Wechselnd zwischen hohen Ernten und Ertragsausfällen (ausgeprägte Alternanz). Trotzdem bleiben die Erträge meist höher als im Durchschnitt.

Anbauwert
Allgemein bevorzugt für Streuobstflächen. Findet nicht nur in rauen Lagen, auch heute noch seine Liebhaber als lange haltbare Tafelsorte.

Lieferanten: Gräb, Herr, Hofmann, Leinweber, Schmitt, Wörlein.

Standort der Sichtungsbäume: AHNU, Bavendorf, Erfurt, Geisenheim, Dresden-Pillnitz, Magdeburg, Müncheberg, Pomona Franconica, Rhöner Apfelbüro, Veitshöchheim, Weihenstephan, Weinsberg.

Bonza

Entstehung 1953 entdeckt als Sämling der Sorte 'Jonathan'. Herkunft New South Wales, Australien. Seit Mitte der siebziger Jahre bei uns im Handel.

Frucht Mittelgroß, selten groß. Konisch hoch gebaut mit tiefer Kelcheinsenkung. Stiel mittellang in strahlig berosteter Stielgrube. Im Aussehen ähnlich dem 'Roten Jonathan'.
Schale dünn, glatt, leicht bereift. Attraktive Deckfarbe sonnenseits flächig dunkelrot.
Fruchtfleisch fast weiß, unter der Schale leicht gerötet. Feinzellig, etwas mürbe, saftig, süß, wenig aromatisch.

Verwertung Vorzugsweise für den Frischverzehr.

Reife Ende September bis Anfang Oktober. Wegen ungleichmäßiger Reife ist ein mehrmaliges Durchpflücken ratsam. Windfest bis zur Reife, dann schneller Fruchtfall.

Baum Mittelgroße, gut verzweigte Krone mit dünnen Trieben, später hängend. Wuchs bei Vollertrag schwach. Kaum frostempfindlich im Holz.

Standort Optimale Fruchtqualität ist nur im Weinbauklima zu erwarten, auf nährstoffreichen, durchlässigen Böden. Höhere Lagen scheiden aus.

Anfällig Stark für Feuerbrand und Mehltau, mittel für Schorf. Empfindlich für Kupfer- und Schwefelmittel.

Blüte Mittelspät, wenig empfindlich. Guter Pollenspender. Bei dem üblicherweise starken Fruchtansatz ist Ausdünnung nach dem Junifall ratsam.

Ertrag Früh einsetzend, hoch und nur geringe Alternanzneigung.

Anbauwert Nach anfänglich starkem Zuspruch ist der Anbau jetzt wieder rückläufig.

Lieferanten: Cordes, Bergt, Ganter, Leinweber.

Standort der Sichtungsbäume: Ahrensburg, Bavendorf, Dresden-Pillnitz, Müncheberg, Pomona Franconica, Triesdorf, Weihenstephan, Wurzen.

Voller Name
'Schöner von Boskoop'
Original: 'Schone van Boskoop'

Doppelnamen
'Graue Winterrenette', 'Reinette de Montfort',
'Belle de Boskoop' und weitere.

Entstehung
Ungewiss, ob es sich um eine Erbänderung
(Sprossmutante) von 'Renette de Montfort' handelt
oder um eine eigene Sorte. 1856 gefunden von
dem Pomologen Ottolander in Boskoop (Holland),
ab 1863 in Deutschland verbreitet.

Rote Mutanten
'Roter Boskoop', 1923 als Knospenmutation von
Otto Baumann auf einem 30-jährigen Baum gefunden
und seit 1939 von der Baumschule Schmitz-Hübsch
mit gleichem Namen verbreitet. 'Bakker' (flächigrot),
'Bakley', 'Bieling', 'Celica', 'Valastrid', 'Welbo',
'Wolf' und zahlreiche weitere.

Gelbe Mutanten
'Benner', 'Hohenheim', 'Wilhelmi' und weitere.

Frucht
Groß bis sehr groß, um 200 g schwer. Die Form ist
oft ungleichhälftig und wechselnd von flach bis
hochrund mit flachen, breiten Kanten. Faltige, tiefe
und enge Kelcheinsenkung. Kurzer Stiel in enger,
berosteter Stielgrube.

Schale trocken, oft rau, grünlichgelb. Deckfarbe
unterschiedlich orange, sonnenseits rot marmoriert.
Rostfiguren über die ganze Frucht.
Fruchtfleisch hellgelblich, mittelfest, grobzellig, saftig.
Kräftig weinsäuerlich mit ausreichender Süße und
deutlichem Aroma.

Verwertung
Für den Frischverzehr und alle Verwertungsarten.
Obwohl säuerlich im Geschmack, ist die Sorte wegen
des hohen Zuckergehaltes für Diabetiker nicht
geeignet.

Reife
Je nach Lage ab Ende September. Ein später Ernte-
termin fördert die Zucker- und Aromabildung. Bei
zu früher Ernte bleiben die Früchte eher sauer und
ohne Aroma. Nicht windfest.
Im kühlen Naturlager etwa fünf Monate haltbar, bis
März in perforierten Folienbeuteln. Im Kühlraum bis
April, nicht unter 4 °C (Fleischbräune). Nicht geeignet
für CO_2-Lagerung.

Baum
Breite, flachkugelige Krone mit schräg aufrechten,
später waagerechten, gleichmäßig verzweigten
Leitästen. Von Jugend an starker bis sehr starker
Wuchs, der sich durch späten Schnitt (nach der Blüte)
etwas bremsen lässt. Die Triebkraft hält bis ins Alter
an. Gelegentlich kommen Frostschäden an Spross
und Wurzel vor.

Standort
Bis in mittlere Höhenlagen, auf nährstoffreichen
Böden, trockene und leichte sind ungeeignete Böden.
Spätfrostlagen sind zu meiden. 'Roter Boskoop' ist
etwas weniger anspruchsvoll als die Stammform.
Am besten ist Küstenklima.

Anfällig
Gering für Feuerbrand, stark für Schorf, Blutläuse,
Stippe, Kragenfäule, Krebs, Triebsucht, Apfelmosaik.
Bei wechselhafter Witterung Glasigkeit der Früchte
und in nassen Jahren Kernhausfäule. Empfindlich
für Kupfer- und Schwefelmittel.

Blüte Früh, lange anhaltend. Empfindlich für Spätfröste, weniger bei nasser Witterung. Die Blüten sind an ein- und mehrjährigen Trieben. Schlechter Pollenspender (triploid). Bei starkem Fruchtansatz kann die Alternanz durch Fruchtausdünnung verringert werden.

Ertrag Auf Hochstamm sehr spät einsetzend. Jährlich wechselnd zwischen hohen Erträgen und Ernteausfall, ausgeprägte Alternanz (weniger auf schwachwachsender Unterlage). Sorgfältige Ausdünnung nach dem Junifall und Blattdüngung sofort nach der Ernte zielen auf regelmäßigere Erträge. Insgesamt liegen sie aber meist unter dem Durchschnitt.

Anbauwert Noch immer eine der begehrtesten Sorten. Rote Typen (Schmitz-Hübsch) wurden im Anbau bisher allgemein bevorzugt, ohne dass der Standard viel weniger gefragt ist. Im Garten kommen nur schwachwachsende Unterlagen in Betracht.

Entstehung Gefunden von J. Teller in Le Quesnoy (Normandie). Sortenschutz seit 1995.

Frucht Noch etwas größer mit weniger Fruchtfestigkeit als die Stammform. Stark berostet.

Reife Etwas spätere Reife aber höhere Windfestigkeit als die Stammsorte.

Baum Schwacher, schmaler Wuchs (Spurtyp) mit kurzem, unverzweigtem Seitenholz, später breiter werdend.

Anbauwert Wird unterschiedlich beurteilt. Zu beachten ist auch die rote Auslese (Sichtung in Jork und Pomona Franconica).

Lieferanten: Friedlein, Ganter, Kiefer, Müller.

Standort der Sichtungsbäume: Geisenheim, Jork, Neustadt, Pomona Franconica, Veitshöchheim, Weinsberg, Wurzen.

Braeburn

Entstehung	1952 entdeckt im Distrikt Nelson auf der Südinsel Neuseelands. Vermutlich ein Sämling der Sorte 'Lady Hamilton'. Durch die Baumschule Williams in Braeburn weiter verbreitet.
Bemerkung	Von dieser Sorte sind inzwischen eine Reihe von Auslesen erhältlich, die als Handelsfrüchte zunehmend im Angebot sind.
Mutanten	'Braebrite' (jetzt Standard) mit streifiger Rotfärbung, 'Hidala' etwas größer und mit dunkler Deckfarbe, 'Lochbuie', 'Mariri Red', 'Redfield', 'Schneider' und weitere Mutanten, etwa 'Griba', 'INRA', 'Red Braeburn'. Für alle besteht Sortenschutz.
Frucht	Mittelgroß bis groß, hoch gebaut, unterschiedliche Form. Meist flache, schüsselförmige, etwas gerippte Kelcheinsenkung. Langer Stiel in tiefer Stielgrube. Schale glatt, leicht fettig. Grundfarbe goldgelb, sonnenseits intensiv kurz gestreift mit kleinen, hellen Schalenpunkten. Fruchtfleisch hell cremefarbig, fest und knackig, sehr saftig. Aromatisch süß mit leichter Säure.
Verwertung	Ausgereift und von besten Standorten gute Tafelsorte.
Reife	Ähnlich 'Granny Smith' ab Ende Oktober, kurzer Erntezeitraum. Im kühlen Naturlager etwa fünf Monate haltbar, im Kühllager bis April/Mai, bei 3 °C. Bleibt lange fest. Im Profibereich sind die Probleme bei CA- bzw. ULO-Lagerung dieser Sorte zumeist bekannt.
Baum	Aufrechtes, gut verzweigtes Wuchsbild mit kurzem Fruchtholz. Anfangs mittelstarker, später schwacher, spurartiger Wuchs. Der Sommerschnitt zielt auf gut ausgefärbte Qualitätsfrüchte. Empfindlich für Holzfrost.
Standort	Für die extrem lange Fruchtwachstumszeit wird bester Boden und warmes Klima benötigt. Keinesfalls für Spätfrostlagen geeignet.
Anfällig	Stark für Feuerbrand, Schorf, Mehltau, Spinnmilben, Viröse Triebsucht, stippeanfällig.
Blüte	Mittelfrüh, witterungsempfindlich. Fruchtausdünnung bald nach der Blüte ist in der Regel erforderlich.
Ertrag	Geringe Anfangserträge, danach hoch, abhängig von Pflege und Standort. Leichte Alternanzneigung.
Anbauwert	Trotz des hohen Bekanntheitsgrades im Angebot des Handels ist die Sorte nicht für den Garten, sondern nur für erfahrene Erwerbsanbauer zu empfehlen. Der Bedarf wird zumeist aus Importen gedeckt. Lieferanten: Viele örtliche Baumschulen.

Standort der Sichtungsbäume: AHNU, Ahrensburg, Bavendorf, Erfurt, Geisenheim, Dresden-Pillnitz, Jork, Rostock, Triesdorf, Veitshöchheim, Weihenstephan, Weinsberg, Wurzen.

Erster Name	'Bramley's Seedling'
Synonym	'Triomphe de Kiel'
Entstehung	Unbekannt. Um 1810 in der Baumschule Bramley in der Grafschaft Kent (England) gefunden. Im Handel seit 1876.
Frucht	Meist groß, um 230 g schwer, jedoch sehr unterschiedliche Größen. Flachkugelig, ungleichmäßig gebaut, wulstige Rippen um die ganze Frucht. Kelcheinsenkung weit und strahlig. Kurzer, kräftiger Stiel, meist mit einem Fleischwulst in der Stielgrube. Schale fest, geschmeidig. Bei Reife grünlichgelb, sonnenseits nur wenig gerötet und gestreift. Fruchtfleisch gelblichweiß, fest, säuerlich bis herb, ohne hervortretendes Aroma.
Verwertung	Für den Frischverzehr, im Wesentlichen aber Wirtschafts- und Mostsorte.
Reife	Je nach Lage ab Mitte September.
Baum	Flache, breit ausladende, stark verzweigte Krone. Von Jugend an starker bis sehr starker Wuchs, im Vollertragsalter immer noch stark.
Standort	Nur für wärmere Lagen geeignet. Abweichungen drücken sich in der äußeren und inneren Fruchtqualität aus.
Anfällig	In geschlossenen Lagen stark für Schorf, mittelstark für Mehltau. Stippe kann schon am Baum auftreten.
Blüte	Spät, nicht empfindlich. Schlechter Pollenspender (triploid).
Ertrag	Jährlich wechselnd zwischen hohen Erträgen und Ernteausfall (ausgeprägte Alternanz), insgesamt mittelhoch.
Anbauwert	Liebhabersorte in günstigen Lagen. Sonst verzichtbar. In England ist die Sorte weit beliebter, im europäischen Anbau noch vor 'James Grieve' rangierend.

Lieferanten: Angendohr, Bergt, Cordes, Dr. Hoffmann, Leinweber, Ritthaler, Ulmer, Wetzel.

Standort der Sichtungsbäume: Bavendorf, Geisenheim, Dresden-Pillnitz, Müncheberg, Rhöner Apfelbüro, Weinsberg, Wurzen.

Doppelnamen
'Kohlapfel', 'Mate Brune', 'Mohrenapfel', 'Schmiede-apfel' und viele weitere.

Entstehung
Unbekannt. Ist möglicherweise sogar noch von römischer Herkunft. Auf Rügen soll die Sorte unter dem Namen 'Täubling' schon vor 1703 im Anbau gewesen sein. Im Altgermanischen hat „Mat" die Bedeutung von Speise.
Die Sorte wurde vom Deutschen Pomologenverein 1886 empfohlen.

Frucht
Mittelgroß, um 140 g schwer, ungleichmäßig flachkugelig. Kelcheinsenkung flach, etwas gerippt. Kurzer, dicker Stiel in enger, berosteter Stielgrube. Schale glatt, fest, mit typischen Roststernen, etwas wachsig. Grundfarbe gelb, sonnenseits dunkel trübrot geflammt, schattenseits heller und streifig. Von älteren Bäumen stärkere Färbung. Vor dem Lager druckfest. Fruchtfleisch gelblich, fest, saftig, süß mit wenig Würze. Der Geschmack ist abhängig vom guten Standort.

Verwertung
Wirtschaftssorte, auch für die Mostbereitung geeignet.

Reife
Ab Anfang Oktober, windfest. Beste Inhaltsstoffe bei später Ernte. Im kühlen Naturlager bis zu sieben Monaten haltbar.

Baum
Große, breit kugelförmige, sparrige Krone mit langen, dicht mit Fruchtholz besetzten Ästen. Im Vollertragsalter noch starker Wuchs. Frosthart im Holz. Kann sehr alt werden.

Standort
Nicht für trockene Böden, sonst bis in windige, raue Hochlagen anbaufähig.

Anfällig
Mittelstark für Feuerbrand, Schorf nur in warmen Tallagen. Anfällig für Krebs.

Blüte
Spät, unempfindlich für Witterungseinflüsse. Schlechter Pollenspender (triploid).

Ertrag
Vollertrag frühestens nach 15 Jahren, dann wechselnd zwischen recht hohen und mittleren Erträgen während der ganzen langen Lebensdauer.

Anbauwert
Früher weit verbreitet, besonders als Mostsorte. Auch heute noch in rauen Lagen gerne angebaut. Wegen des späten Ertragsbeginns aber kaum noch im Anbau.

Lieferanten: Baumgartner, Bergt, Brenninger, Cordes, Ganter, Leinweber, Nicolin, Ritthaler, Schmitt.

Standort der Sichtungsbäume: AHNU, Bavendorf, Geisenheim, Dresden-Pillnitz, Pomona Franconica, Triesdorf, Veitshöchheim, Weihenstephan.

Entstehung — 1908 bei Brettach, Kreis Heilbronn, gefunden. Vermutlich ein Zufallssämling von 'Champagnerrenette' x 'Jakob Lebel'.

Frucht — Groß bis sehr groß, um 230 g schwer. Flachkugelig, schüsselförmige, etwas höckerige Kelcheinsenkung mit offenem Kelch. Stiel kurz und dick in enger, leicht strahlig berosteter Stielgrube.
Schale fest, glatt, etwas fettig, besonders am Lager. Gelblich, sonnenseits verwaschen rötlich. Druckempfindlich.
Fruchtfleisch grünlichgelb, weiß, fest, saftig mit erfrischender Säure. Der Geschmack ist abhängig von warmer Lage, Schattenfrüchte schmecken fade. Saftausbeute um 77 %.

Verwertung — Vorzugsweise Wirtschafts- und Mostsorte, von warmen Lagen auch für den Frischverzehr.

Reife — Ab Anfang Oktober, windfest. Es ist druckfrei zu ernten. Im kühlen Naturlager etwa fünf Monate haltbar. Bei der Ernte Schalenverletzung vermeiden wegen Fruchtfäule am Lager.

Baum — Große, breite, flache aber lichte Krone mit kurzem Fruchtholz an langen Ästen. Überwachungsschnitt für besser verzweigte Krone. Im Vollertragsalter schwächerer Wuchs. Im Holz frosthart.

Standort — Nährstoffreiche, durchlässige Böden, möglichst im Weinbauklima. Auf kühleren Standorten und mageren Böden lässt die Fruchtqualität stark nach.

Anfällig — Stark für Feuerbrand. Auf schweren Böden krebsanfällig. Schorf ist in geschlossenen Lagen möglich.

Blüte — Spät, schlechter Pollenspender (triploid). Bei starkem Fruchtansatz fördert das Ausdünnen die Fruchtqualität und beugt der Alternanz vor.

Ertrag — Mittelfrüh einsetzend. Wechselnd zwischen höheren und geringen Ernten, ausgleichbar durch Ausdünnen nach dem Junifall und Blattdüngung sofort nach der Ernte. Insgesamt unterdurchschnittliche Erträge.

Anbauwert — Als Tafelobst zugunsten moderner Sorten verzichtbar. Für den Streuobstbau in wärmeren Lagen noch immer von Bedeutung.

Lieferanten: Brenninger Cordes, Ganter, Hofmann, Dr. Hoffmann, Leinweber, Ritthaler, Schmitt, Wörlein.

Standort der Sichtungsbäume: Bamberg, Bavendorf, Erfurt, Geisenheim, Dresden-Pillnitz, Müncheberg, Pomona Franconica, Rhöner Apfelbüro, Triesdorf, Veitshöchheim, Weihenstephan, Weinsberg.

Breuhahn (Geheimrat)

Baum — Hochkugelige, wenig verzweigte Krone, mit anfangs aufrechten Leitästen, die sich bei Beginn des Vollertrages der Waagerechten nähern.
Mittelstarker Wuchs. Aufmerksamer Schnitt zielt auf bessere Verzweigung, den Erhalt der Wuchskraft und beugt frühzeitiger Erschöpfung vor. Gelegentliche Verjüngung ist notwendig. Blütenbildung an ein- und mehrjährigen Trieben.
Im Holz nicht frostfest. Holzrisse treten mitunter auch nach Überbehang (Erschöpfungsschäden) auf.

Standort — Wärmere, nährstoffreiche Böden bis in geschützte höhere Lagen bringen geschmacklich vollwertige Früchte, sonst Qualitätsminderung. Nicht für windige Höhenlagen.

Anfällig — Stark für Feuerbrand, weniger für Schorf und Mehltau. Krebs und Stippe sind möglich.

Blüte — Mittelfrüh, nicht lange anhaltend. Frostempfindlich, weniger für nasse Witterung. Guter Pollenspender. Nach starkem Fruchtansatz ist zur Qualitätsverbesserung und Alternanzminderung unbedingt energisch auszudünnen.

Ertrag — Früh einsetzend und zunächst sehr hoch. Mit zunehmendem Baumalter wechseln mittlere und mindere Erträge, aber ohne ausgeprägte Alternanz.

Anbauwert — Trotz einiger Nachteile hat die Sorte noch immer ihre Liebhaber. Als Wirtschafts- und Mostobst auf Hochstämmen regional sehr beliebt.

Lieferanten: Angendohr, Bergt, Cordes, Hammerschmidt, Dr. Hoffmann, Leinweber.

Entstehung — 1895 als Sämling von 'Halberstädter Jungfernapfel' in der Forschungsanstalt Geisenheim/Rhein. Seit 1934 im Handel.

Frucht — Klein (besonders bei reichem Behang) bis mittelgroß, um 100 g schwer, hochkugelig. Typisch schiefer Kelch, dadurch ungleichhälftig. Flache Kelcheinsenkung mit geschlossenem Kelch. Unterschiedliche Stiellänge in breiter und tiefer, strahlig berosteter Stielgrube.
Schale etwas mürbe, mit der Reife zunehmend fettig. Grünlichgelb, sonnenseits verwaschen rot und kurz gestreift. Druckempfindlich.
Fruchtfleisch gelblichweiß, locker bis mittelfest, saftig. Der Geschmack ist abhängig vom guten Standort und Witterungsverlauf, normalerweise feinsäuerlich mit ausreichender Süße. Schattenfrüchte sind immer fade.

Verwertung — Tafel- und Wirtschaftssorte, auch für Most.

Reife — In warmen Lagen ab Mitte September, sonst später. Nicht windfest, deshalb ist Fruchtfall schon vor der Baumreife möglich. Es ist druckfrei zu ernten. Im kühlen Naturlager etwa fünf Monate haltbar ohne zu welken, dann Aromaverlust.

Standort der Sichtungsbäume: Ahrensburg, Bavendorf, Erfurt, Geisenheim, Dresden-Pillnitz, Magdeburg, Müncheberg, Rhöner Apfelbüro, Triesdorf, Wurzen.

Standort — Für eine gute Fruchtqualität sind warme Lagen und nährstoffreiche Böden Bedingung.

Anfällig — Mittelstark für Feuerbrand. Schorf und Virosen sind je nach Witterung und Standort verbreitet. Stark Mehltau. Stippe in großen Früchten schon am Baum.

Blüte — Früh, lange anhaltend, gering frostempfindlich. Guter Pollenspender. Der regelmäßig hohe Fruchtansatz ist bald nach der Blüte sorgfältig auszudünnen.

Ertrag — Mittelfrüh einsetzend, hoch und regelmäßig.

Anbauwert — Die Sorte ist nur für erfahrene Anbauer, aber weniger für den Garten geeignet.

Lieferant: Bergt.

Entstehung — 'Jonathan' x 'Golden Delicious'. Es besteht Sortenschutz.

Frucht — Mittel bis groß, ein Teil des Behanges bleibt aber deutlich kleiner. Hoch gebaute bis konische Form mit flachen Kanten. Kleiner, geschlossener Kelch in flacher Einsenkung. Unterschiedliche Stiellänge in enger Stielgrube.
Schale dick, glatt, nur leicht wachsig. Grüngelbe Grundfarbe, sonnenseits leuchtend rot gestreift oder geflammt.
Fruchtfleisch gelblichweiß, fest, saftig. Süß mit leichter Säure und gutem Aroma.

Verwertung — Gute Tafelsorte, auch Wirtschaftsfrucht. Nicht für Most geeignet.

Reife — Ab Anfang Oktober, windfest bis zur Baumreife. Für eine gute Fruchtqualität ist so spät wie möglich zu ernten. Bei Vollreife vom Baum essbar. Im kühlen Naturlager etwa vier Monate haltbar. Lagerung in perforierten Folienbeuteln ist möglich. Auf Stippe am Lager ist zu achten.

Baum — Breit pyramidales, aufrechtes Wuchsbild mit starker Mitte. Dünnes, dicht verzweigtes, hängendes Fruchtholz. Starker Wuchs. Mittelanfällig für Holzfrost.

Standort der Sichtungsbäume: Erfurt, Geisenheim, Jork, Pomona Franconica, Triesdorf, Veitshöchheim, Weinsberg, Wurzen.

Im kühlen Naturlager etwa zehn Wochen haltbar ohne zu welken, im Kühllager bis Februar bei 1 °C ohne Fleischbräune.

Baum

Breit pyramidales, mäßig verzweigtes Wuchsbild. Im Alter mit fast waagerechten, außen überhängenden Ästen. Im Vollertragsalter nur noch schwacher Wuchs. Aufmerksamer Erhaltungsschnitt zielt auf die Erhaltung der Triebkraft und verhütet die vorzeitige Vergreisung. Nach einiger Zeit kann ein Verjüngungsschnitt notwendig werden.
Im Holz nicht frostfest, besonders nach starkem Behang.

Standort

Auf nährstoffreichen, ausreichend feuchten Böden bis in geschützte, mittlere Höhenlagen.

Anfällig

Mittelstark für Feuerbrand. Anfällig für Schorf, weniger für Mehltau. In den Früchten sind Stippe und Glasigkeit schon am Baum möglich. Anfällig für Apfelwickler, Blattläuse und Spinnmilben.

Blüte

Früh, lange anhaltend, etwas witterungsempfindlich. Guter Pollenspender. Der starke Fruchtansatz nach der Blüte ist unbedingt auszudünnen, um den zu starken Fruchtbehang zu regulieren und eine frühzeitige Erschöpfung des Baumes abzuwenden.

Ertrag

Nach hohen Erträgen alternierend, insgesamt hoch.

Anbauwert

Sehr empfehlenswerte Herbstsorte für alle Anbauformen, auch für Spaliere und Topfbäume geeignet.

Lieferanten: Brenninger, Cordes, Krämer, Leinweber, Spieß.

Bemerkung

'Carola' ist die Erstbezeichnung der Müncheberger Züchtung von H. Murawski. 'Kalco' wurde auf der Grundlage von 'Carola' von M. Zwintzscher und R. Bauer in Köln-Vogelsang benannt. Die Sorte 'Kalco' ist deshalb als Synonym zu führen.

Entstehung

Als Sämling von 'Cox Orange' im Institut für Acker- und Pflanzenbau, Müncheberg (Sachsen). Züchter Schmidt und Murawski. Seit 1953 im Versuchsanbau und ab 1962 im Handel.

Frucht

Mittelgroß bis groß, um 130 g schwer. Ungleichmäßig breitrund mit flachen Kanten. Tiefe, strahlige Kelcheinsenkung mit kleinem, geschlossenem Kelch. Kurzer Stiel in tiefer und weiter Stielgrube.
Schale dünn und hart, glatt, etwas bläulich bewachst, leicht fettig werdend. Bei Reife zitronengelb und flächig marmoriert oder gestreift. Druckempfindlich. Fruchtfleisch gelblichweiß, mittelfest, sehr saftig. Angenehm süßaromatisch mit leichter Säure.

Verwertung

Vorwiegend für den Frischverzehr, eingeschränkt als Wirtschaftssorte brauchbar.

Reife

Ab Mitte September, windfest bis kurz vor der Baumreife. Bei starkem Behang drücken sich die Früchte wegen des kurzen Stieles oft gegenseitig ab.

Standort der Sichtungsbäume: Ahrensburg, Bamberg, Bavendorf, Erfurt, Magdeburg, Müncheberg, Pomona Franconica, Rhöner Apfelbüro, Triesdorf, Weihenstephan, Wurzen.

Voller Name	'Carpentin Renette'
Doppelnamen	'Lederapfel', 'Kleine Weinrenette', 'Kleiner Rabau' und weitere. Mancherorts auch als 'Damason-Renette' bezeichnet.
Entstehung	Ungewiss, soll schon 1628 in Frankreich bekannt gewesen sein. Wurde 1869 von Oberdieck beschrieben und 1883 vom Deutschen Pomologenverein zum Anbau empfohlen. Verbreiteter Anbau früher in Hessen und im Raum Koblenz.
Frucht	Klein, höchstens mittelgroß. Meist regelmäßig flachrunde, oft auch höher gebaute Form. Weite und mehr flache, wenig strahlige Kelcheinsenkung. Stiel meist lang und dünn, tiefe, etwas strahlig berostete Stielgrube. Schale dünn, rau. Grundfarbe goldgelb, sonnenseits verwaschen bräunlichrot gestreift oder geflammt. Ganze Schale ist meist zimtgrau berostet. Etwas druckempfindlich. Fruchtfleisch fast weiß, mittelfest, saftig. Wenig gewürzt, doch angenehm säuerlich.
Verwertung	Eingeschränkt für den Frischverzehr. Vielseitig verwertbare Wirtschaftssorte, auch sehr gut für Most geeignet.
Reife	Ab Ende September, windfest. Bei guter Lagerung sechs Monate haltbar. Wegen rauer Schale hoher Feuchtigkeitsbedarf. Trotz Welke auf dem Lager noch schmackhaft.
Baum	Hochkugelige, im Alter große Krone mit langen, etwas kahlen Zweigen und harten, glänzenden Blättern. Nur mittelstarker Wuchs bis ins Alter. Der Schnitt zielt auf bessere Verzweigung.
Standort	Ohne große Ansprüche, ausreichend geschützte Lage. Keine trockenen Standorte.
Anfällig	Gering Feuerbrand. Sonst kaum Krankheiten und Schädlinge. Widerstandsfähig gegen die Triebsucht.
Blüte	Spät, unempfindlich. Eine Ausdünnung bald nach der Blüte wirkt sich auf die Fruchtgröße und alternanzmindernd aus.
Ertrag	Spät einsetzend, dann mittelhoch bis hoch. Geringe Alternanz.
Anbauwert	Für Liebhaber kleiner, säuerlicher Sorten sehr empfehlenswert, auch für den Streuobstanbau. Lieferant: Bergt, Wetzel.

Standort der Sichtungsbäume: Geisenheim, Müncheberg, Pomona Franconica.

Entstehung	Um 1850 in Vauxhall (England) entstanden. 1883 vom Deutschen Pomologenverein zum Anbau empfohlen.
Frucht	Mittelgroß bis groß, gleichmäßig rund, kegelförmig. Schüsselförmige Kelcheinsenkung, meist mit offenem Kelch. Tiefe, wenig berostete Stielgrube. Schale dünn und hart, glatt, glänzend. Bei Reife gelblich, sonnenseits flächig rot oder gestreift mit hellen Schalenpunkten. Ausgeprägter Duft. Nicht druckempfindlich. Fruchtfleisch fast weiß, locker, ziemlich saftig. Angenehm säuerlich, ohne hervortretendes Aroma.
Verwertung	Vorzugsweise gute Wirtschaftssorte, für den Frischverzehr nach längerer Lagerzeit.
Reife	Ab Mitte September, windfest bis zur Baumreife, dann schnell fallend. Im kühlen Naturlager etwa zehn Wochen haltbar ohne zu welken.
Baum	Breitrunde, sparrige, gut verzweigte Krone. Von Jugend an kräftiger Wuchs, im Vollertragsalter schwach. Vergreist früh, deshalb ist gelegentliche Verjüngung zu empfehlen, damit die Wuchskraft im Alter erhalten bleibt. Geeignet für alle Erziehungsformen.

Standort	Gedeiht bis in raue Höhenlagen, auch auf mageren, kalkhaltigen Böden. In warmen, feuchten Lagen leidet die Fruchtqualität.
Anfällig	Auf günstigem Standort Widerstand gegen die meisten Krankheiten und Schädlinge. Bisher wurde kein Feuerbrand beobachtet.
Blüte	Mittelspät, unempfindlich.
Ertrag	Früh einsetzend, regelmäßig und hoch.
Anbauwert	Für Extremlagen, wo andere Sorten nicht gedeihen wollen. Auch für Streuobstflächen.

Lieferanten: Baumgartner, Bergt, Brenninger, Cordes, Hammerschmidt, Leinweber.

Standort der Sichtungsbäume: Bavendorf, Dresden-Pillnitz, Müncheberg, Pomona Franconica, Rhöner Apfelbüro, Triesdorf, Veitshöchheim, Weihenstephan, Wurzen.

Champagnerrenette

Im kühlen Naturlager etwa vier Monate haltbar ohne zu welken. Im Kühllager ist bei tieferen Temperaturen Fleischbräune möglich.
Große Früchte neigen zu Stippe.

Doppelnamen
'Anhänger', 'Goldgranater', 'Jahrapfel', 'Reinette de Champagne', 'Glasrenette', 'Loskrieger' und weitere.

Entstehung
Ungewiss. Herkunft vermutlich aus der Champagne in Frankreich. 1799 von dem Pomologen Diel als 'Loskrieger' beschrieben, 1857 vom Deutschen Pomologenverein zum Anbau empfohlen.

Frucht
Mittelgroß, um 100 g schwer, flachkugelig, mit flachen Kanten. Flache, gerippte Kelcheinsenkung. Unterschiedlich langer Stiel in strahlig berosteter Stielgrube.
Schale glatt, schwach fettig, druckempfindlich. Bei Reife grünlichgelb, sonnenseits verwaschen rötlich. Leichter Duft.
Fruchtfleisch weiß, etwas grob, saftig. Geschmack angenehm säuerlich mit schwachem Aroma. Reich an Vitamin C.

Verwertung
Für den Frischverzehr nach längerer Lagerung, sonst gute Wirtschafts- und Mostsorte.

Reife
Ab Ende Oktober, genussreif ab Februar. Sturmfest bis über die Baumreife hin. Unter Schonung des brüchigen Fruchtholzes ist so spät wie möglich (druckfrei) zu ernten. Vom Baum ungenießbar. Genussreif ab Januar.

Baum
Breit pyramidale, kompakte Krone mit aufrechten, wenig verzweigten Leitästen. Dicht besetzt mit kurzem Fruchtholz. Langsames Wachstum. Der Erhaltungsschnitt zielt auf besser verzweigte Krone und den Erhalt der Wuchskraft. Erreicht ein hohes Alter und ist im Holz frostfest.

Standort
Auf guten Böden bis in mittlere, auch windige Höhenlagen. In warmen Lagen ungenügende Ausreife der Triebspitzen, deswegen ist Holzfrost möglich.

Anfällig
Stark für Feuerbrand. Je nach Lage Schorf, auch Krebs (in feuchten Lagen) und Blutlaus.

Blüte
Sehr spät und lange anhaltend, nicht empfindlich. Guter Pollenspender. Bei starkem Blütenansatz ist eine Fruchtausdünnung dringend zu empfehlen, sonst bleiben die Früchte zu klein.

Ertrag
Auf zusagendem Standort regelmäßig und hoch.

Anbauwert
Für Tafelobst ist gute Pflege (Schnitt, Pflanzenschutz) erforderlich. Für alle Erziehungsarten geeignet, auch Topfbaum.

Lieferanten: Brenninger, Cordes, Ganter, Hammer-schmidt, Dr. Hoffmann, Leinweber, Ritthaler, Schmidt, Wetzel.

Standort der Sichtungsbäume: AHNU, Bamberg, Bavendorf, Erfurt, Geisenheim, Dresden-Pillnitz, Müncheberg, Pomona Franconica, Triesdorf, Veitshöchheim, Weihenstephan, Weinsberg.

Doppelnamen 'Borovitzky' (Lindley 1831), 'Charlamowskyscher Navilia' (van Mons 1798) und viele andere.

Entstehung Ungewiss, wahrscheinlich in Russland entstanden. 1874 vom Deutschen Pomologenverein zum Anbau empfohlen.

Frucht Klein bis mittelgroß. Sehr unterschiedliche Größe und Form, meist ungleichmäßig flachrund. Flache, weite Kelcheinsenkung mit sehr kleinem Kelch. Unterschiedlich langer Stiel in weiter und tiefer, meist stark berosteter Stielgrube.
Schale glatt, geschmeidig, leicht wachsig. Bei Reife goldgelbe Grundfarbe, sonnenseits deutlich karmesinrot gestreift. Schwacher Duft.
Fruchtfleisch auch nach dem Kochen fast weiß, fest, saftig. Angenehm säuerlich, ohne großes Aroma.

Verwertung Tafel- und gute Wirtschaftssorte.

Reife Je nach Lage ab Anfang August. Zu früh geerntete Früchte welken bald. Nur kurz lagerfähig.

Baum Große, hochgewölbte, gut verzweigte Krone. Auffallend großes Laub und brüchiges Holz. Anfangs starkes, im Vollertrag deutlich nachlassendes Wachstum.

Frühe Vergreisung, die durch aufmerksamen Schnitt und Fruchtausdünnung zu regulieren ist. Im Holz frostfest.

Standort Anspruchslos an Boden und Klima, bis in raue Höhenlagen. Dort ist beste Fruchtqualität zu erwarten.

Anfällig Mittel für Feuerbrand. In Tallagen und schwerem Boden für Schorf und Krebs. Auf trockenen Böden stark für Mehltau. Kein Befall durch Apfelwickler.

Blüte Frühe, aber unempfindliche Blüte, sehr zierend. Guter Pollenspender. Starker Fruchtansatz sollte ausgedünnt werden, damit größere Früchte erzielt werden.

Ertrag Früh einsetzend, regelmäßig und hoch bis sehr hoch.

Anbauwert Heute durch andere Frühsorten verdrängt, hat aber noch immer Liebhaber, besonders in ungünstigen Lagen und im Streuobstanbau.

Lieferanten: Baumgartner, Bergt, Cordes, Hammerschmidt, Dr. Hoffmann, Leinweber, Schmitt.

Standort der Sichtungsbäume: Ahrensburg, Bavendorf, Geisenheim, Jork, Pomona Franconica, Triesdorf, Veitshöchheim, Weihenstephan, Weinsberg, Wurzen.

Standort	Gute Fruchtqualität ist nur in warmen Lagen und nährstoffreichen Böden zu erwarten. Keinesfalls für trockene Böden und Windlagen geeignet.
Anfällig	Mittel für Feuerbrand und Schorf, gering für Mehltau. Wenig Holzfrost.
Blüte	Mittelfrüh, frostempfindlich. Eine sorgfältige Fruchtausdünnung nach der Blüte ist dringend anzuraten.
Ertrag	Ab dem 4.–5. Standjahr. Mittelhoch, aber regelmäßig.
Anbauwert	Nicht für schwachwachsende Unterlagen geeignet. Erfordert hohen Pflegeaufwand.

Lieferanten: Angendohr, Bergt, Cordes, Dr. Hoffmann, Leinweber.

Entstehung   'Oldenburg' x 'Cox Orange', Müncheberg. Schwestersorte von 'Alkmene'.

Frucht   Mittelgroß. Rundliche oder etwas hoch gebaute, leicht ungleichhälftige Form. Hohe, nur leicht gerippte Kelcheinsenkung mit kleinem Kelch. Kurzer Stiel in enger und tiefer Stielgrube.
Schale glatt, fettig, mürbe. Bei Reife grünlichgelb mit verwaschen roter Deckfarbe.
Fruchtfleisch fest, feinzellig, saftig mit gutem Aroma, 'Cox' ähnlich.

Verwertung   Vorwiegend für den Frischverzehr, eingeschränkt als Wirtschaftssorte brauchbar.

Reife   Mitte Oktober, etwa 5 Monate haltbar, im Kühlraum bei 1°C bis April. Windfest bis zur Baumreife, dann schnell fallend.
Am Lager ist auf Stippe und verschiedene Lagerkrankheiten zu achten.

Baum   Schmales, aufrechtes Wuchsbild. Leitäste schräg aufrecht mit geringer Verzweigung, aber vielen Kurztrieben. Ein aufmerksamer Schnitt zielt auf ständige Trieberneuerung, um vorzeitiges Vergreisen zu verhüten. Geeignet für Formobst.

Standort der Sichtungsbäume: Erfurt, Dresden-Pillnitz, Magdeburg, Müncheberg, Pomona Franconica, Rhöner Apfelbüro, Triesdorf.

Entstehung 'Priscilla' x 'Elstar'. Züchter: Obstbauer M. Vandewall in Eckelrade/Niederlande.
EU-Sortenschutz.

Frucht Klein bis mittelgroß, kugelig, mittelbauchig. Geschlossener Kelch, weite, mitteltiefe Stielgrube. Feste Schale, hellgrün mit matter, hellroter Deckfarbe und leichter Berostung.
Fruchtfleisch mittelsaftig, knackig, süßsäuerlich mit gutem Geschmack, aber mitunter etwas zu weich bis mehlig. Ausgewogenes Zucker-/Säureverhältnis.

Reife Baumreife je nach Standort von Ende Juli bis Anfang August. Etwa zwei Wochen vor 'Delbarestivale'. Etwa 98 Tage Fruchtwachstum.
Bei optimalem Pflückzeitpunkt etwa eine Woche lagerbar, im Kühlhaus sind 4-6 Wochen möglich.

Baum Sehr starker Wuchs, etwas steil. Deshalb ist die Unterlage M 27 besser als M 9. Gute Verzweigung bis dichtbuschig mit langen Jahrestrieben. Auffallend hellgrüne, kahnförmige Blätter.

Standort Wärmere Lagen und leichtere Böden werden bevorzugt. Keine Höhenlagen.

Anfällig (Noch) schorfresistent (*Vf*). Mittel, mitunter hoch anfällig für Mehltau, wenig anfällig für Obstbaumkrebs.

Blüte Mittelfrüh. Große Blüten. Geringe Empfindlichkeit für Spätfrost. Eine Ausdünnung bald nach der Blüte ist anzuraten, um Alternanz zu vermeiden und die Fruchtgröße zu fördern.

Ertrag Frühzeitig eintretend, aber eher geringer Anfangsertrag. Mittelhoch, bei rechtzeitiger Ausdünnung auch hoch. In der Regel sind zwei Pflückdurchgänge erforderlich.

Anbauwert Sehr interessante Frühsorte, die frei erhältlich ist. Die Lizenzrechte besitzt die Baumschule Fleuren in den Niederlanden.

Lieferanten: Hahne, Lehner.

Standort der Sichtungsbäume: Pomona Franconica, Triesdorf.

Entstehung 1898, aus 'Ben Davis' x 'McIntosh'. Versuchsstation Geneva, New York.

Frucht Meist groß, gleichmäßig flachrund. Schüsselförmige, strahlige Kelcheinsenkung, kleiner Kelch. Kurzer und dicker Stiel in tiefer, weiter Stielgrube.
Schale bei Reife strohgelb, durch rote Deckfarbe überlagert, bläulich wachsig. Ausgeprägter Duft. Fruchtfleisch fast weiß mit deutlichen Gefäßbündeln, fest, saftig. Leicht süß-säuerlich, ohne großes Aroma.

Verwertung Überwiegend für den Frischverzehr. Das Fruchtfleisch wird an der Luft schnell braun, deshalb sind Verwertungen eingeschränkt.

Reife Ab Mitte September, nicht windfest. Wegen des kurzen Stieles drücken sich die Früchte oft schon vor der Baumreife ab. Etwa drei Monate im kühlen Naturlager haltbar, im Kühlraum bei 3–4 °C bis Februar.

Baum Breitrunde, wenig verzweigte Krone mit schwächeren, außen überhängenden Zweigen. Mit Ertragsbeginn schwächerer Wuchs.
Sommerschnitt zielt auf bessere Ausfärbung der Früchte im Bauminneren.

Standort Geschützte, wärmere Lagen bevorzugt. Krebsgefahr auf schweren, nassen Böden.

Anfällig Mittelanfällig für Feuerbrand, stark für Schorf und Mehltau. Glasigkeit der Früchte bei wechselhafter Witterung.

Blüte Mittelfrüh, guter Pollenspender. Eine Fruchtausdünnung nach der Blüte wirkt sich auf die Ertragshöhe aus.

Ertrag Je nach Lage mittelhoch bis hoch und regelmäßig.

Anbauwert Attraktive Ausstellungsfrüchte, aber geschmacklich keine Spitzensorte.

Lieferanten: Bergt, Cordes, Leinweber.

Standort der Sichtungsbäume: Bavendorf, Müncheberg, Triesdorf, Weihenstephan, Wurzen.

Entstehung
Um 1830. Züchtung der Baumschule Coulon bei Lüttich (Belgien).
Wurde erstmals 1874 vom Deutschen Pomologenverein zum Anbau empfohlen.

Frucht
Groß, um 220 g schwer, flachkugelig, ungleichmäßige Form. Schüsselförmige, berostete Kelcheinsenkung und kleinem Kelch. Meist kurzer Stiel in tiefer, strahlig berosteter Stielgrube.
Schale etwas rau, trocken, gelbgrün. Bei Vollreife sonnenseits verwaschen rot mit hellen Schalenpunkten. Duftend.
Fruchtfleisch gelblichweiß, fein, saftig. Geschmack süß, säurearm, wenig Aroma.

Verwertung
Je nach Lage und Jahreswitterung Tafel- und gute Wirtschaftssorte.

Reife
Ab Mitte September. Vorzeitiger Fruchtfall bei Trockenheit. Zu früh geerntete Früchte welken schnell am Lager. Etwa vier Monate im kühlen Naturlager haltbar.

Baum
Breit pyramidale, sparrige Krone, im Ertragsalter breit ausladend. Wuchs anfangs stark und aufrecht, später nachlassend.

Standort
Bis in mittlere Höhenlage, bevorzugt auf mittelschweren Böden. Keine geschlossene Tallage.

Anfällig
Besonders auf nassen Böden für Krebs und Stippe.

Blüte
Spät, nicht empfindlich. Schlechter Pollenspender (triploid).

Ertrag
Wechselnd zwischen mittleren und geringeren Erträgen, insgesamt eher gering.

Anbauwert
Die frühere Bedeutung wurde vor allem durch die Sorten 'Boskoop' und 'Zabergäu' abgelöst. Wegen der Krebsanfälligkeit auch nur noch selten im Streuobstanbau.

Lieferanten: Bergt, Cordes, Hammerschmidt, Dr. Hoffmann, Leinweber.

Standort der Sichtungsbäume: Bavendorf, Erfurt, Geisenheim, Dresden-Pillnitz, Müncheberg, Pomona Franconica, Rhöner Apfelbüro, Triesdorf.

Doppelnamen
'Cox's Orange Pippin' (erster Name), 'Verbesserte Muskatrenette' und viele andere.

Mutanten
Die Anzahl der Mutanten und Auslesen im In- und Ausland nahezu unüberschaubar geworden. Sie unterscheiden sich weniger in der Fruchtqualität, als in einer mehr oder weniger ausgeprägten Fruchtfarbe.

Entstehung
1830, aus einem Samen von 'Ribston Pippin'. Züchter Richard Cox. Seit 1859 im Handel.

Frucht
Mittelgroß, um 100 g schwer. Flachkugelig mit kleinem Kelch, kurzer Stiel, berostete Stielgrube. Schale unterschiedlich glatt, leicht wachsig mit Rostfiguren. Gelbe Grundfarbe, sonnenseits sehr variabel ausgeprägte Streifen.
Fruchtfleisch hellgelb, mittelfest, saftig mit zurücktretender Säure und edlem Aroma.

Verwertung
Noch immer eine absolute Spitzensorte für den Frischverzehr und andere Verwertungen.

Reife
In günstiger Lage ab Ende September. Fruchtfall oft schon vor der Baumreife. Mehrmaliges Durchpflücken ist immer erforderlich. Im Naturlager etwa vier Monate haltbar, im Kühllager bis März bei 3 °C. Auf Stippe und Fruchtfäulen ist bereits am Baum zu achten. Nicht geeignet für Lagerung in Folien.

Baum
Rundes, aufrechtes Wuchsbild mit schrägen, gut verzweigten Leitästen. Dünne, nach außen überhängende Seitentriebe. Mittelstarker Wuchs, im Vollertragsalter schwach. Deshalb ist gelegentliche Verjüngung vorteilhaft. Regelmäßiger Erhaltungsschnitt ist erforderlich, doch werden starke Eingriffe nicht gut vertragen, vor allem nicht im Frühwinter. Für alle Erziehungsformen geeignet. Etwas empfindlich für Holz- und Wurzelfrost.

Standort
Nur für warme Lagen mit hoher Luftfeuchte geeignet. Der Boden soll humus- und nährstoffreich, auch ausreichend feucht sein. Jede Abweichung von den Ansprüchen wirkt sich auf die Fruchtqualität ertragsmindernd und krankheitsfördernd aus. Früher Laubfall deutet immer auf ungünstigen Standort.

Anfällig
Stark für Feuerbrand, auch Schorf, Mehltau, Krebs, Kragenfäule, Viröse Triebsucht, Apfelmosaik. Empfindlich für Kupfer- und Schwefelmittel. Bei anhaltender Trockenheit vorzeitiger Blattfall. An den Früchten Stippe, Fruchtfäule und Lagerkrankheiten.

Blüte
Mittelfrüh, lange anhaltend. Frostempfindlich, auch im Fruchtansatz. Guter Pollenspender. Nach gutem Fruchtansatz ist eine energische Fruchtausdünnung unbedingt ratsam, um größere Früchte zu erzielen und einer Erschöpfung des Baumes vorzubeugen.

Ertrag
Früh einsetzend, mittel hoch. Mäßiges Auslichten und Blattdüngung sofort nach der Ernte zielt auf höhere Erträge mit größeren Früchten.

Anbauwert
Gilt als beste Tafelsorte, ist aber auch eine „Prüfsorte" für erfahrene Anbauer. Im Garten nur dann empfehlenswert, wenn die hohen Ansprüche zu erfüllen sind und die erforderlichen Pflegemaßnahmen geleistet werden können. Leider findet sich die Sorte noch immer in örtlichen Baumschulsortimenten, wo der Standort völlig ungeeignet ist.

Standort der Sichtungsbäume: AHNU, Ahrensburg, Bavendorf, Erfurt, Dresden-Pillnitz, Geisenheim, Jork, Pomona Franconica, Triesdorf, Veitshöchheim, Weinsberg, Weihenstephan, Wurzen.

Baum — Gleichmäßiges Wuchsbild mit gut verzweigten, etwas sparrigen Trieben. Von Jugend an mittelstarker bis starker Wuchs, bei Vollertrag nachlassend, deshalb ist beim Schnitt auf rechtzeitige Trieberneuerung zu achten. Nicht ganz frostfest im Holz.

Standort — Trockene, arme Böden und Höhenlagen sind ungeeignet.

Blüte — Mittelfrüh, nicht witterungsempfindlich. Guter Pollenspender.

Ertrag — Nur auf schwach wachsenden Unterlagen recht hoch und regelmäßig, sonst alternierend.

Anbauwert — Ausgesprochene Liebhabersorte für beste Standorte. Schaufrucht für Ausstellungen.

Lieferanten: Angendohr, Baumgartner, Cordes, Leinweber.

Bemerkung — Die Sorte ist kein Abkömmling von 'Cox Orange'.

Doppelnamen — 'Hill's Seedling', 'Pomona Franconica de Cox' und weitere.

Entstehung — Um 1830. Züchter M. Richard Cox, ein Bierbrauer aus Colnbrook Lawn bei London.
1890 vom Deutschen Pomologenverein zum Anbau empfohlen.

Frucht — Groß, mitunter sehr groß. Unregelmäßige Form mit flachen Wulsten über die ganze Frucht. Kelch offen, in tiefer, gerippter Einsenkung. Kurzer Stiel in berosteter Stielgrube.
Schale derb, glatt, nur leicht wachsig mit zahlreichen Schalenpunkten. Sonnenseits karminrot marmoriert oder geflammt.
Fruchtfleisch etwas mürbe, saftig, weinsäuerlicher Geschmack. Großes Kernhaus. Das Aroma ist abhängig von zusagender Lage.

Verwertung — Weniger für den Frischverzehr, gute Wirtschaftssorte und Schaufrucht.

Reife — Je nach Lage ab Mitte September. Im kühlen Naturlager etwa zwei Monate oder etwas länger haltbar.

Standort der Sichtungsbäume: Dresden-Pillnitz, Müncheberg, Pomona Franconica, Rhöner Apfelbüro, Veitshöchheim, Wurzen.

Voller Name	'Apfel aus Croncels'
Doppelnamen	'Transparente de Croncels' (erster Name), 'Transparenter von Croncels', 'Eisapfel', 'Glasapfel', 'Weißer Transparent' und andere.
Entstehung	Von der Baumschule Baltet in Croncels bei Troyes (Mittelfrankreich) gezogen (vermutlich ein Sämling von 'Antonowka'). Seit 1869 im Handel. Es existiert auch eine rote Auslese.
Frucht	Mittelgroß oder groß, um 190 g schwer. Flachkugelig mit flachen Wülsten über die Frucht. Weite und tiefe, gerippte Kelcheinsenkung. Kurzer Stiel in tiefer Stielgrube. Schale dünn, wie durchsichtig, glatt, gering wachsig. Gelblichweiß, sonnenseits mitunter leicht rötlich überhaucht mit hellen Schalenpunkten. Sehr druckempfindlich. Fruchtfleisch gelblichweiß, mittelfest. Saftig, angenehm süßsäuerlich mit feinem Aroma.
Verwertung	Für den Frischverzehr, auch gute Wirtschafts- und Mostsorte. Reich an Vitamin C.
Reife	Ab Ende August. Fruchtfall schon vor der Baumreife, wenn sich die Früchte wegen des kurzen Stieles gegenseitig abdrücken. Für bessere Aromabildung so spät (und druckfrei!) wie möglich ernten. Keine Nachreife bei zu früher Ernte! Etwa fünf Wochen im kühlen Naturlager haltbar. Auf Stippe ist schon am Baum und am Lager zu achten.
Baum	Lockere, kugelige Krone mit gut verzweigten, schräg aufrechten Leitästen. Von Jugend an starker, später mittelstarker Wuchs. Regelmäßiger Schnitt (auch Verjüngung) ist erforderlich, damit das Triebwachstum nicht nachlässt. Im Holz frosthart.
Standort	Anspruchslos, auf nährstoffreichen, durchlässigen Böden bis in höhere, auch trockene Lagen.
Anfällig	Gering für Feuerbrand. In geschlossenen Warmlagen stark Schorf, Mehltau, Viröse Triebsucht. Auf schweren Böden Krebs. Empfindlich für Kupfer- und Schwefelmittel und für Rauchgase.
Blüte	Mittelfrüh, lange anhaltend, nicht witterungsempfindlich. Guter Pollenspender. Ausdünnen nach dem Junifall zielt auf einzeln hängende Früchte, die sich nicht gegenseitig vom Trieb drücken, und regelmäßigere Erträge.
Ertrag	Früh einsetzend. Nur bei intensiver Pflege hoch, sonst mittel und alle zwei Jahre.
Anbauwert	Mittelfrühe Sorte für Liebhaber, auch wegen des hohen Vitamingehaltes begehrt. Lieferanten: Angendohr, Baumgartner, Brenninger, Cordes, Gräb, Hammerschmidt, Heinrich, Leinweber, Rinn, Ritthaler, Schmidt, Spieß, Wetzel.

Standort der Sichtungsbäume: AHNU, Bavendorf, Erfurt, Dresden-Pillnitz, Müncheberg, Pomona Franconica, Rhöner Apfelbüro, Triesdorf, Veitshöchheim, Weihenstephan, Weinsberg, Wurzen.

Doppelnamen
'Roode Kant' (Knoop 1760) 'Schwäbischer Rosenapfel', 'Roter Liebesapfel' u. a. Die zahlreichen Namen deuten auf eine frühere weite Verbreitung.

Entstehung
Ungewiss, jedenfalls eine sehr alte Sorte (Pomologia Nürnberg 1760). Wurde bereits 1703 als 'Rosenhäger' auf Rügen bekannt und 1863 vom Deutschen Pomologenverein zum Anbau empfohlen.

Frucht
Ungleichmäßige Größe, meist mittelgroß, um 150 g schwer. Früchte von älteren Bäumen bleiben kleiner, auch mit weniger Geschmack. Typisch ist die scharfe Kante und die kalvillartigen Rippen auch in der flachen Kelcheinsenkung. Sie sollen in Norddeutschland stärker ausgeprägt sein, als im Süden. Kurzer, dünner Stiel in tiefer, strahlig berosteter Stielgrube. Schale hart und brüchig, glatt, fettig. Bei Reife grünlichgelb. In feuchten Jahren flächig rot und bräunlich getönt. Druckempfindlich. Ausgeprägter Geruch.
Fruchtfleisch mittelfest. Gelblichweiß mit grünlichen Adern, unter der Schale bisweilen leicht gerötet. Etwas mürbe, mäßig saftig, angenehm gewürzt. In sonnenarmen Jahren mehr säuerlich.

Verwertung
Gleichermaßen für Frischverzehr und Verwertung als Koch- und Backobst, auch Mostapfel. Schnittflächen bräunen schnell.

Reife
Je nach Lage ab Anfang September, wind- und sturmfest. Vom Baum essbar. Er ist vorsichtig und druckfrei zu ernten. Bei schattiger Lagerung im Freien bis Januar haltbar, dann Aromaverlust. Nicht für das Kühllager geeignet. Mitunter Kernhausfäule am Lager.

Baum
Mächtige, breit ausladende, sparrige Krone mit steilen Leitästen und vielen dünnen, stark verzweigten Trieben, im unteren Kronenbereich waagerecht. Auffallend sind die großen, aufgehellten Blätter. Regelmäßiger Auslichtungsschnitt ist erforderlich. Zögernde Jugendentwicklung, dann mittelstark wachsend. Kann sehr alt werden. Im Holz vollkommen frostfest.

Standort
In nicht zu trockenen Böden völlig anspruchslos, vor allem in Höhenlagen (in Dachau in 500 m üNN) bewährt. In trockenen Böden trägt der Baum nur kleinere, minderwertige Früchte.

Anfällig
Für Schorf und Mehltau, weniger in Höhenlagen. Auf schweren, nassen Böden stark Krebs. Empfindlich für Kupfer- und Schwefelmittel.

Blüte
Spät, groß und sehr zierend. Lange anhaltend, nicht witterungsempfindlich. Guter Pollenspender. Ausdünnen bei starkem Fruchtansatz vermeidet die kleinen, minderwertigen Früchte.

Ertrag
Spät einsetzend, dann mittelhoch und regelmäßig.

Anbauwert
Früher sehr verbreitet, besonders in Mittelgebirgslagen und im Streuobstanbau. Auch heute noch in rauen Gebirgslagen empfehlenswert.

Lieferanten: Cordes, Ganter, Gräb, Hammerschmidt, Dr. Hoffmann, Hofmann, Leinweber, Ritthaler, Spieß, Schmitt, Wetzel, Wörlein.

Standort der Sichtungsbäume: AHNU, Ahrensburg, Bavendorf, Erfurt, Dresden-Pillnitz, Geisenheim, Jork, Pomona Franconica, Triesdorf, Veitshöchheim, Weihenstephan, Weinsberg, Wurzen.

Deans Küchenapfel

Doppelname 'Deans Codlin'. „Codlin" bezeichnet Küchenäpfel hoher Qualität.

Entstehung Findling um 1870 in England, 1884 erstmals beschrieben.

Frucht Sehr groß. Meist flachrund mit gleichen Hälften. Weite und tiefe Kelcheinsenkung mit geschlossenem Kelch. Mittellanger Stiel in tiefer und weiter, wenig berosteter Stielgrube.
Schale glatt. Bei Reife gelbgrün mit wenigen Schalenpunkten. Kräftiger Duft.
Fruchtfleisch grünlichweiß, grobzellig. Vollreif mürbe und saftig ohne Würze. Stark weinsäuerlich mit wenig Zuckergehalt.

Verwertung Begehrt als sehr gute Wirtschaftssorte, weniger für Most oder Frischverzehr.

Reife Je nach Lage ab Anfang Oktober. Im kühlen Naturlager etwa 3 Monate haltbar ohne zu welken.

Baum Hochrunde, dicht verzweigte Krone. Von Jugend an ist der Wuchs schwach, im Alter deutlich stärker. Infolge der hohen Erträge hat der ungepflegte Baum keine hohe Lebenserwartung, deshalb ist ein gelegentlicher Verjüngungsschnitt erforderlich.

Standort Keine Ansprüche an Boden und Klima bis in raue Gebirgslagen. Auf nassen und schweren Böden besteht erhöhte Krebsgefahr.

Anfällig Anfällig für Fruchtfäule und Spitzendürre. Nur in geschlossenen Warmlagen anfällig für Schorf und Mehltau. Dort ist auch Feuerbrand nicht auszuschließen.

Ertrag Früh einsetzend, dann hoch und regelmäßig.

Anbauwert Früher, gebietsweise noch heute eine der begehrtesten Wirtschaftssorten. Wurde auch als Schaufrucht und für Formobst im Garten empfohlen.

Lieferant: Leinweber.

Standort der Sichtungsbäume: Bavendorf, Müncheberg, Triesdorf.

Bemerkung	Abweichend von der eingetragenen Sortenbezeichnung 'Delbarestivale' ist der Name 'Delcorf' allgemein gebräuchlich.
Entstehung	'Stark Jongrimes' x 'Golden Delicious'. Züchter Baumschule Delbard in Malicorne (Frankreich).
Mutanten	'Monidel', 'Ambassy' ('Dalili') sind farbstärker als die Stammsorte, ebenso 'Celeste' seit 1982 in der Baumschule Herr. Alle mit Sortenschutz.
Frucht	Groß, oft walzenartig, regelmäßige Form. Schüsselförmige, leicht gerippte Kelcheinsenkung, tiefe, kaum berostete Stielgrube. Schale glatt, hellgelb. Je nach Jahreswitterung sonnenseits mehr oder weniger stark rot gestreift. Fruchtfleisch fast weiß, sehr saftig, angenehmer Geschmack, aber mit 4 g/l geringer Säureanteil.
Verwertung	Überwiegend für den Frischverzehr, aber auch als Wirtschaftsapfel brauchbar.
Reife	Je nach Lage Mitte bis Ende August, mitunter auch noch September. Windfest bis zur Baumreife. Mehrfaches Durchpflücken ist erforderlich. Vorzeitiger Fruchtfall bei Trockenheit. Im kühlen Naturlager vier Wochen Lagerzeit, im Kühllager sechs. Wird danach schnell mürbe.
Baum	Mittelgroßes, gut verzweigtes Wuchsbild mit schräg aufrechten Leitästen und hängendem Fruchtholz. Dunkelgrünes, derbes Laub. Starker Wuchs, mit Beginn des Vollertrages deutlich schwächer. Regelmäßiger Schnitt zur Erhaltung des Triebwachstums ist dann notwendig.
Standort	Warme, geschützte Lagen werden bevorzugt, in kühleren oder auf mageren Böden leidet die Fruchtqualität.
Anfällig	Gering Feuerbrand. Mehr Schorf, mittel Mehltau. Keine Stippe.
Blüte	Mittelfrüh, witterungsempfindlich. Guter Pollenspender. Energische Fruchtausdünnung bald nach der Blüte kann die Alternanz etwas mindern und beugt der Erschöpfung des Baumes vor.
Ertrag	Jährlich wechselnd zwischen sehr hohen und geringen Ernten, insgesamt aber hoch.
Anbauwert	Innere und äußere Fruchteigenschaften machen die Sorte für den Garten und den Erwerbsanbau empfehlenswert.

Standort der Sichtungsbäume: Ahrensburg, Auweiler, Erfurt, Geisenheim, Dresden-Pillnitz, Müncheberg, Pomona Franconica, Triesdorf, Veitshöchheim, Weihenstephan, Weinsberg, Wurzen.

Der Leckerbissen

Baum — Hohe und schmale Krone mit steil aufstrebenden Leitästen. Derbes Blattwerk. Von Jugend an mittelstarkes Wachstum, im Vollertragsalter schwächer. Wachstums- und Fruchtregulierungen sind notwendig, um eine frühzeitige Vergreisung zu vermeiden. Im Holz frosthart.

Standort — Anspruchslos bis in mittlere Höhenlagen.

Ertrag — Früh einsetzend, dann hoch bis sehr hoch und regelmäßig.

Anbauwert — Wegen ihrer geringen Fruchtgröße und der mitunter starken Berostung wird die Sorte (zu Unrecht) als nicht mehr attraktiv genug für den Anbau erachtet.

Doppelnamen — 'Lekkerbeetje', 'Friandise'.

Entstehung — Unbekannt, soll in Holland als Sämling entstanden sein.

Frucht — Klein, höchstens mittelgroß. Unterschiedliche Form, häufig lang-eiförmig mit gleichen Hälften. Mitteltiefe, enge Kelcheinsenkung mit geschlossenem Kelch. Langer, dünner Stiel in tiefer, kaum berosteter Stielgrube.
Schale unterschiedlich glatt oder rau, fast immer mit typisch zimtfarbenen Rostflächen. Sonnenseits dunkel gerötet mit wenigen, feinen Schalenpunkten. Fruchtfleisch feinzellig, fest und saftig mit zimtartiger Würze. Vorherrschend kräftige Säure bei hohem Zuckergehalt.

Verwertung — Weniger Tafelapfel, eher Wirtschaftsapfel und Mostsorte.

Reife — Ab Mitte Oktober, wind- und sturmfest. Im kühlen Naturlager bis zu 7 Monaten haltbar ohne Welke.

Doppelnamen 'Herrenhauser Deutscher Pepping', 'Hoya'scher Goldpepping' und weitere.

Entstehung Unbekannt. Soll aus der Gegend um Hannover stammen, wo die Sorte weit verbreitet war.
Wurde 1860 vom Deutschen Pomologenverein zum Anbau empfohlen.

Frucht Klein bis mittelgroß. Unterschiedliche Form, von plattrund bis höher gebaut, mit gleichen Hälften. Flache und weite Kelcheinsenkung mit halb offenem Kelch. Kurzer, dicker Stiel in tiefer, berosteter Stielgrube.
Schale unterschiedlich glatt, matt glänzend. Vollreif goldgelb mit hellbraunen Roststellen. Schwacher Duft.
Fruchtfleisch feinzellig, markig und saftreich mit delikatem, süßweinigem Geschmack. Deutliche Säure bei hohem Zuckergehalt.

Verwertung Wertvolle Sorte für den Frischverzehr und für die Wirtschaft. Auch als Mostsorte brauchbar.

Reife Ab Mitte Oktober, wind- und sturmfest. Für beste Qualitätsausbildung sollen die Früchte möglichst lange am Baum bleiben. Im kühlen Naturlager bis zu 6 Monaten haltbar.

Baum Höchstens mittelgroße, aufrechte und gut verzweigte Krone. Es sind nur wenige Schnitteingriffe erforderlich. Von Jugend an mittelstarkes Wachstum bis zum Vollertragsalter, danach schwächer wachsend. Im Holz frosthart.

Standort Geringe Ansprüche an Boden und Klima bis in windgeschützte Hochlagen. In trockenen Böden bleiben die Früchte zu klein.

Anfällig Sehr widerstandsfähig gegen Krankheiten und Schädlinge.

Blüte Mittelspät, nicht empfindlich. Im Garten sollen die Fruchtansätze bald nach der Blüte ausgedünnt werden, damit sie größer werden.

Ertrag Früh bis mittelfrüh einsetzend, dann mittelhoch bis hoch und regelmäßig.

Anbauwert Wegen der etwas kleinen Früchte nur für den Garten als Tafelsorte empfehlenswert, im Extensivbereich eine wertvolle Wirtschafts- und Mostsorte.

Lieferant: Leinweber.

Standort der Sichtungsbäume: Bavendorf (als Goldpepping), Pomona Franconica, Triesdorf.

Doppelname	'Thurston August' (Original).
Entstehung	Um 1949, aus 'Worcester Pearmain' x 'Schöner von Bath'. Züchter K. Dummer in Langham, Grafschaft Suffolk (England).
Frucht	Mittelgroß, regelmäßig flachrund. Sehr flache, weite Kelcheinsenkung mit kleinem Kelch. Mittellanger Stiel in weiter, unberosteter Stielgrube. Schale glatt, fest. Bei Reife gelb mit verwaschen roten Streifen. Sonnenseits auch flächig rot mit feinen, hellen Schalenpunkten. Bei anhaltender Trockenheit häufig Schalenrisse. Meist kurzer Stiel in strahlig berosteter Stielgrube. Fruchtfleisch fast weiß, feinzellig, fest, saftig mit angenehmer Säure. Hoher Gehalt an Vitamin C.
Verwertung	Überwiegend für den Frischverzehr, aber auch andere Verwertungen sind möglich.
Reife	Anfang bis Mitte August, windfest bis zur Baumreife. Wegen folgernder Reife ist möglichst mehrfach durchzupflücken. Etwa vier Wochen kühl lagerfähig, im Kühllager bis Anfang Oktober bei 3 °C.
Baum	Kleines, aber mehr breites Wuchsbild mit kurzen, anfangs steilen Leittrieben. Dünne Seitentriebe nach außen leicht überhängend. Anfangs mittelstarker, bei

Vollertrag schwacher Wuchs. Regelmäßiger Überwachungsschnitt zielt auf den Erhalt der Triebkraft und vermeidet frühzeitiges Vergreisen des Baumes.

Standort	Gute Böden bis in geschützte, mittlere Höhenlagen.
Anfällig	Stark Feuerbrand. Gering für Schorf und Mehltau, auf schweren Böden stärker für Krebs und Kragenfäule.
Blüte	Früh, etwas witterungsempfindlich. Guter Pollenspender. Ausdünnen nach gutem Fruchtansatz zielt auf bessere Fruchtgrößen und vermeidet eine Erschöpfung des Baumes.
Ertrag	Bei kleineren Fruchtgrößen nur mittelhoch, aber regelmäßig. Ein zusätzlicher Sommerschnitt sofort nach der Ernte sichert höhere Erträge.
Anbauwert	Wegen der kurzen Triebe ist die Unterlage MM 106 mehr als M 9 zu empfehlen. Geeignet für alle Erziehungsformen, auch Spaliere und Topfbäume. Hoher Pflegeaufwand. Früh reifende Liebhabersorte. Nicht für Streuobstflächen.

Lieferanten: Baumgartner, Cordes, Heinrich, Herr, Leinweber.

Ditzels Rosenapfel

Ertrag Früh einsetzend. Recht hoch, trotz Alternanzneigung.

Anbauwert Vorzugsweise in Streuobstflächen angebaut.

Lieferanten: Cordes (als 'Diestels Rosen'), Leinweber.

Entstehung 1890 als Zufallssämling in Eckartshausen, Kreis Büdingen (Hessen) gefunden.

Frucht Mittelgroß, meist um 170 g schwer. Ungleichmäßig flachrund mit flachen Kanten. Meist tiefe Kelcheinsenkung mit Höckern und kleinem Kelch. Kurzer, dicker Stiel in tiefer Stielgrube.
Schale dick und derb, leicht wachsig. Bei Reife goldgelb, sonnenseits verwaschen rot mit deutlichen dunklen Schalenpunkten. Druckempfindlich. Fruchtfleisch etwas weich, grobzellig. Erfrischend weinsäuerlicher Geschmack, ohne großes Aroma.

Verwertung Vorwiegend gute Wirtschafts- und Mostsorte.

Reife Ab Anfang September. Wegen des kurzen Stieles drücken sich die Früchte oft schon vorzeitig ab. Im kühlen Naturlager bis zu fünf Monaten haltbar ohne zu welken. Danach schnell mürbe werdend. Auf Lagerstippe ist zu achten.

Baum Hoch pyramidale, dicht verzweigte Krone mit derben Blättern. Blüte am langen Fruchtholz. Starker, aufrechter Wuchs, im Alter etwas überhängend.

Standort Anspruchslos an Boden und Standort bis in mittlere Höhenlagen.

Standort der Sichtungsbäume: Bavendorf, Geisenheim, Müncheberg, Pomona Franconica, Triesdorf.

Entstehung	Neuzüchtung der Forschungsanstalt Wädenswil/ Schweiz, 1982. Kreuzung von ('Idared' x 'Maigold') x 'Elstar'. 2002 als Sorte benannt. Sorten- und Markenschutz.
Frucht	Mittelgroß, kugelig. Stielgrube mittelweit und mitteltief, meist berostet. Kurzer, dünner Stiel. Kelchgrube mittelweit und mitteltief mit halb offenem Kelch. Fruchtschale glatt und trocken, kaum berostet. Grundfarbe gelbgrün, mit $^3/_4$ leuchtendroter, marmorierter bis verwaschener Deckfarbe. Fruchtfleisch cremefarben, fest, saftig mit fruchtigem Aroma und sehr gutem Geschmack. Ausgewogenes Zucker-/Säureverhältnis.
Verwertung	Sehr gute Tafelsorte, als Wirtschaftsapfel brauchbar.
Reife	Mitte bis Ende September mit langer Erntezeit. Die Rotfärbung setzt früh ein, die Früchte verbessern sich noch geschmacklich in den Wochen nach der Ernte. Im kühlen Naturlager bis Ende Januar haltbar, im Kühlraum bis Ende März. Die Früchte bleiben auch bei Zimmertemperatur lange frisch.
Baum	Mittelstarker Wuchs mit guter Garnierung, leicht hängenden Ästen und kräftigem Fruchtholz. Es sollte keine zu schwachwachsende Unterlage gewählt werden, damit eine optimale Fruchtgröße erreicht wird. Empfohlen wird M 9 T337. Geringer Schnittaufwand. Für alle Anbauformen geeignet, auch für Spal ere.
Anfällig	Wenig Krebs, mittlere Schorf- und Mehltauanfälligkeit. Während der Lagerung wurde etwas Stippe beobachtet.
Blüte	Mittelfrüh, guter Pollenspender. Geprüfte Befruchter: 'Braeburn', 'Golden Delicious', 'Iduna', 'Pinova'. Fruchtausdünnung bald nach der Blüte beugt einer frühzeitigen Erschöpfung vor und sichert gute Fruchtgrößen.
Ertrag	Früh einsetzend, hoch und regelmäßig.
Anbauwert	Hervorragend beurteilte Neuheit, die als Ersatz für die Sorten 'Idared' und 'Elstar' in Frage kommt. Geschmacksproben in der Schweiz und Deutschland wurden sehr gut beurteilt. In den Niederlanden Arbau unter dem Namen 'Junami'®. Lizenznehmer in Deutschland ist die „Artus Group".

Standort der Sichtungsbäume: Ahrweiler, Veitshöchheim.

Dülmener Rosenapfel

Baum	Im Vollertrag breit ausladende, gut verzweigte bis dichte und etwas wirre Krone, im Alter überhängend. Wuchs anfangs kräftig, später mittelstark. Gelegentliche Auslichtung ist nötig, um dichte Krone zu vermeiden. Im Holz frosthart.
Standort	Auf guten, durchlässigen Böden bis in mittlere, aber windgeschützte Höhenlagen.
Anfällig	Gering für Feuerbrand. Schorf nur bei hohem Befallsdruck in Warmlagen. Mäßig anfällig für Virosen, Mehltau, Blutläuse. Kernhausfäule bei sommerlicher Nässe.
Blüte	Mittelfrüh, kurz andauernd, nicht frostempfindlich. Guter Pollenspender (diploid). Fruchtausdünnung bald nach der Blüte kann die Alternanzneigung mindern.
Ertrag	Wechselnd mittelhoch und gering, jedoch ohne ausgeprägte Alternanz, insgesamt mittelhoch.
Anbauwert	Liebhabersorte. Wegen der Schorffestigkeit im Garten anstelle von 'Gravensteiner' eher empfehlenswert, auch für Streuobstflächen.

Lieferanten: Baumgartner, Brenninger, Cordes, Heinrich, Herr, Dr. Hoffmann, Krämer, Leinweber, Schmitt, Spieß, Wetzel.

Voller Name	'Dülmener Herbstrosenapfel'
Entstehung	Um 1870, aus Samen von 'Gravensteiner'. Gezogen vom Lehrer Jäger in Dülmen (Westfalen).
Frucht	Meist groß, um 190 g schwer. Breitrund, kantig. Kelcheinsenkung meist schief und kantig mit kleinem Kelch. Kurzer Stiel in tiefer, strahlig berosteter Stielgrube. Schale glatt, bei Vollreife und am Lager stark fettig. Grundfarbe gelb mit kurzen, verwaschen roten Streifen. Duftend, jedoch weniger als 'Gravensteiner'. Druckempfindlich. Fruchtfleisch weißgelblich locker, feinzellig, saftig. Ausgeglichen süßsauer feinaromatisch.
Verwertung	Für den Frischverzehr und als gute Wirtschaftssorte brauchbar.
Reife	Je nach Lage ab Anfang September, nicht windfest. Früchte drücken sich oft gegenseitig vorzeitig ab. Wegen folgernder Reife ist mehrfaches Durchpflücken anzuraten. Etwa sechs Wochen im kühlen Naturlager haltbar, im Kühllager bis Februar bei 2 °C.

Standort der Sichtungsbäume: Ahrensburg, Bamberg, Bavendorf, Dresden-Pillnitz, Magdeburg, Müncheberg, Pomona Franconica, Rhöner Apfelbüro, Triesdorf, Veitshöchheim, Weinsberg, Wurzen.

Ecolette

Entstehung Kreuzung aus 'Elstar' x 'Prima' in der Versuchsstation Wageningen, Niederlande. Der ursprüngliche EU-Sortenschutz seit 1996 besteht nicht mehr.

Frucht Klein bis mittelgroß. Regelmäßige Form ohne Rippen, ähnlich 'Elstar'. Flache, leicht faltige und berostete Kelcheinsenkung mit kleinem, offenem Kelch. Mittellanger Stiel in enger, strahlig berosteter Stielgrube.
Schale fest, leicht grünlich mit bis zu 80 % intensiv roter, hell punktierter Deckfarbe.
Fruchtfleisch gelblich, fest, mittelsaftig, süß mit ausgewogener Säure und gutem Aroma.

Verwertung Vorwiegend für den Frischverzehr, aber auch als Wirtschaftssorte gut brauchbar.

Reife Anfang Oktober, windfest und mit gleichmäßiger Reife. Deshalb muss nicht durchgepflückt werden. Im kühlen Naturlager 5–6 Monate haltbar, im Kühlraum bis April.

Baum Breit aufrechtes Wuchsbild mit weniger starker Verzweigung wie 'Elstar'. Starker bis sehr starker Wuchs, deshalb ist erst kurz vor der Blüte zu schneiden. Später Laubfall. Eine Zwischenveredelung mit 'Klarapfel' bewirkt früheren Laubfall und dadurch höhere Frostfestigkeit.

Standort Beste Qualität wird auf nährstoffreichen Böden bis in windgeschützte, mittlere Höhenlage erzielt. Wegen der späten Holzausreife nicht für Hochlagen geeignet.

Anfällig Die noch vorhandene Schorfresistenz beruht auf *Malus floribunda*. Etwas anfällig für Mehltau. Feuerbrand kann auftreten. Die Früchte werden mitunter stippig.

Blüte Spät und lange anhaltend. Gering empfindlich für Frost und nasskalte Witterung. Guter Pollenspender. Bei starkem Fruchtansatz ist eine Ausdünnung bald nach der Blüte zu empfehlen.

Ertrag Mittelfrüh einsetzend, dann mittelhoch. Maßnahmen zur Ertragsregulierung sind ratsam.

Anbauwert Diese Neuheit ist noch im breiteren Anbau und auf verschiedenen Standorten zu prüfen hinsichtlich Schorf- und Ertragsverhalten.

Lieferanten: Giesebrecht, Krämer.

Standort der Sichtungsbäume: Bavendorf, Dresden-Pillnitz, Jork, Rostock, Veitshöchheim, Wurzen.

Doppelnamen	'Borsdorfer', 'Borsdorfer Renette', 'Edler Winterborsdorfer', 'Leipziger Renette', 'Marschanzker' (in Böhmen und Tirol).
Entstehung	Erste Erwähnung durch die Zisterzienser um 1100, 1170, bzw. 1175. Stammt vermutlich aber aus dem Dorf Borsdorf (urkundlich *Borsdorph*), das einen Apfelbaum im Wappen trägt. Wurde 1853 vom Deutschen Pomologenverein zum Anbau empfohlen, später aber wieder gestrichen.
Frucht	Klein bis mittelgroß, meist gleichmäßig rund. Schale glatt, glänzend. Vollreif hellgelb, sonnenseits rötlich. Häufig etwas berostet und (durch Wanzenbefall) warzig. Das Fruchtfleisch ist gelblichweiß, feinzellig, mäßig saftig mit zimtartiger Würze. 17 % Zuckergehalt. Offener Kelch mit kurzen Kelchblättern. Langer, dünner Stiel in strahlig berosteter Stielgrube.
Verwertung	Geeignet zum Frischverzehr, für Mus und Saft, als Backapfel und für guten Most.
Reife	Baumreife ab Mitte Oktober, Genussreife ab Mitte November. Im kühlen Lager haltbar bis mindestens März.
Baum	Starker Wuchs mit mächtiger, kugeliger Krone mit überhängenden Zweigen. Nach Aufbau der Krone ist nur Überwachungs- und Auslichtungsschnitt notwendig. Nicht empfindlich für Holzfrost.
Standort	In Höhenlagen bis 500 m anbaubar, sofern die Bodenverhältnisse gut sind. In kalten, nassen Böden kann Krebs und Spitzendürre auftreten. Wo die Anbauverhältnisse günstig sind, kann der Baum über 100 Jahre alt werden und dann noch gut tragen.
Anfällig	Sehr widerstandsfähig gegen Krankheiten und Schädlinge.
Blüte	Spät, nicht frost- und nässeempfindlich. Die Blüten erscheinen endständig am Kurzholz auf mehrjährigen Langtrieben. Schlechter Pollenspender (triploid).
Ertrag	Setzt spät, oft erst nach 10-15 Jahren ein. Je nach Standort und Pflege neigt die Sorte zur Alternanz. Die Früchte hängen relativ sturmfest.
Anbauwert	Der sehr spät einsetzende Ertrag macht die Sorte heute wirtschaftlich nur noch wenig interessant. Allenfalls ergibt sich eine Anpflanzung in Streuobstwiesen oder für pomologische Sammlungen. Man kennt auch einen 'Gestreiften Edelborsdorfer'.

Lieferanten: Baumgartner, Brenninger, Cordes, Dr. Hoffmann, Leinweber, Ritthaler, Schmitt.

Standort der Sichtungsbäume: AHNU, Bavendorf, Dresden-Pillnitz, Müncheberg, Pomona Franconica, Triesdorf, Wurzen.

Edelrambur von Winnitza

Doppelname 'Edelrambur von Wrunitza'

Entstehung Ungewiss, seit Ende des 19. Jh. bekannt. Vermutlich aus Russland oder der Ukraine bei uns eingeführt.

Frucht Mittelgroß bis groß. Sehr unregelmäßige Form von flachrund bis hoch gebaut. Auffallend kantig oder kalvillartig über die ganze Frucht gerippt. Meist schiefe, flache Kelcheinsenkung mit Höckern und kleinem Kelch. Mittellanger Stiel in tiefer Stielgrube. Schale glatt, fettig. Bei Reife grüngelb, sonnenseits leicht hellrot. Druckfest. Merkbarer Duft. Fruchtfleisch grünlich, sehr fest, etwas trocken. Hervortretend sauer, fast herb, ohne Aroma mit guter Süße.

Verwertung Keine Tafelsorte. Gut für wirtschaftliche Verwertung und wenig ergiebigen, aber guten, klaren Most.

Reife Anfang bis Mitte Oktober, wind- und sturmfest bis zur Baumreife.

Baum Sehr hohe und breit ausladende Krone mit mäßiger Verzweigung, unten meist etwas verkahlend. Große, derbe Blätter.
Sehr starke Wuchskraft, auch noch im Alter.

Standort Keinerlei Ansprüche an Boden und Klima bis in raue, windige Höhenlagen.

Blüte Spät, sehr zierend. Nicht witterungsempfindlich. Schlechter Pollenspender (triploid).

Ertrag Jährlich wechselnd zwischen hohen Erträgen und völligem Ausfall (ausgeprägte Alternanz).

Anbauwert Nur für den extensiven Obstanbau interessant. Bei einigen Obst- und Gartenbauvereinen in der Wetterau (Mittelhessen) seit alters her als Wirtschafts- und Mostsorte noch vorhanden und geschätzt.

Standort der Sichtungsbäume: Pomona Franconica.

Entstehung	1967, aus 'Golden Delicious' x 'James Grieve', in der Versuchsstation Elst in Holland.
Frucht	Überwiegend groß, bauchig rund. Weite und tiefe, strahlig gerippte Kelcheinsenkung. Kurzer Stiel in tiefer Stielgrube. Schale glatt, fast trocken. Bei Reife gelb bis goldgelb, sonnenseits verwaschen rot gestreift. Fruchtfleisch saftig, guter Geschmack.
Verwertung	Für den Frischverzehr, auch als Wirtschaftssorte brauchbar.
Reife	Mitte bis Ende September, vom Baum essbar. Wegen folgernder Reife ist mehrmals durchzupflücken. Etwa fünf Wochen im kühlen Naturlager haltbar, im Kühllager bis Mitte November bei 3 °C.
Baum	Breitrundes, außen mit dünnen Zweigen etwas überhängendes Wuchsbild. Anfangs starker Wuchs, bei Vollertrag schwach. Guter Überwachungsschnitt beugt einer vorzeitigen Vergreisung vor.
Standort	Nährstoffreiche, ausreichend feuchte Böden in geschützter Lage. Nicht für Höhenlagen geeignet.
Anfällig	Mittelstark für Feuerbrand, auch für Schorf und Mehltau.
Blüte	Mittelspät, nicht empfindlich. Guter Pollenspender. Ausdünnen nach starkem Fruchtansatz fördert die Fruchtqualität und beugt einer frühzeitigen Erschöpfung des Baumes vor.
Ertrag	Mittelhoch bis hoch und regelmäßig. Ein Sommerschnitt zielt auf bessere Fruchtfärbung und den Erhalt der Triebkraft.
Anbauwert	Sehr pflegeaufwändig, deshalb weniger für einen Hausgarten geeignet. Abgesehen von der Anfälligkeit für Feuerbrand und Schorf wird die Sorte sonst als geschmacklich gut bewertet. Lieferanten: Bergt, Cordes, Leinweber.

Standort der Sichtungsbäume: Auweiler, Geisenheim, Dresden-Pillnitz, Müncheberg, Pomona Franconica, Triesdorf, Wurzen.

Bemerkung
Nach Lizenzwechsel wurde die Sorte ab 1999 in 'Red Delight' umbenannt und als „Clubsorte" in den Handel gebracht. Der Handelsname 'Elise' besteht weiter.

Entstehung
1974, aus 'Septer' x 'Cox Orange', in Wageningen (Holland). Züchterschutz seit 1990.

Frucht
Mittelgroß, hochkugelig. Kelcheinsenkung sehr flach, fast aufsitzend. Kurzer Stiel in flacher Stielgrube. Schale bei Reife gelb, im Licht ganzflächig gerötet. Spotähnliche, schwarze Flecken kommen vor. Fruchtfleisch gelblichweiß, fest, saftig mit sehr gutem Aroma. Geschmacklich immer an Spitzenpositionen.

Verwertung
Für den Frischverzehr und als gute Wirtschaftssorte brauchbar.

Reife
Ab Ende September. Oft schon vor der Baumreife fallend. Wegen folgernder Reife ist mehrmals durchzupflücken.
Etwa vier Monate im kühlen Naturlager haltbar. Auf Stippe und Lagerfäule ist zu achten.

Baum
Rundes, schwaches Wuchsbild mit stark verzweigten Leitästen und kurzem Fruchtholz. Von Jugend an mittelstarker, später schwacher Wuchs.
Ein aufmerksamer Erhaltungsschnitt zielt auf den Erhalt der Wuchskraft, um die vorzeitige Vergreisung zu vermeiden. Auch ein Sommerschnitt ist anzuraten.

Standort
Warme Lage und nährstoffreiche Böden sind Anbauvoraussetzungen. Jede Abweichungen wirken sich auf die äußere und innere Fruchtqualität aus.

Anfällig
Gebietsweise stark Krebs auf schweren oder nassen Böden. Stippeneigung schon am Baum.

Ertrag
Sehr hoch und regelmäßig.

Anbauwert
Sehr pflegeaufwändig. Nur für erfahrene Anbauer im Garten- und Erwerbsbereich. Nach anfänglicher Ablehnung wird nun die Anbaufläche im Erwerbsanbau wieder ausgedehnt.

Lieferanten: Bergt, Cordes.

Standort der Sichtungsbäume: Ahrensburg, Bavendorf, Erfurt, Geisenheim, Jork, Rostock, Triesdorf, Veitshöchheim, Wurzen.

Entstehung — Wahrscheinlich 1883 in Praust bei Danzig. Vom Baumschuler Rathke aus Samen gezogen.

Frucht — Mittelgroß, abgestumpft kegelförmig, gleichhälftig, nur leicht gerippt. Weite, gerippte Kelcheinsenkung mit halb offenem oder geschlossenem Kelch. Kurzer Stiel in weiter, wenig berosteter Stielgrube.
Schale glatt, vollreif hellgelb, unterschiedlich stark gerötet und sonnenseits fein rot gestreift. Angenehmer Duft.
Fruchtfleisch fast weiß, feinzellig, etwas mürbe. Saftig mit leichter Würze und angenehm weinsäuerlich.

Verwertung — Weniger zum Frischverzehr, mehr als Wirtschaftssorte geeignet und für Most.

Reife — Je nach Lage ab Ende September, etwa 5 Monate im kühlen Naturlager haltbar ohne zu welken.

Baum — Charakteristisch breit hängendes Wuchsbild. Deshalb muss auf Stamm veredelt werden. Höchstens mittelstarkes Wachstum, im Vollertragsalter schwach. Im Holz vollkommen frostfest.

Standort — Ohne besondere Ansprüche an den Boden bis in höhere Lagen.

Blüte — Groß, sehr zierend rötlich und unempfindlich. Mittelfrüh. Guter Pollenspender.

Ertrag — Früh einsetzend und regelmäßig, hohe Erträge.

Anbauwert — Außerordentlich attraktive Erscheinung als Solitärbaum mit Blüte und Fruchtbehang, auch in Parkanlagen. Die Sorte zählt blühend wohl zu den schönsten Hängeformen in der Gartengestaltung.

Lieferant: Dr. Hoffmann.

Standort der Sichtungsbäume: Dresden-Pillnitz, Müncheberg, Triesdorf, Botanischer Garten Stuttgart-Hohenheim.

Blüte	Mittelfrüh, etwas witterungsempfindlich. Guter Pollenspender. Ein energisches Ausdünnen bald nach der Blüte beugt einer frühzeitigen Erschöpfung des Baumes vor.
Ertrag	Je nach Standort unterschiedlich, meist nur mittelhoch, aber regelmäßig.
Anbauwert	Liebhabersorte, sonst durch andere Sorten ersetzbar.

Lieferanten: Angendohr, Baumgartner, Bergt, Brenninger, Cordes, Dr. Hoffmann, Leinweber.

Voller Name	'Ellisons Orangenpepping'
Entstehung	1904, aus 'Cox Orange' x 'Weißer Sommerkalvill' in England. Es kommt auch eine rote Mutante vor.
Frucht	Meist nur mittelgroß, fast in jeder Hinsicht mit 'Cox Orange' vergleichbar.
Verwertung	Sehr gut für den Frischverzehr, auch als Wirtschaftssorte.
Reife	Anfang bis Mitte September, nicht windfest. Wegen folgernder Reife ist mehrmaliges Durchpflücken ratsam.
Baum	Mittelgroßes, fast rundes Wuchsbild mit dünnen, gut verzweigten Trieben. Außen etwas überhängend. Frostempfindlich im Holz.
Standort	Warme Lagen und nährstoffreiche Böden sind Anbauvoraussetzungen, möglichst im Küstenklima.
Anfällig	Stark für Feuerbrand. In geschlossener Lage Schorf und Mehltau. In nassen, schweren Böden stark krebsanfällig.

Standort der Sichtungsbäume: We henstephan, Müncheberg, Rhöner Apfelbüro, Triesdorf, Veitshöchheim, Wurzen.

Entstehung
1955, aus 'Golden Delicious' x 'Ingrid Marie'. Seit 1975 im Handel. Sortenschutz. Der Name leitet sich ab von der Versuchsstation Elst (Holland).

Mutanten
Es gibt eine Reihe von Auslesen, die sich im Wesentlichen auf die Fruchtfärbung beziehen. In der Versuchsstation Wageningen (Holland) werden derzeit 27 (!) Mutanten beobachtet.
Eine neue Auslese von der Baumschule Fleuren ('Newstar') zeichnet sich aus durch hohe Fruchtfestigkeit, dunkelrote Fruchtfarbe und kaum Alternanz. 'Redstar' und 'Valstar' kommen aus Frankreich. Die Mutante 'Dalinbel' ist eine „Clubsorte". Für alle Mutanten besteht Sortenschutz.

Frucht
Die Frucht der Standardsorte wird mittelgroß, um 120 g schwer, gleichmäßig flachrund. Mittellanger Stiel in enger, strahlig berosteter Stielgrube. Schale glatt, selten leicht berostet, leicht fettend. Schön goldgelb, sonnenseits leuchtend rot marmoriert mit hellen Schalenpunkten. Fruchtfleisch gelblichweiß, mittelfest. Sehr saftig mit kräftigem Aroma.

Verwertung
Vorwiegend für den Frischverzehr, auch als Wirtschaftsapfel brauchbar.

Reife
Je nach Lage Mitte bis Ende September. Windfest bis zur Baumreife, dann schnell fallend. Wegen der folgernden Reife ist mehrfaches Durchpflücken erforderlich. Etwa 3 Monate im kühlen Naturlager haltbar, im Kühllager bis Mitte Februar bei 2–3 °C. Welkt und wird mürbe bei Überlagerung. Auf Lagerfäulen ist zu achten.

Baum
Dicht beblättertes, nur mäßig verzweigtes, breitrundes Wuchsbild, nach außen etwas mit dünnen Trieben hängend. Sehr später Laubfall, oft erst nach den Frösten. Eine Zwischenveredelung mit 'Klarapfel' bringt früheren Triebabschluss und damit bessere Holzausreife und Frosthärte.
Der Sommerschnitt zielt auf besser belichtete Krone und Früchte, beeinflusst aber nicht die Alternanz. Bei Direktveredelung auf der Unterlage M 9 sind 7–8 Jahre lang gute Ergebnisse erzielbar, dann wächst der Baum recht stark und alterniert. Alternativen: Die polnische Unterlage P 22.

Standort
Geschützt, auf nährstoffreichen, ausreichend feuchten Böden. Wegen der späten Holzausreife sind keine Höhenlagen zu empfehlen.

Anfällig
Stark für Feuerbrand und Triebsucht, mittel bis stark für Schorf und Mehltau, Krebs in schweren Böden. Stippe in größeren Früchten und am Lager.

Blüte
Spät, wenig empfindlich. Guter Pollenspender. Bei starkem Fruchtansatz ist ein Ausdünnen unbedingt ratsam.

Ertrag
Mittelhoch bis hoch und regelmäßig bei jungen Bäumen, später aber alternierend.

Anbauwert
Typische Sorte für den Erwerbsanbau. Die Anbauflächen sind allerdings aufgrund des starken Überangebotes wieder rückläufig. Eingeschränkt als Gartensorte, nur für erfahrene Anbauer.

Standort der Sichtungsbäume: Ahrensburg, Auweiler, Bamberg, Bavendorf, Erfurt, Geisenheim, Dresden-Pillnitz, Pomona Franconica, Triesdorf, Weihenstephan, Weinsberg, Wurzen.

Blüte	Spät, nicht frostempfindlich.
Ertrag	Jährlich wechselnd zwischen hohen Erträgen und völligem Ausfall. Hatte unter sieben Vergleichssorten die geringsten Erträge.
Anbauwert	Verzichtbar, zugunsten besserer und gesünderer Mostsorten. Lieferanten: Baumgartner, Bergt, Brenninger, Cordes, Kiefer, Leinweber, Ley, Ulmer.

Entstehung	Ungewiss, wurde als Zufallssämling in Baden-Württemberg gefunden.
Frucht	Klein bis mittelgroß, um 85 g schwer. Ungleichmäßig flachrund. Flache, weite Kelcheinsenkung mit auffallend kleinem, halb offenem Kelch. Kurzer, dicker Stiel in weiter Stielgrube. Schale grüngelb, sonnenseits nur leicht rötlich überhaucht, netzartige Berostung bei Mehltaubefall. Druckfest. Fruchtfleisch gelblichweiß, grobzellig, saftig, ausgeglichen säuerlich.
Verwertung	Ausschließliche Mostsorte.
Reife	Schüttelreife je nach Lage ab Anfang bis Mitte September. Bei dem oft traubigen Behang drücken sich die Früchte oft schon vorzeitig ab.
Baum	Lockerer Aufbau der Krone mit langen, dünnen, außen überhängenden Trieben. Anfangs sehr starkes, später mittelstarkes Wachstum.
Standort	Völlig anspruchslos an Boden und Klima, bis in höhere Lagen.
Anfällig	Stark für Feuerbrand und Mehltau, weniger Schorf.

Standort der Sichtungsbäume: Bamberg, Bavendorf, Geisenheim, Dresden-Pillnitz, Müncheberg, Triesdorf, Weihenstephan, Weinsberg, Wurzen.

Anfällig — Widerstandsfähig gegen den Feuerbrand. Bisher noch schorfresistent, aber anfällig für Mehltau.

Blüte — Spät und lange anhaltend, nicht witterungsempfindlich. Eine Ausdünnung bald nach der Blüte strebt einzeln hängende Früchte an, um der Alternanzneigung auszuweichen.

Ertrag — Etwas später einsetzend, dann mittelhoch. Ohne Ausdünnung ist ein jährlicher Wechsel zwischen hohen und geringeren Ernten zu erwarten.

Anbauwert — Für Liebhaber süßer Sorten ist ein Anbau im Garten empfehlenswert.

Entstehung — Kreuzung aus zwei Nummernsorten, beides Abkömmlinge von 'McIntosh'. Universität von Illinois. Seit 1993 im Handel.

Frucht — Mittelgroß bis groß. Sehr unterschiedliche Form, meist rundlich hoch gebaut. Schüsselförmige, strahlige und tiefe Kelcheinsenkung, kurzer Stiel. Die Grundfarbe ist meist überdeckt von der tiefroten Deckfarbe, graublau bereift. Bei Vollreife fettig, ohne Berostung.
Fruchtfleisch cremefarben, fest, weniger saftig. Mehr Süße als Aroma.

Verwertung — Fast ausschließlich für den Frischverzehr.

Reife — Ende September, etwa mit 'Golden Delicious' und fast ohne vorzeitigen Fruchtfall. Wegen des kurzen Stieles nicht gut pflückbar.
Bis zu 4 Monate im kühlen Naturlager haltbar, im Kühlraum bis März.

Baum — Breit pyramidales, wenig verzweigtes Wuchsbild mit verkahlenden Zweigen. Im Vollertrag höchstens mittelstarker Wuchs. Der Überwachungsschnitt zielt auf eine bessere Verzweigung.

Standort — Auf nährstoffreichen Böden bis in höhere Lagen anbaufähig.

Standort der Sichtungsbäume: Bavendorf, Dresden-Pillnitz, Jork, Neustadt, Pomona Franconica, Rostock, Veitshöchheim, Wurzen.

Blüte	Mittelspät, nicht frostempfindlich. Guter Pollenspender.
Ertrag	Wechselnd sehr hoch und mittelhoch.
Anbauwert	Ausschließlich für Mostobst im Streuobstanbau.

Lieferanten: Brenninger, Cordes, Herr, Leinweber, Ritthaler, Schmitt.

Voller Name	'Erbachhofer Mostapfel'
Entstehung	Wahrscheinlich ehemals Gebietssorte im Sauerland. 1925 von der Baumschule Chr. Fey eingeführt.
Frucht	Klein, hoch gebaut, um 65 g schwer. Sehr flache, weite Kelcheinsenkung mit kleinem, geschlossenem Kelch. Stiel in tiefer und enger Stielgrube. Schale dünn, etwas fettig. Fast flächig dunkelrot und gestreift. Druckfest. Fruchtfleisch weißlichgelb, sehr fest. Säuerlich-süß mit würzigem Geschmack.
Verwertung	Sehr guter Mostapfel.
Reife	Schüttelreife ab Mitte September.
Baum	Hochrunde, schmale Krone mit überhängenden Ästen und dünnen Seitenzweigen. Mittelstarker, im Alter schwacher Wuchs.
Standort	Ohne Ansprüche an Boden und Klima, bis in mittlere Höhenlagen.
Anfällig	Sehr gering für Feuerbrand, auch sonst kaum anfällig für Krankheiten und Schädlinge. Nur in geschlossenen Tallagen Schorf.

Standort der Sichtungsbäume: AHNU, Geisenheim, Dresden-Pillnitz, Müncheberg, Triesdorf, Weihenstephan, Weinsberg, Wurzen.

Ernst Bosch

Entstehung
Um 1900, aus 'Manks Apfel' x 'Ananasrenette'.
Züchter D. Uhlhorn, Grevenbroich.

Frucht
Klein bis mittelgroß, hochkugelförmig. Weite, etwas berostete Kelcheinsenkung. Unterschiedlich langer, typisch fast aufsitzender Stiel.
Schale dünn, glatt, etwas fettend. Bei Reife goldgelb mit einzelnen Roststernchen. Auch sonnenseits kaum gerötet. Duftend.
Fruchtfleisch fast weiß, feinzellig, bei Vollreife locker. Angenehmer, süßweiniger Geschmack.

Verwertung
Für den Frischverzehr, eingeschränkt für sonstige Verwertungen.

Reife
Ende September bis Mitte Oktober. Mehrmaliges Durchpflücken ist anzuraten.

Baum
Hoch gebaute, dichte Krone durch starke Verzweigung und üppiges Blattwerk. Kräftiger Wuchs, weniger für schwachwachsende Unterlagen geeignet. Pflegeleicht.

Standort
Geschützt, bis in mittlere Höhenlagen. In trockenen Böden und Windlagen leidet die innere und äußere Fruchtqualität.

Anfällig
Stark anfällig für Feuerbrand, sonst sehr robust und widerstandsfähig gegen Schorf.

Blüte
Mittelspät, wenig empfindlich. Guter Pollenspender. Zur Erzielung größerer Früchte ist ein Ausdünnen bald nach der Blüte anzuraten.

Ertrag
Normalerweise regelmäßig und hoch, außer auf ungünstigen Standorten.

Anbauwert
Die nachgelassene Beliebtheit, (wie auch bei 'Ananasrenette'), ist wohl auf die geringe Fruchtgröße und die Einfarbigkeit der Früchte zurückzuführen. Abgesehen von der Anfälligkeit für Feuerbrand ist die Sorte wegen ihres Widerstandes gegen Schadfaktoren empfehlenswert.

Lieferanten: Baumgartner, Bergt, Brenninger, Cordes, Leinweber, Ritthaler, Wetzel.

Standort der Sichtungsbäume: Ahrensburg, Geisenheim, Dresden-Pillnitz, Müncheberg, Pomona Franconica, Triesdorf, Weihenstephan.

Erwin Baur

Entstehung Sämling von 'Geheimrat Dr. Oldenburg'. Institut für Pflanzenzüchtung Müncheberg.

Frucht Mittelgroß, seltener groß, kugelige Form mit gleichen Hälften. Weite, flache und faltige Kelcheinsenkung mit offenem Kelch. Langer, typisch grüner Stiel in tiefer, strahlig berosteter Stielgrube.
Schale glatt und weich, bei Vollreife unangenehm fettend. Grüngelb, sonnenseits rotbraun gesprenkelt und gestreift. Sehr druckempfindlich.
Fruchtfleisch mittelfest, saftig. Abhängig vom Standort edelaromatisch bis fade. Harmonisches Zucker-/Säureverhältnis.

Verwertung In günstigen Lagen eine gute Sorte für den Frischverzehr und als Wirtschaftsapfel.

Reife Ab Anfang Oktober, folgernde Reife. Wegen der weichen Schale soll druckfrei geerntet werden, andernfalls entsteht schnell Fäulnis auf den Druckstellen. Die Früchte hängen dicht und paarweise. Windfest bis zur Baumreife.

Baum Breitkugelige, wenig verzweigte Krone mit aufrechten Leitästen. Der Schnitt zielt auf eine bessere Verzweigung und Erneuerung des Fruchtholzes. Von Jugend an starkes Wachstum, im Vollertragsalter noch mittelstark. Im Holz nicht ganz frosthart.

Standort Nährstoffreicher Boden in geschützter, besser warmer Lage, bestimmen die Fruchtqualität. Auf ungeeigneten Standorten bleiben die Früchte fade und saftarm.

Anfällig Erstaunlich widerstandsfähig gegen Schorf und Mehltau. Die Früchte neigen zu Glasigkeit und Stippe schon am Baum, auf dem Lager zu Fleischbräune.

Blüte Blütenbildung an ein- und zweijährigen Langtrieben. Frostempfindlich. Guter Pollenspender.

Ertrag Etwa nach dem 3. Standjahr einsetzend, dann wechselnd zwischen höheren und mittelhohen Erträgen.

Anbauwert Im Anbau wird allgemein die flächig rote und weniger fettende Mutante 'Roba' bevorzugt.

Lieferanten: Angendohr, Bergt, Brenninger, Cordes, Dr. Hoffmann, Leinweber.

Standort der Sichtungsbäume: Bavendorf, Erfurt, Dresden-Pillnitz, Müncheberg, Pomona Franconica, Triesdorf, Wurzen.

Baum   In der Mitte dominierend mit etwas brüchigen Seitenzweigen. Kurzes, quirlartig verzweigtes Fruchtholz. Im Vollertrag sehr schwacher Wuchs. Der Überwachungsschnitt zielt auf Fruchtasterneuerung und Erhaltung der Wuchskraft. Ohne fachgerechten Schnitt setzt die Vergreisung früh ein. Auch für Formobst und Topfbäume. Etwas empfindlich für Holzfrost.

Standort   Nährstoffreiche Böden mit guter Wasserführung in geschützter Lage. Nicht für Höhenlagen geeignet.

Anfällig   Mittel anfällig für Feuerbrand und Schorf, etwas mehr für Mehltau.

Entstehung   1966, aus 'James Grieve' x 'Golden Delicious'. Versuchsstation East Malling in Maidstone, Grafschaft Kent (England). Sortenschutz seit 1993.

Mutante   'Red Falstaff' mit 75 % mittelroter Deckfarbe aus England, 'Schneiwel' ('Juwel') mit dunkelroter Deckfarbe. Auslese von B. Schneider, Edingen. Sortenschutz seit 1997.

Blüte   Mittel bis später Beginn mit sehr langen, schmalen Blütenblättern. Etwas witterungsempfindlich. Regelmäßig sehr hoher Fruchtansatz nach der Blüte, deshalb sind ohne Ausdünnung keine ausreichenden Fruchtgrößen zu erzielen.

Ertrag   Sehr früh einsetzend, regelmäßig, überreich.

Anbauwert   Für diese Sorte ist ein hoher Pflegeaufwand erforderlich.

Lieferanten: Bergt, Ganter, Leinweber.

Frucht   Mittelgroß, selten groß. Ungleichmäßige, glockige Form. Flache, strahlige Kelcheinsenkung mit geschlossenem Kelch. Kurzer Stiel in weiter Stielgrube.
Schale glatt, gering bereift. Grundfarbe grünlichgelb, sonnenseits mittelrot gestreift oder marmoriert. Duftend. Druckempfindlich.
Fruchtfleisch cremefarben, grobzellig, etwas weich, saftig. Leich süß mit ausreichender Säure, aromatisch.

Verwertung   Sehr gut für den Frischverzehr, auch gute Wirtschaftssorte.

Reife   Ab Ende September bis Mitte Oktober. Windfest bis zur Baumreife. Mindestens einmaliges, wegen der Druckempfindlichkeit schonendes, Durchpflücken ist ratsam.
Im kühlen Naturlager bis zu drei Monate haltbar, danach mürbe werdend.

Standort der Sichtungsbäume: Auweiler, Bavendorf, Erfurt, Geisenheim, Dresden-Pillnitz, Jork, Neustadt, Pomona Franconica, Triesdorf, Veitshöchheim, Weinsberg, Wurzen.

Fameuse

Standort — Keine Ansprüche an Boden und Klima. Gedeiht auch noch gut in kalten Höhenlagen.

Anfällig — Nur in warmen, geschlossenen Tallagen für Schorf. Sonst sind keine weiteren Krankheiten bekannt.

Blüte — Spät. Nicht witterungs- oder frostempfindlich. Schlechter Pollenspender (triploid).

Ertrag — Jährlich wechselnde Erträge zwischen hoch und gering (Alternanz).

Anbauwert — Besonders für Gärten in Hochlagen oder im Streuobstanbau gut geeignet.

Lieferanten: Baumgartner, Bergt, Cordes.

Doppelnamen — 'Chimney Apple', 'Du Maréchal', 'Sanguineuse', 'Snow Chimney', 'Fantasia' und weitere.

Entstehung — Unbekannt. Sehr alte Sorte, wahrscheinlich aus Samen, die von den ersten Siedlern mit in die USA gebracht wurden. Überliefertes Pflanzjahr ist 1730 am Chimney Point, in der Nähe von Vermont.

Frucht — Mittelgroß, gleichmäßig rundlich, mit typisch flacher Kelcheinsenkung und geschlossenem Kelch. Kurzer Stiel in weiter Stielgrube.
Schale etwas hart, sehr glatt, fein und glänzend. Wachsfarben, Deckfarbe trüb rötlich.
Fruchtfleisch weiß mit rötlichen Spuren, etwas weich, saftig, mit süßsäuerlichem Aroma.

Verwertung — Tafel- und guter Wirtschaftsapfel. Auch für Most geeignet.

Reife — Je nach Lage ab Anfang Oktober, windfest bis zur Baumreife. Im kühlen Naturlager haltbar bis Dezember.

Baum — Große, flachkugelige Krone. Flache, dicht verzweigte Leitäste, nach außen meist überhängend. Mittelstarker Wuchs, auch noch im Vollertragsalter.
Ein Sommerschnitt zielt auf lichtere Krone mit besserer Fruchtausfärbung. Frostsicher im Holz.

Standort der Sichtungsbäume: Müncheberg, Pomona Franconica, Triesdorf.

Standort — Ohne Ansprüche an Boden und Klima, bis in raue Höhenlagen.

Anfällig — Auch in warmen Tallagen kaum Krankheiten, besonders gesund in höheren, windigen Regionen.

Blüte — Spät, nicht empfindlich. Schlechter Pollenspender (triploid).

Ertrag — Spät einsetzend. Jährlich wechselnde Erträge zwischen sehr hoch und sehr gering (ausgeprägte Alternanz), insgesamt unterdurchschnittlich.

Anbauwert — Sehr gute Sorte für Obstwiesen, besonders in Hochlagen. Verdient eine größere Verbreitung.

Lieferanten: Bergt, Cordes, Leinweber.

Entstehung — Ungewiss, wahrscheinlich um 1890 im Badischen, später auch im Trierer Raum und im östlichen Luxemburg angebaut. Verbreitet ab 1898 durch Hofgärtner H.G. Fießer. Es soll ein Sämling von 'Bismarckapfel' sein.
Synonym: 'Rotfranche'

Frucht — Groß, etwa 130 g schwer, mit flachen Kanten über der Frucht. Tiefe, leicht gerippte Kelcheinsenkung mit halb offenem Kelch. Kurzer Stiel in tiefer, strahlig berosteter Stielgrube.
Schale glatt, leicht wachsig. Bei Reife grüngelb, sonnenseits unregelmäßig braunrot gestreift. Druckfest.
Fruchtfleisch weiß, grobzellig, saftig mit hervortretender Säure und geringem Aroma.

Verwertung — Vorwiegend gute Mostsorte, auch geschätzter Backapfel.

Reife — Ab Anfang–Mitte September. Zwar normalerweise windfest, doch drücken sich traubig hängende Früchte oft vorzeitig ab. Etwa 4 Monate kühl haltbar.

Baum — Hochrunde, mächtige, gut verzweigte Krone mit derben, gesunden Blättern. Von Jugend an bis in das Vollertragsalter starkes Wachstum.
Im Holz vollkommen frostfest.

Standort der Sichtungsbäume: Bavendorf, Geisenheim, Dresden-Pillnitz, Triesdorf.

Doppelnamen   Zahlreiche, örtlich unterschiedliche Namen, darunter 'Schlotterapfel', 'Finkenwärder Herbstprinz' (jetzt nicht mehr gültig), 'Hasenkopf'.

Entstehung   Ungewiss, war schon seit 1703 auf der Insel Rügen als 'Hasenkopf' bekannt. Seit 1860 auf der Elbinsel Finkenwerder bei Hamburg stärker angebaut, wurde später dort entdeckt und um 1900 weiter verbreitet. Auch in England und Skandinavien vorkommend.

Typ   Um 1940 entstand eine intensiv rotgestreifte Mutante (Lieferant: Hammerschmidt).

Frucht   Meist groß, ansehnlich. Veränderliche Form, sowohl hoch gebaut als auch kegel- oder walzenförmig. Tiefe, etwas gerippte Kelcheinsenkung. Kurzer Stiel in tiefer und enger, strahlig berosteter Stielgrube. Schale dünn, glatt, trocken. Bei Reife gelbgrün, sonnenseits rotgestreift oder verwaschen geflammt. Fruchtfleisch mäßig fest, süßsäuerlich, ohne großes Aroma. Kernhausfächer weit offen.

Verwertung   Vorwiegend für Frischverzehr, aber auch Wirtschafts- und Mostsorte. Gut zum Dörren.

Reife   Ab Ende September. Oft drücken sich die Früchte schon vor der Baumreife gegenseitig ab. Mehrmaliges Durchpflücken ist deshalb ratsam. Etwa drei bis vier Monate im feuchten und kühlen Naturlager haltbar. Danach bald welkend. Auf Fleischbräune und Stippe bei wechselhafter Sommerwitterung ist zu achten.

Baum   Mittelgroße, breit ausladende Krone mit überhängenden, verkahlenden Zweigen. Schiefe Stämme sind charakteristisch. Mittelstarkes Wachstum. Der Überwachungsschnitt zielt besonders auf Trieberneuerung, wenn der Holztrieb nachlässt. Kann sehr alt werden. Auf M 9 entstehen oft übergroße Früchte mit nur begrenzter Lagerzeit. Im Holz frosthart.

Standort   Keine trockenen Böden. Bester Standort ist auf humosen, ausreichend feuchten Böden im Küstenklima. Bei Abweichungen wird die Sorte anfälliger für Schadfaktoren.

Anfällig   Gering für Feuerbrand, Schorf und Mehltau. Apfelwickler. Stark für Krebs auf schweren Böden und ungünstigem Klima.

Blüte   Spät, nicht empfindlich. Guter Pollenspender. Bei starkem Fruchtansatz ist eine Ausdünnung sehr vorteilhaft, damit die Früchte einzeln hängen.

Ertrag   Früh einsetzend. Auf schwachwachsenden Unterlagen hoch und nahezu regelmäßig, sonst jährlich etwas unterschiedlich.

Anbauwert   Außerhalb zusagender Standorte ist der Anbau nicht zu empfehlen. Wegen der verkahlenden Äste nicht für Formobst geeignet, auch nicht an Straßen und Wegen, jedoch für Streuobst.

Lieferanten: Baumgartner, Brenninger, Cordes, Hammerschmidt, Dr. Hoffmann, Leinweber, Ritthaler.

Standort der Sichtungsbäume: Bavendorf, Dresden-Pillnitz, Jork, Müncheberg, Pomona Franconica, Rhöner Apfelbüro, Rostock, Triesdorf (rote Auslese), Veitshöchheim.

Standort — Beste Fruchtqualität ist nur auf nährstoffreichen Böden in geschützter, besser warmer Lage erzielbar.

Anfällig — Mittelstark für Feuerbrand und Mehltau, weniger Schorf.

Ertrag — Mittelhoch und regelmäßig.

Anbauwert — Wegen des hohen Pflegeaufwandes und der Standortansprüche konnte sich die Sorte bisher nur bei erfahrenen Anbauern durchsetzen.

Lieferant: Bergt.

Entstehung — Sämling von 'Welford Park Nonsuch'. Züchter Charles Ross in Newbury, westlich von London. Seit 1896 im Anbau.

Frucht — Groß, ungleichmäßig runde, auch hoch gebaute Form. Tiefe und weite Kelcheinsenkung mit Höckern und geöffnetem Kelch. Mittellanger Stiel in tiefer Stielgrube.
Schale fest, glatt, nur gering wachsig. Bei Reife grüngelblich, sonnenseits verwaschen rot geflammt oder gestreift. Je nach Witterung auch mit Rostfiguren. Fruchtfleisch grünlichgelb, fest, saftig. Angenehm weinsäuerlich mit leichtem Aroma.

Verwertung — Gut für den Frischverzehr und als Wirtschaftssorte brauchbar.

Reife — Je nach Lage Ende September bis Anfang Oktober, nicht windfest. Mehrfaches Durchpflücken ist anzuraten. Im kühlen Naturlager etwa fünf Monate haltbar. Auf Lagerstippe ist zu achten.

Baum — Aufrechtes, dicht verzweigtes Wuchsbild mit mehr waagerechten Seitenzweigen und derben, kaum gesägten Blättern. Von Jugend an starkes Wachstum, im Vollertragsalter wenig schwächer. Ein Sommerschnitt zielt auf besser durchlichtete Krone und gut gefärbte Früchte.

Standort der Sichtungsbäume: Ahrensburg, Geisenheim, Dresden-Pillnitz, Rostock, Triesdorf, Weihenstephan, Wurzen.

Entstehung 1987 aus 'Elise' und einer Zuchtnummer in der Plant Research International (PRI) in Wageningen/Holland. EU-Sortenschutz seit 2008.

Frucht Meist groß, hoch gebaut mit enger Stielgrube und weiter, berosteter Kelchgrube.
Gut belichtete Früchte sind fast ganzflächig rot gefärbt und geflammt, mit deutlichen Lentizellen und kaum fettiger Schale.
Der Geschmack ist bei der Pflückreife noch nicht ausgeprägt, eher säuerlich und mit zäher Schale. Während der Lagerzeit bauen sich Stärke und Säure ab und es bildet sich ein ausgezeichnetes, süßfruchtiges Aroma. Je nach Jahreswitterung kann die Süße etwa 70° Oechsle betragen.

Reife Die Baumreife kann, je nach Jahreswitterung, gegen Ende September erwartet werden, wobei Jungbäume zumeist nur einen Pflückdurchgang erfordern.

Verwertung Überwiegend Tafelsorte.

Baum Wuchs mittelstark bis stark mit bevorzugter Mittelachse, sodass eine schwachwachsende Unterlage (M 9) zu empfehlen ist. Die langen Seitentriebe neigen zur Verkahlung und bedürfen eines aufmerksamen Schnittes. Ein zusätzlicher Sommerschnitt ist im Hinblick auf mehr erwünschte Kurztriebe ratsam.

Standort Der Standort wirkt sich deutlich auf die äußere und innere Fruchtqualität aus. Außerhalb von warmen Lagen mit nährstoffreichen Böden ist ein Anbau nur mit hohem Pflegeaufwand (Düngung, Bewässerung) ratsam.

Anfällig Eine Anfälligkeit gegen den Feuerbrand wurde mehrfach festgestellt, deshalb achtet man auf das Erscheinen des Überträgers (Sommerapfelblattsauger) und leitet eine frühzeitige Bekämpfung ab Anfang April ein. Krebs kann in schweren, nassen Böden auftreten, jedoch weniger als bei der Elternsorte 'Elise'. Schorf spielt eine eher untergeordnete Rolle, Mehltau schon eher. Läuse und Spinnmilben richten nur wenig Schaden an, dagegen kann die Apfelgespinstmotte gegendweise auffällig werden.

Blüte Mittelspät und frostempfindlich, besonders in spätfrostgefährdeten Lagen (u. a. in Flussniederungen). Als Pollenspender werden 'Braeburn', 'Cox Orange', 'Elstar', 'Gala', 'Golden Delicious', sowie Zierapfelsorten (u. a. 'Golden Gem') angegeben. Eine Blütenausdünnung kann in der Regel entfallen, jedoch mindert sie eine mögliche Alternanzneigung.

Anbauwert Der Anbauwert ist abhängig von fachlich einwandfreier Pflege (u. a. Sommer- und Überwachungsschnitt, Pflanzenschutz) und gilt hauptsächlich für erfahrene Anbauer im Garten- und Erwerbsbereich.
In den Prüforten OVB Jork und Lehr- und Forschungsstation Klein-Altendorf, sowie in Belgien und Holland ist man von der Qualität dieser neuen Sorte überzeugt, in Geschmackstest wie auch im Aussehen wird die Sorte sehr gelobt.
'Fresco' kommt als Clubsorte in den Handel, die aber gegen eine Lizenzgebühr von 1.-- €/Baum für Obstbaubetriebe erhältlich ist.

Lieferanten: Fleuren (NL), Marktgemeinschaft Altes Land.

Standort der Sichtungsbäume: Ahrensburg, Auweiler, Bamberg, Bavendorf, Erfurt, Geisenheim, Dresden-Pillnitz, Müncheberg, Neustadt, Pomona Franconica, Weihenstephan, Wurzen.

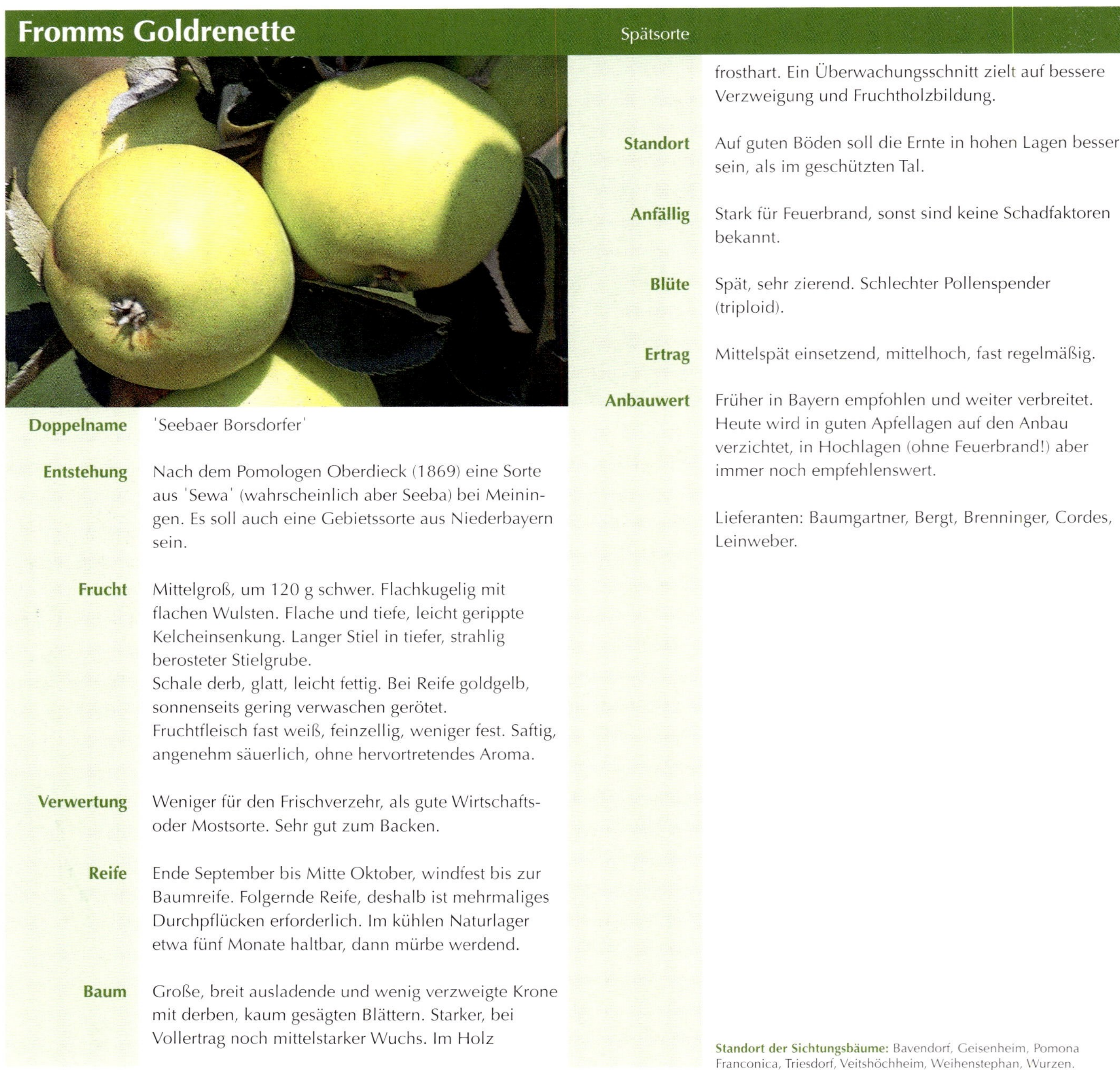

Doppelname	'Seebaer Borsdorfer'
Entstehung	Nach dem Pomologen Oberdieck (1869) eine Sorte aus 'Sewa' (wahrscheinlich aber Seeba) bei Meiningen. Es soll auch eine Gebietssorte aus Niederbayern sein.
Frucht	Mittelgroß, um 120 g schwer. Flachkugelig mit flachen Wulsten. Flache und tiefe, leicht gerippte Kelcheinsenkung. Langer Stiel in tiefer, strahlig berosteter Stielgrube. Schale derb, glatt, leicht fettig. Bei Reife goldgelb, sonnenseits gering verwaschen gerötet. Fruchtfleisch fast weiß, feinzellig, weniger fest. Saftig, angenehm säuerlich, ohne hervortretendes Aroma.
Verwertung	Weniger für den Frischverzehr, als gute Wirtschafts- oder Mostsorte. Sehr gut zum Backen.
Reife	Ende September bis Mitte Oktober, windfest bis zur Baumreife. Folgernde Reife, deshalb ist mehrmaliges Durchpflücken erforderlich. Im kühlen Naturlager etwa fünf Monate haltbar, dann mürbe werdend.
Baum	Große, breit ausladende und wenig verzweigte Krone mit derben, kaum gesägten Blättern. Starker, bei Vollertrag noch mittelstarker Wuchs. Im Holz frosthart. Ein Überwachungsschnitt zielt auf bessere Verzweigung und Fruchtholzbildung.
Standort	Auf guten Böden soll die Ernte in hohen Lagen besser sein, als im geschützten Tal.
Anfällig	Stark für Feuerbrand, sonst sind keine Schadfaktoren bekannt.
Blüte	Spät, sehr zierend. Schlechter Pollenspender (triploid).
Ertrag	Mittelspät einsetzend, mittelhoch, fast regelmäßig.
Anbauwert	Früher in Bayern empfohlen und weiter verbreitet. Heute wird in guten Apfellagen auf den Anbau verzichtet, in Hochlagen (ohne Feuerbrand!) aber immer noch empfehlenswert.

Lieferanten: Baumgartner, Bergt, Brenninger, Cordes, Leinweber.

Standort der Sichtungsbäume: Bavendorf, Geisenheim, Pomona Franconica, Triesdorf, Veitshöchheim, Weihenstephan, Wurzen.

Doppelname	'Tohoku Nr. 7'
Entstehung	1939, aus 'Ralls Janet' x 'Golden Delicious', in der Versuchsstation Fujisaki/Aomori (Japan). Seit 1962 im Handel.
Mutanten	Neue Mutanten: 'Kiku® 8' ist letzter in der „Kiku"-Reihe und wird im Erwerbsanbau bevorzugt wegen der rubinroten, gestreiften Deckfarbe, auch im Schatten. Nach Züchterangaben ist er praktisch identisch mit dem Standardtyp. Für alle weiteren, derzeit 44 Mutanten, besteht Sortenschutz.
Frucht	Mittelgroß, oft unregelmäßig hoch gebaute Form. Flache, gerippte Kelcheinsenkung mit kleinem, geschlossenem Kelch. Mittellanger Stiel in tiefer Stielgrube. Schale dick, etwas rau, trocken. Grüngelb mit flächigroter oder (je nach Mutante) gestreifter Deckfarbe mit hellen Schalenpunkten und (je nach Witterung) mit Rostfiguren. Fruchtfleisch grobzellig, saftig, sehr süß mit wenig Säure und Aroma.
Verwertung	Für Frischverzehr, wird auch zu Brennobst gebraucht. Mit ~16 % Zuckergehalt nicht für Diabetiker geeignet.

Reife	Mitte bis Ende Oktober. Fruchtfall schon vor der Baumreife, deshalb soll mehrmals durchgepflückt werden. Keine ausreichende Ausreife in kühlen Jahren. Unreif geerntete Früchte schrumpfen am Lager und sind anfällig für Schalenbräune. Im kühlen Naturlager etwa fünf Monate haltbar, im Kühllager bis März/April bei 5 °C.
Baum	Dichtverzweigtes, stark aufrechtes Wuchsbild. In der Jugendentwicklung sehr starkes Wachstum. Der Schnitt zielt auf besser durchlichtete Krone, der Sommerschnitt auch auf eine gute innere und äußere Fruchtqualität. Schattenfrüchte bleiben in der Regel blass und fade. Zweijährige Triebe bringen die besten Früchte. Anfällig für Holzfrost.
Standort	Weinbauklima mit langer Vegetationszeit ist Anbauvoraussetzung. Der Boden kann leicht sein.
Anfällig	Mittel für Feuerbrand und Mehltau, stärker für Schorf und viröse Triebsucht, Spinnmilben und Blutläuse. Wegen des hohen Zuckergehaltes picken Vögel gerne an den Früchten. Sonnenbrand und Glasigkeit sind häufig, ebenso das Platzen der Früchte zur Baumreife.
Blüte	Spät, länger anhaltend, empfindlich. Selbstbefruchtung soll vorkommen. Eine energische Ausdünnung nach gutem Fruchtansatz auf einzeln hängende Früchte ist dringend anzuraten.
Ertrag	Wechselnd zwischen hohen und geringen Erträgen.
Anbauwert	Für Liebhaber süßer Sorten. Außerhalb bevorzugter Gebiete ist es eine Problemsorte, denn die hohen Ansprüche sind nur in wenigen Gebieten zu erfüllen. Neuerdings wird die Kiku-Werbung mit Marktstrategien für den Erwerbsanbau massiv unterstützt. Ob aber bei uns eine konstante Qualität erzielbar ist, muss bezweifelt werden.

Standort der Sichtungsbäume: Ahrensburg, Bavendorf, Geisenheim, Dresden-Pillnitz, Jork, Pomona Franconica, Triesdorf, Veitshöchheim, Weihenstephan, Weinsberg, Wurzen.

Gacksapfel

Blüte Spät, nicht witterungsempfindlich.

Ertrag Jährlicher Wechsel zwischen hohen und sehr geringen Ernten (Alternanz).

Anbauwert Typische, problemlose Sorte für Streuobstflächen.

Lieferanten: Bergt, Leinweber, Rinn.

Entstehung Findling im Wald von Berghausen (Kreis Wetzlar/ Lahn) von Ernst Gack, um 1870.

Frucht Mittelgroß bis groß, um 130 g schwer. Spitz walzenförmig. Weite Kelcheinsenkung mit halb offenem Kelch. Kurzer Stiel in enger Stielgrube. Schale dick, fest bis hart, glatt, leicht lila wachsig. Sonnenseits verwaschen karmesinrot und dünn gestreift.
Fruchtfleisch gelblichweiß, feinzellig, saftig mit hervortretender Säure. Neigung zu Glasigkeit.

Verwertung Gute Wirtschafts- und vor allem Mostsorte.

Reife Ab Ende September, nicht windfest. Im kühlen Naturlager etwa fünf Monate haltbar ohne zu welken.

Baum Große, aufrechte, mäßig verzweigte Krone, im Alter überhängend. Von Jugend an starker, später immer noch mittelstarker Wuchs. Frosthart im Holz.

Standort Anspruchslos an Boden und Klima bis in mittlere Höhenlagen.

Anfällig Stark für Krebs, besonders in schweren, nassen Böden. Schorffest. Sonst sind keine besonderen Schadfaktoren bekannt.

Standort der Sichtungsbäume: Geisenheim, Pomona Franconica, Triesdorf.

Doppelname	'Galla Delicious'
Mutanten	Derzeit existieren 15 Mutanten. Davon hat 'Royal Gala' ('Tenroy') Geschmacksdefizite. Alle unterscheiden sich von der Standardsorte im Wesentlichen durch eine intensivere Fruchtfärbung. Für alle – außer der Standardsorte – besteht Sortenschutz.
Entstehung	1934, aus 'Kidds Orange' x 'Golden Delicious'. Gezüchtet vom Landwirt H.J. Kidd in Greytown (Neuseeland). Seit 1960 im Handel.
Frucht	Mittelgroß, selten groß, um 140 g schwer. Hochrund, oft mit flachen Kanten. Weite, gerippte Kelcheinsenkung mit geschlossenem Kelch. Langer, dünner Stiel in enger, fast unberosteter Stielgrube. Schale derb, glatt, leicht wachsig. Bei Reife goldgelb, verwaschen rot gestreift, bei den Mutanten meist flächige Deckfarbe mit hellen Schalenpunkten. Fruchtfleisch gelblich, fest, saftig, vor allem süß mit sehr niedrigem Säuregehalt (4 g/l).
Verwertung	Für den Frischverzehr, wegen geringer Säure besonders bei Kindern beliebt. Weniger Wirtschaftssorte.
Reife	Ab Mitte September, vom Baum essbar. Mehrfaches Durchpflücken ist ratsam. Im kühlen Naturlager etwa vier Monate haltbar, ab dann Aromaverlust.
Baum	Hochrundes, dichtes Wuchsbild mit etwas dünnen, außen überhängenden Trieben und langen, schmalen Blättern. Mittelstarker Wuchs. Zur besseren Fruchtfärbung ist ein Sommerschnitt anzuraten, denn blasse Früchte sind ohne Geschmack. Mittelstark empfindlich für Holzfrost.
Standort	Die lange Fruchtwachstumszeit bis zur Reife benötigt optimale Standortverhältnisse, deshalb nicht für trockene Böden und höhere Lagen geeignet.
Anfällig	Stark für Feuerbrand und Triebsucht, auch Schorf. Mitte für Mehltau. In schweren Böden Krebs. Anfällig auch für Spinnmilben.
Blüte	Mitte spät, nicht witterungsempfindlich. Guter Pollenspender. Wegen des starken Fruchtansatzes ist eine energische Ausdünnung bald nach der Blüte immer erforderlich.
Ertrag	Bei guter Pflege früh einsetzend, hoch und ohne Alternanz.
Anbauwert	Für Liebhaber süßer Sorten und besonders als Schul- und Büroapfel. Wegen der Krankheitsanfälligkeit und des hohen Pflegeaufwandes sehr sensibel im Anbau.

Standort der Sichtungsbäume: Ahrensburg, Auweiler, Bamberg, Bavendorf, Geisenheim, Dresden-Pillnitz, Jork, Pomona Franconica, Triesdorf, Veitshöchheim, Weihenstephan, Weinsberg, Wurzen.

Anfällig	Es sind keine hervortretenden Schadeinflüsse bekannt.
Ertrag	Früh einsetzend, dann alle 2 Jahre hoch.
Anbauwert	Vielseitig verwertbare Sorte für günstige Standorte.

Lieferanten: Bergt, Leinweber.

Doppelname	'Galloway Pippin'
Entstehung	Mitte des 19. Jh. in Schottland.
Frucht	Klein bis mittelgroß. Flachrund mit ungleichen Hälften. Weite und tiefe Kelcheinsenkung mit offenem Kelch. Meist kurzer Stiel in weiter, berosteter Stielgrube. Schale glatt, glänzend. Bei Vollreife gelb, sonnenseits golden mit rötlichem Anflug und braunen Schalenpunkten. Schwacher Duft. Fruchtfleisch feinzellig, fest, mäßig saftig. Angenehme Würze mit ausgewogenem Zucker-/Säureverhältnis.
Verwertung	Sehr gute Tafel- und Wirtschaftssorte, auch für Most brauchbar.
Reife	Ab Mitte Oktober, nicht windfest. Im kühlen Naturlager etwa 6 Monate haltbar ohne zu welken.
Baum	Breite, ausladende Krone mit ausreichender Verzweigung. Von Jugend an starkes Wachstum.
Standort	Wärmere, nährstoffreiche Standorte werden bevorzugt. Auch mittlere windgeschützte Höhenlagen sind noch geeignet.

Standort der Sichtungsbäume: Bavendorf, Dresden-Pillnitz, Müncheberg, Pomona Franconica, Rostock, Triesdorf, Wurzen.

Blüte Mittelfrüh, nicht witterungsempfindlich. Schlechter Pollenspender (triploid).

Ertrag Meist mittelhohe, aber regelmäßige Erträge.

Anbauwert Typische Streuobst- und Mostsorte.

Lieferanten: Baumgartner, Bergt, Cordes, Leinweber, Wetzel.

Entstehung 1939 als Findling in Hessen.

Frucht Meist groß, um 220 g schwer. Ungleichmäßige Form, etwas kantig. Weite und sehr tiefe Kelcheinsenkung.
Kurzer, dicker Stiel in tiefer Stielgrube.
Schale fest, glatt, bei Reife grüngelb, sonnenseits leicht gerötet.
Fruchtfleisch fest, saftig. Geringer Zuckergehalt.
Herber, leicht bitterer Geschmack.

Verwertung Mehr Wirtschafts- als Tafelsorte, auch für Most brauchbar.

Reife Anfang September. Etwa vier Monate im kühlen Naturlager haltbar.

Baum Breite und aufrechte, dichte Krone mit schrägen Leitästen und derben, wenig gesägten Blättern. Starker Wuchs, auch im Vollertragsalter.

Standort Auf guten Böden bis in höhere, windige Lagen.

Anfällig Nur gering Schorf, sonst sind keine Schadfaktoren bekannt.

Standort der Sichtungsbäume: AHNU, Bavendorf, Erfurt, Geisenheim, Müncheberg, Pomona Franconica, Triesdorf, Veitshöchheim, Weinsberg.

Gascoynes Scharlachroter

Synonyme	'Gascoynes Scarlett Seedling' (Erster Name), 'Schöner von Russdorf', 'Friedrich August von Sachsen' (beide noch in Sachsen gebräuchlich).
Entstehung	In der Grafschaft Kent (England). Züchter Gascoyne in Sittingbourne. 1871 von der Baumschule Bunyard in den Handel gegeben, seit etwa 1883 in Deutschland.
Frucht	Meist groß, um 180 g schwer. Flachkugelig und ungleichhälftig mit Wulsten über der Frucht. Sehr tiefe, weite Stieleinsenkung mit Höckern und großem Kelch. Kurzer Stiel in tiefer Stielgrube. Schale derb, etwas wachsig. Bei Reife gelbgrün mit flächig karminroter Deckfarbe mit bläulichrotem Hauch. Kräftiger Duft. Fruchtfleisch fast weiß, unter der Schale etwas rötlich. Feinzellig, fest. Vorwiegend süß, mäßig saftig mit sortentypisch parfümiertem Aroma.
Verwertung	Für den Frischverzehr, auch Wirtschafts- und Mostsorte. Gut geeignet zum Backen. Auffallende Frucht für Ausstellungen.
Reife	Ab Ende August bis Anfang September. Windfest bis zur Baumreife, dann schnell fallend. Etwa 3 Monate im kühlen Naturlager haltbar, ab dann welkend. Auf Lagerfäule ist zu achten.
Baum	Im Alter breitrunde, sparrige Krone mit fast waagerechten, etwas verkahlenden Ästen im unteren Kronenteil. Gut mit kurzem und mittellangem Seitenholz verzweigt. Mittelstarker Wuchs. Auslichtungsschnitte zielen auf lichtere Krone und sollen frühzeitiges Vergreisen vermeiden. Im Holz frosthart.
Standort	Geschützt bis in mittlere Höhenlagen, nährstoffreiche Böden vorausgesetzt.
Anfällig	Der Feuerbrandstatus ist unbekannt. Stark für Fruchtfäulen schon am Baum, auch Schorf und Virosen. Wenig Mehltau.
Blüte	Mittelspät bis spät, länger anhaltend. Etwas witterungsempfindlich. Guter Befruchter (diploid).
Ertrag	Eher unterdurchschnittlich, mit Alternanzneigung.
Anbauwert	Die frühere Verbreitung ist stark zurückgegangen. Heute nur noch Liebhabersorte. Für Formobstbäume ist das Wachstum zu sparrig.

Lieferanten: Angendohr, Baumgartner, Bergt, Cordes, Leinweber, Rinn, Ritthaler, Wetzel.

Standort der Sichtungsbäume: Bavendorf, Erfurt, Geisenheim, Dresden-Pillnitz, Müncheberg, Rhöner Apfelbüro, Triesdorf.

Geflammter Kardinal

Bemerkung Es soll unter diesem Sortennamen eine Reihe von weniger wertvollen Varianten geben. Bei der Vermehrung ist deshalb auf die Herkunft zu achten.

Doppelnamen 'Falscher Gravensteiner', 'Backapfel', 'Hohlhäuschen', 'Kaiserapfel' und viele andere.

Entstehung Ungewiss, alte Sorte. 1801 erstmals beschrieben vom Pomologen Dr. A.F.A. Diel. Die Sorte ist aber möglicherweise bereits viel früher entstanden. 1860 vom Deutschen Pomologenverein zum Anbau empfohlen.

Frucht Mittelgroß bis groß, um 130 g schwer. Sehr ungleichmäßige Form, hoch gebaut oder flach, mit flachen Wulsten über der Frucht. Hat Ähnlichkeit mit 'Gravensteiner'. Schüsselartige, gerippte Kelcheinsenkung. Kurzer, dicker Stiel in weiter, strahlig berosteter Stielgrube.
Schale glatt, fettig. Bei Reife hellgelb, sonnenseits rötlich punktiert und gestreift. Ohne Duft. Druckfest. Fruchtfleisch grünlichweiß, locker, saftig, weinsäuerlich mit wenig Aroma.

Verwertung Für den Frischverzehr, mehr aber gute Wirtschaftssorte, in Verbindung mit anderen Sorten auch für Most geeignet. Sehr guter Backapfel.

Reife Ab Ende September. Windfest bis zur Baumreife, dann schnell fallend, besonders in trockenen Lagen. Deshalb ist rechtzeitig zu ernten. Kühl etwa vier Monate haltbar, ohne zu welken.

Baum Zunächst aufrechte, im Alter große, breit gewölbte, oft einseitige Krone mit gut verzweigten Ästen, gelblichen Zweigen und langem Fruchtholz. Im Vollertrag außen hängend. Im Holz frosthart. Kann sehr alt werden.

Standort Völlig anspruchslos an Boden und Klima bis in hohe, windgeschützte Lage.

Anfällig In schweren Böden Krebs, sonst sind keine besonderen Schadfaktoren bekannt. Besonders in höheren Lagen sehr robust.

Blüte Früh, lange anhaltend. Nicht witterungsempfindlich. Schlechter Pollenspender (triploid).

Ertrag Spät einsetzend, verhältnismäßig hoch und fast regelmäßig.

Anbauwert Vorwiegend auf Hochstamm für den Streuobstanbau.

Lieferanten: Angendohr, Baumgartner, Bergt, Brenninger, Cordes, Hammerschmidt, Leinweber, Ritthaler.

Standort der Sichtungsbäume: AHNU, Bavendorf, Geisenheim, Müncheberg, Pomona Franconica, Triesdorf, Veitshöchheim, Weihenstephan.

Anfällig Schorf, Mehltau, Apfelwickler. In schwereren Böden auch Krebs.

Blüte Mittelspät, lange anhaltend, nicht empfindlich. Guter Pollenspender. Der starke Fruchtansatz in Ertragsjahren sollte ausgedünnt werden.

Ertrag Infolge geringer Alternanzneigung eher unterdurchschnittlich.

Anbauwert Wenig bekannte Sorte, mehr für Liebhaber.

Lieferanten: Bergt, Cordes.

Entstehung 1884, aus einem Sämling von 'Goldparmäne' in der Forschungsanstalt Geisenheim am Rhein. Trug 1894 die ersten Früchte.

Frucht Groß, flach- bis plattrund, in der Form ähnlich 'Blenheim'. Weite, mitteltiefe und etwas gerippte Kelcheinsenkung. Kurzer Stiel in tiefer Stielgrube. Schale glatt, dünn, leicht fettig. Bei Reife goldgelb, sonnenseits mit verwaschen roten Streifen an 'Goldparmäne' erinnernd.
Fruchtfleisch gelblichweiß, mürbe, saftig, würzig süßsäuerlich mit gutem Geschmack.

Verwertung Gute Tafel- und Wirtschaftssorte.

Reife In warmer Lage ab Mitte September. Fruchtfall oft schon vor der Baumreife. Im kühlen Naturlager etwa fünf Monate haltbar.

Baum Breite, überhängende Krone mit gut verzweigten Ästen und schmalen, fast ungesägten Blättern. Von Jugend an starker Wuchs, bei Vollertrag immer noch mittelstark. Im Holz nicht ganz frostfest.

Standort Geschützte Lagen werden bevorzugt, in leichteren Böden auch mittlere Höhenlage.

Standort der Sichtungsbäume: Bavendorf, Geisenheim, Triesdorf.

Ertrag — Früh einsetzend, regelmäßig und sehr hoch. Wenig Alternanzneigung.

Anbauwert — Typische Streuobstsorte, die auch wieder bei etlichen Baumschulen im Sortiment ist.

Lieferanten: Baumgartner, Brenninger, Gräb, Kiefer, Leinweber, Wetzel.

Entstehung — Ungewiss, vermutlich in Mainfranken oder um Göppingen.

Frucht — Groß, um 150 g schwer. Regelmäßige, flachrunde Form mit weiter Kelcheinsenkung und kleinem, offenen Kelch. Kurzer, dicker Stiel in tiefer Stielgrube. Schale glatt, trocken. Bei Reife grünlich, leicht rot gestreift mit hellen Schalenpunkten. Fruchtfleisch grobzellig, fest, saftig mit hervortretender Säure und geringem Zuckergehalt.

Verwertung — Vorwiegend Mostsorte. Saftausbeute um 77 %, Mischung mit süßeren Sorten.

Reife — Mitte bis Ende September, windfest bis zur Baumreife.

Baum — Kompakte, dichte und gut verzweigte Krone. Mittelstarker Wuchs bis ins hohe Alter.

Standort — Keine Ansprüche an Boden und Klima bis in raue Höhenlagen.

Anfällig — Stark Feuerbrand. Gering Schorf, in den letzten Jahren stark Mehltau.

Blüte — Spät, nicht witterungsempfindlich. Schlechter Pollenspender (triploid).

Standort der Sichtungsbäume: AHNU, Bavendorf, Erfurt, Geisenheim, Dresden-Pillnitz, Müncheberg, Rostock, Triesdorf, Veitshöchheim, Weihenstephan, Weinsberg, Wurzen.

Doppelnamen	Wegen der schönen Blüte auch 'Yellow Bellflower' (wahrscheinlich erster Name), 'Blumenkalvill', 'Metzgers Calvill' (in Baden durch Gartendirektor Metzger verbreitet), 'Weidenapfel' und viele andere.
Entstehung	Wahrscheinlich um 1790 in Burlington County, New Jersey (USA). Die Baumschule Baumann in Bollwiler (Elsass) bezog 1834 die Sorte direkt aus Amerika. Wurde 1874 vom Deutschen Pomologenverein zum allgemeinen Anbau empfohlen.
Frucht	Mittelgroß bis groß, um 180 g schwer. Sehr unterschiedliche Form. Meist hoch gebaut mit kalvillartig ausgeprägten Rippen, ungleichhälftig. Weite Kelcheinsenkung, mit fünf Höckern umgeben und kurzem, wolligen Kelch. Tiefe, enge Stielgrube mit kräftigem, kurzen Stiel. Schale fein, glatt. Bei Reife schön gelb, sonnenseits leicht gerötet mit dunklen Schalenpunkten. Ohne Duft. Nicht druckfest. Fruchtfleisch gelblich, feinzellig mit sichtbaren Gefäßbündeln. Fest, weniger saftig. Geschmack süß, schwach säuerlich, insgesamt sehr gutes Aroma.
Verwertung	Noch immer hervorragend als Tafelapfel, auch vielseitig verwertbare Wirtschafts- und Mostsorte.
Reife	Ab Ende September. Windfest bis zur Baumreife. Bei zu früher Ernte können Lagerverluste auftreten. Etwa vier Monate im kühlen Naturlager haltbar ohne zu welken, ab dann Aromaverlust. Im Kühllager etwa sechs Monate lagerfähig, bei 3 °C. Auf Stippe am Lager ist zu achten.
Baum	In der Jugend dünne Stämme mit aufrechten Ästen und langen, schmalen Blättern. Später schirmartige, buschig dichte Krone mit überhängenden Ästen und typisch dünnen, verkahlenden Trieben im unteren Kronenbereich. Verträgt im Vollertrag keine strengen Schnitte mehr, die Kronenerziehung muss deshalb im Jugendstadium geschehen, später ist ständige Auslichtung erforderlich. Mittelstarker Wuchs. Im Holz frostfest.
Standort	Geschützte Lagen, in nährstoffreichen, feuchten Böden, auch für windgeschützte mittlere Höhenlagen. Auf leichten Böden nimmt Mehltaubefall zu.
Anfällig	Mittel für Feuerbrand. Anfällig für Schorf in nassen Jahren. Mehltau, Krebs auf schweren Böden. Blutläuse. Empfindlich für Schwefelmittel.
Blüte	Groß, sehr zierend. Mittelfrüh, mit kurzer Blühdauer, nicht empfindlich. Guter Pollenspender.
Ertrag	Abhängig von Klima und Boden. Auf zusagendem Standort regelmäßig und hoch, mit nur geringer Alternanzneigung.
Anbauwert	Bei gleichen Anbaubedingungen wird die Sorte oft 'Golden Delicious' im Garten vorgezogen. Auch für den Streuobstbau auf geeigneten Standorten sehr gut geeignet, jedoch nicht für Formobstbäume.

Lieferanten: Baumgartner, Brenninger, Heinrich, Dr. Hoffmann, Leinweber, Rinn, Wetzel.

Standort der Sichtungsbäume: AHNU, Bavendorf, Erfurt, Geisenheim, Dresden-Pillnitz, Müncheberg, Rhöner Apfelbüro, Pomona Franconica, Triesdorf, Veitshöchheim, Weihenstephan, Weinsberg, Wurzen.

Doppelnamen 'Golden Noble' (erster Name), 'Glasapfel, 'Glasrenette', 'Gelber Scheibenapfel', 'Wachsapfel', 'Zitronenapfel' und einige andere.

Entstehung Um 1800. Soll ein Findling sein aus einem Garten in Downham, Grafschaft Norfolk (England). Wurde 1820 von der Londoner Gartenbaugesellschaft und 1874 vom Deutschen Pomologenverein zum Anbau empfohlen.

Frucht Meist groß, um 180 g schwer. Gleichmäßig breitrund. Flache, strahlige Kelcheinsenkung mit kleinem Kelch. Sehr kurzer Stiel in strahlig berosteter Stielgrube. Schale dünn, bei Reife abziehbar. Grüngelb, am Lager satt zitronengelb, sonnenseits rötlich überhaucht mit feinen Schalenpunkten. Leichter Duft. Fruchtfleisch gelblichweiß, mittelfest, kräftig weinsäuerlicher Geschmack mit zartem Aroma. Hoher Gehalt an Vitamin C.

Verwertung Gute Fruchteigenschaft als begehrter Back- und Diabetikerapfel.
Fruchtfleisch weiß bleibend bei der Verwertung.

Reife Je nach Standort ab Ende September, nicht windfest. Im kühlen Naturlager etwa drei Monate haltbar, aus höheren Lagen länger. Im Kühllager bis März bei 2 °C lagerfähig.

Baum Große, breitkugelige, aufrechte Krone mit fast waagerechten Ästen im Alter. Von Jugend an kräftiger Wuchs mit starken Seitenzweigen und großen, kräftigen Blättern bis ins Alter. Im Holz frosthart. Kann sehr alt werden.

Standort Auf tiefgründigen Böden bis in Höhenlagen, trockene Böden werden weniger vertragen. Dort fallen die Früchte vorzeitig.

Anfällig Stark für Feuerbrand. Nur in geschlossenen Tallagen Blattschorf und Blutläuse. In nassen, schweren Böden Krebs.

Blüte Früh, lange anhaltend, nicht witterungsempfindlich. Guter Pollenspender.

Ertrag Abhängig vom Standort. In der Regel mittel hoch, neigt zu Alternanz.

Anbauwert Wegen der langen, kahlen Triebe nicht geeignet für Formobst. Viel verlangt als Bäckerapfel. Gebietsweise auch für industrielle Verwertung angebaut. Sonst hauptsächlich Streuobstsorte.

Lieferanten: Brenninger, Cordes, Herr, Dr. Hoffmann, Leinweber, Ritthaler, Schmitt, Wetzel.

Standort der Sichtungsbäume: AHNU, Ahrensburg, Bamberg, Bavendorf, Erfurt, Geisenheim, Dresden-Pillnitz, Müncheberg, Pomona Franconica, Rhöner Apfelbüro, Triesdorf, Weihenstephan, Wurzen.

Baum — Pyramidale, hochgeschlossene, im Alter flache Krone mit ausreichend verzweigten Trieben, kurzem Fruchtholz und kleinen, spitzen Blättern. Mittelstarker Wuchs.

Standort — Sehr anspruchsvoll an Boden und Klima, gedeiht auch auf leichteren Böden, vor allem sind trockene Standorte zu meiden. Braucht hohe Luftfeuchtigkeit.

Anfällig — In geschlossenen Lagen Feuerbrand. Sehr stark Schorf und Mehltau. In schweren Böden Krebs.

Blüte — Mittelfrüh, lange anhaltend, etwas witterungsempfindlich.

Ertrag — Etwas unterdurchschnittliche, bis mittelhohe, spät einsetzende Erträge.

Anbauwert — Für günstige Lagen in Norddeutschland, im Küstenklima oder an Flussläufen. Sonst verzichtbar.

Lieferanten: Angendohr, Baumgartner, Bergt, Brenninger, Cordes, Hammerschmidt, Dr. Hoffmann, Leinweber, Rinn, Spieß.

Doppelnamen — 'Körchower Grand Richard' (erster Name), 'Hagenower Grand Richard'.

Entstehung — Vor 1806 vom Pomologen und Pastor Kliefoth in Körchow/Mecklenburg wieder entdeckt. Die Sorte war aber schon lange vorher vorhanden, vor allem in Mecklenburg verbreitet. Wurde 1874 vom Deutschen Pomologenverein empfohlen.

Frucht — Meist mittelgroß bis groß, um 150 g schwer. Regelmäßige, mitunter etwas hoch gebaute, etwas kantige Form. Flache, faltige Kelcheinsenkung. Meist starker, kurzer Stiel in weiter, strahlig berosteter Stielgrube.
Schale dünn, glatt, leicht wachsig. Hellgelb, sonnenseits schwach rötlich mit typisch hellen Schalenpunkten. Leicht duftend.
Fruchtfleisch reinweiß, mittelfest, sehr saftig. Weinsäuerlich mit würzigem Himbeer-Aroma. In Süddeutschland weniger geschmackvoll.

Verwertung — Überwiegend für Frischverzehr, auch für Wirtschaft. Keine Mostsorte.

Reife — Anfang bis Mitte Oktober mit locker am Baum sitzenden Früchten. Im kühlen Naturlager etwa 4 Monate haltbar. Nicht windfest. Mehrmaliges Durchpflücken ist erforderlich.

Standort der Sichtungsbäume: Bavendorf, Erfurt, Geisenheim, Dresden-Pillnitz, Jork, Müncheberg, Pomona Franconica, Rhöner Apfelbüro, Triesdorf, Veitshöchheim, Wurzen.

Voller Name	'Aldingers George Cave'
Entstehung	1923, vermutlich ein Sämling von 'Cox Orange'. 1962 aus England eingeführt und durch die Baumschule Aldinger verbreitet. Es existiert auch eine rote Auslese (Bavendorf, Triesdorf).
Frucht	Mittelgroß, regelmäßige Form, meist flachrund. Flache, faltige Kelcheinsenkung. Mittellanger Stiel in enger Stielgrube. Schale glatt, bei Reife gelbgrün, sonnenseits flächig oder verwaschen rot und gestreift. Fruchtfleisch gelblichweiß, mittelfest, saftig. Angenehmer, leicht säuerlicher Geschmack.
Verwertung	Überwiegend für den Frischverzehr.
Reife	Mitte August, neigt zu vorzeitigem Fruchtfall. Mehrmaliges Durchpflücken ist deshalb ratsam. Stippeneigung bei zu früher Ernte und Fruchtrisse bei Trockenheit. Etwa zwei bis drei Wochen haltbar.
Baum	Mittelgroße, gut verzweigte Krone mit etwas dünnen Trieben. Anfangs mittelstarkes, bei Vollertrag schwaches Wachstum. Der Schnitt zielt auf ständige Trieberneuerung.
Standort	Weinbaulagen werden bevorzugt, Abweichungen wirken sich auf die äußere und innere Fruchtqualität aus.
Anfällig	Mäßig für Feuerbrand. Stark anfällig für Schorf und Mehltau.
Blüte	Mittelfrüh, etwas empfindlich. Schlechter Pollenspender (triploid).
Ertrag	Früh einsetzend, unterdurchschnittlich, aber regelmäßig.
Anbauwert	Nur auf wärmebegünstigten Standorten zu empfehlen. Dort ist es eine gute Frühsorte.

Lieferanten: Baumgartner, Cordes, Leinweber, Ulmer.

Standort der Sichtungsbäume: Bavendorf, Dresden-Pillnitz, Müncheberg, Pomona Franconica, Triesdorf, Weihenstephan.

Entstehung	1980, aus 'Elstar' x 'TSR 15T3'. BAZ Ahrensburg. EU-Sortenschutz seit 1999.
Frucht	Mittelgroß, neigt zu Kleinfrüchtigkeit. Gleichmäßig rund, hoch gebaut. Weite, leicht faltige Kelcheinsenkung mit geschlossenem Kelch. Mittellanger Stiel in enger Stielgrube. Schale glatt, leicht fettig. Grundfarbe goldgelb, sonnenseits intensiv rot geflammt. Fruchtfleisch mittelfest, saftig. Süßsäuerlich, eher säurebetont, an 'Elstar' erinnernd. Wenig Vitamin C.
Verwertung	Vorwiegend Tafelsorte, eingeschränkt als Wirtschaftsapfel.
Reife	Folgernd ab Ende August bis Mitte September. Mehrmaliges Durchpflücken ist immer ratsam. Im kühlen Naturlager bis zu drei Monate haltbar, im Kühllager bis Dezember. Gegen Lagerende weich werdend. Die Früchte sind empfindlich bei tiefen Lagertemperaturen.
Baum	Aufrechtes Wuchsbild mit dünnen, hängenden Trieben. Mittelstarkes Wachstum. Nicht frostfest im Holz.
Anfällig	Mittelstark für Feuerbrand. Die Schorfresistenz ist seit 2001 durchbrochen, jetzt stark bis sehr stark für Schorf, stark Mehltau. Krebsfest, aber anfällig für Rindenkrankheiten. In besonders warmen Jahren Glasigkeit schon am Baum.
Blüte	Mittel bis spät, gering empfindlich. Guter Pollenspender. Bei starkem Fruchtansatz verbessert sich die Fruchtgröße durch energisches Ausdünnen.
Ertrag	Früh einsetzend. Mittelhoch, nur bei guter Pflege hoch. Mittlere Alternanzneigung.
Anbauwert	Sehr pflegeaufwändig. Nur für erfahrene Anbauer im Erwerbsanbau. Lieferanten: Mitglieder der „Artus-Group", Kiefer, Leinweber, Spieß, Wetzel.

Standort der Sichtungsbäume: Ahrensburg, Bavendorf, Erfurt, Dresden-Pillnitz, Jork, Neustadt, Rostock, Veitshöchheim, Weinsberg, Wurzen.

Doppelname	'Gestreifter Sommer-Cousinot'
Frucht	Mittelgroß, unterschiedliche, aber gleichmäßige Form. Meist abgestumpft rundlich. Weite und tiefe Kelcheinsenkung mit deutlichen Rippen und offenem Kelch. Stiel unterschiedlich kurz in weiter, strahliger Stielgrube. Schale glatt, geschmeidig. Bei Reife gelb, besonders sonnenseits mit kräftigen dunklen und deutlich abgesetzten Streifen. Ausgeprägter Duft. Fruchtfleisch fast weiß, feinzellig, etwas locker. Saftig mit deutlicher Würze, wenig Süße.
Verwertung	Für den Frischverzehr und sehr gute Wirtschaftssorte, auch zum Backen geeignet.
Reife	Ab Mitte September, nicht windfest. Im kühlen Naturlager höchstens sechs Wochen haltbar.
Baum	Breite, hochgewölbte Krone mit gut verzweigten Ästen, im unteren Kronenbereich hängend. Dünne, überhängende Seitenzweige.
Standort	Breit anbaufähig bis in mittlere Höhenlagen.
Anbauwert	Eine gute Wirtschaftssorte, doch die geringe Haltbarkeit grenzt den Anbauwert ein.

Standort der Sichtungsbäume: Pomona Franconica, Triesdorf.

Voller Name	'Gewürzluikenapfel'
Doppelnamen	'Luikenapfel', 'Ludwigsapfel'.

Entstehung Ungewiss, wohl im 18. Jh. in Württemberg. Wurde von dem Pomologen F.C. Schiller (der Vater des Dichters) 1794 beschrieben. Der Name leitet sich ab von der Weinbaufamilie Luiken (oder Luik) aus Sulzgries bei Esslingen.
Es existieren verschiedene, schwer unterscheidbare Typen.

Frucht Mittelgroß, um 160 g schwer, in höheren Lagen kleiner. Gleichmäßig flach- bis hochkugelig, ungleichhälftig. Flache Kelcheinsenkung mit offenem Kelch. Kurzer, dicker Stiel in enger Stielgrube. Schale glatt, fest, leicht wachsig. Bei Reife gelb, sonnenseits flächig rot oder mit deutlichen Streifen und hellen Schalenpunkten. Vereinzelt charakteristische Warzen. Kräftiger Duft.
Fruchtfleisch fast weiß, fest, unter der Schale fein gerötet. Saftig, weinsäuerlich mit angenehmem Aroma. Früchte von kalten Lagen und aus dem Bauminneren schmecken dagegen grasig.

Verwertung Begrenzt Tafelsorte, mehr Wirtschafts- und sehr guter Mostapfel.

Reife Ab Ende September, so spät wie möglich zu ernten. Windfest bis zur Baumreife. Wegen des kurzen Stieles drücken sich benachbarte Früchte auch gelegentlich ab. Im kühlen Naturlager etwa vier Monate haltbar. Bei Überlagerung besteht Neigung zu Schalenbräune.

Baum Von Jugend an stark aufstrebende, lange Äste. Im Alter sehr breite, hohe dichte und stark verzweigte Krone. Typisch sind die stark überhängenden Triebe. Sehr später Laubaustrieb. Starker, im Alter noch mittelstarker Wuchs. Kann auch ohne Pflege sehr alt werden und gilt als einer der größten Bäume. Im Holz vollkommen frostfest.

Standort Für eine gute Ertragshöhe ist nährstoffreicher Boden und geschützte Lage notwendig. Je höher die Lage, desto geringer die Größe und Fruchtqualität.

Anfällig Stark Feuerbrand, kaum Schorf und Mehltau. In schweren, nassen Böden auch Krebsbefall möglich.

Blüte Sehr spät, lange anhaltend, aber nicht witterungsempfindlich. Guter Pollenspender.

Ertrag Auf Sämlingsunterlage erst nach 12–15 Jahren einsetzend. Sonst mittelfrüh, mit regelmäßig mittelhohen, mitunter hohen Erträgen, besonders auf zusagenden Standorten.

Anbauwert Streuobstsorte des Jahres 2004. Sehr pflegeleicht im Schnitt. Begehrte Wirtschafts- und Mostsorte im Streuobstanbau.

Lieferanten: Baumgartner, Brenninger, Cordes, Ganter, Heinrich, Herr, Dr. Hoffmann, Hofmann, Leinweber, Schmitt, Spieß, Wetzel, Wörlein.

Standort der Sichtungsbäume: AHNU, Ahrensburg, Bamberg, Bavendorf, Erfurt, Geisenheim, Dresden-Pillnitz, Pomona Franconica, Rhöner Apfelbüro, Triesdorf, Veitshöchheim, Weihenstephan, Weinsberg.

Glockenapfel

Voller Name
'Weißer Winterglockenapfel'

Doppelnamen
'Altländer Glockenapfel', 'Schweizer Glockenapfel'.

Entstehung
Unbekannt. Unterschiedliche Hinweise deuten sowohl in die Schweiz, nach Holstein und nach Tschechien. Es existiert auch eine rote Auslese (Pomona Franconica).

Frucht
Mittelgroß bis groß, ungleichmäßig hoch gebaut. Weite, strahlige Kelcheinsenkung. Mittellanger Stiel in enger, wenig berosteter Stielgrube.
Schale bei Reife weißlichgelb, glatt, trocken. Sonnenseits unterschiedlich gerötet mit dunklen Schalenpunkten.
Fruchtfleisch fast weiß, sehr fest, wenig saftig, angenehm zitronensäuerlich. Weites Kerngehäuse.

Verwertung
Überwiegend für Frischverzehr, aber auch zum Backen geeignet.

Reife
Anfang bis Mitte Oktober. Windfest bis zur Baumreife, dann Fruchtfall. Etwa fünf Monate lagerfähig, im Kühllager bis Mai, ohne zu welken. Lagerung in Folienbeuteln ist möglich.

Baum
Steile, hochrunde Krone mit hängenden, unten verkahlenden Langtrieben. Verzweigungen meist nur im oberen Triebdrittel, durch Schnitt regulierbar. Anfangs starker, im Vollertragsalter noch mittelstarker Wuchs.
Nach starkem Behang nicht frostfest im Holz.

Standort
Gute Fruchtqualität ist nur in geschützten, warmen Lagen erzielbar. Der Boden soll fruchtbar und ausreichend feucht sein.

Anfällig
Gering für Feuerbrand und Mehltau. Anfällig für Schorf und Krebs. Empfindlich für Kupfer- und Schwefelmittel.

Blüte
Mittelfrüh, guter Pollenspender. Mitunter kommt auch Selbstbefruchtung vor. Zur Erzielung besserer Fruchtqualität ist eine Ausdünnung nach der Blüte empfehlenswert.

Ertrag
Wechsel zwischen hohen und geringen Erträgen. Bei starkem Behang Neigung zu mehr kleinen Früchten.

Anbauwert
Gute Lagersorte für alle Anbauformen. Auch (bisher noch) im Erwerbsanbau interessant, doch wegen der Fruchtlänge schwierig maschinell sortierbar. In einigen Baumschulen ist die Sorte auch auf Sämling für Streuobst im Angebot.

Lieferanten: Dr. Hoffmann, Leinweber, Ritthaler, Wetzel.

Standort der Sichtungsbäume: Ahrensburg, Bamberg, Erfurt, Geisenheim, Dresden-Pillnitz, Jork, Pomona Franconica, Rhöner Apfelbüro, Triesdorf, Weihenstephan, Weinsberg, Wurzen.

Doppelnamen 'Litauer Pepping', 'Rigaer Taubenapfel'.

Entstehung Ungewiss, vermutlich im Baltikum.

Frucht Je nach Standort und Behangdichte klein bis höchstens mittelgroß, um 90 g schwer. Unterschiedlich kugelige Form. Weite, strahlige Kelcheinsenkung mit kleinem Kelch. Kurzer, dünner Stiel in enger Stielgrube.
Schale glatt und dünn, leicht wachsig. Bei Reife elfenbeinfarben bis hellgelb, sonnenseits karminrot. Deutlicher, angenehmer Duft. Druckempfindlich. Fruchtfleisch fast weiß, feinzellig, saftig. Süßweiniger Geschmack mit leichtem Aroma.

Verwertung Weniger Tafel- als Wirtschaftssorte.

Reife Ende September bis Anfang Oktober. Vorsichtig ernten wegen druckempfindlicher Schale. Im kühlen Naturlager etwa drei Monate haltbar.

Baum Mittelgroße Krone mit dünnen, überhängenden Zweigen. Junge Triebe mit silberweißem Flaum. Anfangs mittelstarker, wegen großer Fruchtbarkeit bei Vollertrag schwacher Wuchs.
Ein strenger Überwachungsschnitt zielt auf Erhaltung des Triebwachstums und verhindert damit die vorzeitige Vergreisung. Im Holz frosthart.

Standort Anspruchslos bis in raue Hochlagen. Auf Lehmböden gibt es kleinere, aber haltbarere und besser gefärbte Früchte.

Anfällig Nur bei Ernährungsstörungen und in ungünstigen Lagen Schorf oder Krebs.

Blüte Mittelspät, nicht witterungsempfindlich.

Ertrag Sehr hoch und regelmäßig, gute Ernährungslage und ausreichende Feuchtigkeit vorausgesetzt. Andernfalls erschöpft sich der Baum bald.

Anbauwert War früher weiter verbreitet. Pflanzmaterial wird in den Baumschulen meist als 'Litauer Pepping' angeboten.

Lieferanten: Baumgartner, Bergt, Cordes, Leinweber. Alle unter 'Litauer Pepping'.

Standort der Sichtungsbäume: Bavendorf, Dresden-Pillnitz, Müncheberg, Triesdorf.

Doppelnamen — 'Belle Joséphine' (möglicherweise Original), 'Josefinenapfel', 'Pfundapfel' und weitere.

Entstehung — Ungewiss, um 1800. Soll französischen Ursprungs und auch in England verbreitet gewesen sein. Wurde 1890 vom Deutschen Pomologenverein zum Anbau empfohlen.

Bemerkung — 'Gloria Mundi' (lat. Ruhm der Welt) wird – trotz offensichtlicher Unterschiede – in der älteren Literatur mit der Sorte 'Hausmütterchen' nicht streng auseinander gehalten.

Frucht — Meist sehr groß, mehr breit als hoch, mit flachen Wulsten über die Frucht. Kleiner, fast geschlossener Kelch in faltiger Kelcheinsenkung. Kurzer, starker Stiel in enger, berosteter Stielgrube.
Schale gleichmäßig gelblichgrün, sonnenseits mehr gelb, ohne Rötung. Deutlicher Duft.
Fruchtfleisch fast weiß, etwas grobfaserig und mürbe, wenig saftig. Geschmack säuerlich, etwas süß, aber ohne jegliche Würze.

Verwertung — Nicht für den Frischverzehr, wird aber als ein guter Küchenapfel beschrieben. Wegen seiner Größe auch von Bäckern verlangt.

Reife — Je nach Standort ab Mitte Oktober. Sturmfest, denn die Früchte hängen meist einzeln. Bei später Ernte bis zu sieben Monate kühl haltbar.

Baum — Starker Stamm und hoch pyramidale Krone mit stark aufstrebenden, kräftigen und weniger gut verzweigten Ästen. Daran viel kurze Fruchtspieße.
'Gloria Mundi' gehört zu den am stärksten wachsenden Apfelsorten. Deshalb nur als Halb- oder Hochstamm anzupflanzen. Im Holz frosthart.

Standort — Zwar mit hohen Bodenansprüchen, aber anbaufähig bis in raue Hochlagen.

Anfällig — In höheren Lagen recht robust. Wegen der wenigen und ungewöhnlich großen Früchte tritt oft Stippe auf, sowohl am Baum als auch im Lager.

Blüte — Früh, sehr witterungsempfindlich, deshalb in der Regel geringer Fruchtansatz. Schlechter Pollenspender (triploid).

Ertrag — Meistens völlig unbefriedigend.

Anbauwert — Der Sortenname kann sich höchstens auf die Aufsehen erregende Fruchtgröße beziehen. Bei Ausstellungen auch Schaufrucht, sonst durchaus verzichtbar.

Lieferanten: Bergt, Cordes, Leinweber, Schmitt, Wetzel.

Standort der Sichtungsbäume: Erfurt, Dresden-Pillnitz, Pomona Franconica, Triesdorf. Einige Bäume stehen auch in der Obstanlage Lauf des Kreisverbandes Bamberg.

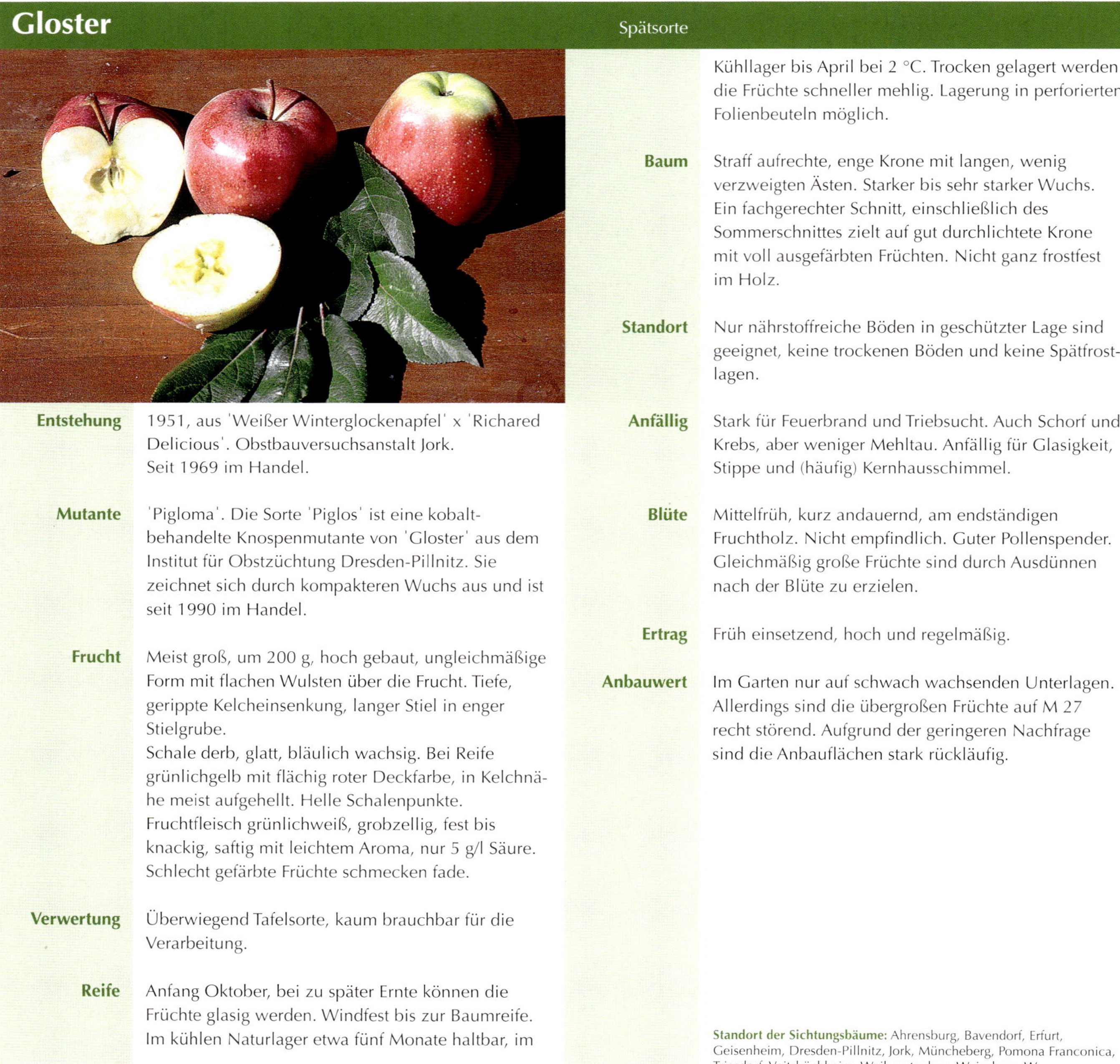

Entstehung	1951, aus 'Weißer Winterglockenapfel' x 'Richared Delicious'. Obstbauversuchsanstalt Jork. Seit 1969 im Handel.
Mutante	'Pigloma'. Die Sorte 'Piglos' ist eine kobaltbehandelte Knospenmutante von 'Gloster' aus dem Institut für Obstzüchtung Dresden-Pillnitz. Sie zeichnet sich durch kompakteren Wuchs aus und ist seit 1990 im Handel.
Frucht	Meist groß, um 200 g, hoch gebaut, ungleichmäßige Form mit flachen Wulsten über die Frucht. Tiefe, gerippte Kelcheinsenkung, langer Stiel in enger Stielgrube. Schale derb, glatt, bläulich wachsig. Bei Reife grünlichgelb mit flächig roter Deckfarbe, in Kelchnähe meist aufgehellt. Helle Schalenpunkte. Fruchtfleisch grünlichweiß, grobzellig, fest bis knackig, saftig mit leichtem Aroma, nur 5 g/l Säure. Schlecht gefärbte Früchte schmecken fade.
Verwertung	Überwiegend Tafelsorte, kaum brauchbar für die Verarbeitung.
Reife	Anfang Oktober, bei zu später Ernte können die Früchte glasig werden. Windfest bis zur Baumreife. Im kühlen Naturlager etwa fünf Monate haltbar, im Kühllager bis April bei 2 °C. Trocken gelagert werden die Früchte schneller mehlig. Lagerung in perforierten Folienbeuteln möglich.
Baum	Straff aufrechte, enge Krone mit langen, wenig verzweigten Ästen. Starker bis sehr starker Wuchs. Ein fachgerechter Schnitt, einschließlich des Sommerschnittes zielt auf gut durchlichtete Krone mit voll ausgefärbten Früchten. Nicht ganz frostfest im Holz.
Standort	Nur nährstoffreiche Böden in geschützter Lage sind geeignet, keine trockenen Böden und keine Spätfrostlagen.
Anfällig	Stark für Feuerbrand und Triebsucht. Auch Schorf und Krebs, aber weniger Mehltau. Anfällig für Glasigkeit, Stippe und (häufig) Kernhausschimmel.
Blüte	Mittelfrüh, kurz andauernd, am endständigen Fruchtholz. Nicht empfindlich. Guter Pollenspender. Gleichmäßig große Früchte sind durch Ausdünnen nach der Blüte zu erzielen.
Ertrag	Früh einsetzend, hoch und regelmäßig.
Anbauwert	Im Garten nur auf schwach wachsenden Unterlagen. Allerdings sind die übergroßen Früchte auf M 27 recht störend. Aufgrund der geringeren Nachfrage sind die Anbauflächen stark rückläufig.

Standort der Sichtungsbäume: Ahrensburg, Bavendorf, Erfurt, Geisenheim, Dresden-Pillnitz, Jork, Müncheberg, Pomona Franconica, Triesdorf, Veitshöchheim, Weihenstephan, Weinsberg, Wurzen.

Doppelnamen 'Gelber Köstlicher', 'Yellow Delicious', 'Golddelikateß' (Katalog Späth 1935).

Mutanten Die Sorte 'Early Gold' ist eine Strahlenmutante aus 'Golden Delicious' mit Reife ab Ende August bis Anfang September. Weitere Eigenschaften gleichen der Muttersorte. 'Belgolden', 'Lysgolden' (Frankreich), 'Smoothee' (USA) und viele weitere.
Sehr häufig sind bei uns die Typen 'Reinders' und 'Weinsberg' im Anbau.
Kurztriebformen sind 'Starkspur Delicious' und 'Auvil Super Golden'. Ein kompakter Typ ist 'Yellowspur'.

Entstehung Um 1890, als Zufallssämling gefunden in Clay County, Westvirginia (USA). Abstammung wahrscheinlich von 'Grimes Golden', Vatersorte ist vermutlich 'Golden Renette'. Seit 1916 im Handel.

Frucht Mittelgroß, oft auch groß, um 140 g schwer. Ungleichmäßige Form mit schwachen Rippen, beim Typ 'Weinsberg' stärker. Weite, gerippte Kelcheinsenkung, langer Stiel in strahlig berosteter Stielgrube. Schale fest, bei Reife goldgelb mit Schalenpunkten, oft auch mit Netzberostung und dunklen Schalenpunkten. Schwacher Geruch.
Fruchtfleisch gelblich, fest, saftig mit gutem Aroma. Deutliche Gefäßbündel um das Kernhaus. Nicht ausgereifte und Schattenfrüchte sind fade.

Verwertung Überwiegend für den Frischverzehr, aber auch für häusliche Verwertungen. Nicht geeignet für Mostobst (nur 6 g/l Säure).

Reife Anfang bis Mitte Oktober, sturmfest. Bei anhaltender Trockenheit vorzeitiger Fruchtfall. Je später die Ernte, desto besser ist die Fruchtqualität. Im kühlen Naturlager etwa fünf Monate haltbar, im Kühllager bis März (April) bei 2 °C. Eine kühle Lagerung in perforierten Folienbeuteln ist bis Februar möglich.

Baum Breit pyramidale Krone mit ausreichender Verzweigung. Beste Fruchtqualität entsteht am ein- und zweijährigem Holz. Auch starke Schnitteingriffe werden vertragen. Mittelstarker Wuchs. Besonders nach starkem Behang nicht ganz frostfest im Holz.

Standort Gute Fruchtqualität ist nur auf guten, ausreichend feuchten Böden in warmer Lage zu erwarten. Jede Abweichung wirkt sich mindernd auf die äußere und innere Fruchtqualität aus.

Anfällig Für Feuerbrand. Stark für verschiedene Virosen (Triebsucht) und Schorf, weniger für Mehltau und Fruchtfäulen. Empfindlich für Kupfer-/Schwefelmittel.

Blüte Lange anhaltend, etwas witterungsempfindlich. Guter Pollenspender, jedoch nicht für 'Jonagold' und 'Maigold'. Der regelmäßig hohe Fruchtansatz nach der Blüte ist sorgfältig auszudünnen, um gleichmäßigere Fruchtgrößen mit guter Qualität zu erzielen. Dafür soll ein Blatt-/Fruchtverhältnis von 30:1 eingehalten werden.

Ertrag Hoch bis sehr hoch und regelmäßig.

Anbauwert Ertragssichere Hauptsorte. Die Käuferzurückhaltung gegenüber dieser Sorte bezieht sich hauptsächlich auf die unreif geerntete Handelsware. Im Garten für alle Anbauformen geeignet, auch Spalier- und Topfobst.

Standort der Sichtungsbäume: Ahrensburg, Bavendorf, Erfurt, Geisenheim, Dresden-Pillnitz, Jork, Müncheberg, Pomona Franconica, Triesdorf, Veitshöchheim, Weihenstephan, Weinsberg, Wurzen.

Doppelnamen	'King of the Peppins' (erster Name), 'Reine de Reinettes', 'Englische Wintergoldparmäne' u. a.
Mutanten	Neben den älteren roten Mutanten, 'Rotparmäne' und 'Neumann' sind neu: 'Belrene', 'Reine de Reinettes Bonnin'® aus Frankreich und 'Rogo'.
Entstehung	Literaturangaben deuten auf einen Anbau schon um 1205 in Frankreich hin. In Deutschland ist die Sorte seit etwa 1800 bekannt. Wurde 1853 vom Deutschen Pomologenverein zum Anbau empfohlen.
Frucht	Mittelgroß, um 110 g schwer, bei reichem Behang auch kleiner. Unterschiedliche Form, meist hochrund. Kelcheinsenkung grün umrandet, faltig, weit und flach mit weit offenem Kelch. Meist kurzer Stiel in strahlig berosteter Stielgrube. Schale fest, glatt, wenig wachsig. Druckfest. Bei Reife goldgelb, sonnenseits mehr oder weniger braunrot gestreift. Leicht duftend. Fruchtfleisch mittelfest, saftig. Mäßig süß mit feiner Säure und gutem, nussartigem Aroma.
Verwertung	Für Frischverzehr und alle Arten der Verwertung.
Reife	Mitte bis Ende September, nicht windfest. Der Vorerntefruchtfall macht oft mehr als 20 % des Behanges aus, deshalb ist mehrmals durchzupflü-

cken. Oft nur bis Weihnachten ohne Aromaverlust lagerfähig, von starkwachsenden Unterlagen länger. Bei Lagerung unter 4 °C im Kühllager kann Glasigkeit und Fleischbräune auftreten.

Baum	Aufstrebende, kugelige Krone mit steilen Leitästen und typisch kurzem Seitenholz. Ohne fachgerechten, jährlichen Schnitt entstehen hohe, schmälere und überbaute Kronenformen mit Vergreisungsneigung und minderwertigen Früchten. Von Jugend an starker, bei Vollertrag schwächerer Wuchs. Für Hochstämme ist ein Stammbildner erforderlich. Im Holz mäßig frostfest.
Standort	Gute Fruchtqualität ist in geschützter Lage bis in mittlere Höhen zu erwarten, auf mehr trockenen als nassen Böden. Es gibt aber auch etliche Beispiele für gesunde Bäume in Höhenlagen. Warme Tallagen sind wegen der Krankheitsanfälligkeit zu meiden.
Anfällig	Stark für Feuerbrand und verschiedene Virosen, auch Schorf und Mehltau. Krebs, Triebsucht und Spitzen-dürre in nassen Böden. Anfällig auch für Apfelwickler, Blatt- und Blutläuse. An Früchten Fruchtfäulen und Stippe. Glasigkeit bei wechselhafter Jahreswitterung.
Blüte	Mittelspät, lange anhaltend, witterungsempfindlich. Guter Pollenspender. Energische Ausdünnung nach gutem Fruchtansatz fördert die Fruchtgröße und mildert die Alternanz.
Ertrag	Früh einsetzend. Infolge der Alternanzneigung nur mittelhoch. Auf schwachwachsenden Unterlagen ist der Ertrag höher und regelmäßig.
Anbauwert	Die Sorte hat wegen ihrer Anfälligkeit und wegen des hohen Pflegeaufwandes stark an Beliebtheit im Garten und im Streuobstanbau verloren. Die roten Mutanten haben die gleichen Eigenschaften.

Standort der Sichtungsbäume: AHNU, Ahrensburg, Bavendorf, Geisenheim, Dresden-Pillnitz, Jork, Pomona Franconica, Rhöner Apfelbüro, Triesdorf, Veitshöchheim, Weihenstephan, Weinsberg, Wurzen.

Goldstar

Entstehung
Kreuzung aus 'Rubin' x 'Vanda' im Institut für Experimentelle Botanik Prag. Schwestersorte von 'Topaz'. EU-Sortenschutz seit 1995.

Frucht
Mittel bis groß. Flache, leicht unregelmäßige Form. Weite und flache Kelcheinsenkung mit schwachen Falten und halb offenem Kelch. Dünner, langer Stiel in weiter, wenig berosteter Stielgrube.
Schale glatt und leicht fettig. Gelblichgrün, fast ohne Deckfarbe mit sehr feinen Schalenpunkten. Fruchtfleisch hellgelb, grobzellig, weich und saftig. Schwache Süße mit leichter Säure und etwas parfümiertem Aroma.

Verwertung
Für den Frischverzehr und als gute Wirtschaftssorte brauchbar. Mittlerer Gehalt an Vitamin C.

Reife
Ab Anfang Oktober. Gleichmäßiger Reifeverlauf mit wenig Fruchtfall. Im kühlen Naturlager etwa 4–5 Monate haltbar, im Kühllager bis März.

Baum
Breit aufrechtes Wuchsbild mit leicht verkahlenden Ästen und gesundem Laub. Mittelstarker Wuchs. Der Schnitt zielt auf bessere Verzweigung in Stammnähe.

Standort
Nur für nährstoffreiche, warme Standorte geeignet.

Anfällig
Die noch vorhandene Schorfresistenz beruht auf *Malus floribunda*. Mittlere Anfälligkeit für Mehltau, Stippe und Fruchtfäule.

Blüte
Mittelspät bis spät, gering frostempfindlich. Jährlich hoher Fruchtansatz, deshalb ist bald nach der Blüte auszudünnen.

Ertrag
Ab dem 2. Standjahr einsetzend, dann mittel hoch und regelmäßig.

Anbauwert
Neuheit mit unterschiedlichem Ertragsverhalten und Fruchteigenschaften. Je nach Lage und Pflege ertragsmäßig nicht immer befriedigend.

Lieferanten: Krämer, Leinweber.

Standort der Sichtungsbäume: Bavendorf, Jork, Pomona Franconica, Veitshöchheim, Wurzen.

Goldzeugapfel

Doppelnamen 'Gelber Klosterapfel', 'Josef II.', 'Große Gelbe Zuckerrenette', 'Drap d'Or' (= franz. Goldstück) und weitere.

Entstehung Ungewiss. Vermutlich Anfang des 19. Jh. in der Bretagne. Wurde 1857 vom Deutschen Pomologenverein zum allgemeinen Anbau empfohlen.

Frucht Mittelgroß bis groß. Hoch gebaut kugelförmig mit gleichen Hälften und flachen Kanten. Flache, gerippte Kelcheinsenkung mit geschlossenem Kelch. Kurzer Stiel in weiter, grün bleibender Stielgrube.
Schale glatt, glänzend. Bei Reife gelb, sonnenseits mehr golden mit feinen Schalenpunkten und netzartigen Rostanflügen.
Fruchtfleisch feinzellig und saftig. Delikat gewürzt mit ausgeglichenem Zucker-/Säureverhältnis.

Verwertung Sehr gute Tafel- und Wirtschaftssorte.

Reife Je nach Lage ab Anfang Oktober, nicht windfest. Im kühlen Naturlager etwa 5–6 Monate haltbar, in trockener Luft tritt jedoch vorzeitige Welke ein.

Baum Große, kugelförmige Krone mit überhängenden Ästen. Mittelstarker Wuchs. Für alle Anbauformen geeignet, auch für Spalier- und Topfbäume.

Standort Nährstoffreiche Böden und freier Stand bis in mittlere Höhenlagen.

Anfällig In nassen Jahren und in warmen, feuchten Tallagen stark schorfanfällig. Feuerbrand ist dort auch nicht auszuschließen.

Blüte Spät. Nicht empfindlich bei nasskalter Witterung.

Ertrag Mittelfrüh einsetzend, dann hoch und regelmäßig.

Anbauwert Die Sorte war früher sehr verbreitet. Trotz ausgezeichneter Fruchtqualität ist der Anbau wegen der hohen Schorfanfälligkeit sehr selten geworden.

Lieferanten: Bergt, Leinweber.

Standort der Sichtungsbäume: Bavendorf, Müncheberg, Pomona Franconica, Triesdorf.

Goro

Entstehung 1951. Aus 'Golden Delicious' x 'Schweizer Orangenapfel'. Eidgenössische Forschungsanstalt Wädenswil. Seit 1973 im Handel.

Frucht Mittelgroß mit flachen Wulsten über der Frucht. Tiefe und weite, gerippte Kelcheinsenkung. Kurzer Stiel in enger Stielgrube.
Schale glatt, etwas fettig. Bei Reife hellgelb, sonnenseits leicht hellrot gestreift oder geflammt. Nicht druckfest.
Fruchtfleisch gelblichweiß, grobzellig sehr saftig. Erfrischende Würze ohne hervortretendes Aroma. Viel Vitamin C.

Verwertung Vorwiegend für den Frischverzehr, aber auch als Wirtschaftssorte gut brauchbar.

Reife Je nach Standort und Jahreswitterung Anfang bis Ende September, nicht windfest. Mehrmaliges Durchpflücken ist deshalb empfehlenswert. Etwa drei Monate kühl lagerfähig, im Kühllager bis Dezember bei 3 °C.

Baum Mittelgroßes Wuchsbild, nur leicht überhängend. Mäßig verzweigte, eher kahle Leitäste. Von Jugend an kräftiges Wachstum, später schwächer. Der Schnitt zielt auf gut durchlichtete Krone, denn Schattenfrüchte schmecken fade.

Standort Nährstoffreicher Boden in geschützter Lage wird bevorzugt. Die Sorte gedeiht aber auch noch in mittleren und höheren Lagen.

Anfällig Mittel für Feuerbrand. Wenig für Schorf, mehr für Mehltau.

Blüte Mittelspät, wenig empfindlich. Guter Pollenspender.

Ertrag Bei guter Pflege hoch und regelmäßig, sonst alternierend.

Anbauwert Gebietsweise, etwa am Bodensee verbreitet. Geeignet für alle Anbauformen, nicht aber für Form- und Topfbäume.

Lieferant: Bergt.

Voller Name	'Grahams Jubiläumsapfel'
Doppelnamen	'Royal Jubilee', benannt zum 50-jährigen Regierungsjubiläum der Königin Victoria von England. Der heutige Name wurde auf dem Pomologen-Kongress 1906 festgelegt.
Entstehung	Etwa 1888. Züchter John Graham in Hounslow bei London. Seit 1893 im Handel.
Frucht	Mittelgroß bis groß, um 130 g schwer. Hochrund, nach dem Kelch zu stark verjüngt mit flachen Kanten. Sehr flache und weite, gerippte Kelcheinsenkung mit großen Kelchblättern. Die Kelchröhre reicht bis zum Kernhaus. Kurzer, dicker Stiel in weiter, strahlenförmig berosteter Stielgrube. Schale derb, gering wachsig. Bei Reife hellgelb, sonnenseits nur leicht gerötet. Druckempfindlich. Duftend. Fruchtfleisch gelblichweiß, grobzellig, saftig. Süßweiniger, erfrischender Geschmack mit sortentypischem Mandelaroma.
Verwertung	Für den Frischverzehr, auch Wirtschaftsapfel, besonders zum Backen. Die goldgelben Stücke bleiben beim Kochen und Backen fest.

Reife	Mitte September, nicht windfest. Meist einzeln hängend, gut pflückbar. Im kühlen Naturlager etwa sechs Wochen ohne Welke haltbar, ab dann mehlig werdend.
Baum	Kugelförmige, etwas sparrige Krone mit derben Blättern. Äste mit ausreichend langem und kurzem Fruchtholz. Sie verzweigen sich hauptsächlich zur Spitze hin. Die Seitenzweige stehen meist waagerecht ab. Im Vollertragsalter mittelstarker Wuchs. Im Holz sehr frosthart und gesund.
Standort	Für leichtere, auch nasse Böden, in höheren Lagen.
Anfällig	Stark Feuerbrand, kein Mehltau, sehr gering Schorf. Befallsfrei in höheren Lagen. Stippe und Krebs auf zu schweren, nassen Böden. Empfindlich für Kupfer- und Schwefelmittel.
Blüte	Sehr spät, kurz anhaltend, nicht witterungsempfindlich. Guter Pollenspender. Selbstbefruchtung kommt vor.
Ertrag	Früh einsetzend, höchstens mittelhoch und regelmäßig.
Anbauwert	Für Selbstversorger in frostgefährdeten und niederschlagsreichen Lagen. Gesuchte Sorte als Bäckerapfel, sonst Liebhabersorte und Schaufrucht.

Lieferanten: Brenninger, Cordes, Hammerschmidt, Leinweber, Schmitt, Wetzel, Wörlein.

Standort der Sichtungsbäume: AHNU, Bamberg, Bavendorf, Geisenheim, Dresden-Pillnitz, Müncheberg, Pomona Franconica, Rhöner Apfelbüro, Triesdorf, Veitshöchheim, Weihenstephan, Weinsberg.

Entstehung — Mitte des 19. Jahrhunderts. Erste Früchte sind seit 1868 bekannt. Zufallssämling aus Eastwood bei Sidney (Australien). Vermutlich ist 'French Crab' die Muttersorte.

Mutante — 'Challenger'® ('Chamspur'), 'Granny Precoce'.

Frucht — Mittelgroß, auf warmen Standorten auch groß. Gleichmäßig rund, hoch gebaut. Sehr flache, leicht gerippte Kelcheinsenkung. Langer Stiel in trichterförmiger Stielgrube.
Schale glatt, leicht wachsig, auf dem Lager fettig. Grasgrün, sonnenseits leicht rötlich mit hellen Schalenpunkten.
Fruchtfleisch grünlichweiß, sehr fest und saftig. Säuerlicher Geschmack ohne Aroma.

Verwertung — Überwiegend für Frischverzehr, eingeschränkt auch als Wirtschaftssorte.

Reife — Ende Oktober, sturmfest. Zur optimalen Fruchtausbildung werden (auch bei 'Braeburn') mehr als 175 Tage benötigt ('Goldparmäne' dagegen etwa 125 Tage)! Nicht ausgereifte und Schattenfrüchte schmecken grasig. Im kühlen Naturlager etwa fünf Monate haltbar.

Baum — Stark aufrechtes Wuchsbild mit verkahlenden, langen Ästen. Durch Sommerschnitt entwickelt sich eine bessere Seitenverzweigung und mehr Fruchtbarkeit. Im Vollertragsalter immer noch mittelstarker Wuchs. Nicht frostfest im Holz.

Standort — Nur wärmste Standorte im Weinbauklima und nährstoffreiche Böden sind geeignet.

Anfällig — Mittelstark für Feuerbrand und Schorf, stark für Mehltau, Krebs, Stippe, Spinnmilben.

Blüte — Mittelspät, lange anhaltend, unempfindlich. Guter Pollenspender. Ausdünnung nach starkem Fruchtansatz fördert die Fruchtentwicklung und mindert die Alternanz.

Anbauwert — Selbst in besten Lagen ist die Vegetationsdauer bei uns für eine optimale Fruchtentwicklung meist zu kurz. Nur eingeschränkt eine Gartensorte.

Voller Name	'Graue Französische Renette'
Doppelnamen	'Herrengast', 'Lederapfel', 'Rabau', 'Rauchapfel', 'Reinette toute gris' (Triquel 1653) und zahlreiche andere.
Entstehung	Ungewiss, soll bereits im 16. Jahrhundert in Frankreich bekannt gewesen sein. Sie wurde 1813 von dem Pomologen C.H. Dietrich beschrieben und 1874 vom Deutschen Pomologenverein empfohlen.
Frucht	Meist groß, um 220 g schwer. Breitrund, ungleichmäßige Form. Auf ungünstigen Standorten kleiner. Schüsselförmige, unterschiedlich tiefe Kelcheinsenkung mit kleinem Kelch. Kurzer, dicker Stiel in enger, berosteter Stielgrube. Schale dünn, zäh, mehr oder weniger stark berostet. Gelbgrün, sonnenseits verwaschen rötlich. Fruchtfleisch grünlichgelb, schnell verfärbend, sehr saftig. Säurebetont mit guter Würze, Renettengeschmack.
Verwertung	Für alle Verwertungsarten brauchbar, besonders als Wirtschafts- und Mostsorte.
Reife	Mitte bis Ende September. Nicht zu früh ernten um Welke am Lager zu verhüten. Nicht windfest, deshalb ist rechtzeitig durchzupflücken. Das Lager darf nicht zu trocken sein, andernfalls treten starke Saftverluste infolge Verdunstung durch die raue Schale ein. Im optimalen Lager ist die Sorte etwa fünf Monate lagerfähig. Im Kühllager bis Mai bei 3 °C.
Baum	Breite und hohe Krone mit steilen, wenig verzweigten Ästen, wobei einzelne besonders stark hervortreten. Auffällig aufgefaltete Blätter. Starkes, im Alter immer noch mittelstarkes Wachstum.
Standort	Tiefgründiger Boden in geschützter Lage. Höhenlagen sind möglich, doch verstärkt sich hier die Alternanz. Nasser, schwerer Boden verursacht Krebs und mindert die Winterhärte, in trockenen Sandböden entwickeln sich nur kleine, mitunter rissige Früchte. Nicht ganz frostfest im Holz.
Anfällig	Gering Feuerbrand, in geschlossener Lage für Schorf. Empfindlich für Kupfer- und Schwefelmittel.
Blüte	Mittelfrüh, sehr zierend. Kurz anhaltend, nicht empfindlich. Schlechter Pollenspender. Ausdünnen des starken Fruchtansatzes in Ertragsjahren mindert die Alternanz und fördert die Fruchtqualität.
Ertrag	Auf stark wachsenden Unterlagen normalerweise jährlicher Wechsel zwischen hoch bis sehr hoch und völligem Ertragsausfall (ausgeprägte Alternanz). Auf Typ 9 ist der Ertrag regelmäßiger und die Früchte größer.
Anbauwert	Hervorragende Sorte, die wieder stärkere Verbreitung verdient. Sie wurde aber weitgehend vom 'Boskoop' verdrängt. Im Garten sind schwach wachsende Unterlagen zu empfehlen.
	Lieferanten: Baumgartner, Bergt, Brenninger, Cordes, Herr, Leinweber, Müller, Ritthaler, Spieß, Ulmer, Wetzel.

Standort der Sichtungsbäume: AHNU, Bavendorf, Erfurt, Geisenheim, Dresden-Pillnitz, Müncheberg, Veitshöchheim, Weihenstephan, Weinsberg, Wurzen.

Doppelnamen 'Grave Stige', 'Pomme Gravenstein', 'Sommerkönig' und viele andere.

Mutanten Unter den Mutanten und Auslesen ist der 'Rote Gravensteiner' wohl der bekannteste. Er entstand 1858 als Sprossmutante in Lübeck, ist jedoch weniger wertvoll als die Standardsorte. Außerdem sind die Typen 'Rellstab', 'Roopers', 'Tanner' eingeführt.

Entstehung Gemäß dem Pomologen Oberdieck (*1794) soll diese alte Sorte von einem Grafen Ahlfeld vor 1669 aus Italien nach Gravenstein im Kreis Apenrade (Schleswig-Holstein) gebracht worden sein. Sie war 1804 auf Rügen im allgemeinen Anbau. Wurde 1853 vom Deutschen Pomologenverein empfohlen.

Frucht Mittelgroß bis groß, um 130 g schwer. Unregelmäßige Form mit typisch breiten Kanten über der Frucht. Tiefe, mitunter stark gerippte Kelcheinsenkung. Kurzer Stiel in enger Stielgrube.
Schale hart, glatt, fettig. Bei Reife gelb, sonnenseits gestreift und geflammt mit feinen Schalenpunkten. Sehr druckempfindlich. Typisch starker Duft. Fruchtfleisch fast weiß, mürbe. Sehr saftig, edles Aroma, am besten im Küstenklima.

Verwertung Für den Frischverzehr und als Wirtschaftssorte brauchbar.

Reife Je nach Standort ab Ende August, vom Baum essbar. Nicht windfest, Fruchtfall oft schon vor der Baumreife. Mehrmaliges, druckfreies Durchpflücken ist zu empfehlen. Etwa zwei Monate ohne Aromaverlust lagerfähig. Im Kühllager Aromaverlust.

Baum Sehr große, im Alter hohe, breit gewölbte und ausladende Krone mit steil aufrechten Leitästen, mäßig verzweigt. Seitenäste etwas überhängend. Von Jugend an starker bis sehr starker Wuchs mit braunrotem Holz. Am günstigen Standort zählt 'Gravensteiner' zu den am stärksten wachsenden Sorten. Der jährliche Schnitt nach der Blüte und ein Sommerschnitt wirken etwas wuchshemmend. Im Holz etwas frostempfindlich. Kann sehr alt werden.

Standort Bis in geschützte, mittlere Höhenlagen. Beste Qualität ist auf guten, ausreichend feuchten Böden und im feuchten Klima zu erzielen. Im Winter 1928/29 soll die Sorte –25 °C in überstanden haben. Stauende Nässe ist aber Ursache für Frostschäden.

Anfällig Mittel für Feuerbrand, stark anfällig für Blattschorf, Mehltau, Krebs, verschiedene Virosen, Obstmade. An den Früchten Stippe. Empfindlich für Kupfermittel.

Blüte Früh, lange anhaltend, empfindlich für Spätfröste. Schlechter Pollenspender. In Ertragsjahren ist Ausdünnung nach der Blüte unbedingt empfehlenswert.

Ertrag Auf starkwachsenden Unterlagen sehr spät einsetzend und mittelhoch. Ausgeprägte Alternanz, nach einer reichen Ernte sind zwei Jahre Ausfall möglich. Im Garten nur auf Typ 9 oder 27 empfehlenswert.

Anbauwert Im Garten meist eine Problemsorte, doch bei fachgerechter Pflege für Liebhaber erhaltenswert. Außerordentlich pflegebedürftig.

Lieferanten: Brenninger, Herr, Spieß, Wetzel, Wörlein.

Standort der Sichtungsbäume: Ahrensburg, Bavendorf, Erfurt, Geisenheim, Dresden-Pillnitz, Jork, Müncheberg, Pomona Franconica, Triesdorf, Veitshöchheim, Weihenstephan, Weinsberg, Wurzen.

Voller Name 'Malling Greensleeves'

Entstehung 1971, aus 'Golden Delicious' x 'James Grieve'. Versuchsstation East Malling (England). Es besteht kein Sortenschutz mehr.

Frucht Mittelgroß, um 140 g schwer. Meist regelmäßig flachkugelig. Flache, faltige Kelcheinsenkung mit geschlossenem Kelch. Kurzer Stiel in strahlig berosteter Stielgrube.
Schale glatt, leicht fettig. Bei Reife grüngold, ohne Rötung und mit feinen Schalenpunkten.
Fruchtfleisch fest, saftig, süß. Das Aroma hängt ab vom Standort und von der Jahreswitterung.

Verwertung Vorwiegend für Frischverzehr, eingeschränkt Wirtschaftssorte.

Reife Mitte September, windfest bis zur Baumreife. Im kühlen Naturlager etwa drei Monate lagerfähig, im Kühllager bis Januar bei 3 °C. Kühle Aufbewahrung in perforierten Folienbeuteln ist möglich.

Baum Stark aufrechtes, stark verzweigtes Wuchsbild. Bei Vollertrag schwacher Wuchs, der einen regelmäßigen Überwachungsschnitt nötig macht.

Standort Nur in guten Apfellagen geprüft.

Anfällig Stark für Feuerbrand, wenig empfindlich für Mehltau, mehr für Schorf und Krebs.

Blüte Mittelfrüh, nicht empfindlich. Hoher Fruchtansatz nach der Blüte ist die Regel, deshalb sollte immer ausgedünnt werden.

Ertrag Früh einsetzend, hoch und regelmäßig. Etwa doppelt so hoch wie 'Cox'.

Anbauwert Bei fachgerechter Pflege und für Liebhaber süß betonter Sorten empfehlenswert. In England wird die Sorte bevorzugt im Garten angebaut.

Lieferanten: Bergt, Cordes.

Standort der Sichtungsbäume: Ahrensburg, Dresden-Pillnitz, Müncheberg, Pomona Franconica, Triesdorf, Wurzen.

Voller Name	'Großer Rheinischer Bohnapfel'
Bemerkung	Die Sorte ist nicht identisch mit dem 'Rheinischen Bohnapfel', der deutlich kleiner ist.
Doppelnamen	'Der Große Bohnenapfel' (Sickler 1797), 'Anhalter', 'Anhalter Walze', 'Friedberger Bohnapfel', 'Salzhäuser'.
Entstehung	Ungewiss, soll um 1750 am Niederrhein entstanden und vor 1800 auf Rügen schon im Anbau gewesen sein. Wurde 1853 vom Deutschen Pomologenverein zum Anbau empfohlen.
Frucht	Mittelgroß bis groß, meist hoch gebaut walzenförmig. Schüsselförmige, meist ungerippte Kelcheinsenkung. Kurzer Stiel in flacher Stielgrube. Schale derb, glatt, trocken. Bei Reife grüngelb, sonnenseits streifig gerötet mit hellen Schalenpunkten und einzelnen Rostfiguren. Druckfest. Fruchtfleisch grünlichweiß, mehr grün direkt unter der Schale. Grobzellig, sehr fest, saftig. Herber Geschmack mit sehr leichtem Aroma.
Verwertung	Vorzügliche Wirtschaftssorte. Liefert sehr guten und haltbaren Most. Fruchtfleisch bleibt beim Backen weiß.

Reife	Ab Mitte Oktober, so spät wie möglich ernten, um das Welken am Lager zu vermeiden. Sturmfest.
Baum	Mitunter schiefer Stamm. Ohne Schnitt bildet sich eine große, pyramidale Krone mit aufstrebenden Leitästen, die sich im Alter fast waagerecht stellen. Gelegentlich sollte verjüngt werden, um die Baumhöhe zu verringern. Im Holz vollkommen frostfest. Wurde früher gerne als Straßenbaum verwendet.
Standort	Völlig anspruchslos an Boden (keine nassen) und Klima bis in raue Höhenlagen. In trockenen Böden gedeiht die Sorte auch, doch bleiben die Früchte kleiner. In Extremlagen reifen sie nicht mehr aus.
Anfällig	Mittel für Feuerbrand, nur gering für Schorf. Krebs in nassen, schweren Böden, sonst sehr robust.
Blüte	Spät, nicht witterungsempfindlich und lange anhaltend. Schlechter Pollenspender (triploid).
Ertrag	Spät einsetzend. Jährlicher Wechsel zwischen hohen Ernten und völligem Ausfall (ausgeprägte Alternanz).
Anbauwert	Gebietsweise eine typische und bedeutende Sorte für Streuobstflächen.

Standort der Sichtungsbäume: Müncheberg, Pomona Franconica, Triesdorf, Weihenstephan.

Standort	Schwere Böden, in trockenen, leichten Böden bleiben die Früchte eher geschmacklos. Windgeschützt bis in mittlere Höhenlagen.
Anfällig	Schorfanfällig und stark Mehltau. In den Früchten Stippe, Fruchtfäule und Glasigkeit schon am Baum.
Blüte	Früh, nicht witterungsempfindlich.
Ertrag	Trotz starken Wachstums früh einsetzend und regelmäßig, aber eher gering.
Anbauwert	Ausgesprochene Liebhabersorte und für Obstausstellungen.

Lieferanten: Baumgartner, Bergt, Cordes, Leinweber.

Voller Name   'Großherzog Friedrich von Baden'

Entstehung   1894, aus einem Samen der Sorte 'Bismarckapfel'. Ausgelesen durch den Hofgärtner Fießer in Baden-Baden und nach dem Regenten benannt.

Frucht   Groß bis sehr groß, um 180 g schwer. Flachrund, kalvillartige Form. Weite und tiefe, stark gerippte Kelcheinsenkung. Kurzer Stiel in enger, strahlig berosteter Stielgrube.
Schale zart und empfindlich, bei Vollreife zitronengelb, sonnenseits nur leichte Rötung mit dunklen Schalenpunkten.
Fruchtfleisch gelblichweiß, locker und mürbe. Saftig erfrischend säuerlicher Geschmack.

Verwertung   Vorwiegend Wirtschaftssorte, auch Schaufrucht.

Reife   Ab Anfang September, Fruchtfall oft schon vor der Baumreife. Etwa drei Wochen haltbar, ab dann mürbe, fad und mehlig.

Baum   Große, ausladende Krone mit sehr langen, braunroten Jahrestrieben, oft schon mit Fruchtholz. Stumpfgrüne Blätter mit langen Stielen. Von Jugend an starker Wuchs.

Standort der Sichtungsbäume: Bavendorf, Müncheberg, Pomona Franconica, Rhöner Apfelbüro, Triesdorf, Veitshöchheim.

Standort   Ohne Ansprüche an Boden und Klima bis in kalte, windige Höhenlagen. Auch auf weniger apfelfähigen Böden noch anbaufähig.

Anfällig   Es sind keine hervortretenden Schadeinflüsse bekannt.

Blüte   Spät. Völlig unempfindlich bei Spätfrösten und nasskalter Witterung. Schlechter Pollenspender.

Ertrag   Spät einsetzend, dann alle 2 Jahre hohe Erträge.

Anbauwert   Außerordentlich robuste Sorte für den Extensivanbau in Extremlagen.

Lieferanten: Angendohr, Cordes, Herr, Leinweber, Ley.

Entstehung   Unbekannt. Wurde 1884 vom Deutschen Pomologenverein zum Anbau empfohlen.

Frucht   Mittelgroß. Kegelförmig abgestumpft mit gleichen Hälften. Flache und weite Kelcheinsenkung mit schwachen Falten und geschlossenem Kelch. Kurzer Stiel in weiter, berosteter Stielgrube.
Schale glatt, leicht fettig glänzend. Bei Reife gelblichgrün, sonnenseits unterschiedlich stark rot gestreift mit wenigen, feinen Schalenpunkten. Schwacher Duft.
Fruchtfleisch feinzellig, fest und saftig. Wenig Würze und Süße. Vorherrschende weinige Säure.

Verwertung   Weniger für den Frischverzehr geeignet, aber sehr gute Wirtschafts- und Mostsorte.

Reife   Je nach Lage ab Ende Oktober, nicht windfest. Im kühlen Naturlager bis zu 7 Monaten haltbar ohne Welke.

Baum   Hochgewölbte, große Krone mit steilen Leitästen und überhängenden Fruchtzweigen. Von Jugend an bis in das Vollertragsalter mit starkem Wachstum. Im Holz vollkommen frosthart.

Standort der Sichtungsbäume: Bavendorf, Geisenheim, Müncheberg, Triesdorf.

Grüner Fürstenapfel

Standort — Breit anbaufähig bis in raue, windige Höhenlagen, ohne besondere Bodenansprüche.

Anfällig — Besonders in höheren Lagen sehr robust. In Weinbaulagen kann Schorf und Mehltau auftreten. Der Feuerbrandstatus ist unbekannt.

Blüte — Spät, vollkommen unempfindlich.

Ertrag — Spät einsetzend. Jährlich wechselnd zwischen hoch und sehr gering (ausgeprägte Alternanz), insgesamt mittelhoch.

Anbauwert — Hervorragende Sorte für Streuobstflächen, besonders in Extremlagen.

Lieferanten: Bergt, Cordes, Hammerschmidt, Leinweber, Wetzel.

Doppelnamen — 'Kempes Pauliner', 'Prince verte'.

Entstehung — Unbekannt. Soll Ende des 18. Jh. im Kurfürstlichen Garten bei Koblenz gestanden haben. Wurde 1799 von dem Pomologen Diel beschrieben und 1874 vom Deutschen Pomologenverein zum Anbau empfohlen.

Frucht — Mittelgroß, mitunter auch groß, um 180 g schwer. Flachrund, ungleichhälftig. Kelcheinsenkung weit und flach mit schwachen Falten. Kurzer, dicker Stiel, in enger, wenig berosteter Stielgrube.
Schale dünn, geschmeidig. Normalerweise flächig blassgrün, später gelbgrün. Je nach Standort und Jahreswitterung können ausnahmsweise kurze Streifen auftreten.
Fruchtfleisch grünlichweiß, feinzellig, fest, sehr saftig mit kräftig weinsäuerlichem Geschmack.

Verwertung — Sehr gute Wirtschafts- und Mostsorte.

Reife — Mitte bis Ende September, windfest. Im kühlen Naturlager extrem lange haltbar ohne zu welken.

Baum — Große, breit pyramidale Krone mit starken Sommertrieben und großen, dunkelgrünen Blättern. Starker Wuchs bis ins Alter. Wurde früher gerne als Straßenbaum gepflanzt. Im Holz vollkommen frostfest.

Standort der Sichtungsbäume: AHNU, Erfurt, Geisenheim, Pomona Franconica, Rhöner Apfelbüro, Triesdorf.

Grüner Stettiner

Anfälligkeit Keine Krankheiten oder Schädlinge bekannt. Die Sorte gilt als sehr robust.

Ertrag Spät einsetzend, dann aber hoch und einigermaßen regelmäßig.

Anbauwert Typische Wirtschaftssorte.

Lieferanten: Baumgartner, Bergt, Cordes, Leinweber.

Entstehung Ungewiss, wurde 1813 von dem Pomologen C.H. Dietrich beschrieben. Soll aber schon vor 1700 bekannt gewesen sein.

Doppelname 'Grüner Winterstettiner'

Frucht Unterschiedliche Form, meist groß, flachrund. Andeutungsweise flache Wülste um die Frucht. Flache, weite Kelcheinsenkung. Kurzer, dicker Stiel in tiefer, strahlig berosteter Stielgrube. Schale dick, glatt. Gelblichgrüne Grundfarbe mit etwas Rötung sonnenseits. Angenehmer Duft. Fruchtfleisch zunächst fest, auf dem Lager mürbe. Saftig mit angenehmer Säure, kaum Aroma.

Reife Ab Mitte Oktober, kaum Fruchtfall vor der Baumreife. Verarbeitung ab Anfang Dezember bis Mai aus dem kühlen Naturlager.

Baum Große, weit ausladende Krone mit mäßig gut verzweigten, starken Ästen. Auch im Vollertrag noch mittelstarkes Wachstum. Der Baum ist im Holz frostfest und kann sehr alt werden.

Standort Breit anbaufähig bis in Hochlagen, ohne besondere Ansprüche.

Standort der Sichtungsbäume: Bavendorf, Pomona Franconica, Rhöner Apfelbüro, Triesdorf.

Das Wachstum ist stark, mit schönen, schlanken Stämmen. Im Holz sehr frostfest.

Standort　Vollkommen anspruchslos an Boden und Klima bis in Hochlagen, jedoch weniger für ausgesprochene Warmlagen geeignet.

Anfällig　Auf ungünstigen, trockenen Standorten kann Spitzendürre auftreten. Schorfanfällig, sonst ist die Sorte widerstandsfähig gegen Krankheiten und Schädlinge.

Blüte　Spät, lange anhaltend und nicht witterungsempfindlich.

Ertrag　Spät einsetzend, dann aber regelmäßig und hoch.

Anbauwert　Im extensiven Streuobstanbau schöne, landschaftsprägende Bäume. Nicht für Intensivkultur oder Formobst geeignet.

Lieferanten: u.a. Baumgartner, Leinweber, Spiess, Wetzel.

Doppelnamen　'Jungfernapfel', 'Ziemerling' (um Magdeburg), 'Prinzenapfel' (Unterharz).

Entstehung　Um 1800, in der Gegend um Halberstadt/Harz. 1885 erstmals beschrieben.
Früher in Sachsen-Anhalt und im Harz weit verbreitet.

Frucht　Schöne Frucht. Mittelgroß bis groß, ungleichhälftig, fast ebenso hoch wie breit. Flache Rippen über die halbe Frucht. Stielgrube flach, selten berostet mit einem dicken Stiel. Kelchgrube flach, gerippt. Fruchtschale glatt, leicht wachsig. Vollreif goldgelb, sonnenseits leuchtendrot mit dunkleren Streifen und hellen Schalenpunkten.
Fruchtfleisch gelblichweiß mit grünlichen Adern, etwas grob, saftig, ohne hervortretendes Aroma.

Verwertung　Weniger Tafelapfel, überwiegend Wirtschafts- und Mostsorte.

Reife　Mitte September, Verarbeitung ab November. Wind- und sturmfest. Im kühlen Naturlager haltbar bis März und länger, ohne zu welken.

Baum　Jungbäume fallen durch ihre rotbraune Rinde auf und sind nur mäßig verzweigt. Im Alter bilden sich auf zusagendem Standort gleichmäßige, mächtige Kronen, deren Äste etwas überhängen.

Bemerkung — „Halder" deutet nicht auf einen Ortsnamen, sondern auf den Züchter hin.

Doppelname — 'Pomme du Halder'

Entstehung — 1843, Züchter Loisel zu Halder in Limbourg (Belgien). Wurde 1890 vom Pomologenverein als Formobst empfohlen.

Frucht — Meist groß, unterschiedlich hoch gebaut, ungleichhälftig mit 5 Wulsten um die Frucht. Faltige Kelcheinsenkung, tief und weit. Stielgrube etwas berostet, tief und weit. Mit Rippen um die Frucht.
Schale glatt, geschmeidig, leicht glänzend mit hellen Schalenpunkten. Gleichmäßig hellgrün, bei Vollreife gelb, kann sonnenseits leicht gerötet sein. Merklicher Duft.
Fruchtfleisch grünlichgelb, erst fest, später etwas mürbe werdend. Sehr saftig mit leichtem Zuckergeschmack.

Verwertung — Gute Tafel- und Wirtschaftssorte, auch für Most. Gute Sorte zum Backen.

Reife — Mitte bis Ende Oktober, windfest bis zur Reife. Dann schnell fallend. Im kühlen Naturlager sehr lange haltbar.

Baum — Flachgewölbte, mittelgroße Krone mit viel kurzem Fruchtholz. Lange, spitze, meist etwas aufgefaltete Blätter. Zunächst mittelstarker, im Alter schwacher Wuchs, dann ist außer dem regelmäßigen Schnitt eine Verjüngung anzuraten.
Im Holz frostfest. Durch das kurze Fruchtholz sehr gut für Formbäume, besonders für Schnurbäume geeignet.

Standort — Ohne besondere Ansprüche an Boden und Klima bis in mittlere Höhenlagen.

Anfällig — Außer Krebs in schweren Böden sind keine besonderen Krankheiten und Schädlinge bekannt.

Blüte — Mittelspät, wenig empfindlich. Eine energische Ausdünnung bald nach der Blüte verhindert frühzeitige Vergreisung.

Ertrag — Auf schwach wachsender Unterlage hoch und regelmäßig bis in das Alter. Auf Hochstämmen ist der Ertrag geringer, jedoch ohne ausgeprägte Alternanz.

Anbauwert — Für Liebhaber süßweiniger Äpfel vorzugsweise als Spalierform. Wegen der oft als langweilig empfundenen Fruchtfarbe ist die Sorte weniger im Anbau zu finden.

Lieferant: Bergt, Wetzel.

Standort der Sichtungsbäume: Erfurt, Dresden-Pillnitz, Müncheberg, Triesdorf, Wurzen.

Hammerstein

Baum Breitkugelige, mittelgroße Krone mit kurzer Seiten-verzweigung. Die Jahrestriebe sind stark punktiert. Regelmäßiger Schnitt ist notwendig für eine bessere Verzweigung. Von Jugend an kräftiger Wuchs, der aber bald nachlässt.

Standort Weinbauklima, bevorzugt in guten Böden. Keine Höhenlagen.

Anfällig Stark für Feuerbrand. Auch für Schorf, Mehltau und Fruchtfäulen. Krebs und Blutlaus in schweren, nassen Böden.

Blüte Spät, lange andauernd, nicht empfindlich. Guter Pollenspender. In Ertragsjahren ist der starke Frucht-ansatz auszudünnen.

Ertrag Große Früchte sind nur an jüngeren oder gut gepflegten Bäumen erzielbar. Jährlich wechselnd zwischen sehr hohen Erträgen und völligem Ertragsausfall (ausgeprägte Alternanz). Auf schwach wachsenden Unterlagen weniger alternierend, insgesamt aber hoch.

Anbauwert Noch immer eine Liebhabersorte. Verbreitet im Streuobstanbau in guter Lage.

Lieferanten: Brenninger, Heinrich, Dr. Hoffmann, Leinweber, Ritthaler.

Voller Name 'Minister von Hammerstein' (nach dem damaligen Landwirtschaftsminister benannt).

Entstehung 1882, aus Samen von 'Landsberger Renette' in der Forschungsanstalt Geisenheim/Rh. Züchter R. Goethe. Verbreitung ab 1895.

Frucht Mittelgroß bis groß, um 120 g schwer. Flachrund mit typischen, kalvillartigen Rippen. Deutliches Merkmal ist die flache, gerippte Kelcheinsenkung. Starker Stiel in breit trichterförmiger, selten berosteter Stielgrube. Schale bei Reife weißlichgelb, dünn, glatt, sonnen-seits verwaschen bräunlichrot gefärbt. Fleckig bei anhaltender Nässe. Druckempfindlich. Kräftiger Duft. Fruchtfleisch gelblichweiß, etwas locker. Sehr saftig mit angenehmer Säure, aromatischer Geschmack. Kleines Kerngehäuse.

Verwertung Für den Frischverzehr, auch als Wirtschafts- und Mostsorte brauchbar.

Reife Je nach Lage ab Anfang Oktober, so spät wie möglich ernten. Sturmfest, die Früchte haften oft noch im Winter. Im kühlen Naturlager bis zu fünf Monate haltbar, dann schneller Aromaverlust.

Standort der Sichtungsbäume: Bavendorf, Geisenheim, Dresden-Pillnitz, Müncheberg, Rhöner Apfelbüro, Triesdorf, Wurzen.

Doppelnamen 'Goldrenette', 'Harberts Ramburrenette', 'Imm-Apfel', 'Königsapfel' und weitere.

Entstehung Ungewiss, soll eine alte Sorte sein. Um 1828 von dem Pomologen Diel beschrieben und 1830 durch Landpfennigmeister Harbert in Arnsberg (Westfalen) verbreitet. 1857 vom Deutschen Pomologenverein zum Anbau empfohlen.

Frucht Groß, um 200 g schwer. Regelmäßig flachkugelige Form. Flache, leicht berostete Kelcheinsenkung mit halb offenem Kelch. Kurzer, dünner Stiel in trichterförmiger, strahlig berosteter Stielgrube.
Schale glatt, trocken, fest. Bei Reife gelbgrün, sonnenseits etwas gestreift mit dunklen Schalenpunkten.
Fruchtfleisch gelblich, unter der Schale dunkler, locker bis mürbe, wenig saftig, oft trocken. Erfrischender, säuerlicher Geschmack.

Verwertung Für den Frischverzehr, auch gute Wirtschafts- und Mostsorte. Sehr guter Backapfel.

Reife Folgernd ab Mitte September. Starker Vorerntefruchtfall, deshalb ist mehrmals durchzupflücken. Etwa vier Monate im kühlen Naturlager haltbar, dann schnell mürbe werdend.

Baum Sehr große, breitkugelige, sparrige Krone bis 12 m Durchmesser. Gehört zu den am stärksten wachsenden Sorten bis ins Alter. Im Holz nicht ganz frosthart. Kann sehr alt werden.

Standort Für alle nicht zu schweren Böden bis in Höhenlagen. Gut geeignet für Weiden. Auf warmen Standorten werden die Früchte schon am Baum stippig.

Anfällig Kein Feuerbrand. Gering für Schorf, stärker für Mehltau. In den Früchten stark Stippe. Sehr fäulnisanfällig am Lager.

Blüte Mittelspät, lange anhaltend. Schlechter Pollenspender (triploid). Selbstfruchtbarkeit kommt vor.

Ertrag Spät einsetzend, durch Alternanz mittelhoch. Auf schwach wachsenden Unterlagen in bester Lage regelmäßig und höher. Die Früchte bleiben auch auf dem Hochstamm gleichmäßig groß.

Anbauwert Ausgesprochene Liebhabersorte. Die Stippeanfälligkeit grenzt den Wert ein. Für kleinere Baumformen zu starkwachsend, gelegentlich noch im Streuobstanbau zu finden.

Lieferanten: Baumgartner, Bergt, Brenninger, Cordes, Herr, Leinweber, Müller, Schmitt, Spieß, Wetzel.

Standort der Sichtungsbäume: AHNU, Bamberg, Bavendorf, Erfurt, Geisenheim, Dresden-Pillnitz, Müncheberg, Neustadt, Rhöner Apfelbüro, Rostock, Triesdorf, Wurzen.

Hausmütterchen

Anfällig Mäßig schorfanfällig, sonst robust. Neigt zu Kernhausschimmel am Lager.

Blüte Rosa, sehr früh. Schlechter Pollenspender (triploid).

Ertrag Spät einsetzend, dann (fast) regelmäßig, auch im Alter.

Anbauwert Vorzugsweise für den Streuobstbau, nicht für den Hausgarten.

Lieferanten: Baumgartner, Cordes, Leinweber.

Doppelnamen 'Pfundapfel', 'Großer Rambur', 'Menagère', 'Pomme de Livre'.

Entstehung Ungewiss. Wahrscheinlich in Lemberg in der heutigen Ukraine. 1805 erstmals beschrieben.

Frucht Groß bis sehr groß, kugelig-flachkugelig mit breiten Rippen, ungleichhälftig. Dicker Stiel in tiefer Stielgrube. Kelch geschlossen in trichterförmiger Kelchgrube, bis ins Kernhaus.
Die glatte, glänzende Schale ist grüngelb mit sonnenseits geflammter, rotoranger Deckfarbe.
Das Fruchtfleisch ist weiß, grobzellig, saftig, einseitig sauer mit weintraubenartiger Würze.

Reife Baumreife Anfang Oktober. Im kühlen Lager bis Mitte Dezember lagerfähig.

Verwertung Ausgezeichneter Wirtschafts- und Mostapfel.

Baum Starkes Wachstum, im Vollertrag mittelstark. Lichte, flachrunde Krone, die wenig Schnittarbeit erfordert.

Standort Wärmere Lagen und nährstoffreiche Böden werden bevorzugt. In rauen, windigen Lagen kann es zu vorzeitigem Fruchtfall kommen.

Standort der Sichtungsbäume: AHNU, Bamberg, Bavendorf, Erfurt, Geisenheim, Dresden-Pillnitz, Müncheberg, Neustadt, Rhöner Apfelbüro, Rostock, Triesdorf, Wurzen.

Blüte — Mittelfrüh, nicht witterungsempfindlich. Guter Pollenspender.

Ertrag — Setzt spät ein, ist dann aber hoch bis sehr hoch und regelmäßig.

Anbauwert — Sehr gute Sorte und regelmäßiger Träger. Wird wieder verstärkt im Streuobstbau für Most in Mischung mit süßeren Sorten angebaut.

Lieferanten: Baumgartner, Cordes, Ganter, Kiefer, Leinweber, Müller, Ritthaler, Schmitt, Wetzel.

Entstehung — Um 1920, als Sämling von 'Roter Trierer Weinapfel'. Von Baumwart Haux bei Göppingen gefunden.

Frucht — Groß, um 200 g schwer. Ungleichmäßig stumpf kegelförmig. Tiefe und weite, unterschiedlich gerippte Kelcheinsenkung mit kleinem Kelch. Kurzer Stiel in enger Stielgrube.
Schale derb, glatt, fettig. Bei Reife gelbgrün, sonnenseits leuchtendrot oder braunrot gestreift. Fruchtfleisch sehr fest, weniger saftig. Starke Säure (14 g/l), kaum Aroma. Saftausbeute 56,5 %!

Verwertung — Nicht für den Frischverzehr, aber sehr gute Mostsorte für gehaltvollen Saft.

Reife — Mitte September, nicht windfest. Etwa fünf Monate im kühlen Naturlager haltbar.

Baum — Große, breite Krone mit steilen, stark verzweigten Leitästen. Im Vollertragsalter immer noch kräftiges Wachstum. Im Holz nicht frostempfindlich.

Standort — Anspruchslos, bis in höhere Lagen anbaufähig.

Anfällig — Stark für Feuerbrand, nicht aber in Hochlagen. In schweren Böden etwas krebsanfällig, sonst sehr robust, v. a. gegenüber Schorf. Kaum Fruchtfäule.

Standort der Sichtungsbäume: AHNU, Bavendorf, Erfurt, Geisenheim, Dresden-Pillnitz, Müncheberg, Neustadt, Triesdorf, Veitshöchheim, Weihenstephan, Weirsberg, Wurzen.

Hawthornden

Doppelnamen	'Hawley', 'Lord Kingston', 'Weißer Hawthornden'.
Entstehung	Zeitlich ungewiss, wohl um die Mitte des 18. Jh. in Hawthornden, nahe Edinburg (Schottland). Die Sorte wurde erstmalig 1790 von der Baumschule Brompton Park öffentlich vorgestellt und war danach in England und Schottland sehr verbreitet. Es war eine der Hauptsorten auf dem bedeutenden Markt von Covent Garden (London).
Frucht	In der englischen Originalbeschreibung als unterschiedlich in Form und Größe, von mittelgroß bis sehr groß und ungleichhälftig angegeben. Flachrund bis abgestumpft rundlich. Großes Kernhaus mit kleinen Kernen. Mitteltiefe, weite und faltige Kelcheinsenkung, oft mit einer Falte über der Frucht. Geschlossener, auch halb offener Kelch. Mittellanger Stiel in weiter, berosteter Stielgrube. Schale glatt, am Lager leicht fettend. Bei Vollreife hell grünlichgelb, sonnenseits orangerot bis hellrot mit undeutlichen Streifen und Schalenpunkten. Fruchtfleisch fast weiß, zart, saftig, am Lager eher mürbe. Angenehmer, weinsäuerlicher Geschmack, doch wenig gewürzt.
Verwertung	Bevorzugt als gute Wirtschaftssorte zum Kochen und Backen, aber auch für Most geeignet.

Reife	Je nach Lage Ende September bis Anfang Oktober. Im kühlen Naturlager etwa 3 Monate haltbar.
Baum	Breite, gut verzweigte Krone mit breit abstehenden Ästen und mittelgroßen, eiförmigen Blättern. Im Alter herabhängende Zweige. Anfangs kräftiger, bei Erreichen der Vollreife deutlich schwächerer Wuchs. Aufmerksamer Schnitt und eine gelegentliche Verjüngung verlängern das sonst begrenzte Lebensalter. Im Holz frostfest. Für alle Erziehungsformen, auch für Spaliere geeignet.
Standort	Nur geringe Ansprüche an Boden und Klima. Beste Fruchtqualität wird allerdings in wärmeren Lagen und auf nährstoffreichen Böden erzielt.
Anfällig	Der Feuerbrandstatus ist unbekannt. In windgeschützten, warmen Lagen ist die Schorfanfälligkeit sehr hoch.
Blüte	Früh, dadurch in Hochlagen durch Spätfröste gefährdet.
Ertrag	Früh einsetzend, hoch und regelmäßig. Fruchtregulierende Maßnahmen vermeiden eine frühe Erschöpfung des Baumes.
Anbauwert	Außer in den Sortenerhaltungen von Wisley Gardens und East Malling ist die Sorte in England nicht mehr im Anbau. Auch bei uns sind warme Klimagebiete wegen der hohen Schorfgefahr zu meiden. In mittleren und hohen Lagen kann aber eine Anpflanzung durchaus lohnen. Lieferant: Leinweber.

Standort der Sichtungsbäume: Hohenheim, Wurzen, Müncheberg.

Entstehung — Aus einem Samen von 'Geheimrat Dr. Oldenburg' im Institut für Acker- und Pflanzenbau in Müncheberg (Brandenburg). Seit 1969 im Handel. Es existiert auch eine rote Auslese (Triesdorf).

Frucht — Klein bis mittelgroß. Ungleichmäßig flach- oder hochrund. Weite, schüsselförmige Kelchgrube mit engem Kelch. Tiefe Stielgrube.
Schale dicht, mittelfest, glatt, trocken. Bei Reife gelb, sonnenseits orangerot gestreift mit hellen Schalenpunkten. Druckempfindlich.
Fruchtfleisch gelblichweiß, locker. Schwach säuerlich mit ausreichender Süße, feinaromatisch. Süßer als 'Klarapfel'.

Verwertung — Vorwiegend für sofortigen Frischverzehr. Als Wirtschaftssorte gut brauchbar, ergibt goldgelbes Apfelmus.

Reife — Folgernd Anfang bis Mitte August, etwa 10 Tage nach 'Klarapfel'. Windfest bis zur Baumreife, dann schnell fallend. Wegen der Druckempfindlichkeit schonend ernten. 8–10 Tage im Naturlager haltbar.

Baum — In der Jugend aufrechte, hohe Krone. Steile, gering verzweigte Leitäste mit dünnen Trieben und kurzem Seitenholz. Im Vollertragsalter schwacher Wuchs.

Ein Überwachungsschnitt zielt auf Erhaltung der Wuchskraft und eine bessere Verzweigung. Im Holz sehr frosthart.

Standort — Auf nährstoffreichen, offenen Böden bis in Höhenlagen.

Anfällig — Stark Feuerbrand. In geschlossenen Tallagen mittelstark für Schorf, mehr für Mehltau. Bei wechselhafter Witterung kann Glasigkeit auftreten.

Blüte — Früh, mittellang anhaltend. Etwas witterungsempfindlich. Guter Pollenspender. Blütenknospen sind am ein- und zweijährigen Holz, auch an Kurztrieben. Energisches Ausdünnen bei starkem Fruchtansatz begrenzt die Alternanz bei älteren Bäumen.

Ertrag — Auf schwachwachsenden Unterlagen sehr früh einsetzend, hoch und fast regelmäßig. Im Vollertragsalter besteht Alternanzneigung.

Anbauwert — Frühsorte, zwischen 'Klarapfel' und 'James Grieve'. Bisher vorwiegend eine Sorte in Ostdeutschland.

Lieferanten: Angerdohr, Bergt, Cordes.

Standort der Sichtungsbäume: Erfurt, Dresden-Pillnitz, Magdeburg, Müncheberg, Rhöner Apfelbüro, Triesdorf, Wurzen.

Entstehung — Züchtung der Lehr- und Versuchsanstalt Gartenbau in Großbeeren/Werder (Müncheberg) aus Samen von 'Jonathan'.

Frucht — Meist groß, um 250 g schwer. Kugelige Form mit typischen Wulsten über der Frucht. Sehr tiefe Kelcheinsenkung mit 5 Höckern, etwas strahlig berostet. Mittellanger Stiel in tiefer, berosteter Stielgrube.
Schale derb, hart, geschmeidig. Hell grüngelbe Grundfarbe, verwaschen rötliche Deckfarbe mit hellen Schalenpunkten. Sehr druckempfindlich. Fruchtfleisch gelblichweiß, feinzellig, sehr saftig mit zart parfümiertem Wohlgeschmack.

Verwertung — Gute Tafel- und Wirtschaftssorte, auch für Most geeignet.

Reife — Ab Mitte Oktober, windfest bis zur Baumreife. Mehrmaliges (druckfreies!) Durchpflücken ist ratsam. Im kühlen Naturlager etwa 4 Monate ohne Welke haltbar. Zwischendurch ist laufend auf Stippe und Fruchtfäule zu kontrollieren.

Baum — Anfangs steile Leittriebe mit schmalem Wuchsbild, später breiter mit hängenden Seitenästen. Geringe Verzweigung mit kurzem Fruchtholz. Anfangs mittelstarker Wuchs, im Vollertrag schwach.

Der Schnitt zielt auf bessere Verzweigung. Eine gelegentliche Verjüngung ist erforderlich. Sehr pflegebedürftig.

Standort — Unbedingt windgeschützt auf eher leichteren, nährstoffreichen und genügend feuchten Böden. Beste Fruchtqualität ist nur in wärmeren Lagen und nach warmen Herbstwochen erzielbar.

Anfällig — Mittelstark für Feuerbrand, Schorf und Mehltau.

Blüte — Kurz anhaltend, auch an einjährigen Langtrieben. Nicht empfindlich.

Ertrag — Auf schwach wachsender Unterlage ab dem 4. Standjahr. Jährlicher Wechsel zwischen höheren und geringen Erträgen, insgesamt nur mittelhoch.

Anbauwert — Der Vorteil liegt eindeutig in den saftigen, feinaromatischen Früchten. Ansonsten überwiegen die Nachteile, sodass es wohl eine Liebhabersorte bleibt.

Lieferanten: Angendohr, Bergt, Leinweber.

Standort der Sichtungsbäume: Erfurt, Dresden-Pillnitz, Müncheberg, Triesdorf, Pomona Franconica, Rhöner Apfelbüro, Wurzen.

Entstehung
Findling um 1880 in Herrnhut bei Zittau (Sachsen) durch A. Heintze. Ab 1900 im Handel.

Frucht
Mittelgroß, um 100 g schwer, bei reichem Behang auch kleiner. Verhältnismäßig leicht. Ungleichmäßige, hoch gebaute Form mit flachen Kanten. Flache, faltige Kelcheinsenkung. Meist kurzer Stiel in enger, strahlig berosteter Stielgrube.
Schale zäh, glatt, fettig. Bei Reife gelb, vom Stiel her rot geflammt oder flächig rot mit hellen Schalenpunkten.
Fruchtfleisch mittelfest, saftig, säuerlichsüß, etwas parfümierter Geschmack, ähnlich 'Rote Sternrenette'.

Verwertung
Für den Frischverzehr, auch als Wirtschaftssorte brauchbar, nicht für Apfelmus.

Reife
Ab Anfang September. Windfest bis zur Baumreife. Zur Aromabildung so spät wie möglich ernten. Etwa zehn Wochen lagerfähig, aus Hochlagen auch länger ohne zu welken.

Baum
Aufstrebend hochkugelige Krone mit steilen, kurz verzweigten Ästen. Mittelstarkes Wachstum. Die Triebkraft lässt infolge der hohen Fruchtbarkeit bald nach. Deshalb ist ein regelmäßiger Überwachungsschnitt erforderlich. Im Holz sehr frosthart.

Standort
Bei nicht zu trockenem, auch schwerem Boden bis in raue, windige Höhenlagen anbaufähig. Hat deshalb Bedeutung für den Obstanbau im Gebirge. Auf trockenen Böden bleiben die Früchte zahlreich, aber zu klein.

Anfällig
Je nach Lage unterschiedlich für Schorf und Mehltau. Nur auf schweren Böden Krebs und Spitzendürre.

Blüte
Mittelspät, nicht empfindlich. Geeignet als Pollenspender. Bei niederen Baumformen lohnt sich ein Ausdünnen bei starkem Fruchtansatz.

Ertrag
Mittelfrüh einsetzend, dann jährlich wechselnd zwischen hohen und geringen Erträgen. Auf Typ 9 regelmäßig und etwas mehr als mittelhoch.

Anbauwert
Liebhabersorte. Für raue Lagen empfehlenswert, wo andere Sorten in Grenzlagen nicht mehr gedeihen. Auf klimatisch wärmeren Standorten verzichtbar.

Lieferanten: Angerdohr, Baumgartner, Bergt, Brenninger, Cordes, Hammerschmidt, Heinrich, Herr, Dr. Hoffmann, Leinweber, Schmitt, Spieß, Ulmer.

Standort der Sichtungsbäume: Bamberg, Bavendorf, Dresden-Pillnitz, Müncheberg, Rhöner Apfelbüro, Triesdorf, Veitshöchheim, Weihenstephan, Wurzen.

Reife	Folgernd ab Mitte September, in höheren Lagen bedeutend später. Etwa fünf Monate im kühlen Naturlager haltbar.
Baum	Breite, ausladende Krone, wenig verzweigt, mit langen Fruchtruten. Von Jugend an mittelstarkes Wachstum, im Alter schwach. Der Schnitt zielt auf bessere Verzweigung. Gelegentlich wird eine Verjüngung nötig sein.
Standort	Wenig anspruchsvoll an Klima und Boden bis in Höhenlagen.
Anfällig	Je nach Jahreswitterung mehr oder weniger stark für Fruchtfäule. Nur in geschlossenen Warmlagen Schorf und Mehltau, sonst sehr robust.
Blüte	Mittelspät, nicht witterungsempfindlich.
Ertrag	Auf Hochstamm jährlicher Wechsel zwischen sehr hohen Erträgen und Ertragsausfall (Alternanz), auf schwach wachsenden Unterlagen regelmäßiger. Insgesamt mittelhoch.
Anbauwert	Bisher Gebietssorte, jedoch wieder mit steigender Beliebtheit als Wirtschafts- und Mostsorte.

Lieferanten: Baumgartner, Bergt, Cordes, Leinweber, Rinn.

Bemerkung	Gemäß dem Pomologen Fr. Lucas (1912) ist die Sorte nicht identisch mit 'Belgischer Schneeapfel'.
Doppelnamen	'Haltbarer Schneeapfel', 'Pomme Fameuse', 'Snow Apple' (in Amerika) und weitere.
Entstehung	Wahrscheinlich im 19. Jh. in Heuchelheim (Hessen). Soll auch in Frankreich und in den USA verbreitet gewesen sein. In Mittelhessen wird die Sorte auch wieder verstärkt angebaut und findet von hier aus erneute Verbreitung, besonders als Streuobst.
Frucht	Sehr unterschiedlich, von mittelgroß bis sehr groß, ab 150 g. Ungleichmäßig flachkugelige Form mit fünf breiten Kanten über die ganze Frucht. Gerippte Kelcheinsenkung mit meist offenem Kelch. Mittellanger Stiel in tiefer, weiter, strahlig berosteter Stielgrube. Schale zart, geschmeidig. Bei Vollreife hellgelb bis weißgelb, sonnenseits stark rot gestreift und geflammt. Deutlicher Duft. Fruchtfleisch schneeweiß, nicht nachbräunend, grobzellig, saftig, mit feinem Aroma und zimtartigem Zuckergeschmack.
Verwertung	Hervorragender Wirtschaftsapfel, dessen Fruchtfleisch auch beim Kochen und im Obstsalat weiß bleibt. Auch als Tafelsorte oder zum Keltern hervorragend geeignet. Dekorativ auch bei Obstschauen.

Standort der Sichtungsbäume: Bavendorf, Geisenheim, Dresden-Pillnitz, Müncheberg, Pomona Franconica, Triesdorf, Weihenstephan, Wurzen.

Anfällig In windgeschützten, warmen Tallagen mittelanfällig für Feuerbrand, kaum Schorf, gering Mehltau.

Ertrag Infolge Alternanz nur mittelhoch.

Blüte Spät, nicht empfindlich. Schlechter Pollenspender (triploid).

Anbauwert Die frühere Bedeutung als Stamm- und Gerüstbildner ist heute nicht mehr so gegeben. Für Streuobstflächen in Hochlagen noch immer brauchbar.

Lieferanten: Angendohr, Bergt, Brenninger, Leinweber, Ulmer, Wetzel.

Entstehung Vermutlich eine alte Sorte aus Russland.

Frucht Groß, um 200 g schwer. Ungleichmäßig flachkugelige bis hochrunde Form. Weite, flache Kelcheinsenkung mit offenem Kelch. Kurzer Stiel in tiefer, stark strahlig berosteter Stielgrube.
Schale derb, hart, leicht bläulich bewachst und mit feinen Schalenpunkten. Je nach Belichtung am Baum grünlich bis grüngelb, sonnenseits leicht braunrot gestreift.
Fruchtfleisch fast weiß, grobzellig, wenig saftig.

Verwertung Weniger für den Frischverzehr oder Most, mehr Wirtschaftsapfel.

Reife Ab Anfang September, windfest bis zur Baumreife. Im kühlen Naturlager etwa 3 Monate haltbar.

Baum Große, weit ausladende Krone mit geradem Stamm und starken Gerüstästen. Auch im Alter noch starkes Wachstum. Im Holz vollkommen frostfest, ohne aber die Frosthärte an aufveredelte Sorten weiterzugeben.

Standort Ohne Ansprüche an Boden und Klima bis in raue Höhenlagen.

Standort der Sichtungsbäume: Bavendorf, Geisenheim, Dresden-Pillnitz, Müncheberg, Pomona Franconica, Rhöner Apfelbüro, Weinsberg.

Anfällig — Gering Feuerbrand. Kaum für Schorf, nur gering Mehltau. Krebs auf schweren, nassen Böden.

Ertrag — Regelmäßig sehr hoch.

Anbauwert — Wegen regelmäßig hoher Ernten und der Fruchtqualität ist die Sorte auch im Erwerbsanbau für die Saftindustrie interessant. Bringt von den bisher geprüften Mostsorten die höchsten Flächenerträge.

Lieferanten: Bergt, Cordes, Gräb, Heinrich, Herr, Leinweber, Rinn, Ritthaler.

Entstehung — Zufallssämling aus der Baumschule Cordes in Wedel/ Holstein an der Niederelbe.

Frucht — Groß bis sehr groß, um 280 g schwer. Ungleichmäßige Form, von flach bis hoch gebaut, gerippt. Tiefe, mit Höckern umgebene Kelcheinsenkung. Kurzer Stiel in enger, strahlig berosteter Stielgrube. Schale derb, glatt, etwas fettig. Bei Reife grüngelb, rot gestreift, im Licht auch flächig rot. Fruchtfleisch grünlich, fest, feinzellig, saftig. Vorherrschende Säure ohne hervortretendes Aroma. Saftausbeute 56 %.

Verwertung — Weniger für den Frischverzehr. Sehr gut für Most, aber auch gute Wirtschaftssorte.

Reife — Ab Anfang bis Mitte Oktober, windfest bis zur Baumreife. Etwa fünf Monate lagerfähig, ohne zu welken.

Baum — Kleine Krone mit guter Verzweigung. Schwacher Wuchs, dadurch ist enge Pflanzung möglich, bedarf aber eines regelmäßigen Schnittes, um die Wuchskraft zu erhalten. Im Holz frostfest.

Standort — Auf nährstoffreichen, ausreichend feuchten Böden, am besten im Seeklima. Schwere Böden und höhere Lagen sind nicht geeignet.

Standort der Sichtungsbäume: Ahrensburg, Bavendorf, Geisenheim, Dresden-Pillnitz, Müncheberg, Triesdorf.

Doppelnamen	'Grünapfel', 'Grüner Himbacher'.
Entstehung	1890 im Garten von Adam Frank in Himbach (Wetteraukreis/Hessen) gefunden.
Frucht	Groß, um 190 g schwer. Ungleichmäßig flach-kugelige Form mit flachen Rippen. Weite, flache Kelcheinsenkung, langer Stiel in flacher Stielgrube. Schale glatt, trocken. Flächig grüngelb, sonnenseits nur leicht rotorange geflammt mit zahlreichen hellen Schalenpunkten. Fruchtfleisch fest und saftig mit vorherrschender Säure.
Verwertung	Sehr gut für Most, aber auch Wirtschaftssorte. Für Frischverzehr erst nach längerer Lagerzeit geeignet.
Reife	Ab Anfang Oktober, windfest. Etwa fünf Monate im kühlen Naturlager haltbar.
Baum	Breit ausladende, etwas sparrige Krone mit gut verzweigten Ästen.
Standort	Ohne Ansprüche an den Boden bis in mittlere Höhenlagen.

Ertrag	Mittelspät einsetzend mit ausgeprägter Alternanz, insgesamt aber hoch bis sehr hoch.
Anbauwert	Typische Streuobstsorte für mittlere Höhenlagen. Lieferanten: Baumgartner, Bergt, Heinrich, Leinweber, Rinn.

Standort der Sichtungsbäume: u.a Geisenheim, Müncheberg, Pomona Franconica, Triesdorf.

Doppelname	'Roter Winterkalvill von Jaromér', 'Holovous'.
Entstehung	Vor 1850, Züchter M. Levener in der Versuchsstation Holovausy in Böhmen.
Frucht	Mittelgroß bis groß, um 140 g schwer. Ungleichmäßige, flachrunde Form. Flache Kelcheinsenkung mit kleinem, geschlossenem Kelch. Kurzer Stiel in enger, unberosteter Stielgrube. Schale glatt, leicht wachsig. Bei Reife gelb, ringsum rot gestreift oder flächig rot mit hellen Schalenpunkten. Merklicher Duft. Fruchtfleisch fest, unter der Schale leicht gerötet. Süß, himbeerartig gewürzt mit wenig Säure.
Verwertung	Für den Frischverzehr und als Wirtschaftssorte brauchbar.
Reife	Anfang Oktober, mitunter Fruchtfall vor der Baumreife. Etwa fünf Monate lagerfähig, im Kühllager bis Ende März bei 3 °C.
Baum	Mittelgroße, flachkugelige und gut verzweigte Krone. Das Laub haftet lange an. Mittelstarker Wuchs. Im Holz nicht ganz frostfest.

Standort	Auf nährstoffreichen Böden ist auch in Höhenlagen noch gute Qualität zu erzielen.
Anfällig	Gegen Krankheiten widerstandsfähig. In Früchten Glasigkeit und Stippe bei wechselhafter Witterung.
Blüte	Spät, lange anhaltend und nicht empfindlich.
Ertrag	Wechselnd zwischen hohen und sehr geringen Erträgen, insgesamt gering.
Anbauwert	Früher verbreitet als Tafel- und Wirtschaftsapfel, heute mehr Liebhabersorte.

Lieferanten: Angendohr, Baumgartner, Bergt, Brenninger, Cordes, Hammerschmidt, Dr. Hoffmann, Leinweber, Schmitt, Spieß.

Standort der Sichtungsbäume: Geisenheim, Dresden-Pillnitz, Müncheberg, Pomona Franconica, Rhöner Apfelbüro, Triesdorf.

Entstehung 1960. Ausgelesen 1974, herausgegeben 1991. Sortenneuheit aus 'Macoun' x 'Honeygold', Universität Minnesota. ProVar, eine Arbeitsgemeinschaft Niederelbe, erhielt die Unterlizenz. Dort ist auch der Anbau verbreitet.

Frucht Mittelgroß, seltener groß. Abhängig vom Standort rundlich, leicht hochgebaut.
Zum Erntetermin ist nur ein Teil der Früchte ausreichend gefärbt, besonders in Warmlagen ohne kühle Nächte. Druckempfindlich.
Fruchtfleisch bräunt kaum. Sehr saftig und knackig (crisp), aber mit wenig Aroma.

Reife Mitte September bis Anfang Oktober mit langer Erntezeit. Es soll nur vollreif geerntet werden. Trotz Windfestigkeit ist mehrmals durchzupflücken. Im kühlen Naturlager etwa 4 Monate haltbar, gekühlt etwa 6 Monate. Gegen Lagerende fettend, ohne zu welken.

Baum In den ersten Jahren unregelmäßig schwach bis mittelstark. Im Holz frosthart.

Standort Nur beste Böden mit hoher Luftfeuchtigkeit sind anbauwürdig. Auf sehr warmen Standorten werden die Früchte größer, aber eher fade.

Anfällig Hohe Schorftoleranz, nur gering anfällig für Feuerbrand und Krebs. Stark Mehltau an Blättern, Trieben und Früchten (Mehlauberostung). Anfällig für Sonnenbrand und Stippe, vor allem an Jungbäumen.

Blüte Mittelfrüh, guter Pollenspender.

Ertrag Alternanzneigung. Der Ertrag ist eher unterdurchschnittlich.

Anbauwert Nur für den Erwerbsanbau einigermaßen interessant, keinesfalls für den Hausgarten.

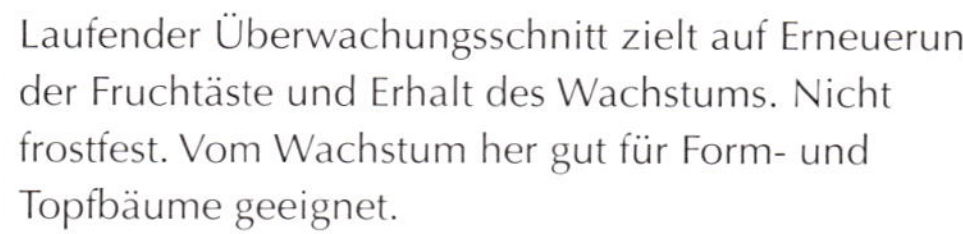

Entstehung — Um 1935, aus 'Jonathan' x 'Wagenerapfel'. Züchter L. Verner, Versuchsstation Moscow in Idaho (USA). Im Handel seit 1942.

Mutanten — 'Red Idared', 'Pingo', 'Red Noue 8936' mit Sortenschutz.

Frucht — Mittel bis groß, um 140 g schwer. Regelmäßige Fruchtform. Weite, schüsselförmige Kelcheinsenkung, kurzer Stiel in enger und tiefer Stielgrube. Schale dünn, fast hart, glatt, etwas wachsig. Zur Reife gelbgrün, ganzflächig dunkelrot oder marmoriert mit kleinen, hellen Schalenpunkten. Druckfest. Fruchtfleisch cremefarben, mittelfest, saftig. Überwiegend süßlich mit leichter Säure, ohne ausgeprägtes Aroma. Nur 6 g/l Säure.

Verwertung — Vorwiegend für den Frischverzehr.

Reife — Ab Mitte Oktober, windfest bis über die Baumreife hinaus. Etwa fünf (bis sechs) Monate im kühlen Naturlager haltbar, ohne zu welken. Im Kühllager bis Mai bei 2 °C ohne Lagerkrankheiten.

Baum — Hoch pyramidales, rundes, gut verzweigtes Wuchsbild mit aufrechten Leitästen. Etwas hängende Seitentriebe mit schmalen Blättern, gut mit Fruchtholz besetzt. Im Vollertragsalter schwaches Wachstum. Laufender Überwachungsschnitt zielt auf Erneuerung der Fruchtäste und Erhalt des Wachstums. Nicht frostfest. Vom Wachstum her gut für Form- und Topfbäume geeignet.

Standort — Nährstoffreiche Böden in warmen Lagen sind bevorzugt, aber auch geschützt in mittleren Höhen anbaufähig.

Anfällig — Stark für Feuerbrand, sehr stark für Mehltau, auch für Schorf. Virosen und Jonathan-Spot (schwarze Schalenflecken) kommen vor.

Blüte — Früh, mittel empfindlich. Guter Pollenspender. Eine Ausdünnung nach dem jährlich reichen Fruchtansatz ist zur Fruchtregulierung erforderlich.

Ertrag — Früh einsetzend, etwa ab dem 3. Standjahr, dann hoch und regelmäßig.

Anbauwert — Sehr pflegebedürftig, deshalb mehr für den Erwerbsanbau geeignet. Trotz der Geschmacksdefizite ist die Sorte erfolgreich durch die ansprechende Fruchtfarbe, hohe Ernten und die Lagerqualitäten.

Standort der Sichtungsbäume: Ahrensburg, Auweiler, Bamberg, Erfurt, Geisenheim, Dresden-Pillnitz, Jork, Triesdorf, Veitshöchheim, Weihenstephan, Weinsberg, Wurzen.

Auch im Vollertragsalter noch mittelstarkes Wachstum. Der Überwachungsschnitt soll den Kronenumfang mindern und zielt auf bessere Verzweigung. Nicht frostfest im Holz.

Standort Keine Extrembböden und keine Spätfrost- oder Höhenlagen. Hohe Luftfeuchtigkeit im Seeklima und leichtere, humus- und nährstoffreiche Böden sind am besten geeignet.

Anfällig Mittelstark für Feuerbrand. Anfällig auch für Schorf und Mehltau. Krebs auf schweren Böden. In den Früchten Stippe und Glasigkeit bei wechselhafter Jahreswitterung. Befall mit Spinnmilben. Platzneigung bei großen Früchten.

Blüte Mittelspät, etwas witterungsempfindlich. Energisches Ausdünnen nach der Blüte kann die Alternanz mindern. Guter Pollenspender.

Ertrag Früh einsetzend. Wechsel zwischen sehr hohen und geringeren Ernten. Im Durchschnitt mittelhoch. Bei älteren Bäumen Alternanz auch auf schwachwüchsigen Unterlagen.

Anbauwert Wegen der Ertragshöhe und den Fruchtqualitäten auch für der erwerbsmäßigen Anbau als Wirtschafts- und Mostsorte geeignet.

Lieferanten: Angendohr, Baumgartner, Bergt, Brenninger, Cordes, Gräb, Dr. Hoffmann, Krämer, Leinweber, Ulmer, Wetzel.

Entstehung 1954, aus 'Ingrid Marie' x 'Golden Delicious'. Züchter Loewel und Saure in der Obstbauversuchsanstalt Jork an der Niederelbe. Seit 1964 im Handel.

Frucht Groß, auch sehr groß, um 230 g schwer. Flachrund. Schüsselförmige Kelcheinsenkung mit meist offenem Kelch. Mittellanger Stiel in weiter und tiefer Stielgrube. Kleines Kernhaus.
Schale dick, fest, leicht wachsig. Zur Reife gelbgrün, sonnenseits rot streifig oder geflammt mit hellen Schalenpunkten.
Fruchtfleisch cremefarben, mittelfest bis weich, saftig, säuerlich, ohne hervortretendes Aroma. Saftausbeute mit 60 %.

Verwertung Ungewöhnlich vielseitig verwertbare Wirtschafts- und Mostsorte. Weniger für den Frischverzehr.

Reife Mitte bis Ende September, windfest. Wegen Aroma- und Größenzuwachs so spät wie möglich ernten. Etwa fünf Monate im kühlen Naturlager haltbar. Auf Fleischbräune ist zu achten.

Baum Breit ausladendes, lockeres Wuchsbild mit schräg aufrechten Leitästen, gering verzweigt und ohne bestimmenden Mitteltrieb. Dies ist bei den Pflanzabständen zu berücksichtigen.

Standort der Sichtungsbäume: Bamberg, Geisenheim, Dresden-Pillnitz, Jork, Magdeburg, Müncheberg, Pomona Franconica, Rhöner Apfelbüro, Veitshöchheim, Weihenstephan, Weinsberg, Wurzen.

Doppelname — 'Hoed Orange' in Dänemark.

Mutanten — 'Karin Schneider' mit flächig roter Deckfarbe, 'Quast'

Entstehung — Um 1910 in der Gartenbauschule Flemloese auf der Insel Fünen in Dänemark. Zufallssämling von 'Cox Orange'. Benannt nach der Tochter des Gartenbaulehrers K. Madsen. Im Handel seit 1936.

Frucht — Mittelgroß, selten groß, um 120 g, regelmäßige, flache, breitrunde Form. Flache, strahlige Kelcheinsenkung und offenem Kelch. Mittellanger Stiel in weiter, berosteter Stielgrube.
Schale dick, derb, leicht wachsig. Bei Reife hellgelb, sonnenseits rot marmoriert und gestreift. Typisch die großen, hellen Schalenpunkte. Druckempfindlich. Fruchtfleisch cremegelb, grobzellig, weich, am Lager mürbe. Saftigsüß, mildaromatisch mit leichter Säure.

Verwertung — Überwiegend für Frischverzehr, aber auch Wirtschaftssorte.

Reife — Ab Anfang September. Wegen vorzeitigen Fruchtfalls ist mehrmals durchzupflücken. Etwa drei Monate im kühlen Naturlager haltbar, im Kühllager bis Januar, nicht unter 4 °C. Laufende Kontrolle auf Fruchtfäulen ist notwendig. Überlagert sind die Früchte mehlig und fade.

Baum — Breit pyramidales, dichtes und ausladendes Wuchsbild mit dünnen, außen überhängenden Ästen. Mittelstarkes Wachstum.
Hoher Schnittaufwand. Der Überwachungsschnitt zielt auf besser durchlichtete Krone und Erneuerung der Fruchtäste. Nicht frostfest im Holz.

Standort — Seeklima und leichte, nährstoffreiche Böden sind Voraussetzungen für gute Fruchtqualität und Pflanzengesundheit. Andernorts treten die nachteiligen Eigenschaften stärker hervor.

Anfällig — Stark für Feuerbrand, auch Schorf, Mehltau, Krebs. An den Früchten Stippe, Frucht- und Braunfäule, Glasigkeit. Häufig entstehen bei trockener Witterung auch Fruchtrisse, die Früchte beginnen dann bald am Baum zu faulen.

Blüte — Mittelspät, etwas empfindlich. Die meisten Blüten sind am zweijährigen Langtrieb. Guter Pollenspender. Energisches Ausdünnen nach der Blüte fördert die Fruchtqualität und kann die Alternanz mindern.

Ertrag — Jährlich wechselnd zwischen höheren und geringen Erträgen, gebietsweise unterschiedliche Alternanzneigung. Durch die Fruchtfäulen werden die Erträge noch verringert.

Anbauwert — Eine außerordentlich sensible Sorte, nur für erfahrene Anbauer und nur für Gebiete, wo die hohen Ansprüche zu erfüllen sind. Dort ist der Typ 'Karin Schneider' bevorzugt.

Standort der Sichtungsbäume: Bavendorf, Geisenheim, Dresden-Pillnitz, Pomona Franconica, Weihenstephan, Weinsberg, Wurzen.

Entstehung 1958, aus 'Cox Orange' x 'Golden Delicious'. Versuchsstation Wageningen (Holland).

Frucht Mittelgroß, gleichmäßig hochrund. Flache, strahlige Kelcheinsenkung mit geschlossenem Kelch. Langer Stiel in enger, strahlig berosteter Stielgrube.
Schale derb, glatt mit dunklen Schalenpunkten und einigen Rostfiguren. Bei Reife goldgelb, sonnenseits leicht gerötet.
Fruchtfleisch mittelfest, saftig mit leichter Säure und zartem Aroma.

Verwertung Für den Frischverzehr und als Wirtschaftssorte brauchbar. Schöne, goldgelbe Fruchtstücke beim Kochen und Backen.

Reife Ab Ende September, windfest. Etwa vier Monate im kühlen Naturlager ohne Aromaverlust haltbar. Im Kühllager bis April bei 3 °C. Auch für Lagerung in perforierten Folienbeuteln geeignet.

Baum Breit pyramidales, mittelgroßes, gut verzweigtes Wuchsbild. Mittelstarker Wuchs. Ein Sommerschnitt sorgt für bessere Belichtung und Fruchtqualität im Bauminneren. Schattenfrüchte schmecken fade.

Standort Am besten sind nährstoffreiche, leichtere Böden geeignet. Geschützt bis in mittlere Höhenlagen anbaufähig.

Anfällig Stark für Feuerbranc, Schorf und Mehltau.

Blüte Mittelfrüh, guter Pollenspender. Ausdünnen bei starkem Fruchtansatz nach der Blüte sollte die Regel sein. Es fördert gleichmäßigere Fruchtgrößen und beugt einer frühzeitigen Erschöpfung des Baumes vor.

Ertrag Früh einsetzend, hoch und regelmäßig. Mit 'Golden Delicious' vergleichbar.

Anbauwert In geeigneten Lagen und bei erfahrenen Anbauern ist die Sorte empfehlenswert, etwa anstelle von 'Golden Delicious'.

Lieferanten: Bergt, Cordes, Leinweber.

Standort der Sichtungsbäume: Bavendorf, Dresden-Pillnitz, Triesdorf.

Jakob Fischer

Doppelname	'Schöner (Roter) vom Oberland'
Entstehung	Um 1903, gefunden vom Landwirt Jakob Fischer im Wald von Rottum bei Biberach (Oberschwaben). Dort soll der Urbaum noch immer stehen. Die Sorte wurde 1912 benannt und erhielt 1920 erste Preise bei Obstausstellungen.
Frucht	Groß, um 190 g schwer. Unregelmäßig flachkugelige Form. Flache, weite Kelcheinsenkung mit kleinem Kelch. Kurzer und dünner Stiel in enger, strahlig berosteter Stielgrube. Schale glatt, etwas wachsig. Bei Reife hellgelb, sonnenseits flächig rot oder gestreift mit hellen Schalenpunkten. Fruchtfleisch fast weiß, etwas mürbe, saftig, weinsäuerlich mit wenig Aroma.
Verwertung	Vorzugsweise Tafelsorte. Eingeschränkt Wirtschaftssorte, weil an der Luft schnell bräunend.
Reife	Ab Mitte August. Etwa sechs Wochen haltbar, ab dann mehlig werdend.
Baum	Breit pyramidale, lockere Krone mit langen Ästen, die zum Ausbrechen neigen. Früher wegen seines geraden Wuchses gerne als Gerüstbildner gepflanzt. Im Vollertragsalter immer noch kräftiger Wuchs. Im Holz sehr frosthart.
Standort	Anspruchslos an den Boden, sofern er nicht zu trocken und zu schwer ist. Bis in raue Höhenlagen anbaufähig.
Anfällig	Widerstand gegen Feuerbrand, gering Schorf und Mehltau. Bisher keine Triebsucht beobachtet. Eine der robustesten Sorten überhaupt.
Blüte	Sehr früh, empfindlich bei Spätfrösten. Schlechter Pollenspender (triploid).
Ertrag	Trotz der Wuchsstärke meist mittelhoch bis hoch und regelmäßig.
Anbauwert	Empfehlenswerte Frühherbstsorte für den Garten und im Streuobstanbau bis in raue Lagen. Im Garten sind schwachwachsende Unterlagen zu empfehlen.

Lieferanten: Brenninger, Cordes, Gräb, Heinrich, Herr, Hofmann, Kiefer, Leinweber, Wetzel, Wörlein.

Standort der Sichtungsbäume: AHNU, Ahrensburg, Bamberg, Bavendorf, Geisenheim, Dresden-Pillnitz, Jork, Pomona Franconica, Triesdorf, Veitshöchheim, Weihenstephan, Weinsberg, Wurzen.

Doppelname	'Jacques Lebel' (erster Name), 'Schöner vom Oberland'.
Bemerkung	Die Sorte zählte – neben 'Bohnapfel' und 'Ontario' – zu den drei „Reichsobstsorten", die die Deutsche Obstbaugesellschaft am 21.1.1922 als wirtschaftlich wichtig einstufte.
Entstehung	Um 1825. Züchter Jaques Lebel in Amiens (Frankreich), von der Baumschule Leroy in Angers 1849 in den Handel gebracht.
Frucht	Groß, mitunter sehr groß, über 200 g schwer. Ungleichmäßig breitrunde Form mit sehr flacher, faltiger Kelcheinsenkung. Meist kurzer, dicker Stiel in weiter, strahlig berosteter Stielgrube. Wird gelegentlich mit 'Gravensteiner' verwechselt. Schale dünn aber zäh, glatt, sehr fettig. Bei Reife gelblichgrün, verwaschen rot geflammt oder gestreift. Druckempfindlich. Fruchtfleisch gelblichweiß, etwas locker, saftig, säuerlich weniger süß mit schwachem Aroma. Angenehm im Geschmack.
Verwertung	Ausgereift für den Frischverzehr. Als Wirtschafts- und Mostsorte sehr gut, auch für industrielle Verwertung. Bräunung bald nach dem Einschneiden. Gilt als einer der besten Backäpfel.

Reife	Ab Anfang bis Mitte September. Früchte drücken sich oft gegenseitig schon vor der Reife ab. Späte Ernte fördert die Fruchtqualität. Mehrmaliges, schonendes Durchpflücken ist anzuraten, denn zur Baumreife wird der Fruchtfall stärker. Etwa drei Monate im kühlen Naturlager ohne Welke haltbar, wird dabei immer fettiger. Auf Stippe ist zu achten.
Baum	Oft schiefes Wachstum des Baumes. Schirmartige, breite Krone mit überhängenden Ästen, unregelmäßig mit Seitenholz besetzt. Von Jugend an bis in den Vollertrag noch starkes Wachstum mit dicken, wenig verzweigten Trieben. Der Überwachungsschnitt zielt auf eine mehr regelmäßige, durchlichtete Krone. Nach starken Ertragsjahren können Frostschäden im Holz durch Erschöpfung auftreten.
Standort	Auf durchlässigen, nicht zu schweren Böden bis in raue, windgeschützte Höhenlagen. Je geschützter die Lage, desto besser die Fruchtqualität. In nassen Böden stippe- und krebsanfällig.
Anfällig	Stark für Feuerbrand. Kein Mehltau. In Tallagen Schorf, Blutläuse. Stippe in den Früchten. In nassen, schweren Böden Krebs.
Blüte	Mittelfrüh, lange anhaltend, nicht empfindlich. Schlechter Pollenspender (triploid).
Ertrag	Früh einsetzend und jährlich wechselnd zwischen hoch bis sehr hoch und Ertragsausfall (ausgeprägte Alternanz). Insgesamt mittelhohe Erträge.
Anbauwert	Typische Sorte für den Streuobstanbau in frostgeschützten Lagen, findet aber auch sonst seine Liebhaber, besonders in höheren Lagen und als Backapfel. Die Baumschulen Bergt und Cordes bieten auch eine rote Mutante an.

Lieferanten: Brenninger, Bergt, Cordes, Leinweber.

Standort der Sichtungsbäume: AHNU, Ahrensburg, Bavendorf, Geisenheim, Dresden-Pillnitz, Jork, Pomona Franconica, Triesdorf, Veitshöchheim, Weihenstephan, Weinsberg, Wurzen.

Standort — Nur für nährstoffreiche Böden in geschützter Lage, vorzugsweise im Seeklima.

Anfällig — Mittelstark für Feuerbrand, stark für Schorf und Mehltau. In großen Früchten starke Neigung zu Stippe und Glasigkeit.

Blüte — Früh, etwas witterungsempfindlich. Guter Pollenspender. Ein starker Fruchtansatz sollte bald nach der Blüte energisch ausgedünnt werden, um einer Erschöpfung des Baumes vorzubeugen.

Ertrag — Mittelfrüh einsetzend, mittelhoch bis hoch und regelmäßig.

Anbauwert — Im Vergleich zu 'James Grieve' etwas früher und geschmacklich besser, jedoch mit höheren Ansprüchen an das Klima.

Entstehung — 1954, aus 'Melba' x 'James Grieve'. Obstbauversuchsanstalt Jork an der Niederelbe.

Frucht — Mittelgroß, mitunter groß, gleichmäßig hochrund. Kleine schüsselförmige Kelcheinsenkung mit kleinem Kelch. Meist langer Stiel in weiter Stielgrube.
Schale dünn, glatt, etwas bläulich bereift. Bei Reife gelbgrün, sonnenseits flächig rot mit zahlreichen, kleinen Schalenpunkten. Druckfest.
Fruchtfleisch grünlichweiß, mittelfest, saftig, säuerlich mit kräftigem Aroma.

Verwertung — Überwiegend für den Frischverzehr, als Wirtschaftssorte noch brauchbar.

Reife — Ab Mitte August, nicht windfest. Folgernde Reife, deshalb ist ein mehrmaliges Durchpflücken anzuraten. Etwa drei bis vier Wochen kühl haltbar, dann schnell mehlig werdend.

Baum — Mittelgroßes, mehr aufrechtes Wuchsbild mit hängenden Fruchtästen und auffallend großen, ovalen Blättern. Ein Sommerschnitt ist anzuraten, um die Fruchtqualität zu verbessern.
Anfangs starker Wuchs, mit Einsetzen des Vollertrages deutlich schwächer. Nach starkem Behang im Holz nicht ganz frostfest.

Standort der Sichtungsbäume: Ahrensburg, Auweiler, Geisenheim, Dresden-Pillnitz, Jork, Magdeburg, Müncheberg, Triesdorf, Veitshöchheim, Weihenstephan, Weinsberg, Wurzen.

Doppelname	'Frühe Cox Orange'
Mutanten	Meist ist der rote Typ 'Neumann' im Anbau, der etwa 10 Tage später reift. Weitere Typen: 'Esselborn', 'Lired', 'Poelman', 'Rubin'.
Entstehung	Um 1880, aus Samen von 'Pott's Seedling'. Ausgelesen vom Obergärtner J. Grieve in der Baumschule Dickson bei Edinburg (Schottland). Um 1890 in den Handel gegeben und 1893 registriert. Anstelle von 'Pott's Seedling' wird auch 'Cox Orange' als Herkunft vermutet.
Frucht	Unterschiedliche Fruchtgrößen, meist mittelgroß, gleichmäßig hochrund. Flache, meist gerippte Kelchgrube, Kelch mit typisch spitzen Blättchen. Mittellanger Stiel in tiefer, strahlig berosteter Stielgrube. Schale zäh, glatt, etwas fettig. Bei Reife gelblich, sonnenseits verwaschen gestreift. Druckempfindlich. Fruchtfleisch fast weiß, feinzellig, später locker. Sehr saftig mit feiner Fruchtsäure und gutem Aroma.
Verwertung	Für den Frischverzehr und als gute Wirtschaftssorte, vor allem zum Backen und Apfelmus.
Reife	Ab Ende August. Wegen folgernder Reife ist mehrmaliges, druckfreies Durchpflücken anzuraten. Nicht windfest. Stippeneigung bei zu früher Ernte. Etwa sechs Wochen kühl haltbar, im Kühllager bis November bei 3 °C.
Baum	Kleineres, gut verzweigtes Wuchsbild mit schräg aufrechten, gut mit Seitenholz besetzten Leitästen. Im Vollertragsalter schwacher bis sehr schwacher Wuchs. Deshalb ist regelmäßiger Überwachungsschnitt und eine gelegentliche Verjüngung anzuraten, sonst lässt der Holztrieb bald nach. Sorgfältiger und kräftiger Pflegeschnitt zielt auf die Erhaltung der Wuchskraft und verhütet die vorzeitige Vergreisung. Oft ist auch ein Sommerschnitt notwendig. Nur nach übermäßigem Behang nicht frostfest im Holz.
Standort	Anspruchslos bis in mittlere Höhenlagen auf nährstoffreichen oder auch trockenen Böden. Extremböden führen zu verstärktem Fruchtfall und Krebs.
Anfällig	Stark für Feuerbrand. In Tallagen Schorf, verschiedene Virosen und Rote Spinne. Sonst Blatt- und Blutläuse, Fruchtfäulen. Empfindlich für Kupfer- und Schwefelmittel. Stippe bei wechselhafter Witterung.
Blüte	Mittelspät, lange anhaltend, gering witterungsempfindlich. Guter Pollenspender. Bei dem regelmäßig starken Fruchtansatz nach der Blüte ist ein energisches Ausdünnen sehr wichtig. Es sorgt für gleichmäßigere Fruchtgrößen und beugt der frühzeitigen Erschöpfung des Baumes vor.
Ertrag	Sehr früh einsetzend, dann regelmäßig hoch bis sehr hoch.
Anbauwert	Trotz der nachteiligen Eigenschaften noch immer außerordentlich beliebt. Ertragssichere Spätsommersorte für alle Anbauformen, auch Spalier und Topfobst.

Standort der Sichtungsbäume: AHNU, Ahrensburg, Bavendorf, Geisenheim, Dresden-Pillnitz, Jork, Pomona Franconica, Triesdorf, Veitshöchheim, Weihenstephan, Weinsberg, Wurzen.

Bemerkung Die Lizenzrechte für Europa besitzt die Baumschule Davodeau Ligonniere. Die Sorte wird sowohl in Neuseeland, als auch in Frankreich als „Clubsorte" angebaut. Prüfungen in Italien und England. Die Sortenbezeichnung lautet 'Scifresh'.

Entstehung 1985, aus 'Braeburn' x 'Royal Gala', am Hort-Research, Neuseeland. Die ersten Bäume wurden dort 1996 angepflanzt und 2001 für den gewerblichen Anbau freigegeben.

Frucht Mittelgroß, seltener groß, konisch hochgebaute Form, ähnlich 'Braeburn'. Schüsselförmige Kelcheinsenkung. Harte Schale, grüngelb mit dekorativer roter Deckfarbe. Kurzer Stiel, bisweilen verwachsen. Das Fruchtfleisch ist sehr fest, angenehm saftig mit wenig Säure, aber viel Süße. Im kühlen Naturlager über 4 Monate haltbar.

Reife Je nach Standort ab Mitte–Ende Oktober. Es ist mehrfach durchzupflücken. Wegen eines Anteils verwachsener Stiele können die Früchte bei der Ernte leicht beschädigt werden.

Baum Starkes Wachstum, aufrecht mit langen, wenig verzweigten Ästen. Neigt zur Verkahlung.

Standort Gemäß ihrer Herkunft hat die Sorte eine lange Fruchtwachstumszeit und ist deshalb sehr anspruchsvoll an Boden und Klima. Schon mittelhohe Lagen sind für den Anbau bei uns nicht mehr geeignet.

Anfällig Es wird von starker Anfälligkeit für den Feuerbrand berichtet. Bei der Lagerung können Probleme mit Fleisch- und Schalenbräune entstehen.

Blüte Mittelfrüh, witterungsempfindlich. Eine Blüten- oder frühe Fruchtausdünnung wird empfohlen.

Ertrag Bei fachgerechter Pflege, darunter Blütenausdünnung, hoch und regelmäßig. Sonst besteht eine leichte Alternanzneigung.

Anbauwert Die Sorte wird zwar als „Neuer Stern am Apfelhimmel" bezeichnet, sie kann aber nur für erfahrene Anbauer im Erwerbsbereich empfohlen werden. Bei Verkostungen wurde 'Jazz' überwiegend als zu süß mit zu harter Schale empfunden.

Entstehung
1910, 'Ontario' x 'Charlamowsky'. Züchter Franz Josef Krings in Millich, Bezirk Aachen. Ab 1924 verbreitet.

Frucht
Mittelgroß bis groß, doch häufig kleinfrüchtig. Flachrunde, ungleichmäßige, kantige Form. Weite, etwas gerippte Kelcheinsenkung mit kleinem Kelch. Kurzer Stiel in tiefer, strahlig berosteter Stielgrube. Schale derb, glatt, etwas wachsig. Sonnenseits verwaschen rot gestreift oder geflammt. Druckempfindlich.
Fruchtfleisch mittelfest, sehr saftig. Weinsäuerlich ohne hervortretendes Aroma.

Verwertung
Bei optimaler Reife für Frischverzehr, vorzugsweise aber Wirtschafts- und Mostsorte.

Reife
Ab Anfang Oktober, windfest bis zur Baumreife, dann schnell fallend. Über 5 Monate im kühlen Naturlager haltbar, wird gegen Lagerende unansehnlich.

Baum
Mittelgroße lockere, ungleichmäßig hoch pyramidale Krone mit mäßig verzweigten Trieben. Von Anfang an mittelstarker, später schwacher Wuchs. Regelmäßiger Schnitt zielt auf den Erhalt der Triebkraft und beugt der Vergreisung vor. Im Holz frostfest.

Standort
Beste Fruchtqualität auf nährstoffreichen Böden in geschützter Lage. Auf leichteren, humusreichen Böden auch für hohe Lagen geeignet.

Anfällig
Mittelstark für Feuerbrand und Schorf, stark für Mehltau. Auf nassen Böden Krebs. Kein nennenswerter Befall durch Blattläuse.

Blüte
Mittelfrüh, Guter Pollenspender. Fruchtausdünnung bald nach der Blüte beugt der frühzeitigen Erschöpfung vor.

Ertrag
Hohe Erträge hängen vom Nährstoffangebot und der Pflege ab. In der Regel Alternanzneigung.

Anbauwert
Bei mangelhafter Pflege und Nährstoffzufuhr tritt vorzeitige Erschöpfung ein. Ausgesprochene Liebhabersorte für höhere Lagen, eingeschränkt für Streuobst.

Lieferanten: Bergt, Cordes, Friedlein, Krämer, Spieß.

Standort der Sichtungsbäume: Geisenheim, Dresden-Pillnitz, Müncheberg, Triesdorf.

Entstehung 1943, aus 'Golden Delicious' x 'Jonathan'. Versuchs-
station Geneva bei New York (USA).
Seit 1968 im Handel.

Mutanten Mittlerweile dominieren im Erwerbsanbau die
Mutanten und Auslesen, inzwischen über 90 an der
Zahl. Für die meisten besteht Sortenschutz. Sie alle
unterscheiden sich nur unwesentlich in den inneren
Werten, als vielmehr in der Fruchtgröße und in der
mehr oder weniger intensiven Deckfarbe. Die
Risikofaktoren bleiben aber als Erbmasse erhalten.

Frucht Je nach Kulturart mittelgroß bis sehr groß, schwan-
kend, bis 200 g schwer, hoch gebaut. Breite und
weite, faltige Kelchgrube mit großem, offenem Kelch.
Meist langer und dünner Stiel in enger Stielgrube.
Schale dick, hart, glatt, am Lager stark fettig. Bei Reife
grünlichgelb, Deckfarbe rot gestreift oder marmoriert,
sonnenseits auch ganzflächig. Zahlreiche, helle
Schalenpunkte. Nicht druckempfindlich.
Fruchtfleisch cremefarben, grobzellig, süß und
mildsäuerlich. Aromatisch nur bei ausgefärbten
Früchten, sonst fader Geschmack.

Verwertung Vorrangig für den Frischverzehr, als Wirtschaftssorte
noch brauchbar.

Reife Folgernd ab Anfang Oktober, wenig Fruchtfall.
Mehrmaliges Durchpflücken ist erforderlich. Zu späte
Ernte begünstigt Fleischbräune auf dem Lager. Etwa
fünf Monate im kühlen Naturlager haltbar, danach
Aromaverlust. Im Kühllager bis März bei 1–2 °C.
Große Früchte neigen zu Fleischbräune. Aufbewah-
rung im perforierten Folienbeutel ist möglich. Auf
Stippe ist zu achten.

Baum Großes, breites, dicht belaubtes Wuchsbild mit
starken Trieben und großen, kräftigen Blättern. Ein
Sommerschnitt zielt auf besser gefärbte Früchte im
Kroneninneren. Bei Vollertrag immer noch mittelstar-
ker Wuchs. Im Holz nicht frosthart.

Standort Nährstoffreiche, feuchte und humusreiche Böden in
wärmeren Lagen ohne Spätfrostgefahr. Auf trockenen
Böden besteht mehr Stippeneigung. Kühles Klima in
höheren Lagen bewirkt viel kleinere Früchte.

Anfällig Mittelstark für Feuerbrand, stark für viröse Triebsucht.
Mittel für Schorf und Krebs, mehr für Mehltau,
Rostmilben und mehlige Blattlaus. Empfindlich für
Schwefelmittel. Bei wechselhafter Witterung kann
Glasigkeit auftreten.

Blüte Mittelfrüh, länger anhaltend, dadurch frostempfind-
lich. Schlechter Pollenspender. Keine Befruchtung
durch 'Golden Delicious', 'Spartan', 'Summerred',
sonst durch zahlreiche Sorten. Ein Ausdünnen bei
starkem Fruchtansatz nach der Blüte, spätestens im
August, ist wichtig.

Ertrag Früh einsetzend, hoch und unregelmäßig.

Anbauwert Im Garten nur bei Erfüllung der hohen Pflege-
ansprüche befriedigend. Im Erwerbsanbau wird
Baumschulware auf M 9 und Zwischenveredelung
mit 'Summerred' oder einer anderen, schwachwüch-
sigen Sorte bevorzugt. Immer noch eine Hauptsorte.

Standort der Sichtungsbäume: Ahrensburg, Bamberg, Bavendorf,
Geisenheim, Dresden-Pillnitz, Jork, Pomona Franconica, Triesdorf,
Veitshöchheim, Weihenstephan, Weinsberg, Wurzen.

Entstehung 1826 auf der Farm von Ph. Rick in Kingston (New York), als Sämling von 'Esopus Spitzenberg' ausgelesen. Benannt nach Jonathan Hasbrouck. Kam etwa 1880 nach Europa.

Doppelnamen 'King Philipp', 'Ulster Seedling'.

Mutanten Stärker gefärbt sind 'Blackjon', 'Heines' (Holland), 'Jonared', 'Watson' (Kanada).

Frucht Je nach Kulturart klein bis mittelgroß, 90–110 g schwer. Hoch gebaute, ungleichmäßige Form. Tiefe und enge, oft faltige Kelchgrube mit kleinem, geschlossenem Kelch. Meist langer Stiel in tiefer Stielgrube.
Schale hart und zäh, glatt, etwas fettig, oft mit Rostfiguren. Grüngelb, Deckfarbe verwaschen flächig oder geflammt tiefrot. Druckempfindlich. Fruchtfleisch fast weiß, fest, saftig. Süßsäuerlich mit schwachem Aroma, mäßig parfümiert.

Verwertung Vorwiegend für den Frischverzehr, begehrt als Kinderapfel und zur Dekoration.

Reife Ab Anfang Oktober, windfest bis über die Baumreife. Zu späte Ernte fördert den Befall durch „Jonathan-Spot" (schwarze Schalenflecken). Durchpflücken ist deshalb ratsam.

Etwa fünf Monate m kühlen Naturlager ohne Welke haltbar, im Kühllager bis April bei 3 °C. Auf Lagerfäulen und Fleischbräune ist zu achten.

Baum Mittelgroßes, rundliches und dichtes Wuchsbild mit schrägen Leitästen und dünnen, überhängenden Trieben. Im Vollertragsalter schwacher Wuchs. Beim Schnitt entfernt man die Mehltauspitzen mit. Alljährlicher Schnitt ist wichtig, um die Triebkraft zu erhalten, bei Nachlassen muss die Krone verjüngt werden. Im Holz nicht frostempfindlich.

Standort Beste Fruchtqualität ist nur in warmen, luftfeuchten Lagen etwa im Küstenklima erzielbar. Warme Herbstwochen sind entscheidend. Der Boden soll eher leicht sein, in ausgesprochen trockenen Böden wird der Mehltaubefall noch stärker.

Anfällig Stark für Feuerbrand und Mehltau. Weniger für Schorf, mehr für Krebs und verschiedene Virosen auf schweren Böden. Empfindlich für Kupfer- und Schwefelmittel.

Blüte Mittelspät, wenig empfindlich. Guter Pollenspender. Scharfes Ausdünnen nach der Blüte beeinflusst die Fruchtgröße erheblich.

Ertrag Früh einsetzend, hoch und regelmäßig. Etwa 70 % von 'Golden Delicious'.

Anbauwert Außerordentlich sensible Sorte im Garten. Wenn die hohen Standort- und Pflegeansprüche erfüllbar sind noch empfehlenswert. Ansonsten sollte man auf die Sorte besser verzichten.

Standort der Sichtungsbäume: Ahrensburg, Bamberg, Bavendorf, Geisenheim, Dresden-Pillnitz, Jork, Pomona Franconica, Triesdorf, Veitshöchheim, Weihenstephan, Weinsberg, Wurzen.

Anfällig	Am zusagenden Standort widerstandsfähig gegen Krankheiten.
Blüte	Früh, nicht empfindlich. Schlechter Pollenspender (triploid).
Ertrag	Früh einsetzend, gering bis höchstens mittelhoch, mit geringer Alternanzneigung.
Anbauwert	Typische Sorte für Streuobstanbau in höheren, windigen Lagen.

Lieferanten: Angendohr, Bergt, Leinweber, Schmitt.

Entstehung	In Belgien 1872 als Zufallssämling.
Frucht	Groß, mitunter sehr groß, um 200 g. Unregelmäßige, flachrunde bis hochrunde, wulstige Form. Weite Kelchgrube, von Höckern umgeben. Kurzer Stiel in enger Stielgrube. Schale derb, glatt, bei Reife fettig. Goldgelb, sonnenseits mehr oder weniger stark kurz gestreift. Auffällige Schalenpunkte. Druckempfindlich. Fruchtfleisch etwas mürbe, grobzellig. Wenig saftig, weinsäuerlicher Geschmack ohne großes Aroma.
Verwertung	Wirtschafts- und Mostsorte, weniger für den Frischverzehr.
Reife	Ab Mitte September, windfest bis zur Reife. Wegen des kurzen Stieles drücken sich einige Früchte oft vorzeitig ab. Etwa vier Monate im kühlen Naturlager haltbar. Auf Stippe und Lagerfäulen ist zu achten.
Baum	Breit pyramidale, große Krone mit weniger gut verzweigten Ästen. Im Alter immer noch mittelstarker Wuchs. Im Holz frosthart.
Standort	Anspruchslos an Boden und Klima. Am besten geeignet sind mittlere bis hohe, auch windige Lagen.

Standort der Sichtungsbäume: Bavendorf, Geisenheim, Pomona Franconica, Triesdorf.

Jubilée

Voller Name   'Delbard Jubilée'

Entstehung   1963, aus 'Golden Delicious' x 'Lundbytorpe'. Verbreitet durch die Baumschule Delbard in Malicorne (Frankreich).

Frucht   Groß, gleichmäßig hochrund bis kegelförmig. Tiefe, strahlig gerippte Kelcheinsenkung mit kleinem Kelch. Unterschiedlich langer Stiel in enger, Stielgrube. Schale derb, glatt, leicht fettig. Goldgelb mit flächig roter Deckfarbe und feinen Schalenpunkten. Druckfest.
Fruchtfleisch fast weiß, feinzellig, fest. Saftig, süßsäuerlich mit mäßigem Aroma.

Verwertung   Wirtschaftssorte.

Reife   Ab Mitte Oktober, braucht eine lange Fruchtwachstumszeit. Etwa vier Monate im kühlen Naturlager haltbar ohne Frischeverlust. Im Kühllager bis März (April) bei 3 °C, danach etwas Gärgeschmack, ähnlich der Sorte 'Mutsu'.

Baum   Breites, aufrechtes Wuchsbild mit kräftigen, mäßig verzweigten, aufwärts strebenden Trieben. Im Vollertragsalter kaum mittelstarker Wuchs.

Standort   Keine Höhenlagen. Nährstoffreiche Böden in geschützter Lage sind Anbauvoraussetzungen.

Anfällig   Gering für Feuerbrand. Wenig für Schorf und Mehltau.

Blüte   Mittelfrüh, wenig empfindlich. Guter Pollenspender. Nach der Blüte verhindert ein energisches Ausdünnen die vorzeitige Erschöpfung des Baumes und sorgt für gleichmäßigere Fruchtgrößen.

Ertrag   Unregelmäßig, in guten Lagen vergleichbar mit 'Golden Delicious'.

Anbauwert   Wegen der langen Fruchtentwicklungszeit (siehe auch 'Braeburn' und 'Granny Smith') sind nur beste Lagen geeignet. Dort kann 'Jubilée' durch Fruchtgröße und Färbung eine attraktive Sorte sein.

Lieferanten: Bergt, Ganter.

Entstehung Aus 'Ontario' x 'London Pepping' im Institut für Acker- und Pflanzenbau Müncheberg (Brandenburg). Seit 1971 im Handel.

Frucht Groß bis sehr groß, um 190 g schwer. Sehr ungleichmäßige, breitrunde Form, ähnlich 'Ontario'. Weite, von Höckern umgebene Kelcheinsenkung mit kleinem, geschlossenem Kelch. Unterschiedlich langer Stiel in leicht berosteter Stielgrube. Schale fest bis hart, glatt, etwas bereift. Grünlichgelb, sonnenseits bräunlichrot gestreift oder gesprenkelt. Sehr druckempfindlich. Fruchtfleisch gelblichweiß, mittelfest, feinzellig. Sehr saftig säuerlichsüß mit gutem Aroma.

Verwertung Für den Frischverzehr, aber auch sehr gute Wirtschafts- und Mostsorte, industriell für Saft und Nasskonserven sowie Bäckereien.

Reife Ab Mitte Oktober, möglichst druckfrei ernten. Windfest bis zur Baumreife. Etwa fünf bis sechs Monate ohne Aromaverlust im kühlen Naturlager haltbar. Im Kühllager ohne Welke bis Juli bei 1 °C. Aufbewahrung im perforierten Folienbeutel ist möglich.

Baum Breit pyramidales, gut verzweigtes, oft überhängendes Wuchsbild. Von Jugend an starker, später mittelstarker Wuchs, ähnlich 'Ontario', doch mit besser verzweigten Trieben. Sommerschnitt kann die Fruchtausfärbung verbessern. Im Holz nicht ganz frostfest. Für Formobstbäume geeignet.

Standort Wegen der langen Fruchtwachstumszeit werden warme Lagen bevorzugt. Geschützt bis in mittlere Höhenlagen auf durchlässigen Böden anbaufähig.

Anfällig Mittelstark für Feuerbrand. Anfällig auch für Schorf, Mehltau und Spinnmilben. Gelegentlich treten Fruchtrisse mit nachfolgender Fäulnis in der Stielgrube auf. Vögel picken gerne an den saftigen Früchten.

Blüte Mittellang andauernd, mäßig witterungsempfindlich. Guter Pollenspender. Eine Fruchtausdünnung bald nach der Blüte sorgt für gleichmäßige Fruchtgrößen und kann die Alternanz bei älteren Bäumen mindern.

Ertrag Mittelhoch bis hoch. Mäßige Alternanzneigung bei älteren Bäumen.

Anbauwert Wertvolle Verbesserung als lange haltbare Lagersorte gegenüber 'Ontario'. Für den Garten zu empfehlen.

Lieferanten: Angendohr, Baumgartner, Bergt, Cordes, Leinweber.

Standort der Sichtungsbäume: Bavendorf, Erfurt, Dresden-Pillnitz, Müncheberg, Pomona Franconica, Triesdorf, Wurzen.

Doppelnamen   Zahlreiche Namen, darunter 'Aporta Navilia' (Pomologen Diel und Dietrich), 'Aporta' (van Mons 1798), 'Comte Woronzoff' (Turner 1819), deuten auf die frühere, große Verbreitung hin.

Entstehung   Unbekannt, wahrscheinlich in Südrussland. Etwa 1820 in England eingeführt, 1850 von dort aus auch in Deutschland verbreitet. Wurde 1874 vom Deutschen Pomologenverein empfohlen.

Frucht   Groß, um 130 g schwer. Meist gleichmäßige, etwas hochrunde Form. Weite, offene und tiefe, faltige Kelcheinsenkung. Kurzer und starker Stiel, in sehr tiefer Grube.
Schale glatt, geschmeidig, glänzend. Bei Reife hellgelb, unterschiedlich rot gestreift und geflammt. Fruchtfleisch weiß, locker, saftig mit weinigem Zuckergeschmack und wenig gewürzt.

Verwertung   Kein wertvoller Tafelapfel. Wegen des weißen Fruchtfleisches von Bäckereien geschätzt, keine Verfärbung auch beim Dörren. Beste Wirkung als Schaufrucht.

Reife   Ab Mitte September bis Anfang Oktober, wenig über 2 Monate haltbar. Nicht windfest. Die Haltbarkeit ist bei zu früher Ernte sehr eingeschränkt. Vom Baum essbar.

Baum   Große, flachrunde, gut verzweigte Krone mit langem, dünnem Fruchtholz und unregelmäßigen, wolligen Blättern. Von Jugend an starker Wuchs, auch im Alter. Früher auch als Formbaum auf schwachwachsender Unterlage angebaut.

Standort   Leichtere, nicht zu feuchte Böden im freien Stand, aber windgeschützt bis in Höhenlagen. Dort sind Farbe und Geschmack am besten ausgeprägt.

Anfällig   Fruchtfäule schon am Baum, anfällig auch für Spinnmilben, in nassen, schweren Böden stark für Krebs.

Blüte   Früh, lange anhaltend und wenig empfindlich.

Ertrag   Mittelhohe Erträge bei Neigung zu Alternanz.

Anbauwert   Ausgesprochene Liebhabersorte. Wurde früher wegen seines Aussehens als „Paradefrucht ersten Ranges" bezeichnet.

Lieferanten: Angendohr, Baumgartner, Bergt, Brenninger, Cordes, Heinrich, Herr, Dr. Hofmann, Leinweber, Schmitt.

Standort der Sichtungsbäume: Bamberg, Bavendorf, Erfurt, Geisenheim, Dresden-Pillnitz, Müncheberg, Rhöner Apfelbüro, Triesdorf, Veitshöchheim

Baum Sehr große bis mächtige, breitrunde, locker beastete Krone mit langem, kräftigem Seitenholz. Von Jugend an sehr stark, im Vollertrag noch immer starker Wuchs (wie fast alle triploiden Sorten), mit gut verzweigten Trieben.
Es ist schonend zu schneiden, mehr auszulichten, andernfalls entstehen zu viele Holztriebe. Eignet sich nicht für Heckenerziehung oder Formbäume. Im Holz ausreichend frosthart.

Standort Auf nährstoffreichen, wärmeren, nicht trockenen Böden bis in höhere und raue Lagen anbaufähig. Auf schwereren Böden wachsen die Bäume gesünder als auf leichten.

Anfällig Gering für Feuerbrand. Stark für Mehltau und Krebs, mäßig für Schorf. Fruchtfäule schon am Baum, besonders am Lager.

Blüte Mittelspät, sehr zierend. Lange anhaltend, aber unempfindlich. Schlechter Pollenspender (triploid). In Ertragsjahren soll der starke Fruchtansatz nach der Blüte energisch ausgedünnt werden.

Ertrag Spät einsetzend. Jährlich wechselnd zwischen hoch bis sehr hoch und völligem Ausfall (ausgeprägte Alternanz).

Anbauwert Galt früher als eine der Hauptsorten. Auf schwachwachsenden Unterlagen ist die Alternanz geringer. Wenig Pflegeaufwand. Heute noch verbreitet im Streuobstanbau anzutreffen.

Lieferanten: Brenninger, Cordes, Ganter, Gräb, Hammerschmidt, Heinrich, Herr, Dr. Hofmann, Leinweber, Ritthaler, Wetzel, Wörlein.

Entstehung 1864 als Sämling der Sorte 'Harberts Renette'. Gefunden vom Hauptlehrer Hesselmann zu Witzhelden in Burscheid, Kreis Solingen. 1877 vom Deutschen Pomologenverein empfohlen.

Frucht Groß, um 190 g schwer. Ungleichmäßig flachrund. Flache, faltige Kelcheinsenkung mit offenem Kelch. Kurzer Stiel in einer trichterförmigen, typisch strahlig berosteter Stielgrube.
Schale fest, glatt, trocken, am Lager leicht fettig. Bei Reife grüngelb, sonnenseits oder über die ganze Frucht verwaschen rot gestreift, besonders nach längerer Lagerzeit. Deutliche Schalenpunkte. Druckfest.
Fruchtfleisch gelblichweiß, fest, mäßig saftig. Weinsäuerlich mit leichtem Aroma. Kleines Kernhaus.

Verwertung Für Frischverzehr, auch Wirtschafts- und Mostsorte.

Reife Ab Mitte bis Ende September, oft Vorerntefruchtfall. Trotzdem sollte die Ernte so spät wie möglich sein. Mehrmaliges Durchpflücken ist anzuraten. Etwa fünf Monate im kühlen Naturlager haltbar ohne Welke, im Kühllager bis April bei 1–2 °C.

Kanadarenette

Doppelnamen 'Pariser Rambur-Renette' (Diel 1807), 'Lederapfel' und zahlreiche weitere Namen belegen die weite Verbreitung in ganz Europa und Amerika.

Mutanten 'Gestreifte Kanadarenette' 'Renette Blanche du Canada' (weiß), 'Gris du Canada' (grau).

Entstehung Ungewiss, soll aus England oder aus der Normandie stammen, wurde in Frankreich schon 1771 durch den Pomologen Andrieux beschrieben.

Frucht Meist groß, auch sehr groß, um 170 g schwer. Ungleichmäßige, breitrunde oder hochrunde Form mit breiten Wulsten. Weite Kelcheinsenkung mit meist offenem Kelch. Kurzer und dicker Stiel in sehr tiefer Stielgrube.
Schale je nach Standort unterschiedlich, meist rau und zäh, trocken, ganzflächig berostet und mit hellen Schalenpunkten. Je nach Typ gelbgrün, sonnenseits leicht trüb orange.
Fruchtfleisch gelblichweiß, mittelfest, später mürbe. Saftreich, mildsäuerlich mit edel gewürztem Renettegeschmack.

Verwertung Für Frischverzehr, auch Wirtschafts- und Mostsorte.

Reife Ab Mitte Oktober. Sturmfest. Im kühlen Naturlager etwa vier Monate haltbar, gute Luftfeuchte vorausgesetzt. Im Kühllager bis April bei 3 °C. Auch bei Welke behalten die Früchte lange ihr Aroma.

Baum Große, sparrige und flache, im Alter schirmartig überhängende Krone und sehr großen Blättern. Selten mit geradem Stamm. Im Vollertrag noch mittelstarker Wuchs mit gut verzweigten Trieben. Später Triebabschluss, deshalb im Holz nicht ganz frostfest, besonders nach starkem Behang. Ein Schnitt sofort nach der Blüte kann das Wachstum etwas bremsen.

Standort Beste Qualität ist nur auf nährstoffreichen, tiefgründigen Böden in warmer Lage zu erwarten, geschützt auch in mittlerer Höhenlage. Auf trockenen, leichten Böden Neigung zu Spitzendürre.

Anfällig Gering für Feuerbrand. Wenig für Schorf, stärker für Krebs und Spitzendürre in ungünstigen Lagen. Empfindlich für Kupfermittel.

Blüte Mittelspät bis spät, zierend und sehr lange anhaltend. Etwas witterungsempfindlich. Schlechter Pollenspender (triploid). Wegen des reinigenden Fruchtfalls ist ein Ausdünnen nach der Blüte selten erforderlich.

Ertrag Auf schwachwachsenden Unterlagen weniger alternierend, sonst jährlich wechselnd zwischen sehr hohen und geringen Erträgen.

Anbauwert Erhaltenswerte Sorte für günstige Lagen. Geringer Pflegeaufwand.

Lieferanten: Brenninger, Cordes, Dr. Hofmann, Leinweber, Wetzel.

Standort der Sichtungsbäume: Ahrensburg, Bavendorf, Geisenheim, Dresden-Pillnitz, Jork, Pomona Franconica, Rhöner Apfelbüro, Triesdorf, Veitshöchheim, Weihenstephan, Weinsberg, Wurzen.

Doppelname Vom russischen Obstzüchter Mitschurin 1898 beschrieben.

Entstehung Ungewiss, war schon vor 1800 auf der Halbinsel Krim bekannt.

Frucht Mittelgroß bis groß. Meist extrem hoch gebaut walzenförmig, auch kurzachsiger. Flache, strahlige Kelcheinsenkung mit geschlossenem Kelch. Meist dünner, langer Stiel in enger Stielgrube.
Schale dünn, glatt, oft bläulich bereift. Je nach Standort unterschiedlich gefärbt, meist bei Reife hellgelb, sonnenseits rötlich überhaucht mit hellen Schalenpunkten.
Fruchtfleisch fest, sehr saftreich, süßsäuerlich mit leichtem Aroma.

Verwertung Vorwiegend für den Frischverzehr, aber auch gute Wirtschafts- und Mostsorte.

Reife Je nach Standort ab Mitte Oktober, windfest. Zur Ausbildung guter Fruchtqualität möglichst spät ernten. Mindestens vier Monate im kühlen Naturlager haltbar.

Baum Pyramidale, stark verzweigte Krone, im Alter mit dünnen Ästen überhängend. Neigt zur vorzeitigen Vergreisung. Bei Vollertrag schwacher Wuchs. Im Holz frostfest.
Der Schnitt zielt auf Erhaltung der Wuchskraft und lichtere Krone mit tragfähigen Ästen.

Standort Auf nährstoffreichen Böden bis in Höhenlagen anbaufähig. Dort sind Fruchtfärbung und Aroma besser ausgeprägt.

Anfällig Der Feuerbrandstatus ist unbekannt. Sonst wurden keine hervortretenden Krankheiten und Schädlinge beobachtet.

Blüte Spät, nicht witterungsempfindlich.

Ertrag Mittelfrüh einsetzend, fast regelmäßig und hoch.

Anbauwert Gute Lagersorte für Liebhaber länglicher und fester Früchte.

Lieferanten: Baumgartner, Bergt, Dr. Hoffmann, Leinweber.

Standort der Sichtungsbäume: Müncheberg, Pomona Franconica, Triesdorf, Veitshöchheim.

Entstehung 'Gala' x 'Braeburn Hillwell'. Die Sorte wurde in Zusammenarbeit zwischen der Universität Leuwen und der Baumschule Niclolai in Belgien gezüchtet. Sortenschutz besteht seit 2005, die Vermarktung erfolgt seit 2006.
'Kanzi' ist die Markenbezeichnung, der Sortenname lautet 'Nicoter'.
Die Anbaurechte dieser Clubsorte in Deutschland besitzt die Fa. Elbe-Obst.

Frucht Mittelgroß bis klein (etwa wie 'Gala'), ca. 140 g schwer, stielbauchig, hochgebaut, regelmäßig. Schale glatt, flächig rote Deckfarbe. Fruchtfleisch sehr fest und knackig, saftig, etwas säuerlicher und aromatischer als bei 'Gala'. Insgesamt sehr guter Geschmack mit einem ausgewogenen Zucker-Säure-Verhältnis und einem besonders hohen Vitamin-C-Gehalt.

Reife Baumreife von Mitte September bis Anfang Oktober. Um das Aroma voll entfalten zu können, müssen die Früchte nach der Ernte noch einen Monat lagern. In dieser Zeit baut sich der Säureanteil im Apfel ab und die Früchte erhalten ihr optimales Verhältnis zwischen Säure und Süße.

Baum Mittelstarker Wuchs. Hochrundes, dichtes Wuchsbild mit etwas dünnen, außen überhängenden Trieben und langen, schmalen Blättern. Verkahlung am Triebansatz der vorzeitigen Triebe. Gipfeldominanz. Zur besseren Fruchtfärbung ist ein Sommerschnitt anzuraten, denn blasse Früchte sind ohne Geschmack. Empfindlich für Holzfrost.

Standort Die lange Fruchtwachstumszeit bis zur Reife benötigt optimale Standortverhältnisse, deshalb nicht für trockene Böden und höhere Lagen, keinesfalls für Spätfrostlagen geeignet. Die Qualität ist abhängig von einem warmen, tiefgründigen Boden.

Anfällig Anfällig für Feuerbrand und Schorf, etwas anfällig für Stippe. In schweren Böden Krebs.

Blüte Mittelspät, nicht witterungsempfindlich. Guter Pollenspender. Wegen des starken Fruchtansatzes ist eine energische Ausdünnung bald nach der Blüte immer erforderlich.

Ertrag Bei guter Pflege bisher früh einsetzend hoch und regelmäßig.

Anbauwert Im Handel zunehmend gefragt als Schul- und Büroapfel. Wegen der Krankheitsanfälligkeit und des hohen Pflegeaufwandes sehr sensibel im Anbau. Die Sorte ist weniger für den Garten, als bevorzugt für Erwerbsanbauer zu empfehlen.
Der Anbau und der Verkauf der Früchte ist durch Lizenz- und Warenzeichen-Rechte („Clubsorte") nicht ohne weiteres möglich. Anbaugebiete sind Niederelbe, Bodensee und Südtirol.

Lieferanten: Armhold, Lehner.

Entstehung Um 1930. Findling aus Esslingen in Baden-Württemberg.

Frucht Meist groß, um 180 g schwer. Ungleichmäßige Form, meist flachkugelig. Offener Kelch in flacher, leicht faltiger Kelcheinsenkung. Kurzer, dicker Stiel in berosteter Stielgrube.
Schale dick, fest, glatt, leicht wachsig. Bei Reife grünlichgelb, Deckfarbe braunrot mit Rostfiguren. Druckfest.
Fruchtfleisch fast weiß, grobzellig, weniger saftig, süßsäuerlich ohne hervortretendes Aroma.

Verwertung Eingeschränkt für den Frischverzehr, aber gute Wirtschafts- und Mostsorte.

Reife Ab Anfang bis Mitte September, windfest bis zur Baumreife. Etwa zwei Monate lagerfähig.

Baum Kleinere, flache Krone mit schwach verzweigten, kurztriebigen, später überhängenden Ästen und wenig gezahnten Blättern. Im Vollertragsalter schwacher Wuchs. Regelmäßiger Überwachungsschnitt verhütet eine vorzeitige Vergreisung.

Standort Nährstoffreiche und tiefgründige Böden in warmen Lagen. In trockenen Böden oder windigen Lagen erntet man nur kleine, geringwertige Früchte.

Anfällig Mittelstark für Feuerbrand. Sehr geringer Schorfbefall, auch sonst kaum anfällig für Krankheiten und Schädlinge.

Blüte Mittelfrüh, guter Pollenspender. Energisches Ausdünnen bei starkem Fruchtansatz beugt einer vorzeitigen Vergreisung vor und regelt die Fruchtgröße.

Ertrag Früh einsetzend, hoch und regelmäßig, dadurch kann eine frühe Erschöpfung eintreten.

Anbauwert Gute Sorte für Streuobstwiesen in zusagenden Lagen, hat aber auch im Garten noch seine Liebhaber. Für Form- und Topfobstbäume geeignet.

Lieferanten: Brenninger, Cordes, Kiefer, Leinweber, Ritthaler, Schmitt, Spieß, Wetzel.

Standort der Sichtungsbäume: Bamberg, Bavendorf, Erfurt, Geisenheim, Dresden-Pillnitz, Neustadt, Triesdorf, Veitshöchheim, Weihenstephan, Weinsberg, Wurzen.

Doppelnamen 'Reinette des Carmes', 'Reinette truite' (Forellen-Renette) im Elsass, 'Französische Renette' und zahlreiche andere deuten auf die weite Verbreitung früherer Jahre.

Entstehung Unbekannt, ist möglicherweise in einem französischen Karmeliterkloster entstanden. Wurde 1667 von Merlet in Frankreich erstmals beschrieben, 1853 vom Deutschen Pomologenverein als eine der 10 besten Sorten zum Anbau empfohlen.

Frucht Mittelgroß, unterschiedlich in der Form. Meist länglichrund, mitunter auch walzenförmig. Kelch typisch offen (wie 'Blenheim') in flacher, schüsselförmiger Kelcheinsenkung mit einigen Falten. Kelchröhre bis fast zum Kernhaus. Stiel dünn, in tiefer, meist durch einen Fleischwulst verengten Stielgrube. Schale glatt, etwas glänzend. Vollreif grüngelb, sonnenseits braunrote Deckfarbe mit typisch grauen Rostpunkten. Ohne Duft.
Fruchtfleisch gelblichweiß, markig bis mürbe, saftreich. Angenehme Würze und weinsäuerlich süß bei hohem Zuckergehalt.

Verwertung Gleich gut zum Frischverzehr, wie auch als Wirtschaftssorte und für Most.

Reife Mitte bis Ende Oktober, windfest, doch windempfindlich. Es ist so spät wie möglich zu ernten. Im kühlen Naturlager bis zu 5 Monaten haltbar ohne zu welken.

Baum Bildet einen kräftigen, geraden Stamm mit fast kugelförmiger Krone mit dünnen, fein filzigen Zweigen. Typisch sind die dünnen Fruchtruten mit Blütenknospen meist an der Spitze. Unterseits wollige, scharf gezähnte Blätter.
Mittelstarkes Wachstum mit Eignung für alle Baumformen, eingeschränkt Schnurbäume. Der Schnitt zielt vor allem auf das Auslichten der dichten Verzweigung.

Standort Beste Fruchtqualität und gesundes Wachstum wird auf nährstoffreichen Böden in warmer, windgeschützter Lage erzielt, doch sind auch leichte Böden möglich. Spätfrostlagen sind zu meiden.

Anfällig Der Feuerbrandstatus ist unbekannt. Schorf und Blutläuse treten auf.

Blüte Mittelspät, lange anhaltend. Empfindlich bei Spätfrösten. Danach können Frostzungen entstehen, die verkorkt über die ganze Frucht laufen können.

Ertrag Auf schwächer wachsenden Unterlagen hoch und regelmäßig. Bei Hochstämmen besteht leichte Alternanzneigung.

Anbauwert Früher eine begehrte Sorte für alle Verwertungen. Die Standortansprüche grenzen den Wert heute etwas ein, doch sind sie erfüllbar, so lohnt sich wieder ein Anbau.

Lieferanten: Angendohr, Bergt, Cordes, Leinweber.

Standort der Sichtungsbäume: AHNU, Erfurt, Dresden-Pillnitz, Müncheberg, Pomona Franconica, Triesdorf.

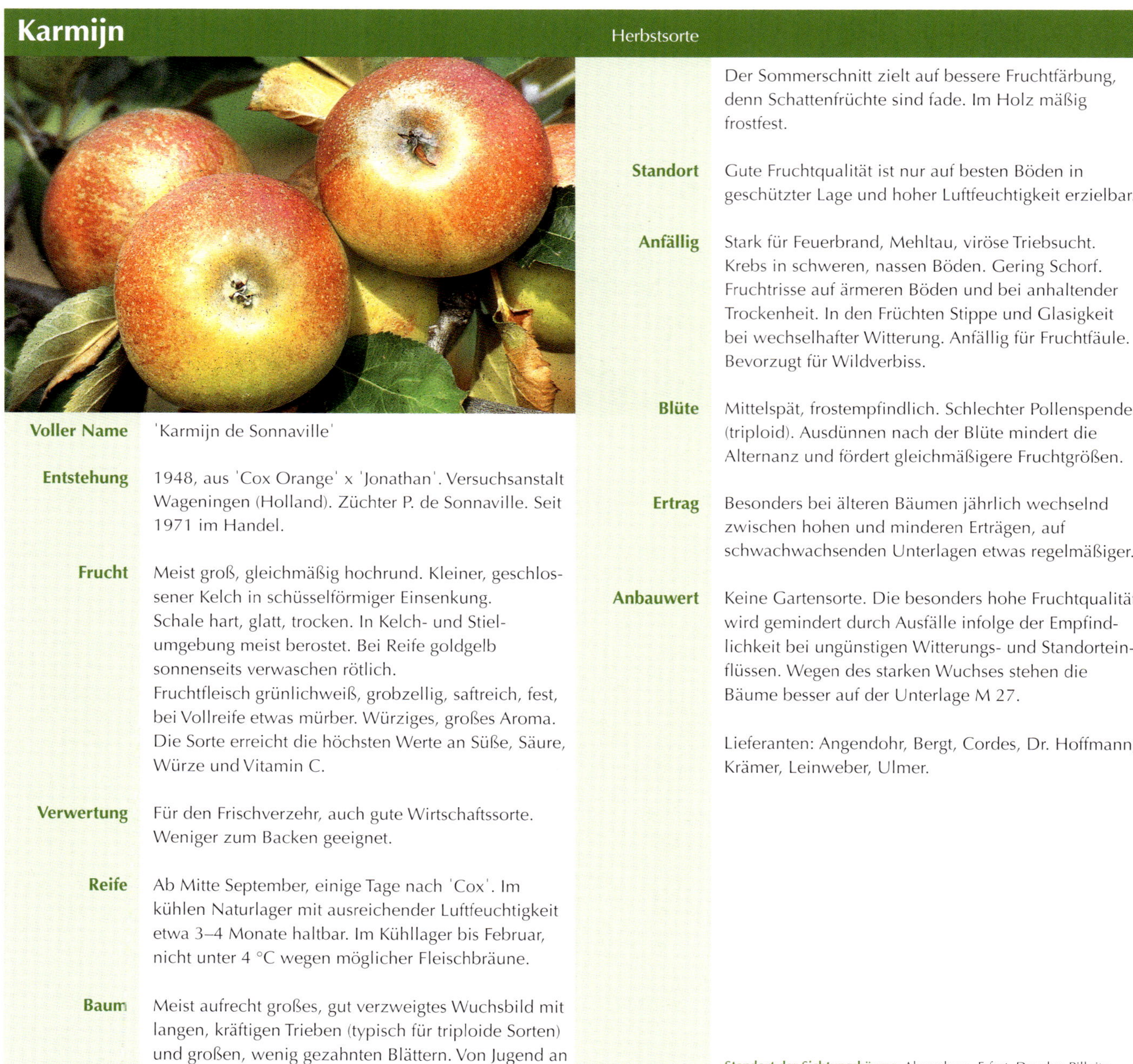

Voller Name	'Karmijn de Sonnaville'
Entstehung	1948, aus 'Cox Orange' x 'Jonathan'. Versuchsanstalt Wageningen (Holland). Züchter P. de Sonnaville. Seit 1971 im Handel.
Frucht	Meist groß, gleichmäßig hochrund. Kleiner, geschlossener Kelch in schüsselförmiger Einsenkung. Schale hart, glatt, trocken. In Kelch- und Stielumgebung meist berostet. Bei Reife goldgelb sonnenseits verwaschen rötlich. Fruchtfleisch grünlichweiß, grobzellig, saftreich, fest, bei Vollreife etwas mürber. Würziges, großes Aroma. Die Sorte erreicht die höchsten Werte an Süße, Säure, Würze und Vitamin C.
Verwertung	Für den Frischverzehr, auch gute Wirtschaftssorte. Weniger zum Backen geeignet.
Reife	Ab Mitte September, einige Tage nach 'Cox'. Im kühlen Naturlager mit ausreichender Luftfeuchtigkeit etwa 3–4 Monate haltbar. Im Kühllager bis Februar, nicht unter 4 °C wegen möglicher Fleischbräune.
Baum	Meist aufrecht großes, gut verzweigtes Wuchsbild mit langen, kräftigen Trieben (typisch für triploide Sorten) und großen, wenig gezahnten Blättern. Von Jugend an starker Wuchs, auch bei Vollertrag noch kräftig.

Der Sommerschnitt zielt auf bessere Fruchtfärbung, denn Schattenfrüchte sind fade. Im Holz mäßig frostfest.

Standort	Gute Fruchtqualität ist nur auf besten Böden in geschützter Lage und hoher Luftfeuchtigkeit erzielbar.
Anfällig	Stark für Feuerbrand, Mehltau, viröse Triebsucht. Krebs in schweren, nassen Böden. Gering Schorf. Fruchtrisse auf ärmeren Böden und bei anhaltender Trockenheit. In den Früchten Stippe und Glasigkeit bei wechselhafter Witterung. Anfällig für Fruchtfäule. Bevorzugt für Wildverbiss.
Blüte	Mittelspät, frostempfindlich. Schlechter Pollenspender (triploid). Ausdünnen nach der Blüte mindert die Alternanz und fördert gleichmäßigere Fruchtgrößen.
Ertrag	Besonders bei älteren Bäumen jährlich wechselnd zwischen hohen und minderen Erträgen, auf schwachwachsenden Unterlagen etwas regelmäßiger.
Anbauwert	Keine Gartensorte. Die besonders hohe Fruchtqualität wird gemindert durch Ausfälle infolge der Empfindlichkeit bei ungünstigen Witterungs- und Standorteinflüssen. Wegen des starken Wuchses stehen die Bäume besser auf der Unterlage M 27.

Lieferanten: Angendohr, Bergt, Cordes, Dr. Hoffmann, Krämer, Leinweber, Ulmer.

Standort der Sichtungsbäume: Ahrensburg, Erfurt, Dresden-Pillnitz, Pomona Franconica, Triesdorf, Veitshöchheim, Weihenstephan, Wurzen.

Kasseler Renette (Große)

Doppelnamen
Zahlreiche Namen, darunter 'Große Casseler Renette', (Diel 1801), 'Holländische Goldrenette', 'Deutsche Goldrenette' und weitere deuten auf eine frühere weite Verbreitung hin.

Entstehung
Der Pomologe Leroy gibt als Ursprung den Ort Cassel (Nordfrankreich) an. Es soll eine alte Sorte sein, die aus Frankreich und Holland als 'Renette de Caux' nach Deutschland kam. 1809 wurde die Sorte auf Rügen als alter Baum ('Casseler Reinette') erwähnt und 1853 vom Deutschen Pomologenverein als reich tragend empfohlen.

Frucht
Mittelgroß bis groß, um 160 g schwer. Regelmäßig runde, flachkugelige Form. Flache, faltige Kelcheinsenkung mit kleinem, geschlossenem Kelch. Dünner, langer Stiel in tiefer, enger Stielgrube.
Schale glatt, schwach, nur berostet. Vollreif, oft erst auf dem Lager, goldgelb, sonnenseits braunrot kurz gestreift oder marmoriert mit auffälligen Schalenpunkten.
Fruchtfleisch gelblichweiß, feinzellig, mittelfest saftig. Vorherrschend weinsäuerlich mit hohem Zuckergehalt.

Verwertung
Für alle Verwertungsarten gut geeignet. Gibt vorzüglichen Most.

Reife
Ab Anfang Oktober, windfest bis zur Reife. Bei zu früher Ernte schrumpfen die Früchte am Lager. Mehr als 6 Monate im kühlen Naturlager haltbar ohne Welke oder Fäule. Spät einsetzende Genussreife, dann aber angenehmer, süßweiniger Geschmack.

Baum
Kugelförmige, dichte Krone. Gut verzweigte Äste und Triebe mit typisch weißen Lentizellen und zahlreichen kleinen Blättern. Von Jugend an mittelstarkes, im Alter schwaches Wachstum.
Regelmäßiger Schnitt beugt der Vergreisung vor und sorgt für bessere Belichtung der Früchte. Auch ein Sommerschnitt ist anzuraten. Für Form- und Topfobst geeignet. Im Holz frostfest.

Standort
Gedeiht zwar bis in raue Höhenlagen, doch beste Fruchtqualität wird in geschützten Lagen auf nährstoffreichen Böden erreicht. Verträgt auch Trockenheit, dann werden die Früchte aber kleiner und der Trieb lässt nach. War früher als Straßenbaum sehr beliebt.

Anfällig
Mittelstark für Feuerbrand. Sehr stark für Schorf und Krebs, gering Mehltau.

Blüte
Spät, lange anhaltend, vollkommen unempfindlich. Guter Pollenspender.

Ertrag
Früh einsetzend, hoch bis sehr hoch und regelmäßig.

Anbauwert
Die einstige Bedeutung hat durch die Krankheitsanfälligkeit stark nachgelassen. Bei aufmerksamer Pflege ist die Sorte aber noch immer zu empfehlen.

Lieferanten: Anger dohr, Baumgartner, Bergt, Brenninger, Cordes, Hammerschmidt, Leinweber, Müller, Wetzel.

Standort der Sichtungsbäume: AHNU, Bavendorf, Erfurt, Geisenheim, Dresden-Pillnitz, Müncheberg, Pomona Franconica, Rhöner Apfelbüro, Triesdorf, Veitshöchheim.

Entstehung	1947, aus 'James Grieve' x 'Worcester Pearmain'. Schwedische Sorte aus der Nähe von Kristianstad. Seit 1966 im Handel.
Frucht	Höchstens mittelgroß bei stärkerem Behang auch klein. Gleichmäßige, hoch gebaute Form mit flacher, strahliger Kelcheinsenkung mit kleinem, geschlossenem Kelch. Langer Stiel in enger Stielgrube. Schale dünn, hart, glatt, fettend. Gut belichtete Früchte sind flächig rot mit feinen Schalenpunkten. Fruchtfleisch weiß, fest, sehr saftreich, mit gutem, feinsäuerlichem Geschmack.
Verwertung	Für den Frischverzehr, als Wirtschaftssorte nicht geeignet.
Reife	Ab Mitte August, etwa eine Woche vor 'James Grieve'. Nicht windfest, deshalb ist mindestens einmaliges Durchpflücken anzuraten. Höchstens vier Wochen im kühlen Naturlager haltbar.
Baum	Mittelgroßes, rundliches, gut verzweigtes Wuchsbild. Schwaches Wachstum infolge hoher Fruchtbarkeit. Der Pflegeschnitt zielt auf Erhalt des Triebwachstums, der Sommerschnitt auf gute Belichtung der Früchte im Bauminneren.
Standort	Auf nährstoffreichen Böden bis in höhere Lagen.
Anfällig	Stark Feuerbrand. Weitgehend widerstandsfähig gegen Schorf, Mehltau und Fruchtfäulen. In den Früchten tritt bisweilen Glasigkeit bei stark wechselhafter Witterung auf.
Blüte	Mittelfrüh, nicht empfindlich. Guter Pollenspender. Energisches Ausdünnen bald nach der Blüte ist unbedingt erforderlich. Es zielt auf geringere Behangdichte und damit größere Früchte.
Ertrag	Sehr früh einsetzend, hoch und regelmäßig.
Anbauwert	Abgesehen von der Anfälligkeit für Feuerbrand eine robuste und für den Garten empfehlenswerte Frühsorte, die allerdings einiger Pflegebedarf.

Lieferanten: Bergt, Cordes, Leinweber.

Standort der Sichtungsbäume: Bavendorf, Dresden-Pillnitz, Müncheberg, Pomona Franconica, Triesdorf, Wurzen.

Voller Name	'Weißer Klarapfel'

Doppelnamen Zahlreiche Namen belegen die einstige Verbreitung, darunter 'Papirowka' (vermutlich Original), in Frankreich 'Grand Sultan', 'Durchsichtiger Sommerapfel', 'Pomme de Reval', 'Weißer Transparent' und viele weitere.

Entstehung Ungewiss. Eine sehr alte Sorte, die 1852 von der Baumschule Wagner in Riga an die Baumschule Leroy in Angers (Frankreich) geliefert und von dort aus verbreitet wurde.

Frucht Mittelgroß, um 90 g schwer, bei starkem Behang kleiner. Verhältnismäßig leicht. Ungleichmäßig hochrund, mitunter Kanten über der Frucht. Flache, etwas gerippte Kelcheinsenkung mit geschlossenem Kelch. Langer, dünner Stiel in enger Stielgrube. Schale weich, leicht wachsig mit hellen Schalenpunkten. Einfarbig gelblich, ohne Rötung. Sehr druckempfindlich. Duftend. Fruchtfleisch fast weiß mit grünen Leitbündeln. Bei Reife locker, saftig, feinsäuerlich, nur sehr leichtes Aroma.

Verwertung Vorwiegend für Frischverzehr, aber auch Wirtschaftssorte. Sehr gut für Apfelmus.

Reife Je nach Standort folgernd ab Mitte Juli, sobald sich die Schale gelblich färbt. Schonend ernten. Fruchtfall schon vor der Baumreife. Durchpflücken ist immer nötig, denn bei zu früher Ernte sind die Früchte fad, zu spät geerntet mehlig und geplatzt. Höchstens 10 Tage haltbar.

Baum Zunächst aufrechte, kompakte, gut verzweigte Krone mit zunächst steil aufrechten Leitästen. Im Alter mehr locker mit wenigen, unten verkahlenden Trieben. Bei Vollertrag schwacher Wuchs.
Der Schnitt zielt vor allem auf bessere Verzweigung, auf die Erhaltung der Triebkraft und die Fruchtasterneuerung. Die Jahrestriebe schließen sehr früh ab, deshalb ist die Sorte als Zwischenveredelung mit 'Elstar' gut geeignet. Im Holz frosthart.

Standort Auf nährstoffreichen Böden bis in Höhenlagen, beste Fruchtqualität aber in wärmeren Gebieten. Auf trockenen Böden bleiben die Früchte zu klein, mehr mehltauanfällig, der Baum erschöpft sich frühzeitig.

Anfällig Stark für Feuerbrand, Mehltau, Krebs, Kragenfäule, Blutlaus. Weniger für Schorf. Fruchtfäulen schon am Baum. Empfindlich für Kupfer- und Schwefelmittel.

Blüte Früh, kurz anhaltend und wenig empfindlich. Guter Pollenspender (diploid). Ausdünnen nach starkem Fruchtansatz reguliert die Fruchtgröße und mindert die Alternanz bei älteren Bäumen.

Ertrag Früh einsetzend. Auf schwachwachsenden Unterlagen und jüngeren Bäumen regelmäßig und durchschnittlich, andernfalls alternierend.

Anbauwert In günstigen Apfellagen heute durch andere, weniger problematische Sorten ersetzbar, etwa die größeren, besser gefärbten 'Piros' oder 'Pia' sowie die später reifenden 'Jakob Fischer' oder 'Reglindis'.

Standort der Sichtungsbäume: AHNU, Ahrensburg, Bamberg, Bavendorf, Geisenheim, Dresden-Pillnitz, Jork, Pomona Franconica, Triesdorf, Veitshöchheim, Weihenstephan, Weinsberg, Wurzen.

Kleiner Herrenapfel

Bemerkung — Wird örtlich auch 'Drüwken' genannt. Der Name 'Drüwken' leitet sich ab vom büschelweisen Fruchtbehang, aus dem sich die Einzelfrüchte schon vor der Baumreife gegenseitig abdrücken können.

Entstehung — Unbekannt. 1651 von Dümler aufgezeichnet als 'Kneckerlein Weiß', von Diel als 'Gehlapfel' beschrieben. 1883 vom Deutschen Pomologenverein zum Anbau empfohlen. War früher in Norddeutschland und Schlesien verbreitet.

Frucht — Klein, höchstens mittelgroß, gleichmäßig plattrund. Sehr flache und weite Kelcheinsenkung mit kleinem Kelch. Kurzer Stiel in tiefer, strahlig berosteter Stielgrube.
Schale glatt, leicht wachsig. Bei Reife hellgelb, sonnenseits schön karmesinrot mit dunklen Schalenpunkten.
Fruchtfleisch fast weiß, feinzellig, fest. Saftig, angenehm süß, aber wenig Aroma.

Reife — Ende September. Bei ungünstiger Witterung kann die Schale kurz vor der Baumreife platzen, bei zu später Ernte werden die Früchte mehlig. Wegen des kurzen Stiels und traubig hängender Früchte schlecht pflückbar.

Baum — Kleine, kugelige, dichte Krone mit nach außen überhängenden Zweigen und derbem Laub. Im Holz frostfest. Im Vollertrag schwacher Wuchs, deshalb zielt der Überwachungsschnitt auf laufende Trieberneuerung und auf das Auslichten der Krone.

Standort — Breit anbaufähig bis in kältere Lagen, auch auf ärmeren Böden.

Anfällig — Keine besonderen Krankheiten und Schädlinge bekannt.

Ertrag — Wechsel zwischen hohen Ernten und Ertragsausfall (ausgeprägte Alternanz).

Anbauwert — Klassische Liebhaber- und Wirtschaftssorte für viele Verwertungsarten. Allenfalls noch im Extensivanbau Norddeutschlands zu finden.

Lieferanten: Baumgartner, Dr. Hoffmann, Leinweber.

Standort der Sichtungsbäume: Geisenheim, Pomona Franconica, Triesdorf.

Doppelnamen
Zahlreiche Namen, darunter 'Court-Queue' (Bauhin 1613), 'Court-pendu dur' (Le Lectier 1628), 'Berlin', 'Käsapfel' und viele weitere.

Bemerkung
Es soll mehrere Abarten von der Sorte geben, darunter grüner, grauer, roter Kurzstiel.

Entstehung
Ungewiss, der Pomologe Diel erhielt die Sorte aus Holland. Dort war er als 'Court Pendu Royal' bekannt. Wurde aber schon im 13. Jh. als 'Capendu' erwähnt, der vermutlich mit 'Königlicher Kurzstiel' aus Rouen identisch ist. Wurde 1565 in einem Verzeichnis des Lustgartens Herzog Friedrich I. in Stuttgart erwähnt.
1857 vom Deutschen Pomologenverein zum Anbau empfohlen.

Frucht
Mittelgroß, selten groß, um 150 g schwer. Gleichmäßig flachrund. Weite, schüsselförmige Kelcheinsenkung mit offenem Kelch. Kurzer, dicker Stiel in tiefer Stielgrube.
Schale derb, rau, etwas wachsig. Bei Vollreife goldgelb, sonnenseits flächig trübrot, sonst gestreift mit hellen Schalenpunkten. Sehr druckfest.
Fruchtfleisch gelblich, fest, feinzellig, weniger saftig. Bei Vollreife edler, weiniger Zuckergeschmack. Kleines Kernhaus.

Verwertung
Für den Frischverzehr, auch vielseitig verwertbare Wirtschafts- und vorzügliche, aber weniger saftreiche Mostsorte.

Reife
Ab Ende September. Wegen des kurzen Stieles drücken sich die Früchte oft schon vorzeitig ab. Bei genügender Luftfeuchte mehr als fünf Monate im kühlen Naturlager haltbar. Welke tritt stärker auf bei zu früher Ernte oder ungünstigem Standort.

Baum
Sehr schöne mittelgroße, flachkugelige, gut verzweigte und geschlossene Krone mit kurzen Trieben und wolligen, etwas aufgefalteten Blättern. Von Jugend an schwacher Wuchs. Aufmerksamer, aber sparsamer Schnitt dient der Trieberneuerung und soll eine vorzeitige Vergreisung abwenden.

Standort
Geschützter Standort ist für eine gute Ausreife und Fruchtqualität erforderlich. Am besten eignet sich feuchtes Seeklima und nährstoffreicher Boden, aber auch weniger gute Böden sind anbaufähig.

Anfällig
Auf zusagenden Standorten kaum Krankheiten und Schädlinge. Besonders schorffest, aber in den Früchten kann Stippe auftreten.

Blüte
Extrem spät, nur kurz anhaltend, deshalb nicht durch Spätfröste gefährdet. Guter Pollenspender. Ausdünnung nach starkem Fruchtansatz mindert die Alternanzneigung.

Ertrag
Früh einsetzend, auf schwach wachsenden Unterlagen kaum alternierend.

Anbauwert
Auf geeigneten Standorten sehr empfehlenswert. Auf schwachwachsenden Unterlagen braucht die Sorte mehr Aufmerksamkeit, um nicht vorzeitig zu vergreisen.

Lieferanten: Angendohr, Baumgartner, Bergt, Cordes.

Standort der Sichtungsbäume: AHNU, Ahrensburg, Bavendorf, Erfurt, Geisenheim, Dresden-Pillnitz, Jork, Pomona Franconica, Triesdorf, Veitshöchheim, Weihenstephan, Weinsberg, Wurzen.

Kohlapfel

Standort — Ohne Ansprüche an Boden und Klima bis in höhere, windgeschützte Lagen.

Anfällig — Keine besonderen Krankheiten und Schädlinge bekannt. Soll schorffest sein.

Blüte — Spät, nicht empfindlich. Schlechter Pollenspender (triploid).

Ertrag — Ausgeprägte Alternanz, insgesamt mittelhoch.

Anbauwert — War früher mehr verbreitet, vor allem in höheren Lagen als Mostsorte. Heute kaum noch bekannt.

Lieferanten: Bergt, Leinweber, Ritthaler, Wetzel.

Voller Name — 'Schwarzschillernder Kohlapfel'

Entstehung — Unbekannt, soll eine sehr alte Sorte sein.

Frucht — Je nach Standort und Baumalter unterschiedliche Größe, meist mittelgroß, gleichmäßig flachrunde Form. Flache, etwas strahlige Kelcheinsenkung, meist kurzer und dicker Stiel.
Schale glatt, geschmeidig, etwas bereift. Bei Reife hellgelb, Deckfarbe dunkelrot mit sehr feinen Schalenpunkten, schattenseits gestreift. Schwacher Geruch.
Fruchtfleisch fast weiß, feinzellig, saftig. Schwach weiniger Geschmack mit geringer Würze und vorherrschender Säure.

Verwertung — Nach gewisser Lagerzeit für den Frischverzehr, sonst gute Wirtschafts- und Mostsorte.

Reife — Um Ende Oktober. Bei starkem Behang drücken sich die Früchte schon kurz vor der Baumreife ab. Im kühlen Naturlager bis zu sechs Monate haltbar ohne Welke.

Baum — Breite, flachrunde Krone, im unteren Bereich waagerechte Äste. Außen meist überhängend mit auffallend gesundem Laub. Starker Wuchs, bei Vollertrag immer noch mittelstark.

Standort der Sichtungsbäume: AHNU, Geisenheim, Pomona Franconica, Triesdorf.

Korbiniansapfel

Reife   Ab Mitte Oktober. Im kühlen Naturlager mindestens 6 Monate haltbar.

Baum   Breite, ausladende Krone. Von Jugend an kräftiger Wuchs.

Standort   Geringe Ansprüche an Boden und Klima bis in mittlere Höhenlagen.

Anfällig   Sehr widerstandsfähig gegen Krankheiten und Schädlinge. Mäßiger Fruchtschorf kann in warmen, geschlossenen Tallagen auftreten.

Ertrag   Mittelfrüh einsetzend, dann regelmäßig.

Anbauwert   Vor allem für Hoch- und Halbstämme geeignet in Obstwiesen und als Feldbäume.

Lieferanten: Baumgartner, Bergt, Brenninger, Cordes, Herr, Hofmann, Leinweber, Müller, Wetzel.

Hinweis   Pfarrer Korbinian Aigner (1885–1966) machte sich als einer der besten Sortenkenner unserer Zeit um den Obstanbau hoch verdient. 1939 wurde er wegen seiner heftigen Kritik am damaligen Regime verhaftet und in das KZ Sachsenhausen, später nach Dachau gebracht. Dort wurde ihm erlaubt, Apfelkerne auszusäen. Einen Teil der entstandenen Sämlinge gelangten aus dem KZ, bevor er zum Kriegsende aus dem Lager befreit wurde. Einer dieser Sämlinge ist der heutige 'Korbiniansapfel'.

Entstehung   1944 im Konzentrationslager Dachau aus einer Sämlingsauslese. Die ursprüngliche Bezeichnung lautete 'KZ 3'.

Frucht   Mittelgroß, abgestumpft rundlich mit flachen Wulsten um die Frucht. Weite Kelcheinsenkung mit geschlossenem Kelch, oft von Höckern umgeben. Kurzer, kräftiger Stiel in strahlig berosteter Stielgrube. Schale glatt, leicht fettend. Bei Vollreife goldgelb, nur bei optimaler Belichtung einseitig kräftig gestreift. Fruchtfleisch grünlichweiß, feinzellig, saftig mit feiner Würze. Harmonisches Zucker-/Säureverhältnis.

Verwertung   Für den Frischverzehr und als guter Wirtschaftsapfel brauchbar.

Standort der Sichtungsbäume: Bamberg, Bavendorf, Pomona Franconica, Triesdorf, Veitshöchheim, Weihenstephan.

Anfällig In geschlossenen, warmen Tallagen stark für Schorf und Mehltau, nicht aber in höheren Gebieten.

Blüte Früh, etwas witterungsempfindlich. Guter Pollenspender.

Ertrag Mittelfrüh einsetzend. Nach Blütenfrost gering, sonst wechselnd zwischen hoch und sehr gering (ausgeprägte Alternanz).

Anbauwert Hauptsächlich für Hoch- und Halbstämme auf Obstwiesen in höheren Lagen. Außerhalb des Herkunftsgebietes wird die Sorte weniger geschätzt.

Lieferanten: Angendohr, Baumgartner, Bergt, Brenninger, Cordes, Dr. Hoffmann, Ganter, Leinweber, Wetzel.

Entstehung 1863 in der Steiermark entstanden und soll dort immer noch im Anbau sein. 1873 wurden die ersten Früchte in einer Obstausstellung gezeigt.

Frucht Höchstens mittelgroß, gleichmäßig abgestumpft rundlich bis flachrund. Flache, faltige Kelcheinsenkung mit fast geschlossenem Kelch. Dünner, mittellanger Stiel in etwas berosteter Stielgrube. Schale glatt, etwas geschmeidig und nicht fettend. Bei Vollreife gelb, sonnenseits flächig rot, oft mit Rostfiguren.
Fruchtfleisch gelblichweiß, feinzellig, etwas mürbe. Feine Würze mit ausreichender Süße und Säure.

Verwertung Für den Frischverzehr und guter Wirtschaftsapfel.

Reife Ab Anfang Oktober, windfest bis zur Baumreife. Etwa 4–5 Monate kühl haltbar.

Baum Mittelgroße, hochrunde Krone mit aufrechten, gut verzweigten Ästen. Anfangs starker, im Alter noch mittelstarker Wuchs.

Standort Beste Fruchtqualität ist zu erwarten von nährstoffreichen, genügend feuchten Böden ab mittleren bis in rauen Höhenlagen.

Standort der Sichtungsbäume: Bamberg, Bavendorf, Erfurt, Müncheberg, Pomona Franconica, Triesdorf, Veitshöchheim.

Entstehung
Um 1850 von Justizrat Burkhardt in Landsberg/ Warthe gezogen und 1877 vom Deutschen Pomologenverein zum Anbau empfohlen.

Frucht
Mittelgroß, mitunter groß, um 140 g schwer. Ungleichmäßige, flachkugelige Form. Kelcheinsenkung breit mit 5 Kanten über der Frucht. Unterschiedlich langer Stiel in enger, strahlig berosteter Stielgrube.
Schale zart, glatt, auf dem Lager stark fettig bis klebrig. Bei Reife gelblichgrün, sonnenseits verwaschen rötlich, oft mit einer Netzberostung. Druckempfindlich.
Fruchtfleisch gelblichweiß, mittelfest, später locker. Mittlerer Saftgehalt. Säuerlichsüß mit zartem Aroma.

Verwertung
Für den Frischverzehr, auch als Wirtschafts- und Mostsorte beliebt. Industriell für Saft.

Reife
Je nach Lage ab Mitte September, windfest. So spät wie möglich und wegen Druckempfindlichkeit schonend ernten. Schattenfrüchte sind kaum gefärbt und reifen sehr viel später.
Im kühlen Naturlager bis zu 4 Monaten ohne Welke haltbar, im Kühllager bis März bei 0,5 bis 1 °C.

Baum
Breitkugelige, im Alter dichte und hängende Krone. Von Jugend an stark, mit schräg aufrechten Leitästen mit langer Seitenbezweigung, zum Teil hängend. Bei Vollertrag schwaches Wachstum. Jüngere Stämme und Äste fallen durch gelbbraune Färbung auf. Durch Schnitt ist die Krone licht zu halten, um entstehende Kleinfrüchtigkeit zu vermeiden. Eine Verjüngung ist gelegentlich anzuraten. Im Holz frostfest.

Standort
Wegen der Anfälligkeit nicht für warme, geschlossene Tallagen. Bevorzugt sind (auch raue) Höhenlagen auf nährstoffreichen, nicht trockenen Böden und offener Lage. Hier tritt kaum Schorf auf.

Anfällig
In warmen Tallagen stark für Feuerbrand und Schorf. Auch Mehltau, Krebs, Triebsucht, Blatt- und Blutläuse. Empfindlich für Kupfer- und Schwefelmittel.

Blüte
Klein, mittelfrüh. Lange anhaltend, nicht empfindlich. Guter Pollenspender. Ausdünnen nach der Blüte wirkt fruchtregulierend, wirkt sich aber nur wenig auf die Alternanz aus.

Ertrag
Früh einsetzend, ab 2.–3. Standjahr. Jährlich wechselnd zwischen sehr hoch und völligem Ausfall (ausgeprägte Alternanz), insgesamt aber hoch.

Anbauwert
Keine Gartensorte und nicht für warme Tallagen empfehlenswert. Im Streuobstanbau noch immer beliebt, besonders in rauen, windigen Höhenlagen.

Baum Breit pyramidale, kleinere, im Alter überhängende Krone. Fruchtknospen typisch weißfilzig. Von Jugend an kräftiger, im Vollertragsalter deutlich schwächerer Wuchs.
Der Überwachungsschnitt zielt auf Erhalt des Triebwachstums und verhindert das vorzeitige Vergreisen. Im Holz ausreichend frostfest.

Standort Beste Qualität auf nährstoffreichen Böden in geschützter Lage, jedoch sind auch windgeschützte Höhenlagen geeignet.

Anfällig Der Feuerbrandstatus ist unbekannt. Ohne Schorf, aber mit Mehltau in geschlossenen Tallagen. Empfindlich für Rauch und Abgase.

Blüte Mittelfrüh, auch am einjährigen Holz. Nicht empfindlich. Guter Pollenspender. Bei starkem Fruchtansatz nach der Blüte ist ein Ausdünnen ratsam, um vorzeitiges Vergreisen und Erschöpfung zu vermeiden.

Ertrag Früh einsetzend, meist hoch und regelmäßig. Bei mangelnder Pflege ist deshalb eine frühe Erschöpfung möglich.

Anbauwert Früher weit verbreitete Sorte, hat heute nur noch Liebhaberwert. In Streuobstanlagen noch gebietsweise verbreitet. Geeignet für Formbäume.

Lieferanten: Angendohr, Baumgartner, Bergt, Brenninger, Cordes, Leinweber, Ulmer.

Doppelname In Frankreich 'Lanés Prince Albert'.

Entstehung Ungewiss, seit etwa 1857 durch die Baumschule Lane & Sons in Berkhamstead in England eingeführt.

Frucht Mittelgroß bis groß, um 130 g schwer. Ungleichmäßig flachkugelige Form. Großes Kerngehäuse. Flache, etwas strahlige Kelcheinsenkung mit geschlossenem Kelch. Dünner, kurzer Stiel in enger und tiefer, kaum berosteter Stielgrube.
Schale fest, glatt, leicht glänzend mit hellen Schalenpunkten. Sonnenseits rötlich marmoriert oder kurz gestreift.
Fruchtfleisch grünlichweiß, bei Vollreife etwas mürbe, feinzellig, saftig. Feinsäuerlicher, weinartiger Geschmack, abhängig von der Jahreswitterung. Großes Kerngehäuse.

Verwertung Überwiegend Wirtschaftssorte, auch für Most brauchbar.

Reife Je nach Lage ab Anfang Oktober, nicht windfest, deshalb ist mehrmals durchzupflücken. Wegen des kurzen Stieles drücken sich die Früchte auch oft vorzeitig ab. Im kühlen Naturlager etwa fünf, bei gutem Lager auch sechs Monate haltbar.

Standort der Sichtungsbäume: Bavendorf, Dresden-Pillnitz, Jork, Müncheberg, Pomona Franconica, Rhöner Apfelbüro, Triesdorf, Veitshöchheim, Weihenstephan, Weinsberg, Wurzen.

Langtons Sondergleichen

Anfällig	Auf feuchten Standorten und in nassen Jahren Fäulnis schon am Baum.
Blüte	Früh, doch nicht frostempfindlich.
Ertrag	Frühzeitig einsetzend, dann hoch und regelmäßig.
Anbauwert	Auf M 9 geeignet für Spalier- und Formbäume, sowie für die Topfkultur.

Lieferanter: Dr. Hoffmann, Leinweber.

Doppelname	'Nonsuch', 'Langtons Non Such'.
Entstehung	Zeitlich nicht gesichert. Soll aus der Baumschule Lodigges in London stammen. Die Sorte wurde 1874 vom Deutschen Pomologenverein zur allgemeinen Anpflanzung empfohlen.
Frucht	Groß, regelmäßig plattrund. Offener Kelch in tiefer Kelchgrube. Dünner, Stiel in tiefer Stielgrube. Glatte, feine und geschmeidige Schale. Grundfarbe blassgelb mit schönen, karmesinroten Streifen geflammt. Das Fruchtfleisch ist weiß, grobzellig und saftig, unter der Schale und um das Kernhaus mit rötlichen Adern.
Verwertung	Überwiegend Wirtschaftssorte für Saft, guten Most und als Dörrobst.
Reife	Baumreife je nach Standort Mitte bis Ende Oktober. Kühl lagerfähig bis Januar.
Baum	Mittelstarker Wuchs mit hochgewölbter Krone, mit mittellangen, wolligen Jahrestrieben und kurzem Fruchtholz. Im Holz frosthart.
Standort	Gedeiht praktisch in jedem, auch schweren Boden, auch in rauen Höhenlagen bis zu 2000 m ohne Qualitätsverlust.

Bemerkung   Möglicherweise identisch mit 'Görlitzer Nelkenapfel' und 'Oberlausitzer Nelkenapfel'.

Entstehung   Ungewiss, seit langer Zeit in Ostdeutschland, besonders in höheren Lagen Ostsachsens verbreitet.

Frucht   Je nach Anbaugebiet unterschiedliche Form. Meist mittelgroß bis groß, um 140 g schwer. Gleichmäßig hochrund mit flachen Kanten, oft auch ein scharfer Grat über der Frucht. Tiefe und weite Kelcheinsenkung mit 5 flachen Kanten. Kurzer Stiel in enger Stielgrube.
Schale glatt, hart, gering fettig. Bei Reife hell gelblichgrün, sonnenseits trübrot, mit schwachen Streifen. Druckfest.
Fruchtfleisch fast weiß, mittelfest, mäßig saftig, weniger süß, säurearm.

Verwertung   Vorwiegend Wirtschaftssorte und für die Mostbereitung.

Reife   Anfang bis Mitte September, windfest bis zur Baumreife, wenn sich die Früchte nicht wegen des kurzen Stieles vorher abdrücken.
Etwa sechs Monate im kühlen Naturlager haltbar, wird dann schnell mürbe. Ohne Stippe.

Baum   Breit ausladende Krone mit steil aufrechten, dicht verzweigten Leitästen, die später von unten her verkahlen. Auch im Alter noch mittelstarkes Wachstum und standfest. Gelegentliche Auslichtung erhält die Triebkraft. Im Holz vollkommen frosthart.

Standort   Durchlässige, keine schweren Böden in freier Lage. Sonst geringe Ansprüche bis in raue Höhenlagen.

Anfällig   Die Schorfanfälligkeit ist gebietsweise unterschiedlich, an hohen Standorten gering. Mäßig Mehltau, aber in nassen Böden Krebs.

Blüte   Mittelfrüh, nicht empfindlich. Schlechter Pollenspender (triploid). Ein Ausdünnen bei starkem Fruchtansatz regelt die Fruchtgröße.

Ertrag   Mittelspät einsetzend. Jährlich wechselnd zwischen sehr hohen und geringeren Erträgen, doch ohne ausgeprägte Alternanz. Insgesamt etwas mehr als mittelhohe Erträge.

Anbauwert   Galt früher in Sachsen als ein guter Straßenbaum. Typische Liebhabersorte und für den Streuobstanbau in hohen Lagen.

Lieferanten: Baumgartner, Bergt, Cordes, Ganter, Leinweber, Wetzel.

Standort der Sichtungsbäume: Bavendorf, Erfurt, Dresden-Pillnitz, Rostock, Triesdorf, Veitshöchheim, Weinsberg, Wurzen.

Leipferdinger Langstiel

Anfällig Feuerbrand wurde bisher nicht beobachtet. Widerstandsfähig gegenüber Mehltau und Spinnmilben. In höheren Lagen wenig Schorf.

Blüte Spät, nicht empfindlich. Schlechter Pollenspender (triploid).

Ertrag Jährlich wechselnd zwischen hohen und sehr geringen Erträgen. Insgesamt mehr als mittelhoch.

Anbauwert Sehr robuste Streuobstsorte, die im Wesentlichen auf ihre Herkunftsregion in Baden-Württemberg beschränkt ist.

Lieferant: Leinweber.

Entstehung Ungewiss. Soll eine alte Sorte sein aus der Region Leipferdingen/Tuttlingen in Baden-Württemberg.

Frucht Mittelgroß, seltener groß, um 120 g schwer. Flachrund mitunter hoch gebaut, meist unregelmäßige Form. Flache, oft von Höckern umgebene Kelcheinsenkung. Langer Stiel in enger, berosteter Stielgrube.
Schale dick, glatt, geschmeidig. Bei Reife grüngelb, sonnenseits braunrot gestreift. Druckfest.
Fruchtfleisch fast weiß, etwas locker. Saftreich mit hervortretender Säure und ausreichender Süße.

Verwertung Vorwiegend Wirtschaftsapfel und für säurereichen, haltbaren Most.

Reife Ab Ende September schüttelbar. Windfest bis zur Baumreife. Im kühlen Naturlager etwa 3 Monate haltbar ohne Welke.

Baum Weit ausladende, sparrige Krone mit gesundem Laub. Von Jugend an starkes Wachstum, im Vollertragsalter noch mittelstark mit kurzem Fruchtholz.

Standort Keine besonderen Ansprüche an Boden und Klima bis in höhere Lagen.

Standort der Sichtungsbäume: Geisenheim, Triesdorf, Weinsberg.

Entstehung
1955 in den USA gezüchtet, aus den Kultursorten ('Jersey Black', 'Macoun', 'McIntosh', 'Wealthy') x *Malus floribunda Vf*. 1978 im Anbau eingeführt. Es besteht kein Sortenschutz mehr.

Frucht
Ungleichmäßige, hochrunde Form mit flachen Wulsten über der Frucht. Flache, strahlige Kelcheinsenkung mit geschlossenem Kelch. Kurzer Stiel in enger Stielgrube.
Schale glatt, mit hellen Schalenpunkten. Deckfarbe flächig rot, bläulich bereift. Deutlicher Duft. Fruchtfleisch etwas mürbe, saftig, süßaromatisch.

Verwertung
Vorwiegend für den Frischverzehr, eingeschränkt als Wirtschaftssorte.

Reife
Je nach Standort ab Ende September. Windfest bis zur Reife, wenn sich die Früchte nicht schon vorher durch traubige Fruchtstände abdrücken. Mehrfaches Durchpflücken ist erforderlich.

Baum
Regelmäßiges, hochrundes Wuchsbild, mit gut verzweigten Ästen. Mittelstarkes Wachstum. Für Formobst- und Topfbäume geeignet. Im Holz frosthart.

Standort
Auf nährstoffreichen, lehmhaltigen Böden bis in höhere Lagen anbaufähig.

Anfällig
Mäßig für Feuerbrand. Die Schorfresistenz ist durchbrochen. Mittel bis stark anfällig für Mehltau.

Blüte
Früh, nicht empfindlich. Ausdünnen bald nach der Blüte zielt auf einheitliche Fruchtgrößen und einzeln hängende Früchte.

Ertrag
Früh einsetzend, hoch und regelmäßig.

Anbauwert
Für Liebhaber süßaromatischer Sorten. Aufmerksamer Pflanzenschutz gegen Schorf und vor allem Mehltau ist erforderlich.

Lieferanten: Bergt, Friedlein, Ganter, Krämer.

Standort der Sichtungsbäume: Ahrensburg, Bavendorf, Dresden-Pillnitz, Jork, Müncheberg, Triesdorf, Weihenstephan, Wurzen.

Anfällig	Bisher ohne Feuerbrand und Mehltau. Schorf in feuchten Warmlagen. Apfelmosaik ist möglich.
Blüte	Mittelfrüh. Zur Erzielung einheitlicher Fruchtgrößen ist ein Ausdünnen nach dem Junifall erforderlich.
Ertrag	Auf schwachwachsenden Unterlagen früh einsetzend, regelmäßig, aber etwas unterdurchschnittlich in der Ertragshöhe.
Anbauwert	Liebhabersorte, für alle Baumformen auch im Garten geeignet.

Lieferanten: Bergt, Cordes.

Entstehung	1880, Sämling von 'Langford Beauty'. Ottawa/Kanada. Seit 1935 im Anbau.
Frucht	Unterschiedliche Größen, meist mittelgroß, breitrund mit flachen Wulsten über der Frucht. Flache, strahlige Kelcheinsenkung mit geschlossenem Kelch. Meist kurzer Stiel in enger, strahlig berosteter Stielgrube. Schale fest, glatt, etwas bläulich bereift. Sonnenseits ganzflächig oder streifig gerötet mit hellen Schalenpunkten. Fruchtfleisch fast weiß, fest, feinzellig. Saftig, süß mit leichtem Aroma. Kleines Kerngehäuse.
Verwertung	Vorwiegend für den Frischverzehr, auch Wirtschaftssorte und für süßen Most.
Reife	Ab Mitte September, folgernd. Windfest bis zur Reife, dann stärkerer Fruchtfall. Mehrmaliges Durchpflücken ist ratsam.
Baum	Mittelgroße, zunächst aufrechte, später mehr flache Krone. Mittelstarkes Wachstum, später schwach. Ein Sommerschnitt ist zur Erhaltung des Triebwachstums und zur Fruchtregulierung ratsam. Frostfest im Holz.
Standort	Auf nährstoffreichen Böden bis in höhere, aber windgeschützte Lagen.

Standort der Sichtungsbäume: Dresden-Pillnitz, Müncheberg, Pomona Franconica, Triesdorf.

Anfällig	Kaum Feuerbrand. Widerstandsfähig gegen andere Krankheiten, besonders Schorf.
Blüte	Sehr spät, frosthart.
Ertrag	Mittelhoch, mit geringen Schwankungen, ohne ausgeprägte Alternanz.
Anbauwert	Begehrte Most- und Wirtschaftssorte, doch anspruchsvoll an Boden und Klima.

Lieferanten: Baumgartner, Bergt, Cordes, Müller, Ulmer.

Voller Name	'Linsenhofener Sämling'
Doppelnamen	'Linsenhöfer Renette', 'Schöner von Beuren'.
Entstehung	Zufallssämling aus Linsenhofen (südlich Nürtingen) in Baden-Württemberg. Beuren ist ein Nachbarort.
Frucht	Klein bis mittelgroß. Regelmäßige Form mit weiter, schüsselförmiger und tiefer Kelcheinsenkung. Langer Stiel in enger, berosteter Stielgrube. Schale dünn, glatt, etwas wachsig. Sonnenseits braunrot geflammt oder gestreift. Druckfest. Fruchtfleisch grünlichweiß, fest, saftig. Hervortretende Säure mit wenig Aroma. Kleines Kerngehäuse, umgeben von grünen Leitbündeln.
Verwertung	Hervorragender Mostapfel, auch als Wirtschaftssorte brauchbar.
Reife	Mitte Oktober, windfest. Lagerung im Freien bis zur Verwertung Ende Oktober empfehlenswert.
Baum	Breit pyramidale Krone mit steilen Trieben und überhängenden Fruchtästen. Auffallend schmale Blätter. Mittelstarker Wuchs.
Standort	Auf nährstoffreichen Böden in geschützter Lage. Für den Anbau in Höhenlagen nicht geeignet.

Standort der Sichtungsbäume: Bavendorf, Erfurt, Müncheberg, Neustadt, Triesdorf, Veitshöchheim, Weihenstephan, Weinsberg.

Entstehung	1898 in Ottawa (Kanada) als Sämling von 'McIntosh' gezüchtet. Im Handel seit 1930.
Frucht	Mittelgroß. Regelmäßige, flachrunde Form. Schüsselförmige Kelcheinsenkung mit kleinem, geschlossenem Kelch. Schale glatt, hart und zäh mit vielen Roststernen und einzelnen Rostfiguren. Leicht bläulich bereift. Sehr druckempfindlich. Sonnenseits ganzflächig rot. Fruchtfleisch fast weiß, etwas mürbe. Saftig, vorherrschend süß mit parfümiertem Aroma.
Verwertung	Überwiegend für den Frischverzehr.
Reife	Ab Anfang September, nicht windfest, deshalb ist mehrfach durchzupflücken. Vom Baum essbar. Im kühlen Naturlager etwa zwei Monate haltbar, wird danach schnell mürbe.
Baum	Höchstens mittelgroßes, lockeres, nur wenig verzweigtes Wuchsbild. Ein sorgfältiger Überwachungsschnitt fördert das Triebwachstum und mindert eine vorzeitige Vergreisung. Bei Vollertrag nur schwaches Wachstum. Im Holz frostfest.
Standort	Nährstoffreiche, leichtere Böden in kühleren, nicht aber Höhenlagen.
Anfällig	Stark für Feuerbrand, Schorf und Mehltau. Auf schweren Böden stark krebsanfällig.
Blüte	Ziemlich spät, guter Pollenspender. Ausdünnen nach der Blüte ist geboten, um einer Erschöpfung vorzubeugen.
Ertrag	Früh einsetzend, oft schon im 2. Standjahr, hoch bis sehr hoch, ohne Alternanz.
Anbauwert	Attraktiv ist die Fruchtfarbe, weniger das parfümierte Aroma. Wegen etlicher Nachteile ist die Sorte im Garten aber verzichtbar.

Lieferanten: Angendohr, Baumgartner, Bergt, Cordes.

Standort der Sichtungsbäume: Dresden-Pillnitz, Müncheberg, Triesdorf, Veitshöchheim.

Entstehung 1911 in den USA. Aus Samen der Kreuzung 'Montgomery' und 'Klarapfel'.

Frucht Mittelgroß, seltener groß, hoch gebaut, ungleichhälftig mit Kanten über der Frucht. Sehr flache, gerippte Kelcheinsenkung mit kleinem, geschlossenem Kelch. Meist langer Stiel in enger Stielgrube. Schale glatt, nur leicht wachsig mit dunklen Schalenpunkten. Grundfarbe weißlichgrün, sonnenseits mitunter leicht rötlich überhaucht. Fruchtfleisch bei Reife etwas mürbe mit weniger Säure als 'Klarapfel'. Großes Kerngehäuse.

Verwertung Nur für baldigen Frischverzehr.

Reife Fast gleichzeitig mit 'Klarapfel', oft auch etwas vorher. Folgernde Reife, deshalb ist mehrmaliges Durchpflücken ratsam. Bald nach der Baumreife mehlig werdend.

Baum In der Jugend volle, gut verzweigte Krone, im Alter locker mit verkahlenden Trieben.
Ein Sommerschnitt sofort nach der Ernte erhält das Triebwachstum und mindert ein vorzeitiges Vergreisen. Vom Winterschnitt ist abzuraten.

Standort Geschützt bis in mittlere Höhenlagen.

Anfällig Weniger für Schorf als für Mehltau.

Blüte Mittelfrüh, nicht empfindlich. Sorgfältiges Ausdünnen nach der Blüte fördert die Fruchtgröße, mindert die Alternanz und vermeidet eine frühzeitige Erschöpfung des Baumes.

Ertrag Durch Alternanzneigung nur mittelhoch.

Anbauwert Eine Liebhabersorte, doch heute kaum noch im Anbau, weil durch höherwertige Sorten ersetzbar.

Lieferanten: Angendohr, Baumgartner, Bergt, Cordes, Leinweber, Schmitt, Ulmer.

Standort der Sichtungsbäume: Bavendorf, Dresden-Pillnitz, Müncheberg, Pomona Franconica, Triesdorf, Veitshöchheim, Weihenstephan.

Doppelnamen
'Schwaikheimer Rambur', 'Sternwirtsapfel', 'Klosterrambur', 'Krumme Lore' und viele andere.

Entstehung
Ungewiss. Vermutlich als Gebietssorte um Lohr am oberen Main entstanden. Auch in der Region um Schwaikheim am Neckar ist die Sorte verbreitet. Wurde 1907 anlässlich einer Obstausstellung in Würzburg gezeigt.

Frucht
Groß bis sehr groß, um 240 g schwer. Ungleichmäßige, meist hoch gebaute Form mit breiten Kanten über der Frucht. Sehr tiefe, gerippte und berostete Kelcheinsenkung mit kleinem Kelch. Kurzer, dicker Stiel in enger, strahlig berosteter Stielgrube.
Schale glatt, erst am Lager fettig werdend. Grüngelb, sonnenseits verwaschen gestreift und marmoriert mit feinen Schalenpunkten.
Fruchtfleisch grünlichweiß, fest. Saftig, ohne merkliches Aroma. Hoher Säuregehalt. Bei wechselhaftem Wetter Neigung zur Glasigkeit. Kleines Kerngehäuse.

Verwertung
Vorwiegend Wirtschafts- und Mostsorte. Annähernde Tafelqualität erst nach Abbau der Säure am Lager.

Reife
Je nach Standort ab Mitte September. Windfest bis zur Baumreife, wenn sich die Früchte wegen des kurzen Stieles nicht vorzeitig abdrücken.

Baum
Breitkugelige, weit ausladende Krone. Von Jugend an sehr starker Wuchs, im Vollertragsalter noch mittelstark. Durch Auslichtungsschnitt und gelegentliche Verjüngung lässt sich die Triebkraft und Fruchtbarkeit lange erhalten. Im Holz frostfest.

Standort
Anspruchslos an Boden und Klima, bis in Höhenlagen anbaufähig.

Anfällig
Gering anfällig für Feuerbrand. Nur in geschlossenen Tallagen für Schorf. Auf schweren Böden krebsanfällig.

Blüte
Mittelfrüh, nicht empfindlich. Schlechter Pollenspender (triplcid).

Ertrag
Spät einsetzend. Jährlicher Wechsel zwischen sehr hohen und sehr geringen Erträgen (ausgeprägte Alternanz).

Anbauwert
Wertvolle Sorte für den Streuobstanbau und die Mostbereitung.

Lieferanten: Baumgartner, Bergt, Brenninger, Cordes, Heinrich, Leinweber, Schmitt, Wörlein.

Lombarts Kalvill

Entstehung — Um 1911. Sämlingsauslese von 'Weißer Winterkalvill' durch H. Lombarts aus Zundert in der Küstennähe Hollands.

Frucht — Mittelgroß, mitunter groß, ungleichmäßige Form, ohne die sonst ausgeprägte Rippung bei Kalvillen. Flache und weite Kelcheinsenkung mit halb offenem Kelch. Unterschiedliche Stiellänge in enger, wenig berosteter Stielgrube.
Schale dünn, geschmeidig. Gelblich, fast ohne Rötung, am Lager fettig werdend.
Fruchtfleisch fast weiß, mittelfest, saftig. Süßsäuerlich mit zartem Aroma.

Verwertung — Für Frischverzehr, auch Wirtschafts- und Mostsorte.

Reife — Ende September. Bei später Ernte vom Baum essbar. Windfest. Durchpflücken ist zu empfehlen.
Im kühlen Naturlager etwa fünf Monate haltbar, im Kühlraum bis März, bei 3 °C.

Baum — Hochrunde Krone, gut verzweigtes Wuchsbild. Von Jugend an starker, im Vollertragsalter noch mittelstarker Wuchs. Erst im Alter schwächer.
Ein Sommerschnitt dient der Fruchtregulierung.

Standort — Entsprechend der Herkunft nur für geschützte Lagen mit hoher Luftfeuchtigkeit und auf nährstoffreichen, humosen Böden. Andernfalls tritt Qualitätsverlust ein.

Anfällig — Mittelstark für Feuerbrand und Mehltau, weniger für Schorf. Auf schweren Böden krebsanfällig.

Blüte — Mittelfrüh, guter Pollenspender. Ein starkes Ausdünnen nach der Blüte fördert die Fruchtqualität und mindert die Alternanz.

Ertrag — Jährlicher Wechsel zwischen hohen und geringen Erträgen, jedoch ohne ausgeprägte Alternanz.

Anbauwert — Ausgesprochene Liebhabersorte für feuchtes Seeklima.

Lieferanten: Angendohr, Baumgartner, Bergt, Cordes.

Standort der Sichtungsbäume: Bavendorf, Müncheberg, Pomona Franconica, Triesdorf.

Entstehung
1907 aus 'James Grieve' x 'Worcester Pearmain' in England. Es existiert auch ein roter Typ.

Frucht
Mittelgroß, seltener groß. Gleichmäßig rund ohne Kanten. Kelcheinsenkung offen mit kleinem Kelch. Mittellanger Stiel in tiefer, wenig berosteter Stielgrube.
Schale zäh, glatt, trocken. Gelbgrünlich, sonnenseits nur wenig gerötet oder gestreift, mit sehr deutlichen Schalenpunkten. Druckempfindlich.
Fruchtfleisch cremefarben, weniger fest, feinzellig. Sehr saftig, süß mit feiner Fruchtsäure, angenehm gewürzt.

Verwertung
Für den Frischverzehr und Wirtschaftssorte. Auch gut zum Backen geeignet.

Reife
Je nach Standort ab Ende September, nicht windfest. Wegen folgernder Reife ist mehrmals durchzupflücken.
Im kühlen Naturlager etwa drei Monate haltbar.

Baum
Etwas sparriges Wuchsbild mit schrägen, weniger verzweigten Leitästen. Von Jugend an mittelstarker Wuchs, der bei Vollertrag noch nachlässt.
Ein aufmerksamer Erhaltungsschnitt ist erforderlich. Er zielt auf ständige Trieberneuerung, um eine frühzeitige Vergreisung zu vermeiden.

Standort
Nicht für Extremlagen. Ausreichend feuchte, nährstoffreiche Böden bis in mittlere, unbedingt geschützte Höhenlagen sind unerlässlich.

Anfällig
Stark für Feuerbrand. Mittelstark für Schorf und Mehltau. Widerstand gegen die Viröse Triebsucht.

Blüte
Früh bis mittelfrüh, unempfindlich. Guter Pollenspender. Um einer Erschöpfung des Baumes vorzubeugen, sollte bald nach der Blüte energisch ausgedünnt werden.

Ertrag
Früh einsetzend, hoch und regelmäßig.

Anbauwert
Sehr pflegeintensiv und nur für erfahrene Anbauer zu empfehlen. Abgesehen vom Widerstand gegen die Triebsucht, ist die Sorte wohl keine wesentliche Bereicherung des Sortiments.

Lieferanten: Bergt, Leinweber, Wetzel.

Standort der Sichtungsbäume: Erfurt, Dresden-Pillnitz, Magdeburg, Müncheberg, Pomona Franconica, Triesdorf, Weinsberg, Wurzen.

Entstehung 'Octovo' x 'Jolana' im Institut für Experimentelle Botanik in Prag (Strizovice/Tschechien). Sortenschutz seit 1997.

Frucht Mittelgroß bis groß, stumpf kegelförmig. Tiefe, gerippte Kelcheinsenkung, weite und flache Stielgrube mit typischer Grünfärbung.
Schale zart, trocken, mitteldick, leicht bereift. Gelbgrün mit dunkelrot-streifiger, in voller Belichtung flächiger Deckfarbe und feinen Schalenpunkten. Fruchtfleisch cremefarben, etwas weich, mittelsaftig. Süß mit wenig Aroma und etwas grasigem Beigeschmack. Wenig Vitamin C.

Verwertung Für Frischverzehr, weniger als Wirtschaftssorte brauchbar.

Reife Ab Anfang September, kurz vor Elstar. Traubig hängende Früchte drücken sich schon vor der Baumreife ab. Etwa 2 Monate kühl haltbar, dann schnell mürbe werdend.

Baum Anfangs aufrechtes Wuchsbild mit geringer Seitenverzweigung. Im Vollertragsalter auseinander fallend, mit verkahlenden Ästen. Der Schnitt zielt auf mehr Stabilität und bessere Verzweigung. Nicht ganz frosthart im Holz.

Standort Nur für nährstoffreiche Böden in geschützter Lage.

Anfällig Noch schorfresistent (*Vf*). Gering Mehltau, aber stark stippeanfällig schon am Baum. Frei hängende Früchte sind durch Sonnenbrand gefährdet.

Blüte Früh bis mittelfrüh, etwas witterungsempfindlich. Guter Pollenspender.

Ertrag Mittelfrüh einsetzend, starke Alternanzneigung. Mittelhohe Erträge.

Anbauwert Solange die Schorfresistenz noch anhält, kann die Sorte wegen der attraktiven Fruchtfarbe noch eingeschränkt empfohlen werden.
Für den Garten weniger empfehlenswert.

Lieferanten: Krämer, Ritthaler, Spieß.

Standort der Sichtungsbäume: Bavendorf, Geisenheim, Dresden-Pillnitz, Jork, Veitshöchheim, Wurzen.

Blüte	Mittelfrüh, diploid, Blüte auch am einjährigen Holz. Wegen des hohen Fruchtansatzes ist rechtzeitig auszudünnen.
Ertrag	Früh einsetzend, hoch bis sehr hoch und regelmäßig.
Anbauwert	Aufgrund der Pflanzengesundheit, der hohen Erträge und der Fruchtqualität eine interessante Sorte für den Garten und den Mostobstanbau. Lieferanten: Ganter, Jäger, Kiefer.

Entstehung	'Topaz' x 'Golden Delicious'. Institute of Experimental Botany, Strizovice, Tschechien. EU-Sortenschutz.
Frucht	Mittelgroß, ca. 156 g schwer. Unterschiedliche Form von flach- bis hochrund. Schüsselförmig, mitteltiefe, kaum berostete Stielgrube. Fruchtschale sehr glatt, blassgelb mit großen Schalenpunkten. Grüngelbe bis gelbe Grundfarbe, ohne Berostung. Druckempfindlich. Fruchtfleisch leicht gelblich, knackig, saftig mit sehr gutem Geschmack. Geringer Gehalt an Vitamin C.
Reife	Baumreife Mitte Oktober, etwa 162 Tage Fruchtwachstum. Im Kühllager bis März haltbar. Windfest am Baum.
Verwertung	Überwiegend Tafelsorte, doch auch sehr gut für Most.
Baum	Anfangs mittelstarker, später schwacher Wuchs mit sehr guter Verzweigung und intensiv grünem, gesunden Laub.
Standort	Alle apfelfähigen Lagen. In schweren, nassen Böden kann Krebs auftreten.
Anfällig	Schorfresistent (*Vf*), kaum Mehltau. Sehr gesund.

Standort der Sichtungsbäume: LVWO Weinsberg, Obstversuchsgut Bad Friedrichshall, Veitshöchheim.

Entstehung	Um 1920, gefunden in der Mark Brandenburg bei Lunow, Landkreis Barnim. Im Katalog L. Späth von 1938 als 'Lunower Apfel' bezeichnet.
Frucht	Klein oder mittelgroß, um 110 g schwer. Breitkegelförmige, gleichmäßige Form. Flache, faltige Kelcheinsenkung. Mittellanger Stiel in tiefer und strahlig berosteter Grube. Schale hart, trocken mit zahlreichen dunklen Schalenpunkten. Druckfest und abziehbar. Bei Vollreife hellgelb mit verwaschen rötlicher Deckfarbe. Fruchtfleisch fast weiß, fest, wenig saftig. Süßsäuerlich ohne hervortretendes Aroma, ähnlich 'Oldenburg'
Verwertung	Erst nach gewisser Lagerzeit eine Tafelsorte, sonst für die häusliche Verarbeitung. Industriell für Saft.
Reife	Ab Mitte Oktober, vollkommen windfest. Im kühlen Naturlager bis zu 4 Monaten haltbar ohne zu welken, dann tritt Geschmacksverlust ein. Etwas Stippe ist möglich.
Baum	Anfangs steil aufrechtes Wuchsbild, im Alter sparrig breite Krone mit kurz verzweigten Fruchtspießen. Mittelstarker Wuchs, im Alter schwach.

Sobald der Trieb nachlässt, beginnt die Verjüngung, sonst ist nur ein Auslichtungsschnitt nötig. Im Holz frosthart.

Standort	In nährstoffreichen Böden bis in offene, auch windige Höhenlagen anbaufähig.
Anfällig	Der Feuerbrandstatus ist unbekannt. Auf zusagenden Standorten sehr widerstandsfähig gegenüber Schädlingen, Krankheiten und Witterungseinflüssen.
Blüte	Früh, guter Pollenspender.
Ertrag	Mittelfrüh einsetzend. Wegen ausgeprägter Alternanz nur mittlere Erträge.
Anbauwert	Der Vorteil liegt hauptsächlich in der geringen Pflegebedürftigkeit. Weniger für schwachwachsende Unterlagen oder Formobst geeignet. Gut in Streuobstflächen in höheren Lagen.

Lieferanten: Angendohr, Bergt, Leinweber, Wetzel.

Standort der Sichtungsbäume: Erfurt, Dresden-Pillnitz, Müncheberg, Pomona Franconica, Rhöner Apfelbüro, Triesdorf.

Doppelname   'Reinette des Vergers' (wahrscheinlich erster Name), Synonym 'Luxemburger Renette'.

Entstehung   Mitte des 19. Jh. in Luxemburg. Wurde vom Landwirtschaftlichen Verein für Rheinpreußen zum Massenanbau empfohlen.

Frucht   Mittelgroße, meist flachrunde Form mit ungleichen Hälften. Deutliche Rippen laufen vom Kelch aus flach über die Frucht. Weite, gerippte Kelcheinsenkung mit zumeist halb offenem Kelch. Kurzer Stiel in tiefer Stielgrube.
Schale glatt, bei Reife gelb mit länger grün bleibenden Stellen. Sonnenseite leicht bräunlich-rot. Fruchtfleisch feinzellig, saftig mit etwas Würze. Ausgewogenes Zucker-/Säureverhältnis.

Verwertung   Auch für den Frischverzehr. Vorwiegend aber eine gute Wirtschafts- und Mostsorte.

Reife   Ab Mitte Oktober. Im kühlen Naturlager mindestens 6–7 Monate haltbar.

Baum   Sehr große und hohe Krone mit langen, herabhängenden Seitenzweigen. Starker Wuchs, auch noch im Vollertragsalter.

Standort   Völlig anspruchslos an Boden und Klima bis in Gebirgslagen. Wegen der späten Blüte auch in nebligen Wiesen und Tälern anbaufähig.

Anfällig   Nur in geschützten Warmlagen anfällig für Schorf und Mehltau.

Blüte   Sehr spät. Nicht empfindlich bei Frost und nasskalter Witterung.

Ertrag   Spät einsetzend, dann alle 2 Jahre sehr hoch.

Anbauwert   Empfehlenswerte Sorte für den Extensivbereich in Hoch- und Extremlagen.

Lieferanten: Baumgartner, Bergt, Brenninger, Cordes, Herr, Dr. Hoffmann, Krämer, Leinweber, Ley, Ritthaler.

Standort der Sichtungsbäume: Bavendorf, Geisenheim, Müncheberg, Neustadt, Pomona Franconica, Triesdorf.

Entstehung 1909, aus 'McIntosh' x 'Jersey Black'. Züchter R. Wel ington in der Versuchsstation Geneva im Staat New York (USA).

Frucht Mittelgroß, um 100 g schwer. Breitrunde, ungleich- mäßige Form mit breiten Rippen. Weite und tiefe Kelcheinsenkung, oft von 5 Höckern umgeben. Kurzer. dicker Stiel in weiter, strahlig berosteter Stielgrube.
Schale glatt, hart, leicht wachsig. Sonnenseits flächig purpurrot mit verwaschenen roten Streifen. Etwas druckempfindlich.
Fruchtfleisch fast weiß, etwas mürbe, saftig, süß- aromatisch.

Verwertung Für den Frischverzehr, auch als Wirtschafts- und Mostsorte brauchbar.

Reife Ab Erde September. Nicht windfest, zur Baumreife stärker fallend. Im kühlen Naturlager etwa sechs Monate haltbar, dann schnell Verlust an Aroma und Saft. Aus Höhenlagen länger haltbar.
Öfter auf Fleischbräune und Lagerfäule kontrollieren.

Baum Lockeres, breitrundes Wuchsbild mit schräg aufrechten, gut verzweigten Leitästen, im Alter überhängend. Mittelstarker Wuchs.

Der regelmäßige Überwachungsschnitt zielt auf gut durchlichtete Kronen und Erneuerung der Fruchtäste, um der Kleinfrüchtigkeit vorzubeugen. Im Holz frostfest.

Standort Auf nährstoffreichen, genügend feuchten, jedoch nicht nassen Böden bis mittlere Höhenlagen. Sehr schwere Böden sind zu meiden.

Anfällig Stark für Mehltau auf schweren Böden und geschlossenen Lagen. Weniger für Schorf. Auf ungeeigneten Standorten krebsanfällig.

Blüte Spät, unempfindlich. Guter Pollenspender. Die Fruchtausdünnung nach der Blüte ist ratsam.

Ertrag Nur auf schwachwachsenden Unterlagen regelmäßig und einigermaßen befriedigend. Sonst Alternanzneigung und ausgesprochen niedrige Erträge.

Anbauwert Liebhabersorte für höhere Lagen und für den Streuobstanbau. Störend die starke Anfälligkeit für Mehltau.

Lieferanten: Angendohr, Baumgartner, Bergt, Cordes, Leinweber, Wetzel.

Standort der Sichtungsbäume: Bavendorf, Erfurt, Geisenheim, Dresden-Pillnitz, Müncheberg, Rhöner Apfelbüro, Triesdorf, Weihenstephan, Wurzen.

Mairac®

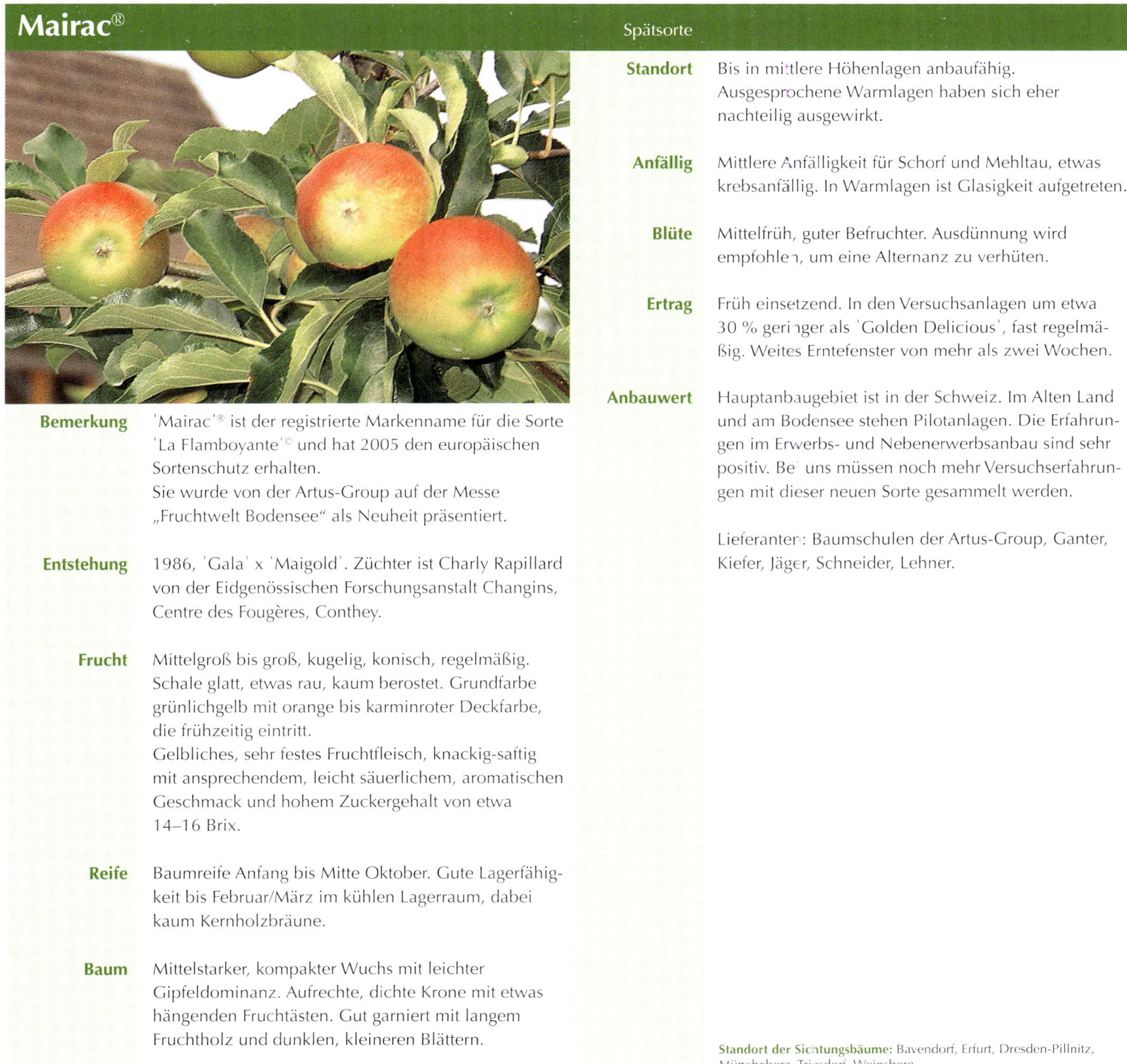

Bemerkung 'Mairac'® ist der registrierte Markenname für die Sorte 'La Flamboyante'© und hat 2005 den europäischen Sortenschutz erhalten.
Sie wurde von der Artus-Group auf der Messe „Fruchtwelt Bodensee" als Neuheit präsentiert.

Entstehung 1986, 'Gala' x 'Maigold'. Züchter ist Charly Rapillard von der Eidgenössischen Forschungsanstalt Changins, Centre des Fougères, Conthey.

Frucht Mittelgroß bis groß, kugelig, konisch, regelmäßig. Schale glatt, etwas rau, kaum berostet. Grundfarbe grünlichgelb mit orange bis karminroter Deckfarbe, die frühzeitig eintritt.
Gelbliches, sehr festes Fruchtfleisch, knackig-saftig mit ansprechendem, leicht säuerlichem, aromatischen Geschmack und hohem Zuckergehalt von etwa 14–16 Brix.

Reife Baumreife Anfang bis Mitte Oktober. Gute Lagerfähigkeit bis Februar/März im kühlen Lagerraum, dabei kaum Kernholzbräune.

Baum Mittelstarker, kompakter Wuchs mit leichter Gipfeldominanz. Aufrechte, dichte Krone mit etwas hängenden Fruchtästen. Gut garniert mit langem Fruchtholz und dunklen, kleineren Blättern.

Standort Bis in mittlere Höhenlagen anbaufähig. Ausgesprochene Warmlagen haben sich eher nachteilig ausgewirkt.

Anfällig Mittlere Anfälligkeit für Schorf und Mehltau, etwas krebsanfällig. In Warmlagen ist Glasigkeit aufgetreten.

Blüte Mittelfrüh, guter Befruchter. Ausdünnung wird empfohlen, um eine Alternanz zu verhüten.

Ertrag Früh einsetzend. In den Versuchsanlagen um etwa 30 % geringer als 'Golden Delicious', fast regelmäßig. Weites Erntefenster von mehr als zwei Wochen.

Anbauwert Hauptanbaugebiet ist in der Schweiz. Im Alten Land und am Bodensee stehen Pilotanlagen. Die Erfahrungen im Erwerbs- und Nebenerwerbsanbau sind sehr positiv. Bei uns müssen noch mehr Versuchserfahrungen mit dieser neuen Sorte gesammelt werden.

Lieferanten: Baumschulen der Artus-Group, Ganter, Kiefer, Jäger, Schneider, Lehner.

Standort der Sichtungsbäume: Bavendorf, Erfurt, Dresden-Pillnitz, Müncheberg, Triesdorf, Weinsberg.

Bemerkung Diese Art ist seit altersher in Kultur. Aus ihr gingen – neben Kreuzungen mit anderen Arten – die meisten unserer Kultursorten hervor.

Entstehung Unbekannt, wahrscheinlich ist Kleinasien die Heimat.

Frucht Je nach Herkunft, Standort und Pflege sehr unterschiedlich in Form und Beschaffenheit.
Schale fest bis derb, trocken. Sonnenseits braunrot geflammt.
Fruchtfleisch feinzellig, hart, saftig. Sehr herb mit geringer Süße.

Verwertung Als Verschnitt in zu süßem Most gut brauchbar.

Reife Ab Anfang Oktober, wind- und sturmfest.

Baum Kurzstämmiger, rundkroniger Baum mit wirrer, stark verzweigter Krone. Freistehend bis 7 m hoch. Zweige dornenlos mit behaarten Knospen.

Standort Keinerlei Ansprüche an Boden und Klima, bis in raue Höhenlagen.

Anfällig Außerordentlich widerstandsfähig gegenüber Schadfaktoren.

Blüte Sehr zierend. Weiß, rosa überlaufen, bis zu 5 cm breit.

Anbauwert Der Baum wird vor allem wegen seiner Blütenzierde in Parkanlagen gepflanzt.

Standort der Sichtungsbäume: Pomona Franconica. Ein älteres Exemplar steht auch in der Theologischen Hochschule St. Georgen in Frankfurt am Main.

Blüte Mittelfrüh. Eine energische Fruchtausdünnung bald nach der Blüte beugt einer frühen Erschöpfung vor.

Anbauwert Sehr ertragreiche und lagerfähige Sorte, sowohl für den Garten, Bioanbau, wie auch für Streuobst. Wegen der attraktiven Früchte besteht allerdings auch Diebstahlsgefahr in frei zugänglichen Flächen.

Lieferanten: Belser & Scheuermann, Hofmann, Kühnen, Müller, Oberholz, Spieß, Vogg.

Entstehung ('Jolana' x 'Rubín') x ('Dukát' x 'Rubín'). Institute of Experimantal Botany (Strizovice, Tschechien). Sortenschutz in Deutschland und in der EU beantragt.

Frucht Mittel bis groß, ca. 143 g. Kugelig bis leicht hochgebaut mit schüsselförmiger Kelchgrube und mittelweiter, berosteter Stielgrube. Langer Stiel. Fruchtschale etwas dick und leicht fettend. Grüngelb mit schöner, karminroter Deckfarbe und leuchtend grauen Schalenpunkten.
Fruchtfleisch gelblich, knackig, saftig mit süßsäuerlichem Geschmack. Mittlerer Gehalt an Vitamin C.

Reife Baumreife Anfang Oktober, etwa 160 Tage Fruchtwachstum ab der Vollblüte. Im Kühlraum haltbar bis März.

Ertrag Früh einsetzend. Sehr hoch, ohne Alternanz.

Baum Mittelfrüher Austrieb. Schwacher, gut verzweigter Wuchs mit flachen Astabgängen. Bei der Unterlage Typ 9 tritt frühere Vergreisung ein, Typ 26 ist vorteilhafter.

Standort Wärmere Lagen werden bevorzugt.

Anfällig Schorfresistent (*Vf*), kaum Mehltaubefall. Sonstige Schaderreger kommen kaum vor.

Standort der Sichtungsbäume: Weinsberg, Veitshöchheim.

Blüte Mittelfrüh, nicht empfindlich. Guter Pollenspender.

Ertrag Mittelfrüh einsetzend. Mit wenigen Ausnahmen hoch und regelmäßig.

Anbauwert Eine ertragreiche Sorte für geeignete Standorte im Extensivbereich.

Lieferanten: Brenninger, Cordes, Dr. Hoffmann, Leinweber, Spieß.

Entstehung Ungewiss. Soll ein Sämling von 'Cox Orangenrenette' und in Holstein entstanden sein.

Frucht Mittelgroß mit breit kegeliger Form und breiten Kanten über die Frucht. Flache Kelcheinsenkung mit weit offenem Kelch. Kurzer, dicker Stiel in tiefer Stielgrube.
Schale dick und fest. Gelbgrün, sonnenseits mit kurzen, roten Streifen. Duftend.
Fruchtfleisch feinzellig, fest und saftig mit angenehmer Säure.

Verwertung Sowohl für den Frischverzehr als auch als Wirtschaftssorte und für Most brauchbar.

Reife Je nach Lage ab Anfang Oktober. Im kühlen Naturlager etwa 6–7 Monate haltbar.

Baum Hochgewölbte, regelmäßige und gut verzweigte Krone. Von Jugend an starker, im Vollertragsalter noch mittelstarker Wuchs. Im Holz nicht ganz frosthart.

Standort Nährstoffreiche, ausreichend feuchte Böden bis in windgeschützte, mittlere Höhenlage. Schwere Böden sind ungeeignet.

Anfällig Die Sorte ist krebsfest. Andere Schadeinflüsse sind nicht bekannt.

Standort der Sichtungsbäume: Bavendorf, Dresden-Pillnitz, Müncheberg, Pomona Franconica, Triesdorf.

Entstehung Als Sämling in Holzmaden bei Göppingen/Baden-Württemberg gefunden von Baumwart Maunzen. Von dort aus weiter verbreitet.

Frucht Klein bis mittelgroß, um 95 g schwer. Sehr unterschiedliche Form, meist flachrund. Weite, etwas faltige Kelcheinsenkung mit geschlossenem Kelch. Mittellanger Stiel in trichterförmiger Stielgrube. Schale glatt, fest, etwas fettend. Druckfest. Gelblich-grün, sonnenseits verwaschen rot oder stark marmoriert. Duftend.
Fruchtfleisch sehr fest, saftig mit hervortretender Säure, auch mit hohem Zuckergehalt. Reich an Vitamin C.

Verwertung Vor allem begehrte Wirtschafts- und Mostsorte.

Reife Je nach Lage ab Anfang September, windfest. Etwa fünf Monate im kühlen Naturlager haltbar.

Baum Mittelgroße, hochrunde bis kugelige Krone mit ausreichend verzweigten Trieben. Von Jugend an starker Wuchs, im Vollertragsalter deutlich schwächer. Im Holz extrem frostfest.

Standort Anspruchslos an Boden und Klima bis in raue, windige Höhenlagen.

Anfällig Gering für Feuerbrand, auch sonst bemerkenswert widerstandsfähig gegen Krankheiten.

Blüte Spät, nicht empfindlich. Guter Pollenspender. Selbstfruchtbarkeit soll vorkommen.

Ertrag Jährlicher Wechsel zwischen sehr hohen Ernten und völligem Ertragsausfall (ausgeprägte Alternanz), gesamt aber hoch.

Anbauwert Begehrte Verwertungssorte, aber auch als Stamm- und Gerüstbildner für die Anzucht von Hochstämmen anderer Streuobstsorten.

Lieferanten: Brenninger, Cordes, Herr, Dr. Hoffmann, Kiefer, Schmitt, Wetzel, Wörlein.

Standort der Sichtungsbäume: AHNU, Ahrensburg, Bamberg, Bavendorf, Erfurt, Geisenheim, Dresden-Pillnitz, Triesdorf, Veitshöchheim, Weihenstephan, Weinsberg.

Bemerkung — Die Sorte 'McIntosh' soll schon seit dem Ende des 18. Jh. in Kanada bekannt sein. Der Computerhersteller Apple hat als Logo den angebissenen 'McIntosh', weil es der Lieblingsapfel des Inhabers sein soll.

Mutanten — 'Black McIntosh', 'Rogers Red', 'Solid Red', 'Spur 20', 'Summerland', 'Weijcik' (Säulenform) und noch etliche andere.

Entstehung — 1930 als Mutante von 'McIntosh' in Dansville (USA) von J.C. Rogers gefunden. Seit 1932 im Handel.

Frucht — Mittelgroß, seltener groß, um 110 g schwer. Unterschiedliche und ungleichmäßige Form, meist ungleichhälftig hochkugelig.
Unterschiedlich tiefe, strahlige Kelcheinsenkung mit kleinem, geschlossenem Kelch. Extrem kurzer, dicker Stiel in strahlig berosteter Einsenkung.
Schale glatt, dick und hart, etwas bläulich bereift. Sonnenseits flächig braunrot mit deutlichen, hellen Schalenpunkten. Druckempfindlich.
Fruchtfleisch weiß, feinzellig, fest, saftig. Süßaromatisch parfümiert ohne hervortretende Säure. Arm an Vitamin C.

Verwertung — Vorwiegend für den Frischverzehr, industriell für Saftgewinnung.

Reife — Ab Anfang September, folgernd, nicht windfest. Möglichst druckfrei ernten. Mehrmaliges Durchpflücken ist wegen des Vorerntefruchtfalls erforderlich. Vom Baum essbar.
Im kühlen Naturlager etwa vier Monate ohne Welke haltbar, im Kühlraum bis Februar (März) bei 3 °C.

Baum — Mittelgroßes, lockeres, hochrundes Wuchsbild mit gut verzweigten Trieben. Wuchs mittelstark, im Vollertragsalter schwach. Im Holz nicht frostfest.
Sorgfältiger Überwachungsschnitt ist nötig, doch können bei starken Schnitteingriffen (Pillarbäume) möglicherweise Rindenschäden auftreten.

Standort — Nährstoffreiche Böden bis in windgeschützte, mittlere Höhenlagen.

Anfällig — Mittel für Feuerbrand und Rindenkrankheiten. Besonders in geschlossenen Tallagen für Schorf, auch für Mehltau. Auf schweren, nassen Böden krebsanfällig.

Blüte — Mittelfrüh, empfindlich. Sorgfältige Fruchtausdünnung nach der Blüte kann die Alternanz etwas mindern.

Ertrag — Etwa ab dem 4. Standjahr einsetzend. Auf schwachwachsenden Unterlagen hoch und nahezu regelmäßig, sonst Alternanzneigung.

Anbauwert — Negative Eigenschaften grenzen den Anbauwert stark ein. Für Liebhaber süß parfümierter Sorten tauglich.

Lieferanten: Baumgartner, Cordes, Leinweber, Wetzel.

Standort der Sichtungsbäume: Ahrensburg, Dresden-Pillnitz, Magdeburg, Triesdorf, Weihenstephan, Wurzen.

Doppelnamen 'Crivitzer', 'Königsapfel', 'Zorenapfel'.

Entstehung Vor 1830 in Mecklenburg.

Frucht Mittelgroß bis groß, ähnlich dem 'Roten Herbst-kalvill'. Unterschiedliche Form, meist stumpf kegelförmig. Kelchgrube schüsselförmig, strahlig mit geschlossenem Kelch. Kurzer Stiel in tiefer, berosteter Stielgrube.
Fruchtschale dick, glatt, wenig fettend. Grundfarbe gelblichgrün mit flächiger, karmesinroter Deckfarbe und blutroten Streifen. Oft bläulich beduftet. Fruchtfleisch gelblichweiß mit grünlicher Ader um das Kernhaus. Anfangs fest, dann locker, ausreichend saftig mit ausgeglichenem Zucker-/Säureverhältnis und himbeerartiger Würze. Geringer Gehalt an Vitamin C.

Verwertung Zum Frischverzehr, mehr noch Wirtschaftssorte und für Most. Attraktive Schmuckfrüchte zu Weihnachten und für Ausstellungen.

Reife Oktober, im kühlen Naturlager etwa 4–5 Monate haltbar, gegen Lagerende mehlig werdend.

Baum Bei Vollertrag mittelstarker Wuchs mit breiter Krone, geringer Pflegeaufwand.

Standort Nicht für trockene und schwere, nasse Böden. Sonst anspruchslos und breit anbaufähig bis in höhere Lagen.

Anfälligkeit Auf schweren Böden krebsanfällig, sonst sehr robust.

Blüte Mittelfrüh, schlechter Pollenspender (triploid).

Ertrag Je nach Standort hoch und fast regelmäßig.

Anbauwert Früher eine Hauptsorte in Mecklenburg, heute aber fast verschwunden. Wegen der schönen, weit leuchtenden Früchte besteht auf Obstwiesen Diebstahlsgefahr.

Lieferanten: Dr. Hoffmann, Leinweber.

Standort der Sichtungsbäume: Eingangsallee im Gnadenhof Aiderbichl/ Österreich, außerdem Bavendorf, Pomona Franconica, Triesdorf, Veitshöchheim.

Baum
Anfangs steiles, hohes und lockeres Wuchsbild mit verkahlenden Ästen. Der Überwachungsschnitt zielt auf besser durchlichteten, flacheren Aufbau. Der Wuchs ist mittelstark. Im Holz frostempfindlich.

Standort
Nährstoffreiche Böden in windgeschützten, warmen Lagen sind Anbauvoraussetzungen. Andernfalls erhöht sich die Anfälligkeit für Krebs, Rindenkrankheiten und Frostschäden.

Anfällig
Mittelstark für Feuerbrand. Stark für Triebsucht, Schorf und Mehltau, auch an den Früchten.

Blüte
Sehr spät, kurz anhaltend. Nicht empfindlich. Bei starkem Fruchtansatz ist eine Ausdünnung auf Einzelfrüchte nach der Blüte stets ratsam, um die Alternanzneigung zu mindern.

Ertrag
Hoch und nahezu regelmäßig nur bei schwachwachsenden Unterlagen. Sonst Neigung zu Alternanz.

Anbauwert
Für Liebhaber süßfruchtiger Sorten. Qualitätsfrüchte sind nur in besten Lagen bei fachgerechter Pflege zu erwarten.

Lieferanten: Dr. Hoffmann, Leinweber.

Bemerkung
Der Name leitet sich ab von „*Mel*" = (altdeutsch) Honig.

Mutanten
'Melrouge', in der Deckfarbe noch dunkler, 'Melrojam' und 'Super Melred'.

Entstehung
1932, aus 'Jonathan' x 'Red Delicious' in der Versuchsstation Wooster in Ohio (USA). Seit 1944 im Handel.

Frucht
Meist mittelgroß, in der Form unterschiedlich. Weite, faltige Kelcheinsenkung mit geschlossenem Kelch. Kurzer Stiel.
Schale glatt und (oft unangenehm) hart mit zahlreichen hellen Schalenpunkten. Leicht wachsig. Sonnenseits flächig braunrot. Druckfest.
Fruchtfleisch sehr fest, feinzellig, saftig. Süßfruchtig mit leichtem Aroma. Arm an Vitamin C.

Verwertung
Überwiegend für den Frischverzehr, eingeschränkt für Saft.

Reife
Ab Mitte Oktober. Windfest, doch drücken sich die Früchte wegen des kurzen Stieles oft vorzeitig ab. Im kühlen Naturlager etwa fünf Monate haltbar, im Kühllager bis Mai bei 2–3 °C. Auf Schalenbräune am Lager ist zu achten.

Standort der Sichtungsbäume: Auweiler, Bamberg, Erfurt, Geisenheim, Dresden-Pillnitz, Magdeburg, Rhöner Apfelbüro, Triesdorf, Veitshöchheim, Weihenstephan, Weinsberg, Wurzen.

Morgenduft

Doppelnamen 'Gillet's Seedling', 'Rome Beauty' und weitere.

Entstehung 1820, als Sämling in Ohio/USA gefunden. Seit 1848 im Handel. Es existieren mehrere Mutanten, darunter 'Double Red', 'Red Rome', 'Red Stripped Grove'.

Frucht Mittelgroß bis groß, kugelförmig mit gleichen Hälften. Tiefe, gerippte Kelcheinsenkung mit geschlossenem Kelch. Langer Stiel in enger und tiefer, strahlig berosteter Stielgrube.
Schale fest, zur Reife grüngelb mit schönen roten Streifen und hellen Schalenpunkten.
Fruchtfleisch grobzellig, zunächst fest und saftig, auf dem Lager dann mürbe, leicht zäh und ohne Aroma. Fader bis süßlicher Geschmack. Niedriger Gehalt an Vitamin C.

Verwertung Tafel- und Wirtschaftssorte mit unterdurchschnittlicher Qualität.

Reife Je nach Lage ab Mitte Oktober, nicht windfest und mit folgernder Reife. Im kühlen Naturlager etwa 5 Monate haltbar, danach nur noch fade und mürbe.

Baum Zunächst hohe Krone mit aufstrebenden Leitästen, im Vollertragsalter hängende Fruchtäste und schwacher Wuchs. Ohne regelmäßigen Schnitt erschöpft sich der Baum sehr früh. Im Holz nicht frosthart.

Standort Anspruchsvoll an klimatische Verhältnisse. Gedeiht am besten im Weinbauklima, auch auf leichteren Böden.

Anfällig Stark für Schorf und sehr stark anfällig für Mehltau. Feuerbrand ist nicht auszuschließen.

Blüte Mittelspät, nicht witterungsempfindlich. Wegen des hohen Fruchtansatzes soll bald nach der Blüte energisch ausgedünnt werden, um die Fruchtqualität zu verbessern.

Ertrag Früh einsetzend, dann hoch bis sehr hoch und regelmäßig.

Anbauwert Wegen des hohen Ertrages und der schönen Früchte noch immer eine verbreitete Markt- und Importsorte. Im Garten zu hoher Pflegeaufwand bei unbefriedigender Fruchtqualität.

Lieferanten: Baumgartner, Bergt, Cordes.

Standort der Sichtungsbäume: Bavendorf, Dresden-Pillnitz, Müncheberg, Pomona Franconica, Triesdorf, Veitshöchheim, Wurzen.

Doppelnamen	'Multhaupts Karminrenette', 'Renette Multhaupt', 'Moldenhauptrenette'.
Entstehung	Sämlingsauslese des Gastwirtes Multhaupt in Vienenburg (Niedersachsen). Erstbeschreibung 1816, im allgemeinen Anbau seit 1901.
Frucht	Mittelgroße, gleichmäßig abgestumpft rundliche Form. Halboffener Kelch und flache Kelcheinsenkung, fast ohne Falten. Stielgrube mitteltief, grünlichbraun berostet. Schale glatt, bei Reife etwas fettend. Hellgelb, schattenseits noch heller. Sonnenseits mehr gestreift mit zahlreichen hellen Schalenpunkten. Schwacher Duft. Fruchtfleisch gelblich weiß, feinzellig, saftig, etwas mürbe mit weinartigem Zuckergeschmack.
Verwertung	Gute Tafel- und Wirtschaftssorte, weniger für Most geeignet.
Reife	Ab Anfang Oktober, nicht sehr windfest. Mehrmaliges Durchpflücken ist ratsam. Im kühlen Naturlager etwa 4–5 Monate haltbar ohne zu welken
Baum	Anfangs kräftiger, aufrechter Wuchs. Mit Beginn des Vollertrages deutlich schwächer, mit teils überhängenden Außentrieben. Dann wird auch ein aufmerksamer Überwachungsschnitt nötig, damit der Baum nicht vorzeitig vergreist.
Standort	Windgeschützt auf eher leichten Böden. Auf schweren Böden tritt häufiger Stippe auf.
Blüte	Mittelfrüh, nicht witterungsempfindlich. Eine Blütenausdünnung ist einer späteren Fruchtausdünnung nach dem Junifall vorzuziehen, um gleichmäßige Fruchtgrößen zu erzielen, einer Erschöpfung des Baumes vorzubeugen und so eine gute Winterhärte zu garantieren.
Ertrag	Früh einsetzend. Meist hoch bis sehr hoch und regelmäßig.
Anbauwert	Eine noch immer fast unbekannte Sorte, doch empfehlenswert für den Anbau im Garten.

Standort der Sichtungsbäume: Müncheberg, Triesdorf, Hohenheim.

Muskatrenette

Reife — Je nach Lage ab Mitte September, windfest bis zur Baumreife. Im kühlen Naturlager etwa drei Monate haltbar, aus Höhenlagen bedeutend länger.

Baum — Kaum mittelgroße, hoch kugelförmige Krone mit dünnen Trieben und typisch weißfilzigen Fruchtknospen. Lanzettliche, oft aufgefaltete Blätter mit langen, wolligen Blattstielen.
Als Hochstamm ist eine Zwischenveredelung (z. B. 'Maunzenapfel') nötig. Wegen des schwachen Wuchses ist ein sorgfältiger Überwachungsschnitt anzuraten, um vorzeitiger Vergreisung vorzubeugen. Im Holz vollkommen frostfest.

Standort — Beste Fruchtqualität ist in kühlen, auch rauen Lagen auf fruchtbarem, ausreichend feuchtem Boden erzielbar. In trockenen und mageren Böden leidet die Wurzelbildung.

Anfällig — Auf nassen Böden für Krebs. Besonders in Höhenlagen bemerkenswert gesund.

Blüte — Spät, nicht empfindlich. Nach der Blüte ist eine energische Fruchtausdünnung ratsam, um einer frühzeitigen Erschöpfung des Baumes vorzubeugen.

Ertrag — Hoch und regelmäßig.

Anbauwert — Unproblematische Sorte für raue Höhenlagen. Geeignet für alle Baumformen, auch Spaliere und Topfbäume.

Lieferanten: Angendohr, Baumgartner, Bergt, Cordes, Dr. Hoffmann, Leinweber, Ritthaler, Wetzel.

Doppelnamen — 'Muscate' (Olivier de Serres 1608), 'Sucrée d'Hiver' (Mayer in Pomona Franconica 1776), 'Muskateller Renette' (Sickler, Der Teutsche Obstgärtner 1799) und weitere.
In England 'Never fail' (nie fehlschlagend).

Entstehung — Ungewiss. Die Sorte soll schon seit dem frühen 17. Jh. in der Normandie bekannt gewesen sein. Wurde 1874 vom Deutschen Pomologenverein unter die 50 zu empfehlenden Sorten aufgenommen, 1877 für Formbäume empfohlen.

Frucht — Meist mittelgroß, um 110 g schwer. In der Form unterschiedlich, meist hochrund. Weite Kelcheinsenkung, lange und spitze Kelchblätter. Unterschiedlich langer Stiel in flacher und weiter Stielgrube. Schale glatt, oft mit Rostfiguren und feinen Schalenpunkten. Bei Reife zitronengelb. Sonnenseits kräftig braunrot marmoriert. Schwacher Duft. Fruchtfleisch gelblichweiß, etwas mürbe, saftig. Süßsäuerlich mit kräftiger, muskatartiger Würze. Deutliche Gefäßbündel um das Kernhaus.

Verwertung — Für den Frischverzehr, auch verbreitete Wirtschafts- und Mostsorte.

Standort	Geringe Standortansprüche bis in Höhenlagen.
Anfällig	Schorfanfällig nur in geschlossenen Tallagen.
Blüte	Mittelfrüh, unempfindlich. Guter Pollenspender.
Ertrag	Ausgesprochen gering, aber regelmäßig, ohne Alternanz.
Anbauwert	Liebhabersorte, auch Ersatz für 'Cox' in höheren Lagen und auf schlechteren Böden. Nur mäßige Flächenerträge. Geeignet für Streuobst.

Lieferanten: Baumgartner, Bergt, Cordes, Dr. Hoffmann, Leinweber, Ritthaler, Schmitt, Wetzel.

Doppelnamen	'The Mother' (Erster Name), 'American Mother', 'Lavanthaler Bananenapfel' (Österreich), 'Schöner von Schönlind' und weitere.
Entstehung	1844. Sämling von 'Cox Orange'. Massachusetts (USA).
Frucht	Mittelgroß, mitunter groß, um 160 g. Gleichmäßig runde, hoch gebaute Form. Flache Kelcheinsenkung mit kleinem, geschlossenem Kelch. Schale glatt mit Rostfiguren, bei Vollreife etwas fettig. Goldgelb, sonnenseits schön rot marmoriert und gestreift. Helle Schalenpunkte. Fruchtfleisch etwas mürbe, weniger saftig. Süßaromatisch mit milder Säure.
Verwertung	Für Frischverzehr, auch als Wirtschaftssorte brauchbar. 1935 noch als „edler Tafelapfel" beschrieben.
Reife	Ab Mitte September, windfest bis zur Baumreife. Im kühlen Naturlager höchstens vier Monate haltbar, im Kühlraum bis Februar bei 2 °C und hoher Luftfeuchte.
Baum	Lockere, breitrunde bis rundliche Krone mit mäßiger Verzweigung. Mittelstarkes Wachstum, im Alter schwach. Benötigt einen frostharten Stammbildner. Gelegentliche Auslichtung und Verjüngung ist anzuraten.

Standort der Sichtungsbäume: Bavendorf, Geisenheim, Dresden-Pillnitz, Pomona Franconica, Triesdorf, Veitshöchheim, Wurzen.

Entstehung 1824. Aus einem Samen gezogen von dem Obergärtner Dieskau in den Althaldensleber Gartenanlagen (Sachsen-Anhalt). Zu Ehren des Gottlob Nathusius benannt, einem Förderer des Obstbaues, der 1810 das ehemalige Kloster Althaldensleben kaufte.

Frucht Mittelgroß, um 100 g. Je nach Herkunft und Standort stark in der Form wechselnd, von lang gestreckt bis hochkugelig. Weite Kelcheinsenkung mit engem Kelch, meist kurzer Stiel in enger Stielgrube.
Schale glatt, zäh, leicht bläulichweiß beduftet. Druckfest. Vollreif hellgelb mit schöner karmesinroter Deckfarbe und dunkleren Streifen.
Fruchtfleisch weiß, fest, saftig mit etwas ungewöhnlichem Geschmack nach Bittermandel. Vorherrschende Säure bei hohem Zuckergehalt.

Verwertung Für den Frischverzehr und als guter Wirtschaftsapfel brauchbar.

Reife Ab Mitte September. Windfest bis zur Baumreife, dann schnell fallend.

Baum Breit pyramidale Krone mit schräg aufrechten, mäßig verzweigten Leitästen. Die jungen, wolligen und kräftigen Jungtriebe wachsen gedrungen (wie 'Ananasrenette') mit kurzen Internodien. Von Jugend an kräftiger, im Vollertragsalter schwacher Wuchs. Der Schnitt zielt auf bessere Verzweigung und den Erhalt der Wuchskraft im Vollertragsalter.

Standort Völlig genügsam gegenüber Boden und Klima, doch sind leichte Böden und windige Lagen weniger geeignet. Im Lehmboden färben sich die Früchte noch intensiver.

Anfällig In geschlossenen Tallagen für Blattschorf, sonst sind keine Schadfaktoren bekannt.

Blüte Spät, unempfindlich. Guter Pollenspender. Bei starkem Fruchtansatz nach der Blüte wird ein energisches Ausdünnen empfohlen, um einer frühzeitigen Erschöpfung des Baumes vorzubeugen.

Ertrag Früh einsetzend, mittelhoch, seltener hoch, aber regelmäßig.

Anbauwert Wegen des leichten Beigeschmacks nach Bittermandel nicht mehr so häufig im Anbau als früher. Bei Pflanzung in Obstwiesen besteht wegen der schön gefärbten Früchte Diebstahlsgefahr.

Lieferarten: Baumgartner, Bergt, Cordes, Dr. Hoffmann, Leinweber.

Standort der Sichtungsbäume: Bavendorf, Dresden-Pillnitz, Müncheberg, Pomona Franconica, Triesdorf, Veitshöchheim, Wurzen.

Standort	Beste Fruchtqualität ist nur in warmer Lage und nährstoffreichen Böden zu erzielen.
Anfällig	In zusagenden Lagen robust. Stark anfällig für Stippe im Lager, aber auch schon am Baum.
Ertrag	Jährlich wechselnde Erträge zwischen hoch und sehr gering (Alternanz).
Anbauwert	Bei uns nur in zusagenden Lagen als Liebhabersorte zu empfehlen.

Lieferanten: Bergt, Dr. Hoffmann, Leinweber.

Doppelnamen	'Newton Wonder' (korrekter Name), 'Green Newton Pippin', 'Newton Vert' (Bezeichnung in den USA).
Bemerkung	Die Sorte hatte früher in Amerika eine große Bedeutung. Wegen einer gewissen Ähnlichkeit heute noch gegendweise bei uns als „bessere" 'Granny Smith' bezeichnet.
Entstehung	Vor 1850 in den USA.
Frucht	Mittelgroß bis groß. Flachrunde, fast regelmäßige Form. Flache, weite Kelcheinsenkung mit geschlossenem Kelch. Kurzer Stiel in weiter Stielgrube. Schale fest, glatt, grün. Bei Vollreife grüngelb, sonnenseits streifig gerötet. Helle Schalenpunkte. Fruchtfleisch feinzellig, saftig, mit angenehmer Würze.
Verwertung	Für den Frischverzehr, auch als Wirtschafts- und Mostsorte gut brauchbar.
Reife	Ab Mitte Oktober, windfest. Im kühlen Naturlager 5–6 Monate haltbar.
Baum	Große, lockere, mäßig verzweigte Krone. Von Jugend an bis in das Vollertragsalter starker Wuchs.

Standort der Sichtungsbäume: Geisenheim, Triesdorf.

Doppelname	Voller Name 'Schöner von Nordhausen', Synonym 'Hindenburgapfel'.
Entstehung	1820, als Sämling von dem Gärtner Kaiser in Nordhausen (Nähe Göttingen) gefunden. Seit 1892 im Handel.
Frucht	Mittelgroß, um 110 g schwer, bei älteren Bäumen auch klein. Unregelmäßige Fruchtform mit schwachen Kanten bis zur Fruchtmitte. Flache Kelcheinsenkung mit fünf Kanten. Kurzer Stiel in tiefer Stielgrube. Schale fest, glatt, etwas fettig, besonders am Lager. Weißgelb, sonnenseits verwaschen rot überhaucht. Geringer Duft. Fruchtfleisch mattweiß, mittelfest, feinzellig, saftig, süßsäuerlich mit schwachem Aroma. Kleines Kerngehäuse.
Verwertung	Für den Frischverzehr, aber auch als Wirtschafts- und Mostsorte brauchbar.
Reife	Je nach Lage ab Mitte September. Auf schlechten Böden oder bei anhaltender Trockenheit Vorerntefruchtfall. Außerdem drücken sich die Früchte wegen des kurzen Stieles oft vorzeitig ab. Im kühlen Naturlager etwa sechs Monate haltbar ohne zu welken, im Kühlraum bis Ende April bei 3 °C.

Bei Früchten aus warmen Lagen ist auf Druckstellen, Stippe und Fruchtfäule zu achten.

Baum	Zunächst kugelige, später breite, mittelgroße Krone mit zunächst schräg aufwärts gerichteten, dann nahezu waagerechten Leitästen. Stark glänzende, im Alter hängende Triebe. Anfangs kräftiges, später mittelstarkes Wachstum. Sorgfältiger Überwachungsschnitt beugt einer frühzeitigen Vergreisung vor. Gelegentlich ist auch eine Verjüngung nötig. Im Holz frostfest.
Standort	Ohne Ansprüche an Boden und Klima bis in raue Lagen anbaufähig. Warme Standorte oder gar Weinbauklima sind nachteilig. Am besten sind leichtere Böden in offenen Lagen.
Anfällig	Stark für Feuerbrand, Mehltau und Triebsucht. In warmen Lagen auch Schorf und Stippe. Kein Blutlausbefall. Empfindlich für Kupfermittel.
Blüte	Mittelfrüh, lange anhaltend. Nicht empfindlich. Guter Pollenspender.
Ertrag	Mittelfrüh einsetzend. Auf schwachwachsenden Unterlagen und bei guter Baumpflege recht hoch und regelmäßig, sonst geringe Alternanzneigung.
Anbauwert	Liebhabersorte für höhere oder raue Lagen, auch für Streuobstanlagen.

Lieferanten: Brenninger, Herr, Dr. Hoffmann, Leinweber, Ritthaler, Schmitt, Spieß, Wetzel, Wörlein.

Standort der Sichtungsbäume: Ahrensburg, Bamberg, Bavendorf, Erfurt, Geisenheim, Dresden-Pillnitz, Müncheberg, Pomona Franconica, Triesdorf, Veitshöchheim, Weihenstephan, Weinsberg.

Oberdiecks Renette

Standort Nährstoffreiche Böden in mittlerer Höhenlage werden bevorzugt, doch ist ein Anbau auch noch in hohen, windgeschützten Lagen gut möglich.

Anfällig Mittelstark für Feuerbrand. Bei Ernährungsstörungen und in Warmlagen stark für Schorf und Mehltau. Soll krebsfest sein.

Ertrag Früh einsetzend, mittelhoch und fast regelmäßig.

Anbauwert Mitunter unansehnliche Früchte, krankheitsanfällig, ertragsmäßig nicht befriedigend. Deshalb verzichtbar.

Lieferanten: Baumgartner, Bergt, Cordes, Dr. Hoffmann, Leinweber.

Bemerkung J. G. C. Oberdieck war evangelischer Geistlicher in Jeinsen bei Hannover und einer der bedeutendsten Pomologen seiner Zeit in Deutschland.

Entstehung Um 1850 von dem Pomologen Dr. Lucas in einem Garten bei Cannstadt/Württ. gefunden und zu Ehren Oberdiecks benannt.

Frucht Mittelgroß, sehr unterschiedliche Form, von flach- bis hochkugelig. Schüsselförmige, weite und tiefe Kelcheinsenkung mit offenem Kelch, feinen Falten. Stielgrube tief, weit und strahlig berostet.
Schale glatt, oft mit ungleichmäßigen Rostflecken. Bei Reife gelb, sonnenseits mehr goldgelb, leicht gerötet mit feinen Schalenpunkten.
Fruchtfleisch gelblichweiß, feinzellig, markig bis mürbe. Renetteartige Würze mit süßweinigem Geschmack.

Verwertung Für den Frischverzehr und alle Verwertungsarten.

Reife Ab Mitte Oktober, windfest bis zur Baumreife. Im kühlen, feuchten Naturlager etwa 5 Monate haltbar ohne zu welken.

Baum Breit pyramidale Krone mit guter Verzweigung. Von Jugend an starker, im Vollertragsalter mittelstarker Wuchs.

Standort der Sichtungsbäume: Erfurt, Dresden-Pillnitz, Müncheberg, Pomona Franconica, Rhöner Apfelbüro, Triesdorf.

"

Anfälligkeit	Keine besonderen Krankheiten und Schädlinge bekannt
Blüte	Mittelspät, nicht witterungsempfindlich.
Ertrag	Etwas spät einsetzend, hoch und fast regelmäßig.
Anbauwert	Die Sorte ist auch heute noch in Unterfranken gelegentlich als Wirtschaftssorte zu finden.

Lieferant: Hammerschmidt, Dr. Hoffmann.

Doppelname   'Oberdiecks Pigeon'

Entstehung   Wahrscheinlich um 1850 von dem Pomologen Oberdieck in Oyle bei Nienburg (Weser) gefunden und später von Dr. Siegel so benannt.

Frucht   Stark unterschiedliche, ungleichhälftige Form, meist stumpf kegelförmig. Kleiner, geschlossener Kelch in flacher, faltiger Einsenkung. Dünner Stiel in weiter, tiefer Stielgrube.
Schale leicht wachsig. Bei Reife gelb, sonnenseits nur wenig gestreift.
Fruchtfleisch weiß, feinzellig, saftig und angenehm gewürzt.

Reife   Ab Mitte Oktober, wind- und sturmfest bis zur Baumreife. Etwa 4 Monate im kühlen Naturlager haltbar.

Baum   Mittelgroße, rundliche, gut verzweigte Krone mit viel Fruchtholz. Besonders auf ärmeren Böden. Frostfest im Holz.
Der Schnitt zielt auf laufende Fruchtasterneuerung, um eine vorzeitige Vergreisung des Baumes zu vermeiden.

Standort   Anspruchslos an Boden und Klima bis in höhere, auch kalte Lagen.

Doppelname	'Roter Blutstreifling'
Entstehung	Um 1860. Von Öhringen (bei Heilbronn am Neckar) aus verbreitet. Hier wurde auch am 18.10.1739 der Obstpfarrer und Pomologe Johann Ludwig Christ geboren.
Frucht	Mittelgroß, um 100 g schwer auf jungen Bäumen, auf älteren kleiner. Unterschiedliche, meist hochrunde Form. Tiefe und schüsselförmige, faltige Kelcheinsenkung mit geschlossenem, spitzem Kelch. Kurzer und dicker Stiel in tiefer, berosteter Stielgrube. Schale glatt, geschmeidig. Strohgelb mit roten Streifen, sonnenseits flächig blutrot mit hellen Schalenpunkten und einzelnen Rostfiguren. Fruchtfleisch fest, saftreich, arm an Säure und Würze.
Verwertung	Für den Frischverzehr, vom Baum essbar, auch als Wirtschaftssorte brauchbar. Wegen geringer Säure nicht für die Mostbereitung geeignet. Dekorative Schaufrucht bei Ausstellungen.
Reife	Ab Ende September, windfest bis zur Baumreife, dann schnell fallend. Im kühlen Naturlager etwa sechs Monate haltbar.
Baum	Hochkegelförmige, mittelgroße Krone mit überhängenden, wenig verzweigten Fruchtästen und auffallend graugrünen, schmalen Blättern. Von Jugend an starker, im Vollertragsalter schwacher Wuchs. Der Schnitt zielt auf bessere Verzweigung und Erhalt der Wuchskraft.
Standort	Auf nährstoffreichen, ausreichend feuchten Böden bis in höhere Lagen anbaufähig. Auf trockenen, armen Böden bleiben die Früchte klein und fade.
Anfällig	In Tallagen und auf nassen Böden stark für Schorf und Krebs.
Blüte	Mittelfrüh, lange anhaltend. Nicht empfindlich. Guter Pollenspender.
Ertrag	Früh einsetzend, eher mittel hoch und regelmäßig.
Anbauwert	Liebhabersorte, besonders in höheren Lagen. Schorfanfälligkeit und kleine Früchte mit begrenzter Verwendungsmöglichkeit schränken den Anbauwert ein. Lieferanten: Baumgartner, Bergt, Brenninger, Cordes, Herr, Kiefer, Leinweber, Müller, Rinn, Schmitt, Wetzel.

Standort der Sichtungsbäume: AHNU, Bavendorf, Geisenheim, Dresden-Pillnitz, Müncheberg, Triesdorf, Veitshöchheim, Weihenstephan, Weinsberg.

Baum Mittelgroße, breitkugelige Krone. Typisch dicke Triebe mit kurzen Internodien, hängenden Seitenzweigen und kurzem Fruchtholz. Von Jugend an kräftiges, im Vollertragsalter schwaches Wachstum. Ein Sommerschnitt zielt auf besser durchlichtete Kronen. Blasse Früchte aus dem Kroneninneren bleiben sonst fade. Der regelmäßige Überwachungsschnitt beugt einer vorzeitigen Vergreisung des Baumes infolge der hohen Fruchtbarkeit vor. Nicht ganz frostfest im Holz.

Standort Beste Fruchtqualität ist in wärmeren oder windgeschützten mittleren Höhenlagen auf offenen, nährstoffreichen Böden zu erwarten.

Voller Name 'Geheimrat Dr. Oldenburg'

Entstehung 1897, aus 'Minister von Hammerstein' x 'Baumanns Renette' in der Forschungsanstalt Geisenheim/Rhein. Es wurde auch eine rote Mutante ausgelesen. Eine weitere Sämlingsauslese ist 'Roba' ('Erwin Baur Roba').

Anfällig Stark für Feuerbrand, Schorf, Mehltau, Triebsucht, Blutlaus und Apfelwickler. Auf schweren Böden krebsanfällig. Empfindlich für Kupfer- und Schwefelmittel.

Frucht Mittelgroß, um 120 g schwer, bei starkem Behang oder bei alten Bäumen auch klein. Regelmäßig hoch gebaut. Flache, strahlige Kelcheinsenkung, meist offener Kelch. Mittellanger Stiel in tiefer, unberosteter Stielgrube.
Schale dünn, glatt, besonders auf dem Lager fettig. Goldgelb, sonnenseits rot marmoriert oder gestreift. Leichter Duft.
Fruchtfleisch gelblichweiß, feinzellig, etwas locker, saftig. Süßsäuerlich mit schwachem Aroma, von ungünstigen Standorten fade.

Blüte Früh, lange anhaltend, nicht empfindlich. Guter Pollenspender. Wegen des starken Fruchtansatzes nach der Blüte ist ein energisches Ausdünnen erforderlich, um einer frühen Erschöpfung vorzubeugen und die Fruchtqualität zu fördern.

Ertrag Früh einsetzend, hoch bis sehr hoch und regelmäßig. Massenträger.

Anbauwert Die frühere Verbreitung ist wegen der Anfälligkeit für Krankheiten und Schädlinge zugunsten anderer Sorten mit gleicher Reifezeit heute stark rückläufig.

Verwertung Für den Frischverzehr, auch als Wirtschaftssorte brauchbar.

Reife Ab Anfang September. Wegen des Vorerntefruchtfalls ist mehrmaliges Durchpflücken anzuraten. Im kühlen Naturlager etwa drei Monate haltbar, bei hoher Luftfeuchte auch länger. Im Kühlraum bis Januar bei 4 °C.

Standort der Sichtungsbäume: Ahrensburg, Bavendorf, Erfurt ('Roba'), Geisenheim, Dresden-Pillnitz, Jork, Pomona Franconica, Triesdorf, Veitshöchheim, Weihenstephan, Weinsberg, Wurzen.

Voller Name   'Ontarioapfel'

Entstehung   1820 als Kreuzung von 'Northern Spy' x 'Wagenerapfel'. Züchter Charles Arnold in Paris, Provinz Ontario (Kanada). Ab 1882 von der Baumschule Transon (Orléans) in Europa verbreitet.

Frucht   Groß bis sehr groß, um 200 g schwer. Unregelmäßig breitrunde, meist kantige Form. Tiefe, Kelcheinsenkung mit kleinem Kelch. Kurzer, dicker Stiel in breiter und tiefer Stielgrube.
Schale fest und zäh. Grüngelb, hell bereift, sonnenseits verwaschen rötlich mit hellen Schalenpunkten. Sehr druckempfindlich.
Fruchtfleisch fast weiß mit gelblichen Adern. Mittelfest, feinzellig, sehr saftig. Hervortretende Säure und herber Geschmack, ohne großes Aroma. Reich an Vitamin C.

Verwertung   Für den Frischverzehr nach längerer Lagerzeit, gute Wirtschafts- und Mostsorte. Gut geeignet für Diabetiker.

Reife   Ende Oktober, so spät wie möglich, schonend und druckfrei ernten. Nicht ausgereifte Früchte schmecken fade. Wird fest bis zur Baumreife, dann wegen des hohen Gewichtes schnell fallend. Schutz vor pickenden Vögeln kann nötig werden.

Im kühlen Naturlager und bei hoher Luftfeuchtigkeit etwa sechs Monate ohne Welke haltbar, im Kühlraum bis Juni, nicht unter 4 °C. Kontrolle auf Fäulnis und Schalenbräune ist anzuraten.

Baum   Mittelgroße, lockere Krone mit zunächst steilen, typisch wolligen Trieben. Mäßig verzweigte, im unteren Bereich oft verkahlende Astpartien. Regelmäßiger Schnitt fördert die Verzweigung und mindert vorzeitiges Vergreisen. Im Holz frostempfindlich (besonders nach einem hohen Ertrag) auch auf einem frostharten Stammbildner.

Standort   Nährstoffreiche Böden in geschützten Lagen, andernfalls leidet die Fruchtqualität.

Anfällig   Stark für Feuerbrand, Rindenbrand, Apfelmosaik, Triebsucht, Blutlaus und für Mehltau (auf trockenen Böden und bei anhaltender Trockenheit). Ebereschenmotte kann auftreten. Gering für Schorf.

Blüte   Spät, lange anhaltend. Guter Pollenspender. Bei starkem Fruchtansatz kann eine Ausdünnung die Alternanz mindern und die Fruchtqualität verbessern. Selbstbefruchtung kann vorkommen.

Ertrag   Früh einsetzend. Auf schwachwachsenden Unterlagen mittel hoch bis hoch und fast regelmäßig, bei anderen mehr Alternanzneigung. Eine Blattdüngung sofort nach der Ernte kann den Ertrag im nächsten Jahr steigern und die Alternanz mindern.

Anbauwert   Alternanz und Druckempfindlichkeit grenzen den Anbauwert im Erwerbsanbau ein. Bei Diabetikern und Bäckern noch immer eine begehrte Sorte.

Lieferanten: Brenninger, Cordes, Hammerschmidt, Hofmann, Dr. Hoffmann, Herr, Krämer, Leinweber, Wetzel, Wörlein.

Standort der Sichtungsbäume: AHNU, Ahrensburg, Bavendorf, Geisenheim, Dresden-Pillnitz, Jork, Pomona Franconica, Triesdorf, Veitshöchheim, Weihenstephan, Weinsberg, Wurzen.

Ertrag	Früh einsetzend und hoch bis sehr hoch.
Anbauwert	Empfehlenswerte Sorte für Erwerbsanlagen und Freizeitgärten.
Entstehung	Neuheit. 'Golden Delicious' x 'Topaz'. Institute of Experimental Botany, Prag. Europa-Sortenschutz.
Frucht	Von Jungbäumen groß, sonst mittelgroß, leicht walzenförmig mit weiter Kelchgrube und geschlossenem Kelch. Stielgrube strahlig berostet mit dünnem Stiel. Schale goldgelb, sonnenseits streifig gerötet. Das Fruchtfleisch ist gelb, saftig, abknackend mit sehr gutem Geschmack. Mittlerer Vitamingehalt und gutes Zucker-/Säureverhältnis.
Reife	Baumreife Mitte bis Ende September, etwa 146 Tage Fruchtwachstumszeit. Kühl lagerfähig bis Februar/März, im Kühllager vier Wochen länger.
Baum	Mittelstarker, gut verzweigter bis dichter Wuchs mit fast waagerechten Ästen.
Standort	In trockenen, warmen Lagen wird beste Qualität erzielt.
Anfällig	Bisher schorffest, gering anfällig für Mehltau und Obstbaumkrebs. In feuchten Lagen kann die Fruchtberostung hoch sein.
Blüte	Mittelfrüh, guter Pollenspender.

Standort der Sichtungsbäume: Weinsberg.

Reife Je nach Lage ab Mitte bis Ende September, windfest. Zu früh geerntete Früchte welken am Lager stärker. Etwa sechs Monate im kühlen Naturlager haltbar.

Baum Mittelgroße, breit pyramidale Krone mit gut verzweigten Trieben. Bei Vollertrag schwacher Wuchs. Ein fachgerechter Auslichtungs- und Überwachungsschnitt lockert die etwas dichte Krone auf und mindert ein vorzeitiges Vergreisen infolge der hohen Fruchtbarkeit.

Standort Nährstoffreiche, warme Böden in geschützter Lage. Abweichungen mit weniger Wärme mindern die Fruchtqualität. In kalten, schweren Böden werden viele Früchte rissig und wertlos.

Doppelnamen 'Court Pendu Blanc' (Bivort 1851), 'Französische Goldrenette', 'New Yorker Renette', 'Princess Noble', 'Triumph-Reinette' (Diel 1799), 'Wyker Pepping' und andere.

Anfällig Mittel für Schorf und Mehltau. Krebs in schweren oder nassen Böden. Früchte faulen gelegentlich schon am Baum.

Entstehung Ungewiss. Soll eine alte Sorte französischen Ursprungs, vermutlich aus Brabant, sein. War aber in Südwestdeutschland und auf Rügen (1809) weit verbreitet.
1857 vom Deutschen Pomologenverein zum Anbau empfohlen.

Blüte Mittelfrüh, nicht empfindlich. Guter Pollenspender. Energisches Ausdünnen nach der Blüte steuert den Erhalt der Fruchtbarkeit.

Ertrag Regelmäßig, aber eher durchschnittlich. Frühe Erschöpfung kann eintreten.

Frucht Mittelgroß, seltener groß. Je nach Herkunft mit unterschiedlicher Form, meist hochkugelig. Flache und breite Kelcheinsenkung mit offenem Kelch und feinen Falten. Kurzer, dicker Stiel in weiter Stielgrube und weitflächiger Berostung.
Schale derb, etwas rau mit typisch eckigen Rostpunkten, um den Kelch feiner. Vollreif goldgelb mit sonnenseits braunroten Streifen, bei Jungbäumen auch flächig rot.
Fruchtfleisch mittelfest, ausreichend saftig. Süßaromatisch mit edlem, weinigem Zuckergeschmack. Kleines Kernhaus.

Anbauwert Liebhabersorte, mit hohen Pflege- und Standortansprüchen. Für alle Baumformen geeignet, auch Spaliere und Topfbäume.

Lieferanten: Angendohr, Bergt, Brenninger, Cordes, Dr. Hoffmann, Leinweber.

Verwertung Vorwiegend für den Frischverzehr, aber auch Wirtschafts- und Mostsorte.

Standort der Sichtungsbäume: Bavendorf, Geisenheim, Dresden-Pillnitz, Müncheberg, Pomona Franconica, Rhöner Apfelbüro, Triesdorf, Weihenstephan, Weinsberg.

Peasgood

Voller Name	'Goldrenette von Peasgood'
Doppelnamen	'Antonowka Anderthalbpfündig', 'Peasgood Sondergleichen', 'Peasgood Nonsuch', 'Peasgoods Unvergleichlicher' und andere.
Entstehung	Ungewiss, eine Sorte des Züchters Peasgood aus Stamford in England. Erhielt 1872 ein Wertzeugnis von der königlichen Gartenbaugesellschaft.
Frucht	Meist ungewöhnlich groß, um 290 g schwer, mit regelmäßiger, flachkugeliger Form. Kelcheinsenkung weit und tief mit offenem Kelch. Kurzer oder mittellanger Stiel in tiefer und weiter Stielgrube. Schale glatt, geschmeidig. Goldgelb, sonnenseits rot geflammt oder kurz gestreift mit roten Schalenpunkten. Deutlicher Duft. Druckempfindlich. Fruchtfleisch gelblichweiß mit grünlichen Adern, feinzellig, etwas mürbe, saftreich. Durch etwas Säure gehobener Zuckergeschmack.
Verwertung	Überwiegend Wirtschaftssorte. Besonders gern gesehene Schaufrucht.
Reife	Ab Mitte September, häufig vorzeitiger Fruchtfall. Mehrmaliges, druckfreies Durchpflücken ist ratsam. Im kühlen Naturlager etwa drei Monate haltbar, wird danach schnell mürbe.
Baum	Gehört zu den am stärksten wachsenden Sorten. Im Vollertragsalter mächtige Kronen mit nur gering verzweigten Trieben und großen, breiten Blättern. Im Alter immer noch starker Wuchs, auch auf schwachwachsenden Unterlagen. Der Überwachungsschnitt zielt auf bessere Verzweigung, mehr nach der Triebbasis hin. Einkerbung über den unteren Knospen regt dort einen Austrieb an.
Standort	Geringe Ansprüche an Boden und Klima, jedoch ist Windschutz nötig. Andernfalls treten häufiger Fruchtrisse auf.
Anfällig	Nur in geschlossenen Tallagen für Schorf und Mehltau. Frei von Blutlaus. An den Früchten Stippeneigung und Risse bei Strahlungshitze. Fruchtfäule kann schon am Baum auftreten.
Blüte	Mittelspät, lange anhaltend. Guter Pollenspender. Ausdünnung nach dem Junifall ist selten erforderlich.
Ertrag	Unterdurchschnittlich, unter Obstbauern als „Faulenzer" wohlbekannt.
Anbauwert	Geringer Ertrag und das starke Wachstum schränken den Wert im Garten beträchtlich ein. Für Schaufrüchte bei Obstausstellungen gerne gezeigt.

Lieferant: Baumgartner, Bergt, Cordes, Heinrich, Dr. Hoffmann, Leinweber, Spieß.

Standort der Sichtungsbäume: Geisenheim, Dresden-Pillnitz, Müncheberg, Pomona Franconica, Rhöner Apfelbüro.

Pfirsichroter Sommerapfel

Baum — Mittelgroße, wirre und flache Krone mit überhängenden Trieben und dichter Belaubung. Im Vollertragsalter schwacher Wuchs.
Ein Sommerschnitt ist zur besseren Fruchtausfärbung immer anzuraten. Im Holz frostfest.

Standort — Auf nährstoffreichen, leichteren Böden bis in raue Höhenlagen anbaufähig. Auf schweren oder nassen Böden krebsanfällig.

Anfällig — Besonders in Höhenlagen sehr robust, in Warmlagen Neigung zu Fruchtrissen bei Hitze.

Blüte — Früh, nicht empfindlich. Nach starkem Fruchtansatz bewirkt das Ausdünnen gleichmäßigere, mehr einzeln hängende Früchte.

Ertrag — Früh einsetzend, mittelhoch und regelmäßig.

Anbauwert — Frühe Liebhabersorte mit schmückenden Früchten, besonders für höhere Lagen geeignet.

Lieferanten: Angendohr, Baumgartner, Bergt, Brenninger, Cordes, Dr. Hoffmann, Ritthaler, Spieß, Wetzel.

Doppelnamen — 'Pfirsichroter Sommer-Rosenapfel', 'Sommerrosenapfel', 'Roter Sommerkalvill'.

Entstehung — Sehr alte Sorte, die nach dem Pomologen Dietrich (1813) aus Frankreich stammen soll, nach anderen Quellen aber aus Thüringen. Wurde 1874 vom Deutschen Pomologenverein zum Anbau empfohlen.

Frucht — Klein bis mittelgroß, um 120 g schwer. Ungleichmäßige Form, von flachrund bis hoch gebaut mit kalvillartigen Rippen. Kelcheinsenkung flach mit breitblättrigem Kelch. Langer, wolliger Stiel in flacher Stielgrube.
Schale sehr fein, glatt, dünn. Hellgelb mit rosenroter Deckfarbe oder Streifen. Bläulich bereift mit deutlichem Duft. Druckempfindlich.
Fruchtfleisch weiß, unter der Schale rötlich, etwas locker, saftig. Angenehmer, stark weinsäuerlicher Geschmack mit feiner Würze.

Verwertung — Vorwegend für den Frischverzehr, eingeschränkt als Wirtschaftssorte brauchbar. Schaufrucht bei Ausstellungen.

Reife — Je nach Lage ab Anfang August, folgernd. Nicht windfest. Mehrmaliges, druckfreies Durchpflücken ist meist erforderlich.
Nach der Baumreife nur wenige Tage haltbar.

Standort der Sichtungsbäume: Bavendorf, Dresden-Pillnitz, Müncheberg, Pomona Franconica, Triesdorf, Veitshöchheim.

Anfälligkeit — Feuerbrand wurde bisher nicht beobachtet. Gering anfällig für Schorf, mäßig für Mehltau.

Blüte — Mittel bis spät, wenig witterungsempfindlich. Aufgrund des ausgeglichenen Behanges braucht nur nach Bedarf ausgedünnt zu werden.

Ertrag — Etwas später einsetzend, mittelhoch bis hoch und regelmäßig.

Anbauwert — Die Erträge sind vergleichsweise geringer als bei 'James Grieve', doch überwiegen die Vorteile, besonders hinsichtlich der Pflanzengesundheit. Für den Garten gut geeignet.

Lieferanten: Herr, Hofmann, Leinweber, Pfänder.

Entstehung — 'Idared' x 'Helios', Institut für Obstzüchtung Dresden-Pillnitz. Sortenschutz seit 1995.

Frucht — Groß, mitunter sehr groß, gleichmäßig flach- oder hochrund. Kleiner, geschlossener Kelch in schüsselförmiger und faltiger Einsenkung. Mittellanger, harter Stiel in weiter und tiefer Stielgrube.
Schale glatt, trocken. Bei Reife gelbgrün mit kurz gestreifter, selten flächiger Deckfarbe.
Fruchtfleisch etwas grobzellig, saftig mit gutem Aroma.

Reife — Je nach Lage ab Ende August mit recht gleichmäßiger Reife. Trotzdem ist mindestens einmal durchzupflücken. Bei etwa gleicher Reifezeit wesentlich länger haltbar als 'James Grieve'.

Baum — Breites, lockeres, nach außen hängendes Wuchsbild mit mäßig verzweigten Ästen und Neigung zum Verkahlen. Von Jugend an starker, im Vollertragsalter noch schwacher Wuchs.
Der Schnitt zielt auf bessere Verzweigung und mehr aufrechten Wuchs. Nicht empfindlich für Holzfrost.

Standort — Breit anbaufähig bis in (geschützte) mittlere Höhenlagen. Nährstoffreiche, ausreichend feuchte Böden sind besonders in höheren Lagen vorteilhaft.

Standort der Sichtungsbäume: Bamberg, Bavendorf, Erfurt, Dresden-Pillnitz, Jork, Magdeburg, Neustadt, Rostock, Veitshöchheim, Weihenstephan, Weinsberg, Wurzen.

Ertrag	Früh einsetzend, regelmäßig und hoch.
Anbauwert	Ergänzt in der Reifegruppe die Sorte 'Elstar'.
	Lizenznehmer sind die Mitglieder der GEVO.

Entstehung	'Idared' x 'Golden Delicious', Institut für Obstzüchtung Dresden-Pillnitz. Seit 1996 im Handel. Es besteht Sortenschutz seit 1999.
Frucht	Groß, gleichmäßig flach- oder hochrund. Kleiner Kelch in flacher, strahliger Einsenkung. Langer Stiel in strahlig berosteter, enger Stielgrube. Schale dick, leicht rau, trocken. Gelb mit roter Deckfarbe und feinen Schalenpunkten. Fruchtfleisch fest. Kräftig säuerlich-süß, ausgewogen aromatisch.
Verwertung	Gute Tafelsorte.
Reife	Je nach Lage ab Mitte September. Im kühlen Naturlager etwa 4 Monate haltbar.
Baum	Aufrechtes, lockeres Wuchsbild mit waagerechten bis schräg aufrechten Gerüstästen und mittlerer Verzweigung und lang überhängendes Fruchtholz. Im Vollertragsalter mittelstarker Wuchs. Nicht frostfest im Holz.
Standort	Für alle Apfellagen geeignet.
Anfällig	Gering bis mittel anfällig für Schorf und Mehltau. Blüte Mittelspät bis spät, lange andauernd, kaum empfindlich. Guter Pollenspender.

Standort der Sichtungsbäume: Bavendorf, Erfurt, Dresden-Pillnitz, Jork, Langförden, Magdeburg, Neustadt, Rostock, Veitshöchheim, Weinsberg, Wurzen.

Entstehung 1962, aus 'Clivia' x 'Undine' im Institut für Obstforschung Dresden-Pillnitz. Seit 1988 im Handel. Sortenschutz seit 1988.

Frucht Mittelgroß, um 120 g schwer. Regelmäßige, flach- oder hochkugelige Form. Flache gerippte Kelcheinsenkung mit geschlossenem, spitzem Kelch. Langer Stiel in weiter und tiefer Stielgrube. Schale hart, trocken, etwas berostet. Gelbgrün, sonnenseits verwaschen rot marmoriert. Sehr druckfest.
Fruchtfleisch uneinheitlich fest bis hart, trocken, kräftig süßsäuerlich mit aromatischem Duft.

Verwertung Frischverzehr nach längerer Lagerzeit, auch als Wirtschafts- und Mostsorte gut brauchbar. Guter Backapfel.

Reife Ab Anfang Oktober, sturmfest. Maschinelle oder Schüttelernte ist ohne Verluste möglich. Genussreife erst ab Februar.
Im kühlen Naturlager ohne Verluste etwa sieben Monate haltbar, im Kühlraum noch bis Juni/Juli.

Baum Mittelgroßes, aufrechtes und lockeres Wuchsbild mit nahezu waagerechten Ästen und abwärts gerichteten Zweigen. Im Vollertragsalter schwaches Wachstum. Der Überwachungsschnitt zielt auf Erhalt des Triebwachstums ohne vorzeitiges Vergreisen. Etwas empfindlich für Holzfrost.

Standort Anspruchslos bis in geschützte Höhenlagen anbaufähig.

Anfällig Für Feuerbrand, mittelstark für Schorf, Mehltau und Blutläuse. Neigung zu Gummiholzkrankheit.

Blüte Früh bis mittelfrüh, lange anhaltend. Etwas empfindlich. Guter Pollenspender. Bei starkem Fruchtansatz werden durch energisches Ausdünnen einheitlichere Fruchtgrößen erzielt.

Ertrag Früh einsetzend, hoch und regelmäßig.

Anbauwert Für Liebhaber fester Sorten mit sehr langer Lagerfähigkeit empfehlenswert. Geeignet für alle Anbauformen, auch Spalier und Topfbäume. Hervorragend auch im Streuobstanbau für Schüttelernte. Spöttisch als „Pillnitzer Stein" bezeichnet.

Vermehrungsrechte besitzen die Mitglieder der GEVO, Lieferanten: Dr. Hoffmann, Ganter, Herr, Leinweber, Schmitt.

Standort der Sichtungsbäume: Ahrensburg, Auweiler, Erfurt, Dresden-Pillnitz, Jork, Magdeburg, Pomona Franconica, Rostock, Triesdorf, Veitshöchheim, Weihenstephan, Weinsberg, Wurzen.

Pingo

Anfällig Wenig empfindlich für Schorf und Mehltau.

Blüte Früh bis mittelfrüh, lange anhaltend, unempfindlich. Eine Ausdünnung nach der Blüte ist empfehlenswert.

Ertrag Früh einsetzend, regelmäßig und hoch.

Anbauwert Spätwintersorte als Ersatz für 'Idared', weil weniger mehltauanfällig. Im Anbau sind nur schwachwachsende Unterlagen geeignet.

Lizenznehmer sind die Mitglieder der GEVO, Lieferanten: Herr, Leinweber.

Entstehung 'Idared' x 'Bancroft', Institut für Obstzüchtung Dresden-Pillnitz. Im Handel seit 1996, Sortenschutz seit 1999.

Frucht Groß bis sehr groß. Ungleichhälftig flach- oder hochrund mit flachen Wulsten über der Frucht. Tiefe, faltige Kelcheinsenkung mit kleinem, geschlossenem Kelch. Kurzer Stiel in tiefer und weiter Stielgrube. Schale glatt, geschmeidig mit feinen, hellen Schalenpunkten. Gelb, sonnenseits flächig dunkelkarminrot. Fruchtfleisch weißlich bis cremefarben, fest, saftig mit süßsäuerlichem, intensiv fruchtigem Aroma.

Verwertung Vorwiegend für den Frischverzehr, eingeschränkt als Wirtschaftssorte brauchbar.

Reife Ab Mitte Oktober, windfest bis zur Baumreife, dann schnell fallend. Im kühlen Naturlager bis zu 7 Monaten haltbar ohne Lagerverluste.

Baum Hohes, aufrechtes Wuchsbild ohne dominierende Mitte. Mit schräg aufrechten Gerüstästen, bei mittlerer Verzweigung. Von Jugend an starker Wuchs. Nahezu frostfest im Holz.

Standort Alle apfelfähigen Lagen.

Standort der Sichtungsbäume: Bamberg, Bavendorf, Dresden-Pillnitz, Erfurt, Jork, Langförden, Magdeburg, Neustadt, Rostock, Veitshöchheim, Weinsberg, Wurzen.

190–205 Tage. Erst die späte Ernte ergibt etwas Aroma und die Fruchtfarbe. Im kühlen Naturlager etwa 3 Monate haltbar, ohne zu welken, im Kühlraum bis Juni fast ohne Verluste.

Baum Breites, aufrechtes und gut verzweigtes Wuchsbild mit starkem Mitteltrieb. Von Jugend an starkes bis sehr starkes Wachstum. Für alle Formen des Erwerbsanbaues geeignet. Wie bei 'Elstar' sehr später Laubfall, meist erst beim ersten Frost, deshalb durch späten Triebabschluss frostgefährdet im Holz.
Die Schäden können durch frühen Winterschnitt noch zunehmen. Ein später Schnitt im Frühjahr bis zur Blüte ist also ratsamer. Das Holz ist frostempfindlich.

Standort Nur wärmste Gebiete in Weinbaulagen mit einem warmen, durchlässigen, nährstoffreichen Boden und mit einem langen, warmen Herbst sind einigermaßen geeignet.

Anfälligkeit Stark anfällig für Feuerbrand, Schorf und Krebs. Mäßig Mehltau.

Blüte Früh, lange anhaltend. Empfindlich bei nasskalter Witterung und Spätfrösten.

Ertrag Früh einsetzend, hoch und regelmäßig.

Anbauwert Keine Sorte für den Garten. Außerhalb von warmen Weinbaulagen sollte auf den Anbau verzichtet werden. Für Erwerbsanbauer recht arbeitsaufwändig (Pflanzenschutz, Schnitt, Ertragsregulierung), um die Qualitätsnormen einhalten zu können. Meist sind nur Importfrüchte im Handel.

Bemerkung 'Pink Lady' ist der Handelsname, der Sortenname lautet 'Cripps Pink'.
'Pink Lady' ist eine der neuen „Clubsorten" im Erwerbsanbau. Als 'Pink Lady' wird nur die 1.Qualität vermarktet, sonst ist die Sorte 'Cripps Pink' im Handel.

Entstehung 1973, 'Lady Williams' x 'Golden Delicious', Züchter J. E. L. Cripps in South Pearth (West-Australien). 1985 für australische Anbauer freigegeben, seit 1997 Sortenschutz in der EU.

Frucht Aufgrund der Lizenzvorschrift im Handel einheitlich groß, im Anbau meist mittelgroß, hoch gebaut. Sehr tiefe, gerippte Kelcheinsenkung mit kleinem Kelch. Kurzer Stiel in enger, wenig berosteter Stielgrube. Schale dünn, hart, druckempfindlich, rötlich marmoriert auf gelber Grundfarbe mit auffälligen Schalenpunkten.
Fruchtfleisch fast weiß, fest, knackig. Sehr saftig mit wenig Aroma. Der Geschmack wird unterschiedlich bewertet.

Reife Folgernd ab Anfang November, etwa 8 Tage nach 'Granny'. Kein vorzeitiger Fruchtfall. Kurzer Stiel, deshalb schwer pflückbar. Die Fruchtwachstumszeit beträgt (ähnlich 'Braeburn')

Standort der Sichtungsbäume: Dresden-Pillnitz, Veitshöchheim, Wurzen.

Pinova

Entstehung 1965 aus 'Clivia' x 'Golden Delicious' im Institut für Obstzüchtung Dresden-Pillnitz. Seit 1986 im Handel, EU-Sortenschutz seit 1998.
In Frankreich 'Corail'.

Frucht Je nach Pflegezustand unterschiedliche Größen, meist mittelgroß, um 120 g schwer. Regelmäßige, hoch gebaute Form. Flache, leicht faltige Kelcheinsenkung mit geschlossenem Kelch. Typisch langer Stiel in enger Stielgrube.
Schale hart, glatt, trocken, druckfest. Gelb mit sonnenseits zinnoberroter, geflammter Deckfarbe mit feinen Schalenpunkten. Späte Ausfärbung. Fruchtfleisch sehr fest, schnell bräunend und mäßig saftig. Süßsäuerlich, mit gutem Aroma bei ausreichend großen, gut ausgereiften Früchten.

Verwertung Vorzugsweise für Frischverzehr, aber auch als Wirtschafts- und Mostsorte gut brauchbar.

Reife Je nach Lage ab Anfang Oktober, windfest bis zur Reife. Späte Ernte fördert noch die Fruchtqualität, deshalb ist Durchpflücken ratsam.
Im kühlen Naturlager etwa 3 Monate haltbar, im Kühlraum bei 1 °C etwa bis Februar. Auf Lagerfäulen ist zu achten.

Baum Aufrechtes, pyramidales, etwas sparriges Wuchsbild (ähnlich 'Golden Delicious') mit guter Verzweigung. Im Vollertragsalter schwacher Wuchs. Etwas weich im Holz, deshalb auch nicht überall ganz frostfest. Der Überwachungsschnitt zielt auf laufende Trieberneuerung und soll einer frühzeitigen Vergreisung vorbeugen.

Standort Beste Fruchtqualität und Färbung ist nur in warmen oder geschützten Lagen auf nährstoffreichen, ausreichend feuchten Böden erzielbar.

Anfällig Mittelstark für Schorf, stärker für Mehltau. Gebietsweise ist bei Temperaturschwankungen, auch wegen der sortentypischen Nachblüher, auf Feuerbrand zu achten. Nach längerer Lagerzeit kann Lentizellenfäule auftreten.

Blüte Mittelfrüh, nicht empfindlich. Guter Pollenspender. Wegen des normalerweise starken Fruchtansatzes ist ein Ausdünnen immer anzuraten. Dadurch lässt sich die Fruchtbarkeit steuern und eine Erschöpfung des Baumes vermeiden.

Ertrag Sehr früh einsetzend, hoch bis sehr hoch und regelmäßig. Neigung zu Kleinfrüchtigkeit bei überreichem Behang. Danach treten bisweilen Frostschäden im Holz auf. Keine Alternanz.

Anbauwert Eine eingeführte Sorte für den Erwerbsanbau auch außerhalb Europas. Nach dem Jahr 2000 wurde 'Pinova' auch 2004 zum Apfel des Jahres (Studio Dumont) gewählt. Bei fachgerechter Pflege auch für den Garten empfehlenswert.

Vermehrungsrechte besitzen die Mitglieder der GEVO, Lieferanten: Ganter, Herr, Hofmann, Leinweber, Rinn, Schmitt.

Standort der Sichtungsbäume: Ahrensburg, Bavendorf, Erfurt, Geisenheim, Dresden-Pillnitz, Jork, Müncheberg, Neustadt, Pomona Franconica, Triesdorf, Veitshöchheim, Weihenstephan, Weinsberg, Wurzen.

Entstehung 'Golden Delicious' x 'Alkmene' im Institut für Obstzüchtung Dresden-Pillnitz. Seit 1996 im Handel, EU-Sortenschutz seit 1998.

Synonym 'Pirol'

Frucht Groß, mitunter auch sehr groß. Ungleichhälftige, hoch gebaute Form.
Schale glatt, etwas fettig. Leuchtend rot geflammt und gestreift auf gelber Grundfarbe.
Fruchtfleisch weniger fest, saftreich, süß mit schwacher Säure und angenehmem Aroma.

Verwertung Für Frischverzehr, auch Wirtschafts- und Mostsorte.

Reife Folgernd ab Mitte September, färbt spät aus. windfest. Vom Baum essbar. Durchpflücken ist nicht nötig. Etwa zwei Monate lagerfähig, danach weich werdend. Im Kühlraum bis Ende Dezember haltbar.

Baum Breit spindelförmiges Wuchsbild mit schrägen, gut verzweigten Leitästen. Mittelstarker Wuchs. Überbaute Kronen sind zu vermeiden, damit keine schlecht gefärbten Schattenfrüchte entstehen und der untere Kronenbereich nicht vergreist.
Blütenknospen bilden sich auch an einjährigen Langtrieben. Nicht frostfest im weichen Holz.

Standort Nährstoffreiche Böden bis in geschützte, mittlere Höhenlagen.

Anfällig Wenig für Feuerbrand und Mehltau, etwas mehr für Schorf.

Blüte Mittelspät, lange anhaltend, gering empfindlich. Guter Pollenspender. Wegen des hohen Fruchtansatzes wird e n Ausdünnen stets erforderlich sein. Befruchter: 'Idared', 'James Grieve', 'Reglindis', 'Remo', 'Retina'.

Ertrag Früh einsetzend, etwas unregelmäßig und in der Regel sehr hoch. Keine Alternanz.

Anbauwert Ertragsmäßig und wegen der guten Fruchtqualität ein Ersatz für die bisherigen Herbstsorten. Auch für den Garten als Formobst geeignet.

Vermehrungsrechte besitzen die Mitglieder der GEVO.

Standort — Nährstoffreiche, am besten leichtere Böden in geschützter Lage. Bis in mittlere Höhen anbaufähig.

Anfällig — Wegen der Nachblüher ist auf Feuerbrand zu achten. Gering bis mittel anfällig für Schorf, Mehltau, Rindenbrand. In den Früchten keine Stippe oder Glasigkeit.

Blüte — Mittelfrüh, zusammen mit 'James Grieve', lange anhaltend. Neigt zu Nachblühern und ist frostempfindlich. Guter Pollenspender.
Ausdünnen nach der Blüte ist zu empfehlen.

Ertrag — Früh einsetzend, zunächst mäßig, später hoch und regelmäßig.

Anbauwert — Farblich eine attraktive, große Sommersorte. Geschmacklich nicht ganz befriedigend. Trotzdem auch für den Garten oder Streuobst empfehlenswert.

Vermehrungsrechte besitzen die Mitglieder der GEVO.

Entstehung — 1963, aus 'Helios' x 'Apollo' im Institut für Obstzüchtung Dresden-Pillnitz. Seit 1985 im Handel, Sortenschutz seit 1985.

Frucht — Meist mittelgroß, um 130 g schwer, gleichmäßige hochrunde Form. Weite, faltige Kelcheinsenkung mit geschlossenem Kelch. Unterschiedlich langer Stiel in enger, meist unberosteter Stielgrube.
Schale fest, glatt, geschmeidig, stark bereift. Bei Reife hellgelb, Deckfarbe (bis 60 %) zinnoberrot verwaschen geflammt mit feinen Schalenpunkten.
Fruchtfleisch weich bis mittelfest, feinzellig, saftig mit fruchtigem Aroma und ausreichender Säure.

Verwertung — Für den Frischverzehr, auch Wirtschafts- und Mostsorte.

Reife — Ab Anfang August. Gleichmäßige Reife fast ohne Vorerntefruchtfall. Vom Baum essbar. Im kühlen Naturlager etwa drei Wochen haltbar.

Baum — Sehr lockeres, gut durchlichtetes und gering verzweigtes Wuchsbild ohne dominierende Mitte. Sortentypisch große, eingerollte Blätter.
In den ersten Jahren zielt der Aufbauschnitt auf eine bessere Verzweigung. Mittelstarker, im Vollertragsalter schwacher Wuchs. Im Holz nicht ganz frostfest.

Standort der Sichtungsbäume: AHNU, Ahrensburg, Bamberg, Bavendorf, Erfurt, Geisenheim, Dresden-Pillnitz, Jork, Pomona Franconica, Triesdorf, Veitshöchheim, Weihenstephan, Weinsberg, Wurzen.

Pohorka

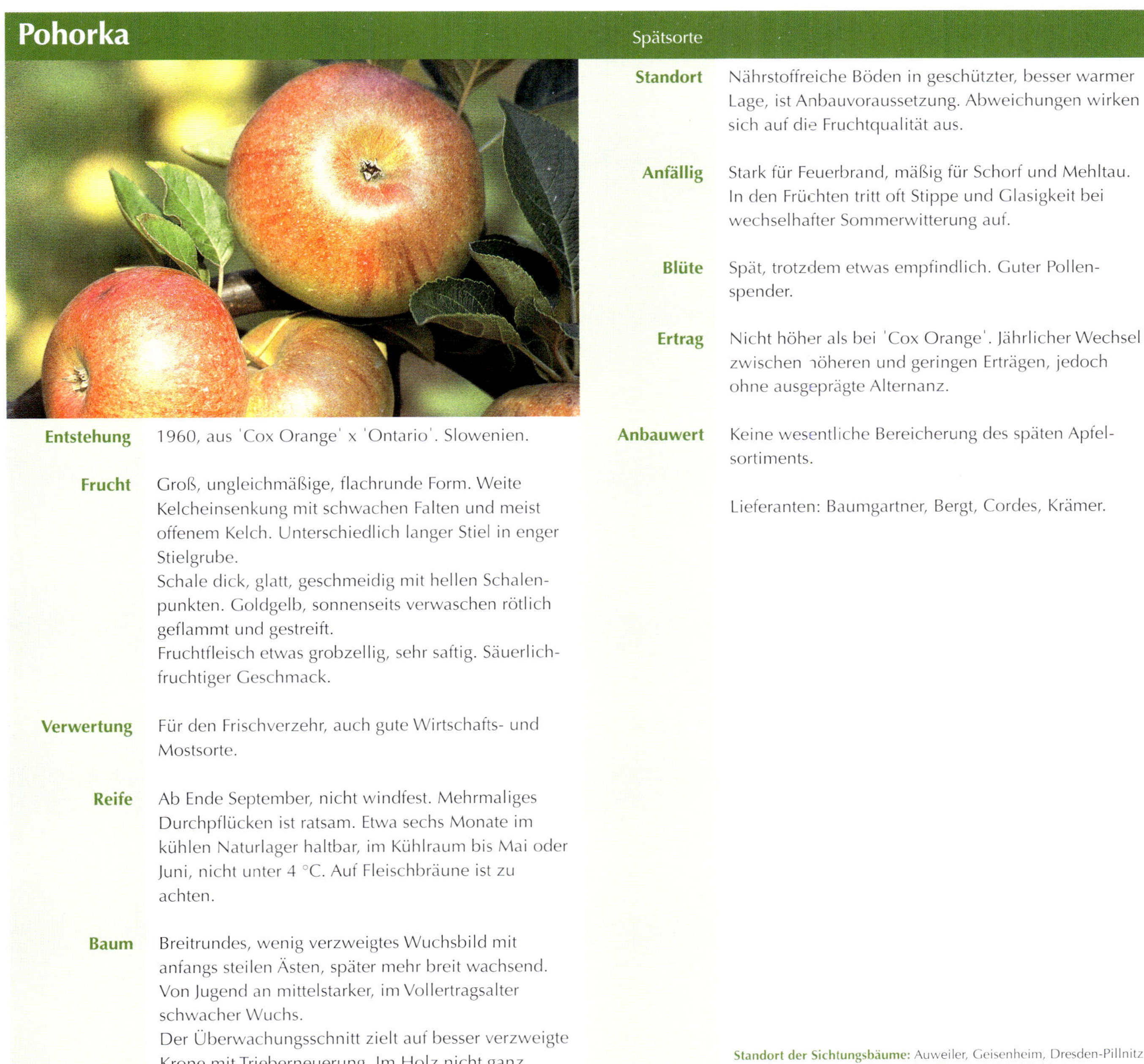

Entstehung	1960, aus 'Cox Orange' x 'Ontario'. Slowenien.
Frucht	Groß, ungleichmäßige, flachrunde Form. Weite Kelcheinsenkung mit schwachen Falten und meist offenem Kelch. Unterschiedlich langer Stiel in enger Stielgrube. Schale dick, glatt, geschmeidig mit hellen Schalenpunkten. Goldgelb, sonnenseits verwaschen rötlich geflammt und gestreift. Fruchtfleisch etwas grobzellig, sehr saftig. Säuerlichfruchtiger Geschmack.
Verwertung	Für den Frischverzehr, auch gute Wirtschafts- und Mostsorte.
Reife	Ab Ende September, nicht windfest. Mehrmaliges Durchpflücken ist ratsam. Etwa sechs Monate im kühlen Naturlager haltbar, im Kühlraum bis Mai oder Juni, nicht unter 4 °C. Auf Fleischbräune ist zu achten.
Baum	Breitrundes, wenig verzweigtes Wuchsbild mit anfangs steilen Ästen, später mehr breit wachsend. Von Jugend an mittelstarker, im Vollertragsalter schwacher Wuchs. Der Überwachungsschnitt zielt auf besser verzweigte Krone mit Trieberneuerung. Im Holz nicht ganz frostfest.
Standort	Nährstoffreiche Böden in geschützter, besser warmer Lage, ist Anbauvoraussetzung. Abweichungen wirken sich auf die Fruchtqualität aus.
Anfällig	Stark für Feuerbrand, mäßig für Schorf und Mehltau. In den Früchten tritt oft Stippe und Glasigkeit bei wechselhafter Sommerwitterung auf.
Blüte	Spät, trotzdem etwas empfindlich. Guter Pollenspender.
Ertrag	Nicht höher als bei 'Cox Orange'. Jährlicher Wechsel zwischen höheren und geringen Erträgen, jedoch ohne ausgeprägte Alternanz.
Anbauwert	Keine wesentliche Bereicherung des späten Apfelsortiments.

Lieferanten: Baumgartner, Bergt, Cordes, Krämer.

Standort der Sichtungsbäume: Auweiler, Geisenheim, Dresden-Pillnitz, Müncheberg, Pomona Franconica, Triesdorf, Veitshöchheim, Weihenstephan, Wurzen.

Pommerscher Krummstiel

Doppelnamen
'Gestreifter Römerapfel', 1856 durch den Pomologen Oberdieck benannt.

Entstehung
Unbekannt. Die Sorte soll schon lange auf Rügen bekannt gewesen sein, als sie der Garteninspektor Jühlke 1809 als 'Pommerscher Krummstiel' beschrieb. 1856 wurde in Eldena/Pommern ein 64-jähriger Baum erwähnt, der einen Stammumfang von 2 m hatte.

Frucht
Groß. Unregelmäßige, meist schiefe Form mit einer typisch starken Rippe über der ganzen Frucht bis hin zum Stiel. Weite, stark gerippte Kelcheinsenkung. Der Stiel ist stets durch einen Fleischwulst gekrümmt in einer weiten, strahlenförmig berosteten Stielgrube. Schale dich, glatt, geschmeidig. Grüngelb, sonnenseits flächig gerötet oder stark rot gestreift mit feinen Schalenpunkten. Bei Vollreife, vor allem am Lager stark fettig. Deutlicher Duft. Druckfest. Fruchtfleisch gelblich weiß, feinzellig, saftig mit leichter Würze. Grüne Gefäßbündel grenzen das Kerngehäuse deutlich ab.

Verwertung
Vor allem sehr gute Wirtschaftsfrucht. Beim Frischverzehr stört die Fettschicht etwas.

Reife
Ab Anfang Oktober. Wind- und sturmfest, sodass eine späte Ernte möglich ist. Im kühlen Naturlager etwa fünf Monate ohne Welke haltbar.

Baum
Sehr starke, schirmförmige Krone, bei älteren Bäumen hängend mit kurzem Fruchtholz schon an den zweijährigen, starken Sommertrieben. Typisch sind die kräftigen, dunkelgrünen, wenig gezahnten Blätter. Von Jugend an starkwachsend, im Vollertragsalter deutlich schwächer. Der Baum kann sehr alt werden und ist frostfest.

Standort
Völlig anspruchslos an den Boden, selbst in trockenen, rauen Höhenlagen.

Anfällig
Die harten Blätter sind schorffest. An geeigneten Standorten auch sonst sehr widerstandsfähig gegenüber Schadeinflüssen.

Blüte
Kurz anhaltend, unempfindlich bei nasser und kalter Witterung.

Ertrag
Spät einsetzend, etwa nach 8–10 Standjahren. Ausgeprägte Alternanz, insgesamt aber hoch. Selbst alte Bäume bringen bei starkem Behang noch gleichmäßig große Früchte ohne viel Ausfall.

Anbauwert
In seiner Heimat heute immer noch eine bevorzugte Sorte. Außer in Versuchsanlagen fehlen andernorts noch Erfahrungen in größeren Anbauflächen. Der 'Pommersche Krummstiel' scheint dennoch auch für Streuobstflächen in anderen Klimagebieten hervorragend geeignet zu sein.

Lieferanten: Baumgartner, Bergt, Brenninger, Cordes, Hammerschmidt, Dr. Hoffmann, Leinweber.

Standort der Sichtungsbäume: Erfurt, Dresden-Pillnitz, Magdeburg, Müncheberg, Pomona Franconica, Triesdorf, Veitshöchheim.

Porzenapfel

Bemerkung Porz oder Pörzchen ist das Trinkgefäß aus Steingut für den Trierer Viez (Apfelwein). Der Begriff „Viez" beschränkt sich auf das Gebiet Mosel/Saar/Nahe und das östliche Luxemburg.

Entstehung Unbekannt. Vermutlich im Rahmen einer preußischen Verwaltungsanordnung über Mostobst um 1850 stärker regional gefördert.

Frucht Mittelgroß, selten groß, um 130 g schwer, gleichmäßig flachkugelig. Weite und flache Kelcheinsenkung, fast ohne Strahlen. Kurzer Stiel.
Schale dünn, glatt, nur leicht bewachst. Bei Reife grüngelb. Deckfarbe verwaschen rötlich, dunkler gestreift oder geflammt fast ohne Schalenpunkte. Druckfest.
Fruchtfleisch fast weiß, feinzellig, fest, saftig. Harmonisches Zucker-/Säureverhältnis ohne hervortretendes Aroma. Zuckergehalt bei 59° Oechsle.

Verwertung Typische Mostsorte, aber auch für sonstige Verwertungen, außer Frischverzehr.

Reife Schüttelreife ab Ende September. Im kühlen Naturlager bis zu fünf Monaten haltbar.

Baum Stark ausgebreitete, gleichmäßig flachrunde Krone. Gut verzweigte, flach stehende Leitäste mit etwas dünnen, außen überhängenden Seitentrieben. Gelegentliche Auslichtung der dichten Krone kann die Fruchtqualität sehr fördern. Besonders nach starkem Behang nicht ganz frostfest im Holz.

Standort Ohne besondere Ansprüche bis in freie, mittlere Höhenlagen.

Anfällig Keine besonderen Krankheiten oder Schädlinge bekannt.

Blüte Spät. Guter Pollenspender. Nicht witterungsempfindlich.

Ertrag Spät einsetzend, dann mittelhohe bis hohe Erträge mit ausgeprägter Alternanz.

Anbauwert Bisher nur regional begrenzte Mostsorte für Streuobstflächen.

Lieferanten: Bergt, Cordes, Herr, König, Leinweber.

Standort der Sichtungsbäume: Geisenheim, Müncheberg, Triesdorf.

Blüte Späte Vollblüte, länger anhaltend, witterungsempfindlich. Guter Pollenspender.
Ein Ausdünnen bald nach der Blüte ist zu empfehlen.

Ertrag Früh einsetzend. Bei guter Ertragsregulierung (Ausdünnen) hoch bis sehr hoch und regelmäßig.

Anbauwert Sehr ertragreiche und gesunde Sorte für Liebhaber mehr süßer Sorten. Auch für Mostobst gut geeignet. In den Versuchsanlagen wird die Sorte noch längerfristig beobachtet.

Lieferant: Baumschule Vivai (Italien).

Entstehung 'Golden Delicious' x Nummernsorte, in der Universität Purdue, Rutgers und Illinois. Schwesterklon der bereits eingeführten Sorte 'GoldRush'. EU-Sortenschutz.

Frucht Mittelgroß, ca. 137 g schwer, kugelförmig. Kelchgrube schüsselförmig und tiefe, leicht berostete Stielgrube.
Die glatte Schale ist bei Vollreife gelb, sonnenseits leicht rot überhaucht mit auffälligen Schalenpunkten. Gelbes, saftiges Fruchtfleisch mit eher süßem Geschmack und mittlerem Gehalt an Vitamin C.

Reife Abhängig von der Jahreswitterung etwa Mitte Oktober. Fruchtwachstum etwa 167 Tage, deshalb ist in kalten Jahren eine weniger gute Fruchtausreife zu erwarten.

Baum Mittelstarker, sehr gut verzweigter Wuchs mit waagerechten, ertragsfördernden Astabgängen. Später Austrieb, günstig in Spätfrostlagen.

Standort Vorzugsweise für wärmere Lagen mit langer Wachstumszeit und nährstoffreichen Böden.

Anfällig Schorfresistent (*Vf*) und sehr wenig Mehltau.

Standort der Sichtungsbäume: LVWO Weinsberg, Veitshöchheim.

Prinz Albrecht

Voller Name 'Prinz Albrecht von Preußen', Syn. 'Albrechtapfel'.

Entstehung 1865, als Sämling von 'Kaiser Alexander'.
Züchter ist Hofgärtner Braun in Kamenz, Sachsen.

Frucht Mittelgroß, seltener groß, um 130 g schwer.
Regelmäßige, flachrunde bis platte Form. Tiefe, leicht
faltige Kelcheinsenkung, meist mit offenem Kelch.
Kurzer Stiel in tiefer, stark berosteter Stielgrube.
Schale derb, glatt, leicht fettig mit feinen Schalen-
punkten. Bei Reife hellgelb, sonnenseits flächig
trübrot oder dicht gestreift. Leichter Duft. Etwas
druckempfindlich.
Fruchtfleisch grünlichweiß, mittelfest, feinzellig.
Saftreich. Angenehm süßsäuerlich, geringes Aroma.

Verwertung Für den Frischverzehr, auch gute Wirtschafts- und
Mostsorte.

Reife Ab Mitte September, folgernd. Windfest, außer auf
trockenen Böden. Mehrmaliges Durchpflücken kann
nötig sein. Im kühlen Naturlager etwa drei bis vier
Monate haltbar. Wird bei Überlagerung mehlig und
welkend.

Baum Breitkugeliges, dichtes, ungleichmäßiges Kronen-
gerüst mit verzweigten, verkahlenden Trieben. Für
Hochstämme ist ein Stammbildner zu empfehlen.
Von Jugend an mittelstarker, im Vollertragsalter
schwacher Wuchs, deshalb ist gelegentlich zu
verjüngen.
Der Aufbauschnitt zielt auf bessere Belichtung im
Kroneninneren, später ist die Trieberneuerung
vorrangig. Ein Sommerschnitt kann zur besseren
Fruchtausfärbung nötig werden. Im Holz frostfest.

Standort Auf nährstoffreichen, genügend feuchten, auch
kalkhaltigen Böden bis in raue Lagen anbaufähig.
Auf trockenen Böden tritt vorzeitiger Fruchtfall und
Kleinfrüchtigkeit auf.

Anfällig Nur in Tallagen gering für Schorf und Mehltau.
Fruchtfäule kann schon am Baum auftreten.

Blüte Mittelfrüh, nicht empfindlich. Guter Pollenspender.
Fruchtausdünnung nach starkem Fruchtansatz fördert
gleichmäßigere Fruchtgrößen und Erträge. Selbstbe-
fruchtung soll vorkommen.

Ertrag Auf schwachwachsenden Unterlagen bereits ab dem
zweiten Standjahr, dann hoch und regelmäßig. Sonst
nicht ganz regelmäßig, jedoch ohne ausgeprägte
Alternanz.

Anbauwert Eine gute, robuste Sorte mit schön gefärbten Früchten,
auch für höhere, frostgefährdete Lagen und für
Streuobst.

Lieferanten: Brenninger, Cordes, Hammerschmidt,
Heinrich, Herr, Dr. Hoffmann, Leinweber, Spieß,
Schmitt, Wetzel, Wörlein.

Standort der Sichtungsbäume: AHNU, Bamberg, Geisenheim,
Dresden-Pillnitz, Magdeburg, Müncheberg, Pomona Franconica,
Triesdorf, Veitshöchheim, Weihenstephan, Weinsberg, Wurzen.

Anfällig Nur gering anfällig für Schorf, wenig Befall durch Apfelwickler. Obstbaumkrebs an älteren Bäumen.

Blüte Früh bis mittelfrüh, lange anhaltend. Die Blüten erscheinen endständig an Fruchtruten, wie auch am Kurzholz der zweijährigen Langtriebe.

Ertrag Auf M 9 früh einsetzend, hoch und regelmäßig, auch auf stärker wachsenden Unterlagen.

Anbauwert Liebhabersorte. Weniger für den Erwerbsanbau, als für Hausgärten und den Streuobstbau geeignet.

Lieferanten: Baumgartner, Dr. Hoffmann, Horstmann.

Entstehung Um 1860 in Kanada. Ende des 19. Jh. an das Pomologische Institut in Troya bei Prag übergeben und von dort auch in Nordböhmen und in Sachsen angebaut.

Frucht Mittelgroß, kugelig bis flachkugelig. Halboffener Kelch, mittellanger Stiel in weiter Stielgrube. Glatte, dünne Schale mit gelblichgrüner Grundfarbe und bräunlichroter Deckfarbe.
Das Fruchtfleisch ist fast weiß, mittelfest, feinzellig und sehr saftig mit süßsäuerlichem, feinem Aroma. Etwas druckempfindlich.

Verwertung Sehr gut für den Frischverzehr und als Wirtschaftsfrucht, auch zum Backen.

Reife Baumreife Anfang bis Mitte Oktober, Genussreife bis Januar.

Baum Wuchs mittelstark, gut verzweigt mit dünnen Trieben, die später etwas hängen. Die Krone ist halb- bis flachkugelig. Fruchtäste sollten später erneuert werden. Für Spaliere und Obsthecke geeignet. Keine Frostschäden an Holz und Blüte.

Standort Auf leichteren, nährstoffreichen Böden ist beste Fruchtqualität zu erwarten. Windgeschützt bis in mittlere Höhenlagen anbaufähig.

Standort der Sichtungsbäume: Erfurt, Dresden-Pillnitz, Müncheberg, Triesdorf, Veitshöchheim.

Priscilla

Entstehung	USA

Frucht
Mittelgroß, seltener groß, um 140 g schwer. Ungleichhälftig hoch gebaut mit flachen Kanten über der Frucht. Kelcheinsenkung mitteltief mit Höckern umgeben. Langer Stiel in enger Stielgrube.
Schale hart, leicht fettend. Hellgelb, sonnenseits flächig rot oder mit kurzen Streifen und hellen Schalenpunkten. Druckfest.
Fruchtfleisch fast weiß, feinzellig, saftreich. Vorherrschend süß mit wenig Säure und Aroma.

Verwertung
Vorwiegend für den Frischverzehr.

Reife
Ab Ende September, windfest bis zur Baumreife. Gut pflückbar.

Baum
Aufrechtes, dicht verzweigtes Wuchsbild mit schräg aufwärts gerichteten Leitästen.

Standort
Anspruchsvoll an Boden und Klima. Nicht für höhere Lagen geeignet.

Anfällig
Die ursprüngliche Schorfresistenz ist durchbrochen. Mittelstark für Blatt-, Fruchtschorf und Mehltau.

Blüte
Mittelspät, guter Pollenspender. Bald nach der Blüte sollte ausgedünnt werden, um ein vorzeitiges Vergreisen des Baumes zu vermeiden.

Ertrag
Früh einsetzend, hoch und regelmäßig.

Anbauwert
Für erfahrene Anbauer und Liebhaber vorwiegend süßer Sorten.

Lieferant: Bergt

Standort der Sichtungsbäume: Ahrensburg, Bavendorf, Dresden-Pillnitz, Jork, Müncheberg, Pomona Franconica, Triesdorf, Wurzen.

Doppelnamen Zahlreiche, darunter auch 'Cousinotte Rouge-Pourpre' (möglicherweise Erstname), 'Blutapfel' (Oberdieck 1866), 'Jagdapfel', 'Rotes Gässchen', 'Roter Taffetapfel'.

Entstehung Ungewiss, eine sehr alte deutsche Sorte, die 1760 beschrieben wurde. 1874 vom Deutschen Pomologenverein zum Anbau empfohlen.

Frucht Klein bis mittelgroß, um 90 g. Ungleichmäßige, meist hochkugelige Form. Schüsselförmige Kelcheinsenkung mit leichten Falten und halb offenem Kelch. Dünner, langer Stiel in enger, strahlig berosteter Stielgrube.
Schale zäh, glatt, besonders am Lager fettig. Bei Reife gelb, nahezu ganzflächig blutrot mit deutlichen, hellen Schalenpunkten.
Fruchtfleisch gelblichweiß, unter der Haut gerötet, von alten Bäumen auch deutlich rot marmoriert. Sehr fest, feinzellig, wenig saftig, fast trocken. Herber Geschmack ohne Aroma, in warmen Lagen süßer und würziger.

Verwertung Wirtschafts- und Mostsorte, auch Schaufrucht. Beliebt zu Weihnachten. Zum Frischverzehr weniger geeignet.

Reife Ab Anfang September, wind- und sturmfest. Im kühlen Naturlager etwa sechs bis sieben Monate haltbar, ohne zu welken.

Baum Breitkugelige, dichte Krone mit langen Trieben, dicht mit Fruchtholz besetzt. Im Vollertragsalter schwacher Wuchs.
Wegen der hohen Fruchtbarkeit muss der Überwachungsschnitt auf ständige Trieberneuerung zielen, um vorzeitiges Vergreisen des Baumes zu vermeiden. Im Holz frostfest.

Standort Bis in raue, windige Höhenlagen, auch auf ärmeren Böden anbaufähig.

Anfällig Nur in warmen Tallagen für Schorf und Mehltau, sonst sehr widerstandsfähig.

Blüte Mittelfrüh, sehr zierend durch rötliche Färbung. Nicht empfindlich. Guter Pollenspender. Selbstbefruchtung soll vorkommen.
Bei dem starken Fruchtansatz sollte stets ausgedünnt werden, um gleichmäßigere Früchte zu erzielen und eine frühzeitige Erschöpfung des Baumes zu vermeiden.

Ertrag Hoch bis sehr hoch und regelmäßig.

Anbauwert Als Wirtschafts- und Keltersorte hervorragend, besonders in Extremlagen. Süße Schaufrucht und Zierbaum in Blüte und Frucht.

Lieferanten: Angendohr, Baumgartner, Bergt, Brenninger, Cordes, Hammerschmidt, Herr, Dr. Hoffmann, Leinweber, Müller, Rinn, Ritthaler, Schmitt, Spieß, Wetzel.

Standort der Sichtungsbäume: AHNU, Bamberg, Bavendorf, Dresden-Pillnitz, Magdeburg, Müncheberg, Pomona Franconica, Rhöner Apfelbüro, Triesdorf, Veitshöchheim, Weihenstephan, Weinsberg.

Entstehung — Aus einer Kreuzung 'Clivia' x F3-Nachkomme von *Malus floribunda* im Institut für Obstzüchtung Dresden-Pillnitz. Seit 1993 im Handel, Sortenschutz seit 1994.

Frucht — Mittelgroß, seltener groß. Ungleichmäßig rund mit flachen Kanten. Übergroße Früchte neigen zu Stippe. Tiefe, gerippte Kelcheinsenkung. Mittellanger Stiel in enger Stielgrube.
Schale fest, leicht bereift mit einzelnen, hellen Schalenpunkten. Bei Reife goldgelb mit kräftiger, flächigroter oder stark gestreifter Deckfarbe. Druckempfindlich.
Fruchtfleisch cremefarben, mittelfest, feinzellig, saftig. Angenehm süßsäuerlich und aromatisch. Saftausbeute 73 %. Wenig Vitamin C.

Verwertung — Für den Frischverzehr, auch als Wirtschafts- und Mostsorte brauchbar.

Reife — Ab Ende September, gleichmäßig reifend. Nicht zu früh pflücken. Im kühlen Naturlager etwa 3–4 Monate haltbar. Kontrolle auf Stippe am Lager ist notwendig.

Baum — Lockeres, außen überhängendes Wuchsbild mit nahezu waagerechten, zum Verkahlen neigenden, dünnen Ästen.

Der Aufbau- und Überwachungsschnitt zielt auf bessere Verzweigung der unteren Astregionen und verhindert vorzeitiges Vergreisen. Im Vollertragsalter schwacher Wuchs. Nicht frostfest im Holz.

Standort — Alle apfelfähigen Lagen.

Anfällig — Widerstandsfähig gegen Feuerbrand und Schorf. Mehltauanfällig, besonders auf trockenen Böden. Gelegentlich Stippeneigung.

Blüte — Mittelfrüh, kurz anhaltend, gering empfindlich. Guter Pollenspender. Sorgfältige Fruchtausdünnung beugt einer Erschöpfung des Baumes vor. Wegen Stippeneigung sind aber übergroße Früchte zu meiden.

Ertrag — Früh einsetzend, regelmäßig und hoch.

Anbauwert — Wegen des schwachen Wuchses ist die Unterlage Typ 9 nur auf besten Böden zu empfehlen, sonst ist M26 geeigneter.

Vermehrungsrechte besitzen die Mitglieder der GEVO, Lieferanten: Cordes, Heinrich, Herr, Hofmann, Leinweber, Rinn, Spieß.

Standort der Sichtungsbäume: Bamberg, Bavendorf, Erfurt, Geisenheim, Dresden-Pillnitz, Jork, Magdeburg, Neustadt, Triesdorf, Veitshöchheim, Weihenstephan, Weinsberg, Wurzen.

Entstehung 'Golden Delicious' x 'Remo', Institut für Obstzüchtung Dresden-Pillnitz. Sortenschutz und Freigabe zum Handel seit 1997.

Frucht Mittelgroß, seltener groß, länglich rund mit flachen Kanten. Kleiner, geschlossener Kelch in tiefer, wulstiger Einsenkung. Kurzer Stiel in enger, strahlig berosteter Stielgrube.
Schale dick, glatt, leicht fettig, ohne Rost. Bei Reife goldgelb mit kurz gestreifter, leuchtendroter Deckfarbe. Etwas druckempfindlich.
Fruchtfleisch gelblich, grobzellig, etwas weich, saftreich. Säuerlich süß mit fruchtigem Aroma. Ausgewogenes Zucker-/Säureverhältnis. Sehr hohe Saftausbeute um 80 %.

Reife Je nach Lage ab Mitte September, wenig Fruchtfall. Einmaliges Durchpflücken reicht aus. Nach wenigen Tagen essbar.
Im kühlen Naturlager etwa 6 Wochen haltbar, danach weich werdend. Im Kühlraum bis Dezember lagerfähig. Auf Kältefleischbräune ist zu achten. Der Geschmack lässt mit der Lagerdauer rasch nach.

Baum Lockeres, mehr schmales Wuchsbild mit betonter Mitte und flachen, gut verzweigten Gerüstästen. Nach außen etwas überhängend. Derbes, gesundes Laub. Wenig Schnittarbeit. Im Holz frosthart.

Standort Bis in mittlere Höhenlagen anbaufähig. Nährstoffreiche Böden und ausreichende Wasserversorgung fördern die innere und äußere Fruchtqualität.

Anfälligkeit Nach Züchterangaben ist die Sorte resistent gegen Feuerbrand, Schorf (*Vf*), Mehltau, Bakterienbrand, Spinnmilbe, Holzfrost. Gegendweise trat etwas Mehltau- und Schorfbefall auf. Mittlere Anfälligkeit für Kernhausfäule.

Blüte Mittelfrüh, kurz anhaltend. Nicht empfindlich. Guter Pollenspender. Ein Ausdünnen ist entbehrlich, ausgenommen bei erkennbar starkem Fruchtansatz nach dem Junifall.

Ertrag Früh einsetzend, hoch bis sehr hoch und regelmäßig.

Anbauwert Eine der empfehlenswertesten Herbstsorten für alle Bereiche des Obstanbaus, auch für die Mostbereitung. Wegen des geringen Arbeitsaufwands (Schnitt, Pflanzenschutz, Ertragsregulierung) besonders gut für den Garten geeignet.

Lieferanten: Hofmann, Leinweber, Rinn, Ritthaler, Spieß.

Standort der Sichtungsbäume: Bavendorf, Erfurt, Dresden-Pillnitz, Jork, Rostock, Veitshöchheim, Weinsberg, Wurzen.

Anbauwert	'Recolor' st eine mehrfachresistente, rote Herbstapfelsorte. Empfohlen für intensiven und biologischen Erwerbsanbau, Streuobst und Freizeitgärten.

Entstehung ('Regine' ['Clivia' x schorfresistenter Zuchtstamm/*Vf*] x 'Reglindis' (['James Grieve' x schorfresistenter Zuchtstamm von 'Antonovka'/*VA*]) im Institut für Obstforschung Dresden-Pillnitz.
Züchterin Frau Pof. C. Fischer. Sortenschutz.

Frucht Mittelgroß, länglich-rund. Schale glatt, grünlichgelbe Grundfarbe mit roter Deckfarbe, bis 70 % bedeckt, ausgeglichener, feiner Geschmack.

Reife Baumreife Mitte September, Genussreife ab Ernte bis November, im Kühlraum vier Wochen länger.

Baum Mittelstarker Wuchs. Bildet eine lockere, gut verzweigte Krone. Unterlage M9.

Standort Für alle Apfellagen, bis in mittlere Höhenlagen geeignet.

Anfällig Resistent gegen Schorf (*Vf*, *VA*), unempfindlich für Spinnmilbe, Bakterienbrand, mäßig anfällig für Mehltau.

Blüte Früh, reich und regelmäßig, guter Pollenspender (diploid).

Ertrag Setzt früh ein, regelmäßig, mittel bis hoch.

Standort der Sichtungsbäume: Veitshöchheim.

Red Delicious

Bemerkung Die Sorte ist nicht mit 'Golden Delicious' verwandt.

Mutanten 'Idaho', 'Imperial', 'Red Spur', 'Top Red', 'Top Spur', 'Wel spur' und andere. Neu mit Sortenschutz sind 'Early Redone'®, 'Red Chief'®.

Entstehung Um 1870, Sämling von 'Gelber Bellefleur' in der Versuchsstation Iowa (USA).

Frucht Stammsorte ist mittelgroß bis groß, unregelmäßig hoch gebaute Form mit flachen Kanten über die Frucht. Tiefe Kelcheinsenkung mit auffälligen Höckern und geschlossenem Kelch. Kurzer Stiel in weiter und tiefer Stielgrube.
Schale fest, hellgelb, sonnenseits verwaschen flächig rot oder stark gestreift.
Fruchtfleisch fest, mäßig saftig. Wenig Aroma.

Verwertung Vorwiegend für den Frischverzehr, aber auch als Wirtschaftssorte brauchbar.

Reife Ab Anfang Oktober, windfest bis zur Reife, dann schnell fallend. Im kühlen Naturlager etwa sechs Monate haltbar, im Kühlraum bis April bei 3 °C.

Baum Mittelgroße bis große, hoch gebaute Krone mit gut verzweigten Ästen. Reichlich Quirle und Fruchtspieße. Im Vollertragsalter noch mittelstarker Wuchs. Gelegentliche Kronenauslichtung und ein Sommerschnitt für bessere Fruchtfärbung sind anzuraten.

Standort Bis in mittlere, aber windgeschützte Höhenlagen. Leichtere, aber nährstoffreiche und genügend feuchte Böden sind vorteilhaft.

Anfällig Mittelstark für Feuerbrand. In Tallagen für Schorf, Mehltau, Rote Spinne. In schweren, nassen Böden stark Krebs.

Blüte Mittelspät, etwas witterungsempfindlich. Guter Pollenspender. Eine Fruchtausdünnung bei starkem Fruchtansatz mindert die Alternanzneigung.

Ertrag Je nach Standort unterdurchschnittlich bis hoch mit geringer Alternanzneigung.

Anbauwert Der Bedarf wird meist durch Importe gedeckt. Für hiesige Verhältnisse keine besonders empfehlenswerte Sorte.

Lieferanten: Angendohr, Bergt, Cordes, Rinn, Schmitt, Ulmer.

Standort der Sichtungsbäume: Dresden-Pillnitz, Magdeburg, Müncheberg, Pomona Franconica, Rhöner Apfelbüro, Triesdorf, Veitshöchheim, Weihenstephan, Weinsberg, Wurzen.

Red Winter

Ertrag	Früh einsetzend, regelmäßig und hoch.
Anbauwert	Weniger für den Erwerbsanbau interessant, eher für den Hausgarten als kleinkroniger Baum. Auch als Topfbaum oder Spalier geeignet.
Bemerkung	Die Sorte ähnelt 'Red Delicious'.
Entstehung	Neuere Sorte aus der Versuchsstation Čačak in Serbien.
Frucht	Meist groß, ungleichhälftig hochgebaut mit ausgeprägten Kanten über der Frucht, ausgehend von der Kelchgrube. Kleiner, geschlossener Kelch. Fruchtschale glatt, leicht bläulich beduftet. Langer Stiel in enger, kaum berosteter Stielgrube. Fruchtfleisch grünlichweiß, hart, sehr saftig. Süßsäuerlich mit wenig Aroma.
Verwertung	Überwiegend für den Frischverzehr, als Wirtschaftsapfel brauchbar.
Reife	Mitte Oktober, im kühlen Naturlager etwa 5 Monate haltbar.
Baum	Anfangs mittelstarker, im Vollertrag schwacher Wuchs mit kleiner, kompakter Krone. Großes, gesundes und dunkelgrün glänzendes Blattwerk.
Anfällig	Widerstandsfähig gegen Schorf und Mehltau.
Blüte	Mittelfrüh, wenig empfindlich. Guter Pollenspender.

Entstehung 1967, aus 'James Grieve' x F2-Nachkomme von 'Antonowka' im Institut für Obstzüchtung Dresden-Pillnitz. Seit 1990 im Handel, Sortenschutz seit 1990.

Frucht Mittelgroß, um 150 g schwer, länglich rund mit flachen Kanten. Weite Kelcheinsenkung. Kurzer Stiel in weiter, berosteter Stielgrube.
Schale mittelfest, glatt, geschmeidig, bei Vollreife fettend. Gelb mit großflächig gestreifter, roter Deckfarbe. Sehr druckempfindlich.
Fruchtfleisch gelblichweiß mit grünen Leitbündeln. Mittelfest, saftreich. Säuerlich süß mit angenehmem Aroma. Saftausbeute um 74 %.

Verwertung Für den Frischverzehr, mehr noch Wirtschafts- und Mostsorte.

Reife Folgernd ab Anfang September, löst sich schwer vom Fruchtholz. Vom Baum essbar. Mehrmaliges Durchpflücken ist wegen der unterschiedlichen Reife anzuraten. Im kühlen Naturlager etwa vier Wochen haltbar, im Kühlraum bis Ende Oktober, ohne Stippe oder Glasigkeit.

Baum Lockeres, breites, dicht verzweigtes Wuchsbild mit schräg stehenden, gut verzweigten Gerüstästen. Mittelstarkes bis starkes Wachstum. Blüten entstehen am ein- und mehrjährigen Fruchtholz.

Im Holz nicht ganz frostfest. Ein Sommerschnitt ist zur besseren Fruchtausfärbung anzuraten, denn ungefärbte Schattenfrüchte schmecken fade.

Standort Ohne besondere Ansprüche bis in mittlere Höhenlagen.

Anfällig Widerstandsfähig gegen Schorf (*Malus cv.* 'Antonowka'), Triebsucht, Mosaikvirus, Spinnmilbe. Gering Feuerbrand, mittelstark Mehltau.

Blüte Früh bis mittelfrüh, gering witterungsempfindlich. Guter Pollenspender.

Ertrag Früh einsetzend und etwas unregelmäßig. Etwa 80 % im Vergleich zu 'Golden Delicious'.

Anbauwert Empfehlenswerte Herbstsorte, besonders für höhere Lagen. Geeignet auch für den Intensivanbau.

Vermehrungsrechte besitzen die Mitglieder der GEVO, Lieferanten: Cordes, Herr, Leinweber.

Standort der Sichtungsbäume: Ahrensburg, Bamberg, Bavendorf, Geisenheim, Dresden-Pillnitz, Jork, Magdeburg, Pomona Franconica, Triesdorf, Veitshöchheim, Weihenstephan, Weinsberg, Wurzen.

Entstehung 'Golden Delicious' x 'Remo', Schwesterklon von 'Rebella'. Institut für Obstforschung Dresden-Pillnitz. Züchterin Frau Pof. C. Fischer. Sortenschutz.

Frucht Mittelgroß bis groß, hochgebaut. Geschlossener Kelch, tiefe Stielgrube mit langem Stiel.
Schale dick, kaum berostet. Hellgelbe Grundfarbe mit hellrot leuchtender, Maserung.
Das Fruchtfleisch ist feinzellig, etwas weich, auffällig sauer. Hoher Vitamingehalt.

Reife Baumreife Mitte Oktober. Kühl lagerfähig bis Ende Dezember, im Kühllager bis März.

Baum Mittelstarker Wuchs, sehr gut verzweigt. Harmonischer Baumaufbau. Geeignete Unterlagen sind M9 und M26.

Standort Geringe Ansprüche an den Standort.

Anfällig Bisher schorfresistent, mäßig anfällig für Mehltau, unempfindlich für Spinnmilben und Bakterienbrand. Ein Mindestmaß an Pflanzenschutz ist jedoch zu empfehlen.

Blüte Mittelspät, reich und regelmäßig. Guter Pollenspender. Eine Ausdünnung sofort nach der Blüte ist ratsam.

Ertrag Früh einsetzend, sehr hoch, ohne Alternanz.

Anbauwert 'Rekarda' ist eine mehrfachresistente, farbige Winterapfelsorte, sehr ertragreich für intensive Streuobstkultur, sowie im Freizeitgarten für Liebhaber säurebetonter Äpfel.

Standort der Sichtungsbäume: Veitshöchheim.

Schwaches Wachstum infolge hoher Fruchtbarkeit. Im Holz frostfest. Aufmerksamer Schnitt zielt auf den Erhalt des Triebwachstums und verhütet vorzeitige Vergreisung.

Standort Keine Ansprüche an Boden und Klima. Bis in (windgeschützte) Höhenlagen anbauwürdig.

Anfällig Die Schorfresistenz ist durchbrochen. Kaum Mehltau. Gering anfällig für Feuerbrand, Bakterienbrand und Spinnmilben. Gelegentlich wurde Apfelmosaik und Triebsucht beobachtet.

Blüte Früh bis mittelfrüh, nicht empfindlich. Guter Pollenspender. Wegen des starken Fruchtansatzes empfiehlt sich stets eine Ausdünnung nach der Blüte, damit sich der Baum nicht frühzeitig erschöpft.

Ertrag Sehr früh einsetzend, regelmäßig, bei fehlender Ausdünnung überreich.

Anbauwert Als Tafelsorte nur für warme Lagen, sonst für Liebhaber säurebetonter Sorten.

Vermehrungsrechte besitzen die Mitglieder der GEVO, Lieferanten: Cordes, Ganter, Herr, Krämer, Leinweber, Rinn, Schmitt.

Entstehung 'James Grieve' x F3-Nachkommen von *Malus floribunda*, im Institut für Obstforschung Dresden-Pillnitz. Im Handel und Sortenschutz seit 1990.

Frucht Mittelgroß, um 150 g schwer. Regelmäßig runde und hoch gebaute Form. Weite Kelcheinsenkung mit geschossenem Kelch. Mittellanger Stiel in weiter, wenig berosteter Stielgrube.
Schale derb, violett bereift mit deutlichen Schalenpunkten und netzartiger Berostung. Bei Reife gelblich grün mit karminroter Deckfarbe.
Fruchtfleisch cremefarben, mittelfest, feinzellig sehr saftreich. Säurebetonter, leicht aromatischer Geschmack. Saftausbeute um 75 %.

Verwertung Vorwiegend Wirtschafts- und Mostsorte. Von guten Standorten und bei warmer Witterung auch mit Tafelqualität.

Reife Mitte September, vom Baum essbar. Wegen besserer Aromabildung so spät wie möglich ernten. Einmaliges Durchpflücken reicht meist aus. Im kühlen Naturlager etwa vier Wochen haltbar, dann weich werdend. Auf Stippe ist zu achten.

Baum Breit pyramidale, aufrechtes, mittelstark verzweigtes Wuchsbild. Im Alter waagerechte Gerüstäste mit dünnen Trieben.

Standort der Sichtungsbäume: AHNU, Ahrensburg, Auweiler, Bavendorf, Geisenheim, Dresden-Pillnitz, Jork, Pomona Franconica, Triesdorf, Veitshöchheim, Weihenstephan, Weinsberg, Wurzen.

Entstehung 'Clivia' x schorfresistenter Zuchtstamm/*Vf*, im Institut für Obstzüchtung Dresden-Pillnitz. Seit 1996 im Handel, EU-Sortenschutz seit 1999.

Frucht Klein bis mittelgroß. Regelmäßige, flach- bis hochrunde Form. Flache, faltige Kelcheinsenkung mit geschlossenem Kelch. Dünner Stiel in weiter Stielgrube.
Schale dick, glatt, geschmeidig leicht bereift mit deutlichen Schalenpunkten. Bei Reife gelb mit leuchtend roter, fast ganzflächiger Deckfarbe. Fruchtfleisch gelblich, feinzellig mittelfest, saftig. Großes Kernhaus. Süß mit geringer Säure und fruchtigem Aroma. Saftausbeute um 69 %.

Verwertung Überwiegend für den Frischverzehr, auch als Wirtschaftssorte brauchbar.

Reife Ab Mitte September, gleichmäßig reifend. Mitunter drücken sich die Früchte vorher gegenseitig ab. Mehrmaliges Durchpflücken ist deshalb ratsam. Im kühlen Naturlager etwa vier Monate haltbar, im Kühlraum bis Februar/März, nicht weniger als bei 3 °C. Anfällig für Lagerfäule.

Baum Lockeres, breites Wuchsbild mit waagerechten Gerüstästen und hängenden Seitentrieben. Im Vollertragsalter schwaches Wachstum.

Ein aufmerksamer Schnitt beugt vorzeitiger Vergreisung vor und zielt auf laufende Erneuerung der Fruchtäste. Nahezu frostfest im Holz.

Standort Bevorzugt auf nährstoffreichen Böden in wärmeren Lagen, windgeschützt auch bis in mittlere Höhen.

Anfällig Widerstandsfähig gegen Feuerbrand, (noch) Schorf, Bakterienbrand und Spinnmilben. Mäßig empfindlich für Mehltau.

Blüte Mittelfrüh bis mittelspät, etwas witterungsempfindlich. Guter Pollenspender. Die Fruchtausdünnung ist meist erforderlich und zielt auf einzeln hängende Früchte, damit sich der Baum nicht frühzeitig erschöpft.

Ertrag Früh einsetzend, hoch und regelmäßig.

Anbauwert Die Sorte wird auch als „Familienapfel" bezeichnet und verdient weitere Verbreitung. Die Pflegemaßnahmen müssen Mehltaubekämpfungen mit einbeziehen.

Vermehrungsrechte besitzt die Baumschule Müller in Oschatz (Nähe Dresden), Lieferanten: Herr, Hoffmann, Leinweber, Rinn, Spieß.

Standort der Sichtungsbäume: Bamberg, Bavendorf, Erfurt, Geisenheim, Dresden-Pillnitz, Jork, Magdeburg, Neustadt, Rostock, Veitshöchheim, Weihenstephan, Weinsberg, Wurzen.

Entstehung	1979. Vielfachkreuzung von 'Prima' x Nummern-sorte x 'Cox Orange', in Holovousy (Böhmen). Sortenschutz seit 1998.
Frucht	Mittelgroß bis groß. Meist hoch gebaute Form mit flachen Kanten über die Frucht. Kelcheinsenkung schüsselförmig, faltig mit kleinem Kelch. Mittellanger Stiel in tiefer, berosteter Stielgrube. Schale derb, glatt, leicht fettig, besonders im Lager. Gelb, sonnenseits nur leicht rosa überhaucht. Fruchtfleisch cremefarben, fest, saftreich. Angenehmes Aroma mit ausreichender Säure.
Verwertung	Vorwiegend für den Frischverzehr, eingeschränkt als Wirtschaftssorte brauchbar.
Reife	Ab Anfang Oktober, windfest. Im kühlen Naturlager etwa 4 Monate haltbar, im Kühllager bis März/April.
Baum	Hoch pyramidales Wuchsbild mit aufrechten, gut verzweigten etwas verkahlenden Leitästen.
Standort	Bevorzugt für wärmere Lagen und ausreichend feuchte, nährstoffreiche Böden.
Anfällig	Die Schorfresistenz ist durchbrochen. Starke Mehltauneigung.
Blüte	Früh bis mittelfrüh, gering empfindlich. Guter Pollenspender. Eine Ausdünnung bei starkem Fruchtansatz ist anzuraten.
Ertrag	Früh einsetzend, hoch und regelmäßig mit geringer Alternanzneigung. Lizenznehmer sind die Mitglieder der GEVO.

Standort der Sichtungsbäume: Bamberg, Bavendorf, Dresden-Pillnitz, Jork, Pomona Franconica, Rostock, Triesdorf, Veitshöchheim.

Rewena

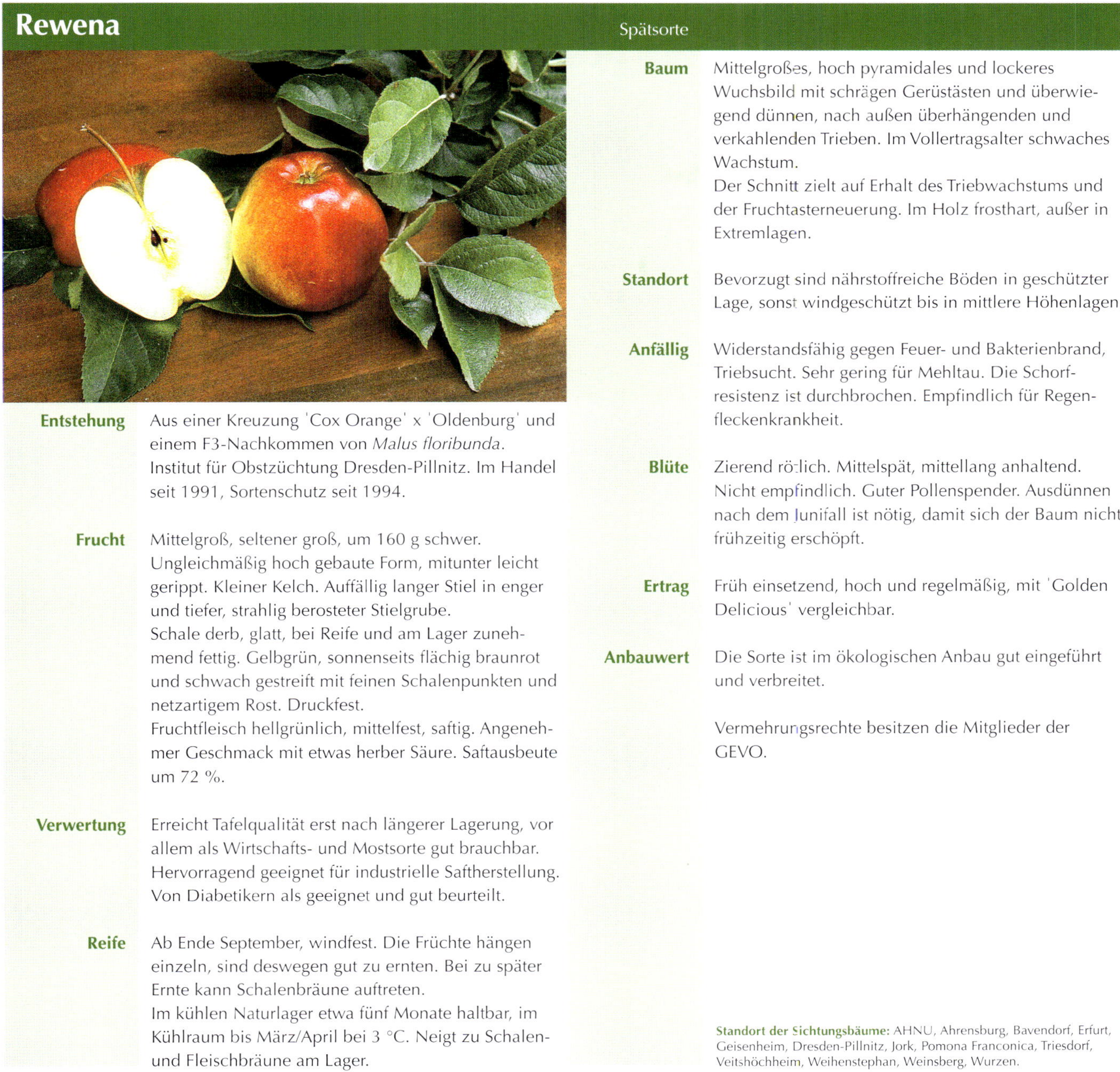

Entstehung
Aus einer Kreuzung 'Cox Orange' x 'Oldenburg' und einem F3-Nachkommen von *Malus floribunda*.
Institut für Obstzüchtung Dresden-Pillnitz. Im Handel seit 1991, Sortenschutz seit 1994.

Frucht
Mittelgroß, seltener groß, um 160 g schwer. Ungleichmäßig hoch gebaute Form, mitunter leicht gerippt. Kleiner Kelch. Auffällig langer Stiel in enger und tiefer, strahlig berosteter Stielgrube.
Schale derb, glatt, bei Reife und am Lager zunehmend fettig. Gelbgrün, sonnenseits flächig braunrot und schwach gestreift mit feinen Schalenpunkten und netzartigem Rost. Druckfest.
Fruchtfleisch hellgrünlich, mittelfest, saftig. Angenehmer Geschmack mit etwas herber Säure. Saftausbeute um 72 %.

Verwertung
Erreicht Tafelqualität erst nach längerer Lagerung, vor allem als Wirtschafts- und Mostsorte gut brauchbar. Hervorragend geeignet für industrielle Saftherstellung. Von Diabetikern als geeignet und gut beurteilt.

Reife
Ab Ende September, windfest. Die Früchte hängen einzeln, sind deswegen gut zu ernten. Bei zu später Ernte kann Schalenbräune auftreten.
Im kühlen Naturlager etwa fünf Monate haltbar, im Kühlraum bis März/April bei 3 °C. Neigt zu Schalen- und Fleischbräune am Lager.

Baum
Mittelgroßes, hoch pyramidales und lockeres Wuchsbild mit schrägen Gerüstästen und überwiegend dünnen, nach außen überhängenden und verkahlenden Trieben. Im Vollertragsalter schwaches Wachstum.
Der Schnitt zielt auf Erhalt des Triebwachstums und der Fruchtasterneuerung. Im Holz frosthart, außer in Extremlagen.

Standort
Bevorzugt sind nährstoffreiche Böden in geschützter Lage, sonst windgeschützt bis in mittlere Höhenlagen.

Anfällig
Widerstandsfähig gegen Feuer- und Bakterienbrand, Triebsucht. Sehr gering für Mehltau. Die Schorfresistenz ist durchbrochen. Empfindlich für Regenfleckenkrankheit.

Blüte
Zierend rötlich. Mittelspät, mittellang anhaltend. Nicht empfindlich. Guter Pollenspender. Ausdünnen nach dem Junifall ist nötig, damit sich der Baum nicht frühzeitig erschöpft.

Ertrag
Früh einsetzend, hoch und regelmäßig, mit 'Golden Delicious' vergleichbar.

Anbauwert
Die Sorte ist im ökologischen Anbau gut eingeführt und verbreitet.

Vermehrungsrechte besitzen die Mitglieder der GEVO.

Standort der Sichtungsbäume: AHNU, Ahrensburg, Bavendorf, Erfurt, Geisenheim, Dresden-Pillnitz, Jork, Pomona Franconica, Triesdorf, Veitshöchheim, Weihenstephan, Weinsberg, Wurzen.

Weiterer Name	Ursprünglich 'Jofi' (Josef Fischer).
Entstehung	Eine der Auslesen von 'James Grieve' durch Josef Fischer in Mühlheim-Kärlich bei Koblenz.
Frucht	Klein bis mittelgroß, um 110 g schwer. Unterschiedliche Form von flach- bis hochrund. Flache Kelcheinsenkung mit kleinem, geschlossenem Kelch. Unterschiedlich langer Stiel in weiter und tiefer Stielgrube. Schale glatt, leicht fettig. Bei Reife hellgelb, sonnenseits stark gestreift oder flächig rot. Fruchtfleisch locker, saftig, süßsäuerlich mit leichtem Aroma.
Verwertung	Überwiegend für den Frischverzehr, auch als Backapfel brauchbar.
Reife	Ab Ende Juli, etwa acht Tage vor 'James Grieve'. Nicht windfest, mehrmaliges Durchpflücken ist erforderlich. Nur wenige Tage haltbar.
Baum	Kleine, kugelige Krone mit gut verzweigten Ästen. Ein aufmerksamer Schnitt sofort nach der Ernte zielt auf laufende Fruchtasterneuerung und vermeidet vorzeitiges Vergreisen des Baumes.
Standort	Nur für wärmere Lagen und nährstoffreiche, ausreichend feuchte Böden.
Anfällig	Stark für Feuerbrand und Mehltau, wenig für Schorf. Stippe auf trockenen Standorten und bei wechselhafter Sommerwitterung. Krebs auf schweren, nassen Böden.
Blüte	Früh, etwas empfindlich. Guter Pollenspender. Ausdünnen nach dem Junifall ist stets anzuraten, damit sich der Baum nicht frühzeitig erschöpft.
Ertrag	Mittelhoch bis hoch und regelmäßig.
Anbauwert	'Rheingold' wird zugunsten anderer Frühsorten heute weniger empfohlen.

Lieferanten: Bergt, Cordes.

Standort der Sichtungsbäume: Triesdorf, Wurzen.

Entstehung　Ungewiss, wurde 1821 beschrieben. Ein Anbau ist seit Ende des 18. Jahrhunderts im Kölner Becken bekannt.

Frucht　Mittelgroß, um 140 g schwer. Ungleichmäßige Form, oft flachrund, auch hoch gebaut mit flachen Wülsten. Flache, gerippte Kelcheinsenkung mit kleinem, geschlossenem Kelch. Kurzer, durch einen Fleischwulst seitlich gedrückter Stiel in enger Stielgrube. Schale derb, glatt, leicht bereift. Bei Reife gelbgrün, sonnenseits stärker braunrot gestreift mit feinen Schalenpunkten. Druckfest.
Fruchtfleisch grünlichgelb, feinzellig, fest, saftreich. Feinsäuerlich mit etwas Würze, wenig Aroma (bildet sich erst während der Lagerzeit). Hohe Saftausbeute.

Verwertung　Weniger für den Frischverzehr, als gute Wirtschafts- und für Mostsorte.

Reife　Je nach Lage ab Ende September. Windfest bis zur Baumreife, dann schnell fallend. Bei ausreichender Luftfeuchte über sechs Monate kühl haltbar.

Baum　Große, gewölbte, sparrige Krone mit langen, überhängenden Ästen. Im Alter schlecht verzweigt, aber mit viel Quirlholz an den Ästen. Gefährdet durch Astbruch. Im Vollertragsalter immer noch starkes Wachstum. Kann sehr alt werden.

Standort　Gute Fruchtqualität in wärmeren Lagen, gedeiht aber auch noch auf nährstoffreichen, eher leichten Böden in geschützten Höhenlagen.

Anfällig　Krebsanfällig auf nassen, schweren Böden, sonst robust.

Blüte　Mittelspät, nicht empfindlich. Guter Pollenspender.

Ertrag　Spät einsetzend, meist ab dem zehnten Standjahr. Jährlich wechselnd zwischen hohen und geringen Erträgen (mäßige Alternanz), insgesamt aber hoch.

Anbauwert　Früher auch als Tafelsorte bekannt, heute fast ausschließlich als Wirtschafts- und Keltersorte im Streuobstanbau verbreitet.

Lieferanten: Angendohr, Baumgartner, Bergt, Brenninger, Cordes, Heinrich, Herr, Dr. Hoffmann, Kiefer, Leinweber, Ley, Müller, Spieß, Wetzel.

Standort der Sichtungsbäume: Bavendorf, Erfurt, Geisenheim, Müncheberg, Neustadt, Pomona Franconica, Rhöner Apfelbüro, Triesdorf, Veitshöchheim, Weinsberg.

Ribston Pepping

Doppelnamen
'Englische Granatrenette' (Diel), 'Travers Renette', 'Glory of York' und andere. Es soll auch eine rote Variante aus Dänemark existieren (Sichtung Pomona Franconica).

Entstehung
Um 1707 entstanden im Schloss Ribston Hall bei Knaresborough (Nordengland). Vermutlich ein Sämling einer noch früheren, französischen Sorte. 1874 vom Deutschen Pomologenverein zum Anbau empfohlen.

Frucht
Klein oder mittelgroß, um 110 g schwer, nur von jüngeren Bäumen größer. Regelmäßige, flach- bis hochkugelige Form. Weite, faltige Kelcheinsenkung mit kleinem Kelch. Meist kurzer Stiel in weiter und tiefer Stielgrube.
Schale glatt, mitunter auch samtig rau mit Kelchberostung. Goldgelb, sonnenseits rötlich geflammt oder kurz gestreift. Druckfest.
Fruchtfleisch gelblichweiß. Fest, am Lager mürbe, etwas grobzellig, weniger saftig. Renettenartig gewürzt, Geschmack an Cox erinnernd. Kleines Kernhaus.

Verwertung
Für den Frischverzehr, auch gute Wirtschafts- und Mostsorte.

Reife
Ab Mitte September. Spät ernten, um Welke am Lager zu vermeiden. Bei Reife nicht windfest, deshalb ist ein mehrmaliges Durchpflücken ratsam. Im kühlen Naturlager bis zu fünf Monaten haltbar.

Baum
Von Jugend an große, breite Krone mit überhängenden Zweigen. Leitäste schräg aufrecht, später geneigt. Meist schräger Stamm. Auch im Vollertragsalter noch starker Wuchs. Deshalb ist möglichst nach der Blüte zu schneiden. Nicht überall frosthart im Holz. Kann alt werden.

Standort
Hohe Ansprüche an mildes Klima, Luftfeuchte und einen nährstoffreichen Boden. In trockenen Böden kann Spitzendürre auftreten.

Anfällig
Mittelstark für Feuerbrand und Schorf. Stark für Mehltau. Befall durch Blutlaus und Apfelwickler ist möglich. Auf schweren oder nassen Böden Krebs. Empfindlich für Kupfermittel. Blattschäden bei Strahlungshitze.

Blüte
Mittelfrüh. Lange andauernd, wenig empfindlich. Schlechter Pollenspender (triploid). Sehr starker Junifruchtfall, deshalb ist ein Ausdünnen nur selten erforderlich. Durch Frühentwicklung der Blütenknospen kann es im Winter zu gelegentlichen Erfrierungen kommen.

Ertrag
Je nach Unterlage spät einsetzend und unterdurchschnittlich. Jährlicher Wechsel zwischen hohen und sehr geringen Erträgen. In Küstennähe sind höhere Erträge möglich.

Anbauwert
Problemsorte für unerfahrene Anbauer, dennoch als historische Sorte in geeigneten Gebieten und bei geeigneten Pflegemaßnahmen erhaltenswert.

Lieferanten: Brenninger, Cordes, Hammerschmidt, Herr, Dr. Hoffmann, Leinweber, Ritthaler, Spieß.

Standort der Sichtungsbäume: AHNU, Bavendorf, Erfurt, Dresden-Pillnitz, Müncheberg, Pomona Franconica, Rhöner Apfelbüro, Triesdorf, Veitshöchheim.

Bemerkung Die Sorte ist nicht identisch mit dem 'Boikenapfel'.

Entstehung Um 1828. Gebietsweise als Lokalsorte verbreitet.

Frucht Groß bis sehr groß, um 280 g schwer. Unterschiedliche und ungleichmäßige Form mit starken Wülsten über die ganze Frucht. Flache, wulstige Kelcheinsenkung mit geschlossenem Kelch. Kurzer, kräftiger Stiel in enger, strahlig berosteter Stielgrube. Schale hart, glatt, fettig. Bei Reife grüngelb, sonnenseits etwas gerötet. Dunkle Schalenpunkte. Fruchtfleisch fast weiß, mürbe. Säuerlich-süß mit angenehmem Geschmack. Kleines Kernhaus.

Verwertung Überwiegend gute Wirtschafts- und Mostsorte. Eingeschränkt für den Frischverzehr.

Reife Ab Ende September. Wegen des kurzen Stieles drücken sich die Früchte oft vorzeitig ab. Im kühlen Naturlager etwa fünf Monate haltbar. Auf Stippe am Lager ist zu achten.

Baum Mächtige, breit ausladende und dichte Krone mit gut verzweigten Trieben. Auch im Vollertragsalter noch kräftiger Wuchs. Gelegentlich wird ein Auslichtungs- oder Verjüngungsschnitt nötig sein. Im Holz frostfest.

Standort Geringe Ansprüche an Boden und Klima. Bis in höhere, windige Lagen anbaufähig.

Anfällig Besonders in höheren Lagen ohne Schorfbefall. Sonst gering Schorf und Mehltau. In nassen und schweren Böden krebsanfällig.

Blüte Mittelfrüh, kurz anhaltend und nicht empfindlich. Schlechter Pollenspender (triploid).

Ertrag Spät einsetzend, dann jährlicher Wechsel zwischen mittelhohen und sehr geringen Erträgen (Alternanz). Insgesamt gering.

Anbauwert Besonders in höheren oder rauen Lagen als Streuobstsorte noch immer sehr geschätzt.

Lieferanten: Brenninger, Cordes, Hammerschmidt, Dr. Hoffmann, Leinweber, Rinn, Schmitt, Spieß, Wetzel.

Standort der Sichtungsbäume: Bavendorf, Erfurt, Dresden-Pillnitz, Müncheberg, Triesdorf, Veitshöchheim, Weihenstephan.

Rote Sternrenette

Doppelnamen	'Calv lle étoilée' (Original), 'Pomme de Coer' ('Herzapfel') in Belgien, 'Meusers Rote Herbstrenette', 'Herbstrenette' und andere.
Entstehung	Ungewiss, jedoch seit mindestens 200 Jahren bekannt. Als Herkunft wird sowohl Deutschland (Niederrhein) als auch Belgien und Frankreich angenommen. 1830 erstmalig beschrieben.
Frucht	Mittelgroß, um 120 g schwer. Fast gleichmäßig kugelrunde Form. Flache, weite Kelcheinsenkung mit offenem Kelch. Kurzer oder mittellanger Stiel in trichterförmiger, berosteter Stielgrube. Schale hart, glatt, leicht fettig. Bei Reife gelbgrün mit flächig roter Deckfarbe und typischen Roststernen. Feiner Duft. Fruchtfleisch unter der Schale oft rötlich, mittelfest, feinzellig, kaum saftig. Süß-säuerlicher, parfümierter Geschmack. Geringer Gehalt an Vitamin C.
Verwertung	Vorwiegend für den Frischverzehr, eingeschränkt als Wirtschafts- und Mostsorte brauchbar. Schnittflächen und Apfelmus werden schnell braun.
Reife	Je nach Lage ab Mitte September, nicht windfest. Mehrmaliges Durchpflücken ist ratsam. Etwa drei Monate im kühlen Naturlager haltbar, wird dann schnell mehlig. Bei trockener Lagerung schrumpfend.

Baum	Breit pyramidale, innen lockere Krone mit kräftigen, aufrechten wenig verzweigten Leitästen. Außen ist die Krone dichter mit hängendem Seitenholz. Anfangs schwächerer, dann zunehmend stärkerer Wuchs. Der Schnitt zielt auf bessere Verzweigung der oft kahlen Äste. Durch einen Sommerschnitt kann die Alternanz gemindert und die kahlen Äste besser verzweigt werden. Im Holz frostfest.
Standort	Auf guten Böden bis in raue, windige Höhenlagen. Auch kalkhaltige und magere Böden, aber möglichst mit hoher Luftfeuchte sind geeignet. Keine Trockenlagen.
Anfällig	Mittel für Feuerbrand. Wenig Schorf und Mehltau. Krebsfrei. Empfindlich für Kupfermittel.
Blüte	Spät und lange anhaltend, gering empfindlich. Guter Pollenspender (diploid). Geringer Fruchtansatz hat oft seine Ursache in ungenügender Befruchtung. Bei starkem Fruchtansatz ist ein energisches Ausdünnen ratsam.
Ertrag	Spät einsetzend. Jährlicher Wechsel zwischen mittelhohen und sehr geringen Erträgen (Alternanz), gesamt gering.
Anbauwert	Die einstige Bedeutung ist heute nicht mehr gegeben. In rauen Lagen für extensiven Anbau noch empfehlenswert. Auch auf schwachwachsenden Unterlagen werden die Bäume im Garten meist zu groß.

Lieferanten: Brenninger, Gräb, Hammerschmidt, Heinrich, Herr, Hofmann, Dr. Hoffmann, Leinweber, Schmitt, Wetzel, Wörlein.

Standort der Sichtungsbäume: AHNU, Ahrensburg, Bamberg, Erfurt, Geisenheim, Dresden-Pillnitz, Müncheberg, Neustadt, Pomona Franconica, Rhöner Apfelbüro, Triesdorf, Weihenstephan, Wurzen.

Roter Astrachan

Doppelnamen 'Pomme d'Astracan Rouge', 'Roter Astrakanischer Sommerapfel', 'Red Astrakan', 'Jakobiapfel' und viele weitere.

Entstehung Unbekannt. Soll aus Russland stammen. 1780 erstmals erwähnt. Soll über Schweden und Norwegen 1816 nach England gekommen sein. Von dort aus begann die Verbreitung in Deutschland. Wurde 1890 vom Deutschen Pomologenverein zum Anbau von Formobst und Topfbäumen, 1893 zum Massenanbau empfohlen.

Frucht Mittelgroß, um 110 g schwer, selten größer. Unterschiedlich in der Form, meist ungleichhälftig plattrund. Weite, stark gerippte Kelcheinsenkung. Stielgrube eng und berostet mit kurzem Stiel. Schale dünn, zart, leicht bläulich beduftet. Blassgelblich, sonnenseits verwaschen karminrot mit deutlichen, gelblichen Schalenpunkten. Schwacher Duft. Nicht druckfest.
Fruchtfleisch weiß, unter der Schale und um das Kernhaus leicht gerötet. Feinzellig, etwas mürbe, saftreich. Angenehm rosenartig gewürzt. Vorherrschende Säure mit geringem Zuckergehalt.

Verwertung Weniger für den Frischverzehr, als gute Wirtschafts- und Mostsorte.

Reife Ab Ende Juli, nicht windfest. Muss noch vor der Baumreife abgenommen werden.

Baum Hochkugelige Krone mit gut verzweigten Ästen. Von Jugend an starker, dann nachlassender Wuchs, im Vollertragsalter höchstens mittelstark. Im Holz frostfest.

Standort Obwohl anbaufähig auf trockenen Böden bis in raue, windige Höhenlagen, steigt die Fruchtqualität bei besseren Anbaubedingungen.

Anfällig In geschlossenen, warmen Tallagen für Schorf, Mehltau und Obstmade (Apfelwickler), weniger anfällig in Hochlagen.

Blüte Früh, wenig empfindlich.

Ertrag Früh einsetzend, normalerweise mittelhoch. Leichte Alternanzneigung.

Anbauwert Eine Frühsorte für alle Baumformen, vor allem in höheren Lagen auch für Spaliere und Topfkultur. In günstigen Anbaugebieten ist die Sorte ersetzbar.

Lieferanten: Angendohr, Baumgartner, Bergt, Brenninger, Cordes, Hammerschmidt, Dr. Hoffmann, Leinweber, Müller, Schmitt.

Standort der Sichtungsbäume: Bamberg, Bavendorf, Erfurt, Dresden-Pillnitz, Müncheberg, Pomona Franconica, Rhöner Apfelbüro, Triesdorf, Veitshöchheim, Wurzen.

Baum	Geschlossene, hochrunde und gut verzweigte Krone mit derben, wenig gezähnten Blättern. In der Jugend kräftiger Wuchs, mit dem Vollertrag nur mittelstark. Die dichte Verzweigung erfordert jährlichen Auslichtungsschnitt. Gilt als gut erziehbar für Formobst.
Standort	Anspruchslos an Boden und Klima.

Entstehung Unbekannt. Es wurde vermutet, dass die Entstehung mit einem Augustinerorden in Zusammenhang steht. Ein Baum soll um 1800 im Kurfürstlichen Garten in Oberlahnstein gestanden haben.

Doppelnamen 'Roter Apfel von Sedan', 'Roter Herbst-Taffetapfel', 'Wollenschläger' (Bergstraße).

Frucht Form und Größe sind unterschiedlich, je nach Alter und Pflege des Baumes, meist aber eher groß. Abgestumpft rundlich bis flachrund. Flache, wenig gerippte Kelcheinsenkung mit spitzem, meist geschlossenem Kelch. Mittellanger Stiel in tiefer, weiter und berosteter Stielgrube.
Schale glatt, bläulich bereift. Grundfarbe hellgelb mit karmesinroter, fast flächiger Deckfarbe. Zahlreiche, feine Schalenpunkte und deutlicher Duft. Fruchtfleisch gelblichweiß, oft mit roter Ader um das Kernhaus. Feinzellig, fest und saftig mit leichter Würze. Vorherrschend kräftig weinsäuerlich mit wenig Süße.

Verwertung Sehr guter, vielseitig verwertbarer Wirtschaftsapfel und für Most. Als Tafelfrucht weniger brauchbar.

Reife Je nach Lage ab Mitte Oktober. Wind- und sturmfest. Im kühlen Naturlager etwa 4 Monate haltbar.

Standort der Sichtungsbäume: Hohenheim, Wurzen.

Baum Hochrunde, gleichmäßig geformte Krone mit schräg aufwärts gerichteten, gut verzweigten Leitästen und gesundem Laub. Oft schiefer Stamm. Die dünnen, überhängenden Seitenzweige neigen etwas zum Verkahlen im unteren Bereich. Von Jugend an starkes Wachstum, bei Vollertragsbeginn deutlich schwächer.

Standort Breit anbaufähig bis in Höhenlagen, auch auf geringeren Böden. Dort bleiben die Früchte etwas kleiner.

Anfällig Keine Krankheiten und Schädlinge bekannt. In windgeschützten Warmlagen soll Schorf und Mehltau auftreten.

Blüte Extrem spät (Siebenschläfer, um 27. 6.), deshalb nicht frostgefährdet. Allerdings kann es Befruchtungsprobleme geben, wenn spätblühende Sorten zu weit entfernt stehen. Guter Pollenspender.

Ertrag Spät einsetzend. Normalerweise regelmäßig mit geringer Alternanzneigung.

Anbauwert Eine robuste Sorte, vorwiegend für Streuobstflächen, aber auch für den Garten.

Lieferanten Angendohr, Baumgartner, Bergt, Cordes, Gräb, Hammerschmidt, Herr, Dr. Hoffmann, Leinweber, Schmitt.

Doppelnamen 'Holländischer Bellefleur', 'Siebenschläfer' (wegen der späten Blüte), 'Malmedyer' (Belgien) und einige andere.

Entstehung Soll aus Holland stammen und dort schon im 18. Jh. verbreitet gewesen sein. Wurde 1874 vom Landwirtschaftlichen Verein Rheinpreußen zum Massenanbau empfohlen.

Frucht Normalerweise groß, um 160 g schwer. Ungleichhälftige, flachrunde bis hochrunde Form mit flachen Kanten über die Frucht. Weite, oft wulstige und gerippte Kelcheinsenkung mit offenem Kelch. Kurzer, dicker Stiel in tiefer, berosteter Stielgrube.
Schale glatt und geschmeidig. Bei Reife zitronengelb in der Grundfarbe, sonnenseits kann die rote Deckfarbe flächig sein. Schwacher Geruch. Druckfest. Fruchtfleisch gelblichweiß, fest, feinzellig, saftreich. Renetteartig gewürzt mit vorherrschend süßem Weingeschmack.

Verwertung Für den Frischverzehr und alle Verwertungsarten.

Reife Ab Mitte September, wind- und sturmfest. Wegen des kurzen Stieles können sich traubig hängende Früchte schon vor der Baumreife gegenseitig abdrücken. Im kühlen Naturlager bis zu sechs (auch sieben) Monate haltbar.

Standort der Sichtungsbäume: Bavendorf, Dresden-Pillnitz, Erfurt, Geisenheim, Müncheberg, Pomona Franconica, Rhöner Apfelbüro, Triesdorf, Veitshöchheim, Weinsberg.

Roter Eiserapfel

Doppelnamen
'Drei Jahre Dauernder Streifling' (wegen der langen Haltbarkeit), 'Herzapfel', 'Klosterapfel' und viele weitere deuten auf die frühere Verbreitung.

Entstehung
Ungewiss, wurde schon 1539 um Bamberg und in der Nähe von Nürnberg erwähnt. Vom Deutschen Pomologenverein 1857 zum Anbau empfohlen.

Frucht
Normalerweise groß, um 160 g schwer. Ungleichmäßige, oft hoch gebaut oder herzförmig (Herzapfel) mit breiten Kanten über der Frucht. Flache, weite Kelcheinsenkung mit kleinem, geschlossenem Kelch. Dicker und sehr kurzer Stiel in enger, strahlig berosteter Stielgrube.
Schale dick, hart, glatt. Fast ganzflächig rot, bläulich bereift mit deutlichen Schalenpunkten. Kräftiger Duft. Sehr druckfest.
Fruchtfleisch sehr fest, saftig, säuerlich-süß mit geringem Aroma und wenig Säure. Kleines Kerngehäuse.

Verwertung
Gute Wirtschafts- und Mostsorte, jedoch kein Tafelapfel. Wurde früher gerne zum Dörren verwendet.

Reife
Je nach Lage ab Ende September, wind- und sturmfest.

Baum
Sehr breite, flache und gut verzweigte Krone. Auch im Vollertragsalter noch kräftiger Wuchs. Regelmäßiger Schnitt ist erforderlich.

Standort
Keine Ansprüche an Boden und Klima. Bis in raue Höhenlagen anbaufähig. Nicht für warme Tallagen geeignet. Je schwerer der Boden, desto besser gedeiht der Baum.

Anfällig
Gering für Feuerbrand und Krebs, sonst sehr robust. Empfindlich für Kupfermittel.

Blüte
Spät, lange anhaltend. Nicht empfindlich. Guter Pollenspender.

Ertrag
Sehr spät einsetzend, auf zusagendem Standort hoch und (fast) regelmäßig. Auf trockenen Böden besteht mehr Alternanzneigung.

Anbauwert
Früher auch Tafelapfel, heute mehr als Streuobstsorte, besonders in Extremlagen geschätzt. Je nach Verbreitungsgebiet kommen verschiedene Spielarten vor.

Lieferanten: Baumgartner, Brenninger, Cordes, Gräb, Hammerschmidt, Herr, Dr. Hoffmann, Leinweber, Ritthaler, Spieß, Wetzel.

Standort der Sichtungsbäume: AHNU, Bamberg, Bavendorf, Erfurt, Geisenheim, Dresden-Pillnitz, Müncheberg, Pomona Franconica, Triesdorf, Veitshöchheim, Weihenstephan, Weinsberg.

Doppelname	'Hauptmannsapfel', 'Roter Weihnachtsapfel'.
Entstehung	Ungewiss, eine alte deutsche Sorte.
Frucht	Groß, um 170 g schwer. Regelmäßige, flachrunde Form. Kelcheinsenkung schüsselförmig mit schwachen Falten und kleinem, geschlossenem Kelch. Kurzer Stiel in enger Stielgrube. Schale fest, blau bereift mit hellen Schalenpunkten. Bei Reife hellgelb mit flächig roter Deckfarbe. Druckempfindlich. Fruchtfleisch weiß, mittelfest, saftreich. Süßsäuerlich mit wenig parfümiertem Aroma. Kleines Kerngehäuse.
Verwertung	Für den Frischverzehr, eingeschränkt als Wirtschaftssorte brauchbar.
Reife	Je nach Lage folgernd ab Mitte September, nicht windfest. Mehrmaliges und schonendes Durchpflücken ist ratsam. Im kühlen Naturlager etwa drei Monate haltbar, wird danach schnell mürbe. Auf Lagerstippe ist zu achten.
Baum	Mächtige, breit ausladende Krone mit kräftigen Jahrestrieben und schrägen Gerüstästen. Auch im Vollertragsalter noch starker Wuchs, deshalb ist möglichst erst nach der Blüte zu schneiden. Frosthart im Holz.

Standort	Keine Ansprüche an Boden und Klima, bis in Höhenlagen anbaufähig.
Anfällig	Gering für Feuerbrand, Schorf und Mehltau. Keine Triebsucht.
Blüte	Mittelfrüh, nicht empfindlich. Schlechter Pollenspender (triploid). Energisches Ausdünnen nach der Blüte kann die Alternanz etwas mindern.
Ertrag	Wechsel zwischen hohen Erträgen und völligem Ausfall (ausgeprägte Alternanz), insgesamt etwas unterdurchschnittlich. Sommerschnitt und Blattdüngung sofort nach der Ernte wirken ebenfalls alternanzmindernd.
Anbauwert	Für Streuobstanbau in höheren Lagen. Im Garten ist eine sorgfältige Ertragsregulierung erforderlich.

Lieferanten: Baumgartner, Bergt, Brenninger, Cordes, Hammerschmidt, Dr. Hoffmann, Leinweber, Wetzel.

Standort der Sichtungsbäume: Bamberg, Bavendorf, Erfurt, Geisenheim, Dresden-Pillnitz, Müncheberg, Pomona Franconica, Rhöner Apfelbüro, Triesdorf, Veitshöchheim.

Doppelnamen — 'Calville rouge d'automne' (C.H. Dietrich 1813), 'Erdbeerapfel', 'Brautapfel' und viele weitere.

Entstehung — Ungewiss. 1670 erwähnt in der Auvergne (Frankreich). War in Greifswald (Rügen) 1809 als 'Roter Himbeerapfel' im Anbau. Ein Baum soll noch 1565 als 'Echter Rotapfel' im fürstlichen Lustgarten in Stuttgart gestanden haben. Vom Deutschen Pomologenverein 1857 zum Anbau empfohlen.

Frucht — Mittelgroß, mitunter auch groß, um 150 g schwer. Ungleichmäßige, hoch gebaute Form mit fünf Kanten über die Frucht. Flache, gerippte Kelcheinsenkung mit halb offenem Kelch. Mittellanger Stiel in tiefer und enger, berosteter Stielgrube.
Schale dünn, glatt, mit zunehmender Reife fettig, sehr fettig auf dem Lager. Grundfarbe gelbgrün, überdeckt mit dunkelblutroter Deckfarbe, sonnenseits schwarzrot. Druckempfindlich.
Fruchtfleisch bei älteren Bäumen unter der Schale rot gefärbt, locker bei Vollreife. Süß-säuerlich mit parfümiertem Himbeer-Aroma. Großes, weit offenes Kernhaus mit lockeren, „rasselnden" Samen.

Verwertung — Für den Frischverzehr, auch Wirtschaftssorte. Früher gerne als Dörrobst gebraucht.

Reife — Ab Mitte September, vom Baum essbar. Starker Vorerntefruchtfall, deshalb ist mehrmaliges Durchpflücken nötig. Im kühlen Naturlager etwa drei Monate haltbar, wird dann sehr fettig.

Baum — Breite, große, wenig verzweigte Krone mit flachen, verkahlenden Ästen. Der Schnitt zielt auf bessere Verzweigung und kleinere Krone. Im Vollertrag noch mittelstarker Wuchs.

Standort — Ohne Qualitätsverlust auf tiefgründigen Böden bis in raue, windige Lagen anbaufähig.

Anfällig — Mittelstark für Feuerbrand, Frucht- und Blattschorf, auch Mehltau und Fruchtfäule in wärmeren Lagen. In Höhenlagen fast krankheitsfrei. Auf armen Böden ist Krebsbefall möglich. Stark anfällig für Blutlaus und Apfelwickler.

Blüte — Mittelspät, lange anhaltend. Nicht empfindlich.

Ertrag — Spät einsetzend, sehr unregelmäßig und meist gering.

Anbauwert — Ausgesprochene Liebhabersorte. Ersetzbar durch moderne Herbstsorten. Als Schaufrucht geschätzt.

Lieferanten: Baumgartner, Bergt, Brenninger, Cordes, Hammerschmidt, Leinweber, Ritthaler, Wetzel.

Standort der Sichtungsbäume: AHNU, Bavendorf, Erfurt, Geisenheim, Dresden-Pillnitz, Müncheberg, Pomona Franconica, Rhöner Apfelbüro, Triesdorf, Veitshöchheim, Wurzen.

Roter Jungfernapfel

Standort Kaum Ansprüche an Boden und Klima. Der Baum gedeiht auch noch in windigen, rauen Höhenlagen, doch bleiben die Früchte dort kleiner.

Anfälligkeit Schorf allenfalls in warmen Tallagen, sonst sind keine besonderen Krankheiten und Schädlinge bekannt.

Blüte Spät, lange anhaltend und nicht empfindlich.

Ertrag Jährlicher Wechsel zwischen hohen und sehr geringen Erträgen (Alternanz).

Anbauwert Vereinzelt noch als Hochstamm in Streuobstbeständen zu finden.

Lieferanten: Angendohr, Baumgartner, Bergt, Cordes, Dr. Hoffmann, Leinweber.

Doppelnamen Örtlich 'Roter Böhmer', 'Böhmischer Jungfernapfel' oder 'Jungfernapfel' genannt.

Entstehung Unbekannt. Möglicherweise um 1805 in Böhmen gefunden und in Schlesien verbreitet. Soll auch in Sachsen örtlich bekannt gewesen sein.

Frucht Klein, höchstens mittelgroß, kugelig. Meist mit flachen Falten über der halben Frucht. Halb offener Kelch in weiter, schüsselförmiger und etwas faltiger Kelcheinsenkung. Kurzer Stiel in enger Stielgrube. Schale dünn, fest, leicht wachsig. Flächige, karmesinrote Deckfarbe mit wenigen hellen Schalenpunkten und einzelnen Rostfiguren. Druckfest. Fruchtfleisch fast weiß, locker, oft mit rötlichen Adern. Mäßig saftig mit deutlicher Säure ohne hervortretendes Aroma.

Verwendung Vorwiegend eine gute Wirtschaftssorte, auch für Most brauchbar.

Reife Anfang Oktober, windfest bis zur Reife, dann schnell fallend. Im kühlen Naturlager etwa drei Monate haltbar.

Baum Kleine bis mittelgroße, gut verzweigte Krone. Im Alter mehr breit als hoch.

Standort der Sichtungsbäume: Bavendorf, Müncheberg, Triesdorf, Rhöner Apfelbüro, Veitshöchheim.

Roter Metternich

Anfällig Mittel für Feuerbrand, weniger für Schorf, stark für Mehltau. Empfindlich für Kupfermittel. Glasigkeit der Früchte bei wechselhafter Witterung.

Blüte Mittelfrüh, wenig empfindlich. Schlechter Pollenspender (triploid).

Ertrag Jährlicher Wechsel zwischen hohen Erträgen und Ernteausfall (ausgeprägte Alternanz).

Anbauwert Auch für den Streuobstanbau nicht mehr zu empfehlen.

Lieferant: Leinweber.

Entstehung Ungewiss. Vermutlich alte deutsche Sorte.

Frucht Groß. Ungleichmäßige, flachrunde Form. Flache, strahlige Kelcheinsenkung mit geschlossenem Kelch. Sehr kurzer Stiel in tiefer und enger, strahlig berosteter Stielgrube.
Schale dünn, glatt, geschmeidig. Bei Reife hellgelb mit flächig roter Deckfarbe und deutlichen Schalenpunkten.
Fruchtfleisch weiß, etwas mürbe, saftreich. Süßsäuerlich mit mäßigem Aroma. Kleines Kernhaus.

Verwertung Für den Frischverzehr, auch als Wirtschaftssorte brauchbar. Schaufrucht.

Reife Ab Anfang September, nicht windfest. Traubig hängende Früchte drücken sich oft schon vor der Reife ab. Im kühlen Naturlager etwa zehn Wochen haltbar, wird dann schnell mehlig.

Baum Breite und hohe Krone mit gut verzweigten, verkahlenden Ästen und auffällig großen, kaum gezähnten Blättern. Im Vollertragsalter noch kräftiger Wuchs.

Standort Anspruchslos, bis in mittlere Höhenlagen anbaufähig.

Standort der Sichtungsbäume: Triesdorf.

Doppelnamen 'Roter Winterstettiner', 'Roter Bietigheimer', 'Roter Zwiebelapfel' und andere.

Synonym 'Eisapfel'

Entstehung Unbekannt. Soll im 12. Jh. von Kreuzfahrern als 'Türkischer Weinling' eingeführt worden sein. Wurde 1796 beschrieben und war damals wohl eine der bekanntesten Apfelsorten in Deutschland.

Frucht Mittelgroß, abgestumpft rundlich, auch flachrund, oft mit ungleichen Hälften. Weite, strahlige Kelcheinsenkung mit halb offenem Kelch. Tiefe, berostete Stielgrube mit kurzem Stiel.
Schale glatt, etwas fettend, matt glänzend mit feinen, hellen Schalenpunkten. Goldgelb, sonnenseits dunkel-, schattenseits heller blutrot. Schwacher Duft. Fruchtfleisch gelblichweiß, feinzellig, fest, am Lager etwas lockerer. Saftig, weinsäuerlich und wenig gewürzt, mit einem typischen Nebengeschmack. Hoher Zuckergehalt.

Verwertung Weniger für den Frischverzehr, aber brauchbarer Wirtschafts- und guter Mostapfel. Wurde früher auch gerne zum Dörren genommen.

Reife Ab Mitte Oktober, windfest. Im kühlen, feuchten Naturlager etwa 7–8 Monate haltbar. Nicht welkend.

Baum Hohe und breit ausladende Krone mit wenig verzweigten, im Alter waagerechten Ästen und überhängenden, dünnen Zweigen. Meist schiefer Stamm. Von Jugend an starker bis sehr starker, im Vollertragsalter immer noch mittelstarker Wuchs. Kann sehr alt werden und ist im Holz frostfest.

Standort Die Fruchtqualität ist abhängig von nährstoffreichen, tiefgründigen Böden. Die Höhenlage ist zweitrangig. In trockenen, leichten Böden tritt Gipfeldürre auf und die Bäume sterben vorzeitig ab.

Blüte Mittelfrüh, unempfindlich. Möglicherweise schlechter Pollenspender (triploid).

Ertrag Sehr spät einsetzend, dann Wechsel von sehr hohen und sehr geringen Ernten (ausgeprägte Alternanz).

Anbauwert Besonders in Hochlagen noch immer eine anbauwürdige Sorte für Obstwiesen, die allerdings auf armen Böden versagt. War früher verbreitet in Thüringen und Süddeutschland.

Lieferanten (als 'Eisapfel'): Bergt, Cordes, Leinweber, Schmitt.

Standort der Sichtungsbäume: AHNU, Triesdorf (als 'Eisapfel').

Voller Name   'Roter Trierer Weinapfel'

Doppelnamen   'Trankapfel' und viele weitere, was auf die weite Verbre tung weist.

Entstehung   Um 1886, vermutlich aus der Moselgegend. 1888 vom Deutschen Pomologenverein zum Anbau empfohlen.

Frucht   Klein, seltener mittelgroß, um 90 g schwer. Regelmäßige, hochkugelige Form mit flacher, strahliger Kelcheinsenkung und offenem Kelch. Kurzer Stiel in weiter Stielgrube.
Schale fest, glatt, geschmeidig. Bei Reife grünlichgelb, sonnenseits flächig rot oder stark gestreift mit feinen Schalenpunkten.
Fruchtfleisch fast weiß mit deutlichen, grünen Leitbündeln. Sehr fest, saftreich. Herber Geschmack, bei spätest möglicher Ernte würziger. Saftausbeute um 72 %.

Verwertung   Begehrter Mostapfel.

Reife   Je nach Lage ab Ende September, sturmfest bis zur Reife. So spät wie möglich ernten und bis zum Keltern im schattigen Freiland lagern.

Baum   Mittelgroße bis große, höhere, meist überhängende, gut verzweigte Krone mit fast waagerechten Ästen im Alter. Im Vollertragsalter sehr schwacher Wuchs. Der Schnitt zielt auf den Erhalt der Triebkraft. Im Holz frostfest.

Standort   Beste Fruchtqualität ist im Weinbauklima zu erwarten, doch auch bis in Höhenlagen anbauwürdig.

Anfällig   Mäßig für Feuerbrand, stark für Schorf. Mehltau kommt in geschlossenen Lagen häufiger vor.

Blüte   Mittelfrüh, lange anhaltend, wenig empfindlich.

Ertrag   Auf guten Standorten jährlicher Wechsel zwischen mittelhohen und hohen Erträgen, ohne ausgeprägte Alternanz. Insgesamt hoch.

Anbauwert   Der 'Weiße Trierer Weinapfel' hat dieselben Eigenschaften. Beide zählen im Streuobstbau zu den begehrtesten Keltersorten.

Lieferanten: Brenninger, Cordes, Heinrich, Herr, Leinweber.

Standort der Sichtungsbäume: AHNU, Bamberg, Bavendorf, Geisenheim, Dresden-Pillnitz, Müncheberg, Rhöner Apfelbüro, Triesdorf, Veitshöchheim, Wurzen.

Roter Winterkalvill

Bemerkung — Gemäß dem Pomologen Oberdieck (1868) soll es mehrere Sorten geben, die unter der Bezeichnung 'Roter Winterkalvill' geführt werden.

Doppelnamen — 'Calville Rouge d'Hiver', 'Red Winter-Calville'.

Entstehung — Unbekannt. Möglicherweise handelt es sich um eine alte englische Sorte. Andere Quellen deuten nach Frankreich. Oberdieck verweist auf französische Literatur (Merlet 1675).

Frucht — Mittelgroß, von Jungbäumen groß, um 160 g schwer. Ungleichmäßige, hoch gebaute Form mit fünf breiten Rippen über die ganze Frucht. Tiefe, gerippte Kelcheinsenkung mit kleinem, meist geschlossenem Kelch. Mittellanger Stiel in weiter Stielgrube. Schale glatt, geschmeidig. Grünlichgelb mit leuchtend roter Deckfarbe und feinen Schalenpunkten, schattenseits undeutlich gestreift. Duftend. Fruchtfleisch gelblichweiß mit deutlichen Leitbündeln, bei älteren Bäumen unter der Schale gerötet. Locker, nicht saftig. Kräftige, angenehme Würze, süß mit feiner Säure. Schnittflächen werden schnell braun.

Verwertung — Überwiegend für den Frischverzehr. Wegen der schnellen Bräunung eingeschränkt als Wirtschaftssorte. Wurde früher gerne zum Dörren genommen.

Reife — Ab Anfang Oktober, windfest bis zur Baumreife. Im kühlen Naturlager etwa vier Monate haltbar, ohne Welke.

Baum — Breitkugelige, gipfelbetonte Krone mit kräftigen, aufrechten, gut verzweigten Gerüstästen. Im Vollertragsalter immer noch mittelstarker Wuchs.

Standort — Feuchte, nährstoffreiche Böden in geschützter Lage. Keine Höhenlagen.

Anfällig — Mittelstark für Feuerbrand und Schorf, mehr für Mehltau. Auf schweren Böden stark krebsanfällig.

Blüte — Spät, nicht empfindlich. Schlechter Pollenspender (triploid).

Ertrag — Auf schwachwachsender Unterlage fast regelmäßig, aber nicht hoch. Auf Hochstamm alternierend.

Anbauwert — In zusagenden Gebieten geeignet für alle Baumformen. Wegen attraktiver Fruchtfarbe im Streuobstanbau nicht diebstahlsicher.

Lieferanten: Angendohr, Baumgartner, Bergt, Brenninger, Cordes, Hammerschmidt, Herr, Leinweber, Ley, Müller.

Standort der Sichtungsbäume: AHNU, Bavendorf, Müncheberg, Rhöner Apfelbürc, Triesdorf, Veitshöchheim, Weinsberg.

Bemerkung Die Sorte wird gelegentlich mit dem 'Roten Winterkalvill' verwechselt, dessen Deckfarbe aber fast flächig rot ist.

Entstehung Unbekannt. Es soll eine alte deutsche Sorte sein, die schon vor 1600 bekannt war. In der Rhön und im Kreis Fu da stehen noch alte Bäume, die auch gepflegt werden.

Frucht Groß bis sehr groß, walzenförmig mit ungleichen Hälften. Flache Kelcheinsenkung mit Falten und flachen Rippen über die Frucht. Stielgrube weit, mitteltief und wenig berostet.
Schale fein, etwas fettig. Bei Reife hellgelb, sonnenseits mit stark geröteter, oft auch gestreifter Deckfarbe mit feinen Schalenpunkten.
Fruchtfleisch grobzellig, saftig und ohne Würze. vorherrschend weinsäuerlich ohne hervortretende Süße. Weites Kerngehäuse mit „schlotternden" Kernen.

Verwertung Gute Wirtschafts- und Mostsorte.

Reife Schüttelreife ab Mitte Oktober. Windfest.

Baum Breit ausladende Krone mit starken Ästen und guter Verzweigung. Von Jugend an bis ins Alter mit starkem Wachstum.

Standort Völlig anspruchslos an Boden und Klima bis in raue Höhenlagen.

Anfällig Vor allem in höheren Lagen ohne Schorf und Mehltau. Bisher ist noch kein Feuerbrand aufgetreten.

Ertrag Jährlicher Wechsel zwischen mittelhohen bis hohen Ernten und völligem Ertragsausfall (ausgeprägte Alternanz).

Anbauwert In den Streuobstbereichen der Rhön noch immer verbreitet. Es gibt dort auch wieder Nachzuchten.

Lieferanten: Dr. Hoffmann, Leinweber, Ritthaler.

Standort der Sichtungsbäume: Müncheberg, Pomona Franconica, Rhöner Apfelbüro, Triesdorf.

Entstehung
1966, aus freier Abblüte von 'Golden Delicious'. Vatersorte ist vermutlich 'Cox Orange'. Gefunden in der Baumschule Hauenstein in Rafz, Nähe Schaffhausen (Schweiz). Seit 1983 im Handel. Sortenschutz unter der Sortenbezeichnung 'Rafzubin' seit 1985.

Mutanten
'Rafzubex', Züchter Hubschneider in Weinstadt. EU-Sortenschutz 1997. Unterscheidet sich von dem Standard durch eine mehr rote Deckfarbe. Weitere Mutanten sind 'Early Rubinette' und 'Red Rubinette'.

Frucht
Zunächst klein bis mittelgroß, mit dem Baumalter nimmt auch die Fruchtgröße zu. Regelmäßig flachrunde Form. Schüsselförmige, strahlige Kelcheinsenkung mit geschlossenem Kelch. Typisch langer Stiel in weiter, berosteter Stielgrube.
Schale fest, mitunter etwas rau und berostet. Goldgelb, rötlich gestreift mit deutlichen Schalenpunkten. Fruchtfleisch gelblich, fest, saftig. Hochedles Aroma mit ausgewogenem Zucker-/Säureverhältnis bei gut gefärbten Früchten.

Verwertung
Sehr wertvolle Sorte für alle Verwertungsarten, jedoch mit etwa 16 % Zuckergehalt nicht für Diabetiker.

Reife
Folgernd ab Mitte September. Windfest bis kurz vor der Baumreife, dann schnell fallend. Deshalb ist mehrmaliges Durchpflücken anzuraten. Vom Baum essbar. Etwa vier Monate im kühlen Naturlager haltbar, im Kühllager bis März bei 1 °C. Lagerung in perforierten Folienbeuteln ist möglich. Auf Lagerfäule ist aber sorgfältig zu achten.

Baum
Mittelgroßes, sparriges Wuchsbild mit schräg aufrechten Leitästen und etwas dünnen, gut verzweigten Trieben. Im Vollertrag schwächerer Wuchs. Sommerschnitt zielt auf größere und gut gefärbte Früchte.

Standort
Auf nährstoffreichen Böden bis in mittlere, windgeschützte Höhenlagen. Abweichungen wirken sich auf die Fruchtqualität aus.

Anfällig
Mittelstark für Feuerbrand, stärker für Schorf und Viröse Triebsucht, gering für Mehltau. Auf schweren, nassen Böden stark krebsanfällig. Gebietsweise wurde auch stärkerer Befall durch den Apfelbaum-Glasflügler, bei trockener Sommerhitze auch Spinnmilben beobachtet. Ohne ausreichenden Pflanzenschutz kann die Fruchtfäule schon stark am Baum auftreten.

Blüte
Mittelspät, wenig empfindlich. Guter Pollenspender. Bei reichem Fruchtansatz ist eine Fruchtausdünnung bald nach der Blüte zur Förderung der Fruchtgröße erforderlich.

Ertrag
Hoch und regelmäßig, mit dem Baumalter zunehmend.

Anbauwert
Derzeit eine der wertvollsten Sorten vor allem im Erwerbsanbau, jedoch nicht für den Garten. Geschmacklich höher als 'Cox' einzustufen und stets Spitzenreiter bei Geschmacksproben. Bei unterlassenen Pflanzenschutzmaßnahmen vor, während und nach der Blüte kann im Garten der Ernteverlust über 80 % betragen.

Lieferanten: Ganter, Herr, Hofmann, Kiefer, Leinweber, Ritthaler, Spieß.

Standort der Sichtungsbäume: Bamberg, Bavendorf, Erfurt, Geisenheim, Dresden-Pillnitz, Jork, Neustadt, Pomona Franconica, Rostock, Triesdorf, Veitshöchheim, Weihenstephan, Weinsberg, Wurzen.

Entstehung 1980. 1993 als Sorte herausgegeben. 'Prima' x 'Rubin', im Institut für Experimentelle Botanik, Prag (Tschechien). EU-Sortenschutz seit 1995.

Frucht Mittelgroß, seltener groß, breitrund mit flachen Kanten. Flache und faltige Kelcheinsenkung mit geschlossenem Kelch. Dünner, langer Stiel in weiter, berosteter Stielgrube.
Schale glatt, geschmeidig, auf dem Lager fettig. Bei Reife hellgelb mit gemaserter, leuchtend roter Deckfarbe und feinen Schalenpunkten. Fruchtfleisch gelblich, feinzellig, etwas weich, weniger saftig. Süß-säuerlich mit sehr gutem Geschmack.

Reife Folgernd ab Ende August bis Anfang September mit gleichmäßiger Reife. Vom Baum essbar. Zweimaliges Durchpflücken ist zu empfehlen. Gut pflückbar, weil die Früchte meist einzeln hängen. Im kühlen Naturlager etwa acht Wochen haltbar, danach weich werdend und fettend.

Baum Problematischer, starker Wuchs. Aufrechtes, breit pyramidales, wenig verzweigtes Wuchsbild. Langes, stark verkahlendes Fruchtholz. Die Triebe sind meist erst am Ende verzweigt. Sehr starkes Wachstum, deshalb wird eher die Unterlage M27 empfohlen.

Bis zum Vollertragsalter ist ein zurückhaltender Schnitt geboten, um das ohnehin starke Triebwachstum nicht zu sehr anzuregen. Nicht frostfest im Holz.

Standort Warme bis geschützte Lage und nährstoffreiche Böden sind für die Fruchtqualität vorteilhaft.

Anfälligkeit Mäßig Feuerbrand. Die Schorfresistenz (*Vf*) ist seit 2001 durchbrochen. Gering anfällig für Mehltau.

Blüte Blütenbesatz hoch und regelmäßig. Mittelfrüh, mittellange anhaltend. Wenig empfindlich. Ein Ausdünnen nach dem Junifall ist nur selten nötig.

Ertrag Verhältnismäßig spät einsetzend, dann unterdurchschnittlich, aber regelmäßig.

Anbauwert Obgleich mit guter Fruchtqualität, ist diese Sorte im Garten schwierig zu erziehen und eher für den Erwerbsanbau geeignet. Auf der Unterlage A2 wachsen im Streuobstbau sehr schöne Kronen.

Lieferanten: Kiefer, Krämer, Leinweber, Schmitt, Spieß.

Standort der Sichtungsbäume: Auweiler, Bamberg, Bavendorf, Erfurt, Dresden-Pillnitz, Jork, Rostock, Weihenstephan, Weinsberg, Wurzen.

Doppelname 'Johannsens Roter Herbstapfel'

Entstehung Unbekannt, vor 1900. Wird noch heute in Norddeutschland angebaut. Einige alte Bäume sollen auch noch auf Rügen vorhanden sein.

Frucht Mittelgroß, seltener groß, um 120 g schwer, abgestumpfte Kugelform. Tiefe Kelcheinsenkung mit engem Kelch, tiefe und enge Stielgrube mit kurzem Stiel.
Schale zart, geschmeidig, druckempfindlich.
Hellgelb, sonnenseits mehr als die Hälfte schöne, flächigrote Färbung, sonst gestreift oder geflammt mit hellen Schalenpunkten.
Fruchtfleisch fast weiß, oft mit roten Adern, saftreich. Süßsäuerlich mit wenig Aroma.

Verwertung Überwiegend für den Frischverzehr, auch als Wirtschaftssorte und für Most gut brauchbar.

Reife Ab Mitte August, windfest bis kurz vor der Baumreife. Deshalb sollte frühzeitig und in mehreren Durchgängen geerntet werden. Oft drücken sich die Früchte bei starkem Behang auch vorzeitig ab. Etwa drei Wochen kühl haltbar, dann rasch mehlig werdend.

Baum Große, hochkugelförmige bis breitrunde Krone mit gut verzweigten Ästen. Gut mit Fruchtholz besetzt. Von Jugend an starker, im Vollertragsalter noch mittelstarker Wuchs.

Standort Am besten wächst die Sorte im Küstenklima mit humosen, tiefgründigen Böden. Nicht gut für trockene Standorte oder Höhenlagen geeignet.

Ertrag Abhängig vom Standort früh einsetzend, niedrig bis mittelhoch und regelmäßig.

Anbauwert Weniger eine Gartensorte als für den extensiven Anbau in Streuobstflächen.

Lieferanten: Bergt, Cordes, Dr. Hoffmann, Leinweber, Schmitt.

Standort der Sichtungsbäume: Bavendorf, Geisenheim, Müncheberg, Rhöner Apfelbüro, Triesdorf.

Standort   Außerordentlich anspruchslos an Boden und Klima bis in hohe, kalte Lagen. Die Sorte gedieh noch in Sibirien am Standort 58° nördlicher Breite.

Anfällig   Keine Krankheiten oder Schädlinge bekannt.

Blüte   Sehr spät, nicht witterungsempfindlich.

Ertrag   Je nach Standort jährlicher Wechsel zwischen mittelhohen bis hohen und niedrigeren Erträgen.

Anbauwert   Besonders für Extremlagen eine empfehlenswerte Sorte. Sonst für Liebhaber. Heute noch im Vogtland vorkommend.

Lieferanten: Baumgartner, Bergt, Leinweber.

Doppelnamen   'Safranapfel', 'Safran Antonowka', 'Pomme Safranée'.

Entstehung   1908, aus einem Sämling von ('Glogierowka' x 'Kitaika') x 'Orleansrenette'. Züchter I.W. Mitschurin. Erster Fruchtertrag nach 8 Jahren.

Frucht   Mittelgroß, unterschiedliche Form. Meist hoch gebaut rundlich mit flachen Kanten. Kelcheinsenkung mitteltief, gerippt mit geschlossenem Kelch. Dünner Stiel in tiefer und enger, fast unberosteter Stielgrube. Schale glatt, bei Reife leicht fettig. Hellgelb mit sonnenseits flächig scharlachroter Deckfarbe. Angenehmer Duft.
Fruchtfleisch gelblich weiß, feinzellig. Zunächst fest, am Lager etwas weicher. Saftig, leicht säuerlich mit leichter Würze.

Reife   Je nach Standort ab Mitte Oktober. Genussreife im kühlen Naturlager ab November. Bis April (Mai) ohne Geschmacksverluste lagerfähig.

Baum   Sehr breite, flache Krone mit lang gestreckten, nach allen Seiten hir hängenden Ästen, im Alter etwas aufgerichtet. Später Austrieb der Blatt- und Blüten-knospen. Im Holz außergewöhnlich frostfest.

Standort der Sichtungsbäume: Erfurt, Dresden-Pillnitz, Müncheberg, Pomona Franconica, Triesdorf.

Standort Anspruchslos an Boden und Klima, bis in mittlere Höhenlagen.

Blüte Spät, nicht empfindlich. Wahrscheinlich schlechter Pollenspender (triploid).

Ertrag Bei Hochstämmen meist erst nach 10–12 Jahren einsetzend, dann wechselnd zwischen mittelhohen und geringen Erträgen. Insgesamt gering.

Anbauwert Regionalsorte für Liebhaber. In badischen Streuobst-flächen noch gelegentlich vorhanden.

Lieferanten: Bergt, Cordes, Dr. Hoffmann, Leinweber.

Entstehung Ungewiss, soll vor 1820 in der Bodenseeregion (Kloster Salem) entstanden sein.

Frucht Groß, selten sehr groß, um 220 g. Sehr unterschied-liche Form, von hoch gebaut bis flachrund, mit flachen Wulsten über der Frucht. Weite, gerippte Kelcheinsenkung mit geschlossenem Kelch. Kurzer Stiel in tiefer und enger Stielgrube.
Schale dick, geschmeidig, sonnenseits braunrot geflammt mit Rostfiguren und dunklen Schalen-punkten.
Fruchtfleisch fast weiß, grobzellig, saftig, süß mit niedrigem Säuregehalt.

Verwertung Für den Frischverzehr und guter Wirtschaftsapfel. Weniger geeignet für Most.

Reife Ab Anfang September, nicht windfest. Im kühlen Naturlager bis zu 5 Monaten haltbar ohne Welke, danach schnell mürbe werdend.

Baum Mächtige, breitrunde Krone mit starken, gut verzweigten Ästen. Seitenzweige gut mit Fruchtholz besetzt. Bis zum Ertragsbeginn sehr starker, im Vollertragsalter immer noch mittlerer bis starker Wuchs. Kann sehr alt werden.

Standort der Sichtungsbäume: Bavendorf, Geisenheim, Triesdorf.

Entstehung 'Elstar' x 'Priscilla', Versuchsstation Wageningen/ Holland. EU-Sortenschutz seit 1998. Keine Clubsorte.

Bemerkung Neuer Typ mit kompakterem Wuchs.
Soll bei Allergikern wenig oder keine Reaktion auslösen.

Frucht Mittelgroß, selten groß um 140 g schwer. Flach- bis hochrund. Schüsselförmige Kelcheinsenkung mit geschlossenem Kelch. Mittellanger Stiel in weiter Stielgrube.
Schale dünn, glatt, auf dem Lager zunehmend fettig. Goldgelb mit verwaschener, flächiger oder streifiger Rötung und feinen Schalenpunkten.
Fruchtfleisch feinzellig, fest, saftreich. Aromatisch mit etwas hervortretender Säure.

Verwertung Für den Frischverzehr und alle Verwertungsarten.

Reife Ab Mitte September, kein vorzeitiger Fruchtfall. Im kühlen Naturlager knapp 3 Monate haltbar. Auf Fleischbräune ist zu achten.

Baum Breitrundes, aufrechtes Wuchsbild, dicht verzweigt. Dichtes Blattwerk, das lange anhaftet. Von Jugend an starkes bis sehr starkes, im Vollertragsalter mittelstarkes Wachstum. Das Laub haftet lange am Baum.

Standort Wegen später Holzausreife keine Höhenlagen.

Blüte Verhältnismäßig spät. Empfindlich für Blütenfrost. Guter Pollenspender.

Anfällig Die Schorfresistenz ist durchbrochen. Stark für Mehltau an Blatt und Früchten. Feuerbrand ist möglich, auch Regenfleckenkrankheit. Krebsanfällig auf schweren Böden.

Ertrag Früh einsetzend und mittelhoch. Nur bei jüngeren Bäumen ohne Blütenfrost regelmäßig. Sonst ist Alternanz möglich.

Anbauwert Hoher Pflegeaufwand, deshalb mehr für den Erwerbsanbau geeignet. Bei Geschmacksproben wurde die Sorte stets gut bewertet.

Lieferant: Leinweber.

Standort der Sichtungsbäume: Jork, Langförden, Veitshöchheim, Wurzen.

Mutante   'Saturn Noue 8903'

Entstehung   Nummernsorte x 'Stark Spur Delicious', an der Versuchsstation East Malling (England).

Frucht   Mittelgroß bis groß, meist hoch gebaut mit flachen Kanten um die Frucht. Schüsselförmige, gerippte Kelcheinsenkung mit halb offenem Kelch. Mittellanger Stiel in weiter und tiefer Stielgrube. Schale derb und hart, etwas störend beim Verzehr. Bei Reife etwas fettig. Grüngelb mit überwiegend flächig roter Deckfarbe und sehr feinen Schalenpunkten. Fruchtfleisch gelblich weiß, feinzellig, mittelfest, saftig. Sehr süß, säurearm mit parfümiertem Geschmack. Wenig Vitamin C. Saftausbeute um 63 %.

Reife   Mitte September. Mehrmaliges Durchpflücken ist zu empfehlen. Im kühlen Naturlager etwa zwei Monate haltbar, im Kühlraum bis Dezember. Auf Fleischbräune ist zu achten.

Baum   Schmal pyramidales, gleichmäßiges Wuchsbild mit gut garnierten Ästen. Große, dunkelgrüne und derbe Blätter. Im Vollertragsalter schwacher Wuchs. Der Schnitt zielt auf den Erhalt der Wuchskraft, um vorzeitiges Vergreisen zu verhüten. Nach starken Ertragsjahren ist der Baum erschöpft und soll deshalb erst im Spätwinter oder nach der Blüte geschnitten werden.

Standort   Warme, windgeschützte Lagen mit nährstoffreichen Böden. Auf kargen Böden bleiben die Früchte klein und geschmacklos.

Anfällig   In einigen Gebieten noch schorfresistent (*Vf*). Wenig Mehltau, bei Befall entstehen Rostfiguren (wie bei 'Jonathan') auf der Fruchtschale.

Blüte   Spät, wenig empfindlich, mittellang anhaltend. Eine energische Ausdünnung nach der Blüte ist erforderlich, um die Alternanz zu mindern und die Fruchtgröße zu steigern.

Ertrag   Jährlicher Wechsel zwischen sehr hohen und geringen Erträgen (Alternanzneigung), insgesamt aber hoch.

Anbauwert   Die Sorte befriedigt geschmacklich nicht, ist aber wegen des geringen Zuckergehaltes für Diabetiker geeignet.

Lieferanten: Ganter, Gräb, Kiefer, Krämer, Leinweber, Rinn.

Standort der Sichtungsbäume: Jork, Langförden, Veitshöchheim, Weinsberg ('Saturn Noue 8903'), Wurzen.

Baum Große, sparrige, wenig verzweigte Krone mit typischen Verdickungen an älteren Ästen. Im Vollertragsalter noch mittelstarker Wuchs. Im Holz nicht ganz frostfest.

Standort Für wärmere Lagen, auf nährstoffreichen Böden auch bis in windgeschützte, mittlere Höhenlagen anbaufähig.

Anfällig Stark für Feuerbrand, auch für Schorf und Mehltau. Auf schweren, nassen Böden stark krebsanfällig.

Blüte Sehr spät, nicht empfindlich. Guter Pollenspender.

Ertrag Jährlicher Wechsel zwischen hohen und sehr geringen Erträgen (ausgeprägte Alternanz). Insgesamt mittelhoch.

Anbauwert Die frühere Bedeutung ist heute, besonders wegen der Feuerbrandgefährdung, nicht mehr gegeben.

Lieferanten: Bergt, Brenninger, Gräb, Herr, Krämer, Leinweber, Ley, Rinn, Schmitt.

Bemerkung Die 'Rheinische Schafsnase' ist nicht zu verwechseln mit der Sorte 'Berliner Schafsnase'.

Doppelnamen 'Apfelmuser', 'Deutsche Schafsnase', 'Frankfurter Matapfel', 'Grenadier', 'Leichter Matapfel' und andere.

Entstehung Ungewiss, vermutlich im Rheinland um 1600 entstanden, in den Pomologischen Monatsheften 1886 beschrieben. Verbreitete Gebietssorte.

Frucht Meist groß, um 150 g schwer. Ungleichmäßige Form, kegelförmig mit flachen Kanten. Schüsselförmige, gerippte Kelcheinsenkung mit geschlossenem Kelch, kurzer Stiel in weiter, wenig berosteter Stielgrube. Schale hart, glatt, geschmeidig. Goldgelb, sonnenseits stark gestreift oder marmoriert mit feinen Schalenpunkten. Duftend, nicht druckfest.
Fruchtfleisch gelblichweiß, mäßig fest, grobzellig. Saftig mit hervortretender Säure, kaum Aroma.

Verwertung Ausschließlich Wirtschafts- und Mostsorte. Wurde früher auch gerne zum Dörren gebraucht. Fruchtfleisch bleibt weiß bei der Verarbeitung.

Reife Ab Ende September. Windfest bis zur Baumreife, dann starker Fruchtfall.

Standort der Sichtungsbäume: AHNU, Neustadt, Pomona Franconica, Triesdorf.

Ertrag — Jährlich wechselnd zwischen hohen und sehr geringen Erträgen (Alternanz). Insgesamt etwas mehr als mittelhoch.

Anbauwert — Nur im Seeklima anbauwürdig.

Lieferanten: Bergt, Brenninger, Cordes, Dr. Hoffmann, Hammerschmidt, Leinweber, Schmitt.

Entstehung — Ungewiss. Alte Gebietssorte aus dem Alten Land um Hamburg.

Frucht — Groß bis sehr groß, um 200 g schwer. Unterschiedliche, hoch gebaute Form mit flachen Kanten. Weite Kelcheinsenkung, mit Höckern umgeben. Starker Stiel in tiefer Stielgrube.
Schale derb, glatt, auf dem Lager zunehmend fettig. Bei Vollreife gelblichgrün, sonnenseits mit leichter Rötung und auffallend hellen Schalenpunkten. Fruchtfleisch weiß, etwas mürbe, saftreich. Hervortretende Säure ohne großes Aroma.

Verwertung — Gute Wirtschafts- und Mostsorte.

Reife — Ab Mitte September, nicht windfest. Im kühlen Naturlager bis zu sechs Monaten haltbar ohne Welke.

Baum — Hochgewölbte, sparrige Krone mit schräg aufrechten Leitästen. Seitenäste mit kurzem Fruchtholz besetzt. Nicht überall frostfest im Holz.

Standort — Geschützte Lage mit hoher Luftfeuchtigkeit und humosen Böden. In schweren oder nassen Böden stark krebsanfällig, Spitzendürre kann auftreten.

Anfällig — Am zusagenden Standort widerstandsfähig gegen Krankheiten und Schädlinge.

Standort der Sichtungsbäume: Bamberg, Bavendorf, Dresden-Pillnitz, Pomona Franconica. Triesdorf.

Schweizer Orangenapfel

Entstehung 1935, aus 'Ontario' x 'Cox Orange' in der Versuchs-
anstalt Wädenswil am Zürcher See (Schweiz). Seit
1954 im Handel.

Frucht Meist groß, um 130 g schwer. Ungleichmäßige,
breitkugelige Form. Mitteltiefe, gerippte Kelchein-
senkung. Kurzer Stiel in weiter und tiefer Stielgrube.
Schale fest, glatt, leicht bereift. Grünlichgelb,
sonnenseits rötlich marmoriert. Etwas druckem-
pfindlich.
Fruchtfleisch mittelfest, saftig. Das Aroma bildet sich
auf zusagenden Standorten besser aus. Kleine Früchte
schmecken fad.

Verwertung Für den Frischverzehr, auch als Wirtschafts- und
Mostsorte brauchbar. Sehr gut zum Backen geeignet.

Reife Ab Mitte Oktober, bis zur Reife windfest, dann
schnell fallend. Im Sinne einer guten Aromabildung
möglichst spät ernten. Mehrmaliges Durchpflücken ist
meist erforderlich. Im kühlen Naturlager etwa vier
Monate haltbar, mitunter auch länger mit Welke-
neigung. Im Kühllager bis April bei 3 °C.

Standort Qualitätsfrüchte sind nur auf nährstoffreichen Böden
in wärmeren Lagen erzielbar. Kein Anbau in Wind-
oder Höhenlagen.

Baum Hochrunde, mittelgroße Krone mit schrägen, mäßig
verzweigten Gerüstästen. Im Vollertragsalter
schwacher Wuchs. Ein Sommerschnitt fördert die
Kronenbelichtung und damit die Fruchtqualität.
Der Winterschnitt zielt auf bessere Fruchtasterneue-
rung. Nicht frostfest.

Anfällig Stark für Feuerbrand, wenig für Schorf und Mehltau.
Mitunter Stippe schon am Baum.

Blüte Mittelfrüh, etwas witterungsempfindlich. Guter
Pollenspender. Bei starkem Fruchtansatz kann eine
Ausdünnung die Alternanzneigung mindern.

Ertrag Ab 4. Standjahr höchstens mittelhoch, auf jüngeren
Bäumen und auf schwach wachsenden Unterlagen
regelmäßig, sonst alternierend.

Anbauwert Weniger eine Gartensorte, nur für erfahrene Anbauer.
Der hohe Pflegeaufwand (Schnitt, Pflanzenschutz,
Feuerbrandüberwachung) grenzt die Anbauempfeh-
lung ein.

Lieferanten: Brenninger, Dr. Hoffmann, Leinweber,
Schmitt, Wetzel, Wörlein.

Standort der Sichtungsbäume: Bavendorf, Geisenheim, Dresden-Pillnitz,
Pomona Franconica, Triesdorf, Weihenstephan, Weinsberg, Wurzen.

Entstehung 1960, aus 'Golden Delicious' x 'Cox Orange' in Penecin (Böhmen). Züchter Otto Louda. Seit 1976 im Handel. Andere Angabe: 'Golden Delicious' x 'Lord Lambourne'.

Frucht Mittelgroß bis groß, um 180 g. Ungleichmäßige, leicht hoch gebaute Form. Weite, tiefe Kelcheinsenkung mit geschlossenem Kelch. Dünner Stiel in enger und tiefer, strahlig berosteter Stielgrube. Schale dick, glatt, trocken, leicht fettend. Bei Reife goldgelb, Deckfarbe orangerot kurz gestreift mit dunklen Schalenpunkten.
Fruchtfleisch cremefarben, etwas mürbe, mäßig saftig, harmonische Säure, angenehmer Geschmack. Geringer Gehalt an Vitamin C.

Verwertung Für den Frischverzehr, auch als Wirtschaftssorte brauchbar.

Reife Ab Ende September. Löst sich schwer vom Fruchtholz, deshalb wind- und sturmfest. Nicht vorzeitig ernten, sonst entstehen Geschmacksverluste. Die Früchte hängen einzeln, leicht zu pflücken. Vom Baum essbar. Im kühlen Naturlager etwa drei Monate haltbar, im Kühllager bis März, danach weich werdend. Selten mit Lagerkrankheiten.

Baum Aufstrebendes, lockeres und breites Wuchsbild mit schrägen, mäßig verzweigten Gerüstästen. Um unteren Bereich vergreisend. Mittelstarker Wuchs, im Vollertragsalter schwach.
Ein Sommerschnitt kann entfallen, bei starkem Winterschnitt erhöht sich die Stippeneigung. Im Holz nicht frostfest.

Standort Auf nährstoffreichen Böden bis in mittlere Höhenlagen.

Anfällig Stark für Feuerbrand und Schorf, wenig für Mehltau, viröse Gummiholzkrankheit wurde beobachtet.

Blüte Mittelfrüh, frostempfindlich. Guter Pollenspender. Ausdünnung des starken Fruchtansatzes ist stets erforderlich, um frühzeitiger Erschöpfung vorzubeugen.

Ertrag Früh einsetzend, hoch und regelmäßig, mitunter höher als 'Golden Delicious'.

Anbauwert Im Anbau weniger schwierig als die Vergleichssorte 'Jonagold'.

Lieferanten: Bergt, Cordes, Ganter, Kiefer, Krämer. Es existiert auch eine rote Auslese (Sichtung Rostock).

Standort der Sichtungsbäume: Auweiler, Bavendorf, Erfurt, Dresden-Pillnitz, Jork, Magdeburg, Müncheberg, Neustadt, Triesdorf, Weinsberg, Wurzen.

Signe Tillisch

Entstehung
1866 aus Samen. Züchter Tillisch in Jütland. Ab 1884 von der Baumschule Mathiesen weiter verbreitet.

Frucht
Meist groß, um 180 g schwer. Unterschiedliche Größe und Form mit deutlichen Kanten über der Frucht. Weite und tiefe Kelcheinsenkung mit offenem Kelch und mit Höckern umgeben. Unterschiedlich langer Stiel in tiefer und weiter Stielgrube.
Schale dünn, glatt, fettend mit deutlichen Schalenpunkten. Bei Reife grünlichgelb, sonnenseits leicht rötlich. Sehr druckempfindlich, duftend.
Fruchtfleisch grünlichweiß, locker, feinzellig, saftig, süß mit milder Säure. Aromatisch nur auf zusagenden Standorten.

Verwertung
Für den Frischverzehr, auch gute Wirtschaftssorte, eingeschränkt für Most.

Reife
Ab Mitte September, nicht windfest. Druckfrei ernten. Vom Baum essbar. Auf schweren Böden starker Vorerntefruchtfall, deshalb ist mehrmals durchzupflücken. Etwa zehn Wochen ohne Welke haltbar, dann Aromaverlust und weich werdend.

Baum
Hohe, weite, aber lichte Krone mit schrägen, mäßig verzweigten Trieben. Dicht mit Kurztrieben besetzt. Im Vollertrag noch mittelstarker Wuchs.
Der Schnitt zielt auf bessere Verzweigung. Für Spaliere und Obsthecken nicht gut geeignet. Nach starken Ertragsjahren im Holz frostgefährdet.

Standort
Keinesfalls trockene Standorte und schwere Böden. Küstenlagen mit leichten, humosen Böden sind am besten für die Fruchtqualität.

Anfällig
Mittelstark für Feuerbrand und Triebsucht. Viröse Flachästigkeit wurde beobachtet. Stark anfällig für Schorf und Mehltau, besonders auf schweren Böden auch Krebs. Empfindlich für Schwefelmittel.

Blüte
Mittelfrüh, nicht empfindlich. Bei starkem Fruchtansatz ist Ausdünnen ratsam, damit die Früchte einzeln hängen und die Alternanz gemindert wird.

Ertrag
Spät einsetzend. Nach höheren Ertragsjahren meist alternierend. Insgesamt unterdurchschnittliche Erträge.

Anbauwert
Typische Liebhabersorte. In Küstenlagen und bei guter Pflege (Schnitt, Pflanzenschutz, Feuerbrandüberwachung) noch immer anbauwürdig.

Lieferanten: Baumgartner, Brenninger, Cordes, Hammerschmidt, Dr. Hoffmann, Leinweber, Schmitt, Wetzel.

Standort der Sichtungsbäume: Bamberg, Bavendorf, Erfurt, Müncheberg, Pomona Franconica, Rhöner Apfelbüro, Triesdorf, Veitshöchheim, Weihenstephan.

Entstehung Amerikanische Züchtung aus Indiana. Seit 1975 im Handel.

Frucht Meist groß, hoch gebaut bis walzenförmig mit deutlichen, vom Kelch ausgehenden Rippen. Tiefe, stark gerippte Kelcheinsenkung mit kleinem Kelch. Kurzer Stiel in enger Stielgrube.
Schale glatt, dünn. Bei Reife und am Lager stark fettend. Vollreif goldgelb, auch sonnenseits kaum gerötet. Sehr druckempfindlich.
Fruchtfleisch weich, saftig mit sehr gutem, feinsäuerlichem Zuckergeschmack.

Verwertung Vorzugsweise gute Tafelsorte. Für die Wirtschaft brauchbar, auch zum Backen.

Reife Ab Ende September, nicht windfest. Mehrmaliges Durchpflücken ist anzuraten. Die Einlagerung soll wegen der hohen Druckempfindlichkeit sehr vorsichtig sein. Im kühlen Naturlager höchstens fünf Monate haltbar, danach bald mürbe werdend. Mehrfache Kontrolle auf Fleischbräune ist anzuraten.

Baum Stark aufrechtes, breites und sparriges Wuchsbild mit überhängenden, dünnen Seitenzweigen. Von Jugend an starker Wuchs, im Vollertragsalter immer noch kräftig. Im Holz nicht ganz frostfest.

Standort Beste Fruchtqualität ist nur in wärmeren Lagen zu erwarten. Die Bodenqualität ist weniger wichtig, nur Höhenlagen sind zu meiden.

Anfällig Sehr gering für Schorf, mehr für Mehltau. Spinnmilben und Grüne Apfellaus können häufiger auftreten.

Blüte Mittelspät, schlechter Pollenspender (triploid). Ein Ausdünnen ist selten erforderlich, weil die Früchte meist einzeln hängen.

Ertrag Vergleichsweise spät einsetzend, mittelhoch und nur gering alternierend.

Anbauwert War eine der ersten schorffesten Sorten im Handel. Wegen der sensiblen Fruchtbeschaffenheit nur für den Hausgarten zu empfehlen.

Lieferanten: Bergt, Ganter.

Standort der Sichtungsbäume: Bavendorf, Erfurt, Dresden-Pillnitz, Jork, Pomona Franconica, Triesdorf, Weihenstephan, Wurzen.

Standort — Anspruchslos an Boden und Klima bis in höhere Lagen.

Anfällig — Außer Mehltaubefall sind keine hervortretenden Schadeinflüsse bekannt.

Ertrag — Früh einsetzend, dann regelmäßig hoch bis sehr hoch.

Anbauwert — Eine empfehlenswerte Frühsorte, die man früher gerne für Spalierformen und als Topfbäume verwendete. Sie soll sich auch als Spalier an Nordwänden eignen.

Doppelnamen — 'Sommer-Postoph', 'Weißer Augustkalvill' und weitere.

Entstehung — Unbekannt, es scheint eine alte Sorte aus England zu sein.

Frucht — Mittelgroß, sehr unterschiedliche Form. Meist auffällig hoch gebaut, walzenförmig mit ungleichen Hälften und breiten Rippen über die Frucht. Flache, gerippte Kelcheinsenkung mit geschlossenem Kelch. Dicht behaarter Stiel in beuliger und enger Stielgrube. Schale glatt, leicht fettend. Bei Reife hellgelb, sonnenseits schwach gerötet. Starker, angenehmer Duft.
Fruchtfleisch locker, bald nach der Baumreife mehlig. Genügend saftig mit vorherrschend weinartiger Säure und leichter Würze. Geringer Zuckergehalt.

Verwertung — Gute Sorte für den Frischverzehr und auch als Wirtschaftsapfel brauchbar.

Reife — Ab Anfang August, nicht windfest. Man erntet möglichst einige Tage vor der Baumreife.

Baum — Flachkugelige, eher kleine Krone mit guter Verzweigung. Von Jugend an mittelstarker, im Vollertragsalter schwacher Wuchs. Gelegentliche Verjüngung ist ratsam, damit der Baum nicht vorzeitig vergreist.

Standort der Sichtungsbäume: Bavendorf.

Doppelnamen
'Drué Permein' (La Quintinye 1690), 'Englische Birnrenette', 'Gestreifte Sommerparmäne' (Diel), 'Kaiserlicher Tafelapfel', 'Pearmain d'Automne' (Mayer in Pomona Franconica 1776), 'Peppin Parmaine d'Été' (Knoop 1760), 'Platomelum' (Tabernaemontanus, Kräuterbuch 1588) und viele weitere.

Entstehung
Ungewiss, eine der ältesten englischen Sorten, die schon im 16. Jh. bekannt war. Wurde in der 7. Versammlung deutscher Pomologen, 1874 in Trier, unter die 50 anbauwürdigsten Sorten eingestuft.

Frucht
Mittelgroß, auch groß, hoch gebaut. Schüsselförmige, flache und breite Kelcheinsenkung mit offenem Kelch. Meist sehr kurzer Stiel in flacher Stielgrube. Schale glatt, geschmeidig. Nicht druckfest. Bei Reife zitronengelb, sonnenseits schön karminrot gestreift. Fruchtfleisch gelblichweiß, zart, locker, mit weinsäuerlichem, rosenartigem Zuckergeschmack.

Verwertung
Vorwiegend für den Frischverzehr, aber auch gute Wirtschaftssorte.

Reife
Je nach Standort ab Mitte September, nicht windfest. Wegen des kurzen Stieles drücken sich die Früchte oft vorzeitig ab. Kühl haltbar bis Ende Oktober.

Baum
Mittelgroße Krone mit schräg aufrechten, sehr dicht verzweigten Leitästen und leicht wolligen, dünnen Trieben.
Der Schnitt zielt auf lichtere Kronen und Erhaltung des Triebwachstums, um eine vorzeitige Vergreisung zu vermeiden. Geeignet für alle Baumformen, auch Spaliere und Topfbäume.

Standort
In nährstoffreichen, ausreichend feuchten Böden bis in raue Höhenlagen anbaufähig. Weniger für trockene, schwere Böden geeignet.

Anfällig
Nur in warmen, geschlossenen Tallagen krankheitsanfällig, in Höhenlagen robust.

Blüte
Früh, nicht witterungsempfindlich. Schlechter Pollenspender (triploid). Bei starkem Fruchtansatz nach der Blüte ist rechtzeitig auf Einzelfrüchte auszudünnen.

Ertrag
Auf schwach wachsenden Unterlagen früh einsetzend und regelmäßig, aber Alternanz auf Hochstämmen.

Anbauwert
Eine vielseitig verwertbare Sorte, die zugunsten der modernen Neuheiten zu Unrecht in Vergessenheit geriet. Besonders in Höhenlagen auch im Garten anbauwürdig.

Standort der Sichtungsbäume: Müncheberg, Pomona Franconica.

Blüte	Mittelfrüh, nicht empfindlich.
Ertrag	Selbst auf schwachwachsenden Unterlagen bleibt der Ertrag gering.
Anbauwert	Im Vergleich mit anderen Mostsorten belegte die Sorte keinen der vorderen Plätze hinsichtlich Ertrag (Alternanz) und Inhaltsstoffe.

Lieferanten: Bergt, Cordes, Kiefer, Leinweber, Müller, Wetzel.

Entstehung	Auf dem Grundstück des Sonnenwirts in Backnang/Württemberg gefunden. 1932 beschrieben.
Frucht	Mittelgroß, mitunter groß, um 200 g schwer. Hoch gebaut konische, kantige Form. Sehr tiefe, oft von Höckern umgebene Kelcheinsenkung mit geschlossenem Kelch. Sehr kurzer Stiel in weiter und tiefer Stielgrube. Schale glatt, trocken. Grüngelb mit hellen Schalenpunkten, sonnenseits verwaschen oder streifig braunrot. Fruchtfleisch fest, grobzellig, mäßig saftig. Hervortretende Säure, ohne besonderes Aroma.
Verwertung	Vor allem guter Wirtschafts- und Mostapfel.
Reife	Ab Mitte September, nicht windfest. Etwa 5 Monate verwertbar.
Baum	Starker, gerader Stamm und breit pyramidale, oft mächtige Krone mit auffallend kräftigem, dunkelgrünem Laub. Wurde früher als Stammbildner gebraucht.
Standort	Anspruchslos bis in höhere Lagen.
Anfällig	Nur gering für Schorf und Mehltau in Warmlagen.

Standort der Sichtungsbäume: AHNU, Bavendorf, Geisenheim, Triesdorf, Weihenstephan, Weinsberg.

Spätblühender Taffetapfel

Doppelnamen   'Taffetapfel', 'Ebners Taffetapfel'.

Entstehung   Um 1850, erste Beschreibung 1861. Zufallssämling. 1872 benannt durch den Pomologen F. Lucas. Mehr verbreitet in Süddeutschland, vor allem in der Region um den Odenwald.

Frucht   Klein bis mittelgroß. Ungleichmäßige, flachrunde Form mit flachen Kanten. Weite, gerippte Kelcheinsenkung mit geschlossenem Kelch. Mittellanger Stiel in tiefer Stielgrube mit typischer Berostung. Schale glatt, leicht fettig. Hellgelb mit feinen Schalenpunkten. Sonnenseits nur leicht gerötet. Fruchtfleisch mittelfest, saftig, herbsäuerlich ohne hervortretendes Aroma.

Verwertung   Weniger für den Frischverzehr. Gut geeignet als Wirtschafts- und Mostsorte.

Reife   Ab Ende September. Fruchtfall schon vor der Baumreife. Etwa vier Monate lagerfähig.

Baum   Regelmäßige, hochrunde, gut verzweigte und schöne Krone. Im Vollertrag schwacher Wuchs infolge hoher Fruchtbarkeit. Der Baum kann sehr alt werden und ist frosthart im Holz.

Standort   Anspruchslos an den Standort bis in raue, windige Höhenlagen.

Anfällig   Gering für Schorf und Mehltau, in Höhenlagen praktisch frei.

Blüte   Extrem spät, dadurch können Befruchtungsprobleme auftreten. Befruchter sollten in der Nähe sein oder einveredelt werden, etwa 'Champagner', 'Granny', 'Linsenhofener', 'Rheinische Schafsnase', 'Rote Stern', 'Winterbanana'.

Ertrag   Erst spät einsetzend, bei guter Befruchtung hoch und regelmäßig. Durch starken Vorerntefruchtfall entstehen selten große Erntemengen.

Anbauwert   In Extremlagen als Wirtschafts- und Mostsorte empfehlenswert.

Lieferanten: Baumgartner, Dr. Hoffmann, Leinweber, Ritthaler, Schmitt, Wetzel.

Standort der Sichtungsbäume: Bavendorf, Müncheberg, Triesdorf, Weihenstephan, Wurzen.

Entstehung
1926, aus 'McIntosh' x 'Yellow Newton' in der Versuchsstation Summerland, Britisch-Kolumbien (Kanada). Züchter R. C. Palmer. Seit 1930 im Handel.

Frucht
Mittelgroß, um 100 g schwer. Ungleichmäßige Form, fast ebenso breit wie hoch mit flachen Kanten. Weite, gerippte Kelcheinsenkung mit geschlossenem Kelch. Kurzer Stiel in tiefer und enger Stielgrube.
Schale hart, glatt, leicht wachsig. Fast ohne sichtbare Grundfarbe, Deckfarbe flächig braunrot mit deutlichen Schalenpunkten. Druckfest.
Fruchtfleisch fast weiß, etwas locker, wenig saftig. Parfümiert süß, ohne viel Säure und Aroma. Geringer Gehalt an Vitamin C.

Verwertung
Für den Frischverzehr, eingeschränkt als Wirtschaftssorte brauchbar.

Reife
Ab Ende September, nicht windfest. Mehrmaliges Durchpflücken ist erforderlich, um Vorerntefruchtfall zu vermeiden. Im kühlen Naturlager etwa fünf Monate haltbar, im Kühllager bis April bei 2–3 °C. Auf Lagerschorf und Fruchtfäulen ist zu achten.

Baum
Kugeliges, mittelgroßes, genügend verzweigtes Wuchsbild mit schräg aufrechten Leitästen. Im Vollertrag mittelstarker bis schwacher Wuchs. Regelmäßiger Schnitt zielt auf Fruchtasterneuerung. Zu scharfer Erziehungsschnitt verzögert den Ertragsbeginn und wirkt sich auf die Frosthärte aus.

Standort
Nährstoffreiche, ausreichend feuchte Böden bis in geschützte, mittlere Höhenlagen.

Anfällig
Mittelstark für Feuerbrand. In geschlossenen Warmlagen stärker für Schorf und Mehltau, auf schweren, nassen Böden krebsanfällig.

Blüte
Mittelspät, witterungsempfindlich. Guter Pollenspender. Wegen des starken Fruchtansatzes nach der Blüte sollte ein sorgfältiges Ausdünnen die Regel sein.

Ertrag
Starker Schnitt verzögert den Ertragsbeginn. Normalerweise und auf schwach wachsenden Unterlagen früh einsetzend, hoch und regelmäßig. Neigung zu Kleinfrüchtigkeit.

Anbauwert
Attraktive Früchte, aber mit Geschmacksdefizit. Keine Streuobstsorte.

Lieferanten: Angendohr, Baumgartner, Bergt, Cordes, Dr. Hoffmann, Leinweber, Schmitt.
Es existiert eine Auslese 'Spartan Compact' (Sichtung Dresden-Pillnitz und Wurzen).

Standort der Sichtungsbäume: Ahrensburg, Geisenheim, Dresden-Pillnitz, Magdeburg, Müncheberg, Rhöner Apfelbüro, Triesdorf, Weihenstephan, Wurzen.

Stark Earliest

Doppelnamen   'Starks Allerfrühester', 'Scarlet Pimpernell'.

Entstehung   1938 in der Baumschule Stark Bros in Louisiana (USA). Seit 1950 im Handel.

Frucht   Klein, höchstens mittelgroß. Etwas unregelmäßige, hochrunde Form. Fast aufsitzender, halb offener Kelch. Langer Stiel in enger, leicht berosteter Stielgrube.
Schale dünn, glatt, leicht fettig. Hellgelb, sonnenseits flächig rot oder stark gestreift, duftend. Helle Schalenpunkte.
Fruchtfleisch mittelfest, saftig. Angenehm säuerlich, ohne viel Geschmack.

Verwertung   Für den Frischverzehr, eingeschränkt als Wirtschaftssorte brauchbar, aber zum Backen geeignet.

Reife   Ab Ende Juli, noch vor 'Klarapfel'. Nicht windfest, deshalb ist mehrmaliges Durchpflücken erforderlich. Es ist vor der Vollreife zu ernten, sonst wird die Frucht schnell mehlig. Nur wenige Tage haltbar.

Baum   Mittelgroßes, gut verzweigtes Wuchsbild mit später überhängenden, dünnen Trieben. Im Vollertragsalter eher schwacher Wuchs wegen hoher Fruchtbarkeit. Ein Sommerschnitt zielt auf besser ausgefärbte und größere Früchte. Schattenfüchte schmecken sehr fade.

Standort   Nährstoffreiche Böden in offenen, aber wärmeren Lagen bis in mittlere Höhen. Geschlossene, windgeschützte Lagen sind wegen der starken Schorfanfälligkeit zu meiden.

Anfällig   Gering für Feuerbrand. Anfällig für Schorf, Mehltau und Krebs.

Blüte   Sehr früh, wenig empfindlich. Guter Pollenspender. Ohne Ausdünnung nach der Blüte bleiben die Früchte sehr klein und der Baum erschöpft sich früh.

Ertrag   Früh einsetzend, nur mittelhoch, aber regelmäßig.

Anbauwert   Derzeit die früheste Sorte. Der hohe Pflegeaufwand (Schnitt, Pflanzenschutz, sorgfältige Ausdünnung) grenzen die Anbauempfehlung ein. Es existiert eine rote Auslese (Sichtung Weinsberg).

Lieferanten: Baumgartner, Krämer, Leinweber, Wetzel.

Standort der Sichtungsbäume: Erfurt, Dresden-Pillnitz, Magdeburg, Müncheberg, Rhöner Apfelbüro, Triesdorf, Weihenstephan, Weinsberg, Wurzen.

Doppelnamen 'Double Red Starking', 'Red Delicious Starking' (korrekter Name).

Mutante Kurztriebformen sind 'Starkrimson' (1951) und 'Wellspur' (1953).

Entstehung 1921 als Knospenmutation von 'Red Delicious'. Gefunden von M. Mood in New Jersey, verbreitet durch die Baumschule Stark Bros in Louisiana (USA).

Frucht Mittelgroß, seltener groß, um 170 g schwer. Ungleichmäßige, hoch gebaute Form mit typischen Kanten um die Frucht. Tiefe, von starken Kanten umgebene Kelcheinsenkung mit halb offenem Kelch. Langer Stiel in tiefer und weiter Stielgrube. Schale dick, hart, glatt, leicht bläulich bereift mit hellen Schalenpunkten. Zur Reife ganzflächig braunrot. Druckfest. Fruchtfleisch gelblichgrün, an der Schale rötlich. Fest bis unangenehm hart, mäßig saftig. Süßlich, wenig Säure ohne Aroma.

Verwertung Für Frischverzehr.

Reife Ab Anfang Oktober, windfest bis zur Reife. Nicht überreif ernten, sonst entstehen Lagerverluste. Im kühlen Naturlager etwa sechs Monate haltbar ohne Welke, im Kühllager bis April bei 3 °C. Gegen Lagerende mehlig werdend, es entwickelt sich Gärgeschmack.

Baum Steiles, hohes und kompaktes Wuchsbild. Fruchtäste neigen sich nach außen. Im Vollertragsalter schwaches bis mittelstarkes Wachstum. Der Schnitt zielt auf bessere Verzweigung nach außen. Im Holz frostfest.

Standort Nur auf nährstoffreichen Böden in Weinbaulage befriedigend. Abweichungen gehen auf Kosten der Fruchtqualität.

Anfällig Mittelstark für Feuerbrand, stark für Schorf. Bakterienbrand und Krebs auf schweren Böden. Gering Mehltau.

Blüte Mittelfrüh, witterungsempfindlich. Guter Pollenspender. Ohne Ausdünnung nach der Blüte bleiben die Früchte klein und fade.

Ertrag Auf schwach wachsenden Unterlagen mittelhoch und regelmäßig, sonst alternierend.

Anbauwert Für Liebhaber säurearmer Äpfel. Geeignet für alle Baumformen, einschließlich Spaliere und Topfbäume.

Standort der Sichtungsbäume: Dresden-Pillnitz, Magdeburg, Rhöner Apfelbüro, Triesdorf, Weihenstephan, Wurzen.

Standort — Keine besonderen Ansprüche an Boden und Klima bis in windgeschützte, mittlere Höhenlagen. Allerdings gibt es auf kargen oder zu schweren Böden nur noch kleinere, geschmacklose Früchte.

Anfällig — Keine Krankheiten und Schädlinge bekannt, lediglich von einer gewissen Krebsanfälligkeit wird berichtet.

Ertrag — Sehr spät einsetzend, auf Hochstamm erst nach etwa 12 Jahren. Ausgeprägte Alternanz, in Ertragsjahren sehr hoch.

Anbauwert — Eine uralte Liebhabersorte mit Sammlerwert, wurde aber früher als erstrangig eingestuft. Es soll auch eine flächig rote Sorte geben.

Lieferanter: Angendohr, Bergt, Wetzel.

Weitere Namen — 'Pfaffenkappel', 'Api Etoilée'.

Entstehung — Unbekannt. 1809 war ein Anbau auf Rügen schon verbreitet. Der Pomologe C. H. Dietrich beschrieb diese Sorte 1813 unter dem Namen 'Pomme d'Api' und ordnete sie unter den „Platten Äpfeln" ein. Vermutlich französischer Herkunft. J. C. Schiller (1795) beschrieb ihn als „Franzapfel".

Frucht — Klein, selten mittelgroß. Flach, sehr unterschiedlich in der Form, oft sternförmig gebuchtet. Faltige Kelcheinsenkung, Kelch fast aufsitzend, weit offen. Kräftiger Stiel in enger Stielgrube.
Schale sehr zart, dünn, glatt, leicht wachsig. Hellgelb, sonnenseits flächig rotbraun, bei Vollreife schön rot. Druckempfindlich. Angenehmer Duft.
Fruchtfleisch weiß, feinzellig. Sehr saftig, fest bis hart und brüchig. Süß mit angenehmer Säure.

Reife — Ende Oktober, wind- und sturmfest. Die Früchte können bis zum Frost am Baum bleiben. Die Genussreife setzt spät ein. Etwa 5 Monate im kühlen und feuchten Naturlager ohne Welke haltbar, dann mehlig werdend.

Baum — Sehr große, breitrunde Krone mit gut verzweigten Ästen und viel Fruchtholz. Im Holz frostfest. Gelegentlich wird eine Auslichtung nötig sein.

Standort der Sichtungsbäume: Pomona Franconica, Triesdorf, Wurzen.

Standort	Leichtere, nährstoffreiche Böden mit ausreichender Feuchtigkeit. Am günstigsten ist Küstenklima mit hoher Luftfeuchtigkeit. Schwere und trockene Böden sind ungeeignet.
Anfällig	Keine Krankheiten und Schädlinge bekannt. Krebsfest.
Blüte	Mittelspät, etwas witterungsempfindlich.
Ertrag	Jährlich wechselnd zwischen hohen Erträgen und komplettem Ausfall (ausgeprägte Alternanz). Insgesamt gering.
Anbauwert	Liebhabersorte nur für das Küstenklima.

Lieferanten: Bergt, Cordes, Hammerschmidt, Dr. Hoffmann, Leinweber, Schachtschneider, Wetzel.

Entstehung — Stina Lohmann lebte in der ersten Hälfte des 19. Jahrhunderts in Kellinghusen an der Stör (Holstein) und zog einen Apfelbaum aus einem Kern. Nach ihrem Tod, ca. 1860, wurde die Apfelsorte nach ihr benannt und in Deutschland bekannt als eine haltbare, wohlschmeckende und anspruchslose Apfelsorte.

Frucht — Meist groß, um 170 g schwer. Flach und breitrund mit flachen Wulsten um die halbe Frucht. Flache, gerippte Kelcheinsenkung mit geschlossenem Kelch. Unterschiedlich langer Stiel in tiefer und enger, strahlig berosteter Stielgrube.
Schale dick, leicht fettend. Bei Reife hellgelb, sonnenseits gerötet und kurz gestreift. Leichter Duft. Fruchtfleisch grobzellig, mittelfest, saftreich mit vorherrschender Säure.

Reife — Je nach Standort ab Mitte Oktober, nicht windfest. Etwa 4 Monate im kühlen Naturlager ohne Welke haltbar.

Baum — Breite, große und lockere Krone mit mäßig verzweigten Ästen, aber gut mit quirlständigem Fruchtholz besetzt. Im Vollertragsalter immer noch mittelstarkes Wachstum. Im Holz nicht frostfest.

Standort der Sichtungsbäume: Geisenheim, Müncheberg, Pomona Franconica, Triesdorf, Weinsberg, Wurzen.

Entstehung — 1961, aus einem Sämling der Sorte 'Summerland' in der Versuchsstation Summerland in Britisch-Kolumbien (Kanada). Ab 1964 über die Niederlande auch in Deutschland verbreitet.

Frucht — Mittelgroß, hoch gebaut, mitunter fassförmig. Flache, offene, etwas berostete Kelcheinsenkung mit geschlossenem Kelch. Mittellanger Stiel in enger, berosteter Stielgrube.
Schale fest, glatt, leicht bereift mit auffallenden, typischen Schalenpunkten. Grüngelb, sonnenseits flächig bräunlichrot. Früchte von schwachwachsenden Unterlagen sind stärker gefärbt.
Fruchtfleisch grünlich, fest, feinzellig, sehr saftig. Angenehme Säure und leichtes Aroma.

Verwertung — Vorwiegend für den Frischverzehr, aber auch als Wirtschafts- und (eingeschränkt) Mostsorte brauchbar.

Reife — Folgernd ab Mitte August, vom Baum essbar. Windfest bis zur Reife, dann schnell fallend. Mehrmaliges Durchpflücken ist deshalb ratsam.
Höchstens 3–4 Wochen kühl haltbar, wird danach schnell mehlig.

Baum — Pyramidales, aufrechtes, gut verzweigtes Wuchsbild mit kräftiger Mitte und hängenden Fruchtästen. Im Vollertragsalter schwacher Wuchs.

Auf schwach wachsenden Unterlagen schnell vergreisend, deshalb ist regelmäßiger Überwachungs- auch Sommerschnitt nötig. Nahezu frostfest im Holz.

Standort — Bevorzugt sind nährstoffreiche Böden, möglichst in warmer Lage. Abweichungen gehen auf Kosten der Fruchtqualität. Ärmere Böden sind entsprechend mit Nährstoffen und Wasser zu versorgen.

Anfällig — Mittelstark für Feuerbrand, Mehltau und Triebsucht. Stärker für Schorf und Krebs.

Blüte — Sehr früh bis mittelfrüh, etwas empfindlich. Kein Pollenspender (triploid). Ausdünnen nach dem Junifall kann die Alternanz mindern und beugt der Erschöpfung des Baumes vor.

Ertrag — Normalerweise jährlicher Wechsel zwischen sehr hohen und geringeren Erträgen, ist aber durch einen Sommerschnitt und eine Blattdüngung sofort nach der Ernte gut regulierbar.

Anbauwert — In guten Lagen dem etwa gleichzeitig reifenden 'James Grieve' vorzuziehen. Störend ist der hohe Pflegeaufwand. Geeignet für alle Baumformen, auch als Spalier und Topfbaum.

Lieferanten: Cordes, Herr, Leinweber, Wetzel.

Standort der Sichtungsbäume: Bamberg, Erfurt, Dresden-Pillnitz, Jork, Magdeburg, Müncheberg, Triesdorf, Weihenstephan, Weinsberg, Wurzen.

Von Jugend an starker, im Vollertragsalter immer noch mittelstarker Wuchs. Der Schnitt zielt auf laufende Fruchtasterneuerung. Im Holz nicht frosthart.

Voller Name	'Malling Suntan'
Entstehung	'Cox Orange' x 'Court Pendu Plat' ('Königlicher Kurzstiel'). 1968 benannt in der Versuchsstation East Malling in der Grafschaft Kent (England).
Frucht	Mittelgroß, seltener groß. Unregelmäßige, flachrunde Form. Flache, weite und berostete Kelcheinsenkung mit weit offenem Kelch. Kurzer, kräftiger Stiel in weiter Stielgrube. Schale derb, trocken mit hellen Schalenpunkten und auffälliger Berostung. Grünlichgelb, sonnenseits verwaschen rot gestreift. Fruchtfleisch Grünlichweiß, fest, saftig mit vorzüglichem Aroma. Hoher Gehalt an Vitamin C.
Verwertung	Für den Frischverzehr, auch Wirtschafts- und Mostsorte. Belegt immer Spitzenplätze bei Fruchtverkostungen.
Reife	Ab Mitte September, nicht windfest. Die kurz gestielten Früchte drücken sich oft schon vor der Reife ab. Im kühlen Naturlager etwa sechs Monate haltbar, im Kühlraum bis April bei 3 °C. Danach trotz Welke noch schmackhaft. Auf Lagerfäulen ist zu achten.
Baum	Aufrechtes, breitrundes und ausladendes Wuchsbild mit kräftigen, mäßig verzweigten Jahrestrieben.
Standort	Nährstoffreicher, ausreichend feuchter Boden, möglichst im Weinbauklima. Abweichungen gehen auf Kosten der Fruchtqualität.
Anfällig	Mittelstark für Feuerbrand. Stark für Schorf, weniger für Mehltau. In ungünstigen Lagen auch krebsanfällig.
Blüte	Spät, nicht empfindlich. Schlechter Pollenspender (triploid). Ausdünnen ist bei starkem Fruchtansatz stets erforderlich, damit sich der Baum nicht vorzeitig erschöpft.
Ertrag	Verhältnismäßig spät einsetzend, dann mittelhoch und regelmäßig.
Anbauwert	Eingeschränkt als Gartensorte. Wegen des hohen Pflegeaufwandes nur für erfahrene Anbauer im Erwerbsbereich. Lieferanten: Bergt, Cordes.

Standort der Sichtungsbäume: Geisenheim, Dresden-Pillnitz, Müncheberg, Pomona Franconica, Triesdorf, Wurzen.

Entstehung 1911, aus 'Deacon Jones' x 'Golden Delicious' in der Versuchsstation Geneva (USA).

Frucht Mittelgroß bis groß. Form ähnlich 'Golden Delicious', mit fünf flachen Kanten über der Frucht. Sehr tiefe, gerippte Kelcheinsenkung. Langer Stiel in weiter, strahlig berosteter Stielgrube.
Schale derb, glatt, trocken mit deutlichen Schalenpunkten. Bei Reife goldgelb und je nach Lichtverhältnissen flächig rot oder stark gestreift.
Fruchtfleisch fest, grobzellig, weniger saftig. Vorwiegend süß, säurearm.

Verwertung Vorwiegend für den Frischverzehr, eingeschränkt als Wirtschaftssorte brauchbar.

Reife Ab Anfang Oktober, bis zur Baumreife windfest. Einmaliges Durchpflücken kann nötig sein. Im kühlen Naturlager etwa fünf Monate haltbar. Die Aufbewahrung in perforierten Folienbeuteln ist möglich.

Baum Gipfelbetontes, breit pyramidales Wuchsbild. Weniger gut verzweigte, schräg aufwärts gerichtete Leittriebe. Seitenholz mit auffallend hellen Lentizellen und sattgrün glänzenden Blättern. Der Schnitt zielt auf bessere Seitenverzweigung. In der Jugendphase mittelstarker Wuchs mit aufstrebender Mittelachse.

Standort Bevorzugt sind geschützte Lagen und nährstoffreiche Böden bis in mittlere Höhen. Auf trockenen oder armen Böden leidet die Fruchtqualität.

Anfällig Wenig für Feuerbrand. Stark Schorf, gering Mehltau, mäßig Krebs und Kragenfäule. Ein Problem ist die viröse Triebsucht auf stärker wachsenden Unterlagen.

Blüte Spät, lange anhaltend, etwas frostempfindlich. Guter Pollenspender. Bessere Fruchtqualität ist durch Ausdünnen nach der Blüte zu erzielen.

Ertrag Sehr früh einsetzend, hoch und regelmäßig.

Anbauwert Für Liebhaber säurearmer Äpfel. Bei Geschmacksproben meist als zu süß beurteilt. Außer der auffälligen Fruchtfarbe keine Bereicherung des Sortiments.

Standort der Sichtungsbäume: Weihenstephan, Triesdorf.

Standort	Anbauvoraussetzung sind warme Lagen bis in windgeschützte, mittlere Höhen und nährstoffreiche, ausreichend feuchte Böden.
Anfällig	Noch schorffest, wenig Mehltau.
Blüte	Mittelfrüh, guter Pollenspender. Mit dem Durchpflücken bald nach der Blüte erzielt man einheitliche Fruchtgrößen.
Ertrag	Früh einsetzend, hoch und regelmäßig.
Anbauwert	Nur für schwachwachsende Unterlagen. Für den Gartenbereich empfehlenswert.

Lieferanten: Bergt, Friedlein, Ganter, Krämer, Rinn, Spieß.

Entstehung	Neuheit aus den USA. Mehrfachkreuzung aus 'Antonowka', 'Golden Delicious', 'Gravensteiner'. 1944 beschrieben. Es besteht kein Sortenschutz mehr. Von dieser Sorte gibt es auch eine rote Mutante.
Frucht	Mittelgroß, meist unterschiedliche Fruchtgrößen. Ungleichmäßige, oft kantige Form. Sehr weite, schüsselförmige Kelcheinsenkung, meist offener Kelch. Unterschiedlich langer Stiel in enger, strahlig berosteter Stielgrube. Schale derb, leicht fettend. Goldgelb, sonnenseits leuchtendrot gestreift oder geflammt. Fruchtfleisch mittelfein, etwas mürbe. Saftig, süßlich mit gutem Aroma.
Verwertung	Überwiegend für den Frischverzehr, auch als Wirtschaftssorte brauchbar.
Reife	Folgernd Ende September, nicht windfest. Mehrmaliges Durchpflücken ist anzuraten. Im kühlen Naturlager etwa 3 Monate haltbar.
Baum	Großes, hoch pyramidales und ausladendes Wuchsbild mit mäßiger Verzweigung. Von Jugend an starker Wuchs, im Vollertragsalter immer noch mittelstark.

Standort der Sichtungsbäume: Bamberg, Bavendorf, Dresden-Pillnitz, Jork, Veitshöchheim, Weihenstephan, Wurzen.

Topaz

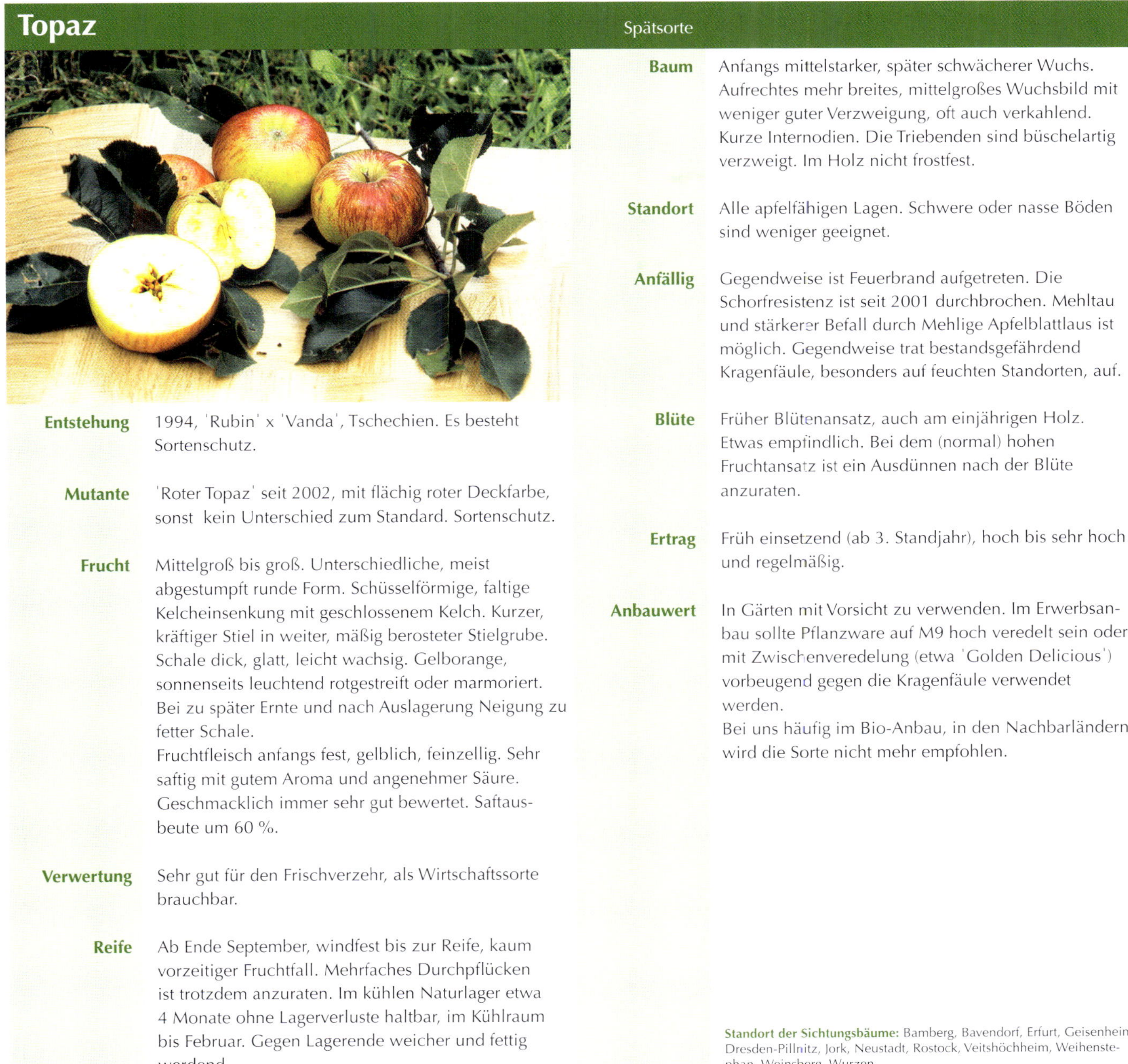

Entstehung 1994, 'Rubin' x 'Vanda', Tschechien. Es besteht Sortenschutz.

Mutante 'Roter Topaz' seit 2002, mit flächig roter Deckfarbe, sonst kein Unterschied zum Standard. Sortenschutz.

Frucht Mittelgroß bis groß. Unterschiedliche, meist abgestumpft runde Form. Schüsselförmige, faltige Kelcheinsenkung mit geschlossenem Kelch. Kurzer, kräftiger Stiel in weiter, mäßig berosteter Stielgrube. Schale dick, glatt, leicht wachsig. Gelborange, sonnenseits leuchtend rotgestreift oder marmoriert. Bei zu später Ernte und nach Auslagerung Neigung zu fetter Schale.
Fruchtfleisch anfangs fest, gelblich, feinzellig. Sehr saftig mit gutem Aroma und angenehmer Säure. Geschmacklich immer sehr gut bewertet. Saftausbeute um 60 %.

Verwertung Sehr gut für den Frischverzehr, als Wirtschaftssorte brauchbar.

Reife Ab Ende September, windfest bis zur Reife, kaum vorzeitiger Fruchtfall. Mehrfaches Durchpflücken ist trotzdem anzuraten. Im kühlen Naturlager etwa 4 Monate ohne Lagerverluste haltbar, im Kühlraum bis Februar. Gegen Lagerende weicher und fettig werdend.

Baum Anfangs mittelstarker, später schwächerer Wuchs. Aufrechtes mehr breites, mittelgroßes Wuchsbild mit weniger guter Verzweigung, oft auch verkahlend. Kurze Internodien. Die Triebenden sind büschelartig verzweigt. Im Holz nicht frostfest.

Standort Alle apfelfähigen Lagen. Schwere oder nasse Böden sind weniger geeignet.

Anfällig Gegendweise ist Feuerbrand aufgetreten. Die Schorfresistenz ist seit 2001 durchbrochen. Mehltau und stärkerer Befall durch Mehlige Apfelblattlaus ist möglich. Gegendweise trat bestandsgefährdend Kragenfäule, besonders auf feuchten Standorten, auf.

Blüte Früher Blütenansatz, auch am einjährigen Holz. Etwas empfindlich. Bei dem (normal) hohen Fruchtansatz ist ein Ausdünnen nach der Blüte anzuraten.

Ertrag Früh einsetzend (ab 3. Standjahr), hoch bis sehr hoch und regelmäßig.

Anbauwert In Gärten mit Vorsicht zu verwenden. Im Erwerbsanbau sollte Pflanzware auf M9 hoch veredelt sein oder mit Zwischenveredelung (etwa 'Golden Delicious') vorbeugend gegen die Kragenfäule verwendet werden.
Bei uns häufig im Bio-Anbau, in den Nachbarländern wird die Sorte nicht mehr empfohlen.

Standort der Sichtungsbäume: Bamberg, Bavendorf, Erfurt, Geisenheim, Dresden-Pillnitz, Jork, Neustadt, Rostock, Veitshöchheim, Weihenstephan, Weinsberg, Wurzen.

Ulmer Polizeiapfel

Blüte Je nach Standort mittelfrüh bis spät, lange anhaltend. Groß, weiß, duftend und frosthart.

Anbauwert Als ursprüngliche Lokalsorte des Ortenaukreises mit einiger Marktbedeutung ist die Sorte aufgrund ihrer Vorzüge, auch in anderen Obstbaugebieten, darunter in der Pfalz, beliebt geworden.

Lieferanten: Ganter, Kiefer, Leinweber, Ritthaler.

Entstehung Unbekannt, vermutlich Moldawien. Otto Sutterer brachte Edelreiser aus dem Ursprungsland 1918 nach Ulm (Baden), wo die Sorte weiter vermehrt und schließlich nach dem Polizisten Sutterer benannt wurde.

Frucht Klein bis mittelgroß mit dünnen, langen Stielen. Grundfarbe goldgelb mit sonnenseits verwaschen rot gestreifter Deckfarbe.
Das Fruchtfleisch ist weiß bis cremefarben mit rötlichen Adern. Der Geschmack ist mild säuerlich, mäßig süß.

Reife Baumreife, je nach Standort, Ende September. Genussreife ab Januar bis April.

Verwertung Überwiegend Wirtschaftssorte, für die Saftindustrie und Most.

Baum Mittelstarker Wuchs mit großer, kugeliger Krone. Große Frosthärte im Holz.

Standort Geringe Ansprüche an Boden und Klima bis in höhere Lagen.

Anfällig Kaum anfällig für Krankheiten und Schädlinge, aber empfindlich für Kupfer- und Schwefelmittel.

Standort der Sichtungsbäume: Ahrensburg, Bavendorf, Erfurt, Dresden-Pillnitz, Magdeburg, Müncheberg, Pomona Franconica, Rhöner Apfelbüro, Triesdorf, Wurzen.

Entstehung Sämlingsauslese von 'Jonathan' in der Lehr- und Versuchsanstalt Gartenbau Großbeeren/Werder (Müncheberg).

Frucht Mittelgroß bis groß, um 180 g schwer. Unterschiedliche Form, oft hoch gebaut. Tiefe und weite Kelcheinsenkung, von Höckern umgeben. Tiefe und enge, strahlig berostete Stielgrube.
Schale dünn, glatt und trocken. Druckfest. Grünlichgelbe Grundfarbe, sonnenseits bräunlichrot mit Netzberostungen. Typisch ein rot geflammter Strich oder Streifen.
Fruchtfleisch grünlichweiß, fest, saftig. Süßsäuerlich mit deutlichem Aroma.

Verwertung Vorwiegend für den Frischverzehr, aber auch als Wirtschaftssorte brauchbar.

Reife Je nach Standort ab Mitte Oktober, windfest. Meist einzeln hängende Früchte, deshalb gut pflückbar. Im kühlen Naturlager bis zu fünf Monaten haltbar, vorher aber schon welkend. Lagerung in Folienbeuteln ist möglich. Es ist auf Stippe und Fruchtfäule zu achten.

Baum Breit pyramidales Wuchsbild mit schräg aufrechten, gut verzweigten Leitästen. Dünne Seitentriebe, nach außen überhängend.

Ein aufmerksamer Schnitt zielt auf ein lichteres Wuchsbild mit stärkeren Leitästen und Erneuerung des Fruchtholzes. Der Wuchs ist von Jugend an stark, bei Vollertrag noch mittelstark. Im Holz nicht ganz frostfest.

Standort Verlangt wird ein nährstoffreicher, doch kein schwerer Boden, bis in mittlere, windgeschützte Höhenlage. Die Fruchtqualität wird entscheidend vom Standort und der Ernährung beeinflusst.

Anfällig Der Feuerbrandstatus ist nicht bekannt, doch infolge der Abstammung von 'Jonathan' (stark anfällig) ist eine gewisse Anfälligkeit möglich. Sehr stark für Mehltau, gering für Schorf.

Blüte Lange anhaltend an ein- und zweijährigen Langtrieben. Frostempfindlich. Guter Pollenspender (diploid). Energisches Ausdünnen bald nach der Blüte und Blattdüngung sofort nach der Ernte wirkt etwas alternanzmindernd.

Ertrag Auf schwachwachsender Unterlage früh einsetzend, zunächst regelmäßig, später alternierend. Gesamt mittelhoch.

Anbauwert Ein hoher Pflegeaufwand und starker Mehltaubefall grenzen die Anbauempfehlung ein.

Lieferanten: Angendohr, Bergt, Cordes, Dr. Hoffmann, Leinweber, Wetzel.

Vesna

Anfällig — Noch schorfresistent. Mittlere Anfälligkeit für Mehltau, Rost- und Spinnmilben.

Blüte — Mittelfrüh, gering empfindlich bei Nässe.

Ertrag — Früh einsetzend, dann hoch und regelmäßig.

Anbauwert — Neuheit. Weitere Erkenntnisse aus verschiedenen Anbaugebieten sind noch erforderlich.

Entstehung — Aus einer Kreuzung 'Shampion' x *Vf*-Resistenzträgersorte im Institut für Experimentelle Botanik, Prag. Sortenschutz.

Frucht — Mittelgroß. Oft hoch gebaut mit breiten und flachen Kanten über die Frucht. Meist enge und faltige Kelcheinsenkung mit geschlossenem Kelch. Dünner, langer Stiel in tiefer, strahlig berosteter Stielgrube. Schale glatt, fest, gering fettend. Gelbgrün mit blassrot geflammter Deckfarbe und feinen Schalenpunkten. Fruchtfleisch feinzellig, mittelfest, auf dem Lager weich werdend. Saftig mit guter Säure und mittlerem Aroma.

Verwertung — Vorwiegend für den Frischverzehr, als Wirtschaftssorte noch brauchbar.

Reife — Ab Mitte September, gut pflückbar. Im kühlen Naturlager etwa 3 Monate haltbar, im Kühlraum bis Dezember.

Baum — Breit aufrechtes, mittelstark verzweigtes Wuchsbild mit dünnem Fruchtholz und überhängenden Zweigen.

Standort — Nährstoffreiche Böden bis in windgeschützte, mittlere Höhenlagen.

Standort der Sichtungsbäume: Bavendorf, Dresden-Pillnitz, Jork, Triesdorf, Veitshöchheim, Wurzen.

Virginischer Rosenapfel

Baum Hohe schmale Krone mit weniger verzweigten Trieben, daran kurzes Fruchtholz und aufgefaltete Blätter. Im Vollertragsalter schwaches Wachstum. Der Schnitt nach der Ernte zielt auf Höhenbegrenzung, bessere Verzweigung und Erhalt der Triebkraft. Im Holz frostfest.

Standort Auf tiefgründigen Böden bis in mittlere, windgeschützt auch für raue Höhenlagen geeignet.

Anfällig Für Mehltau, nur in geschlossenen Lagen stärker Schorf. Bei wechselhafter Witterung auch Stippe und Glasigkeit der Früchte. Auf schweren, nassen Böden Spitzendürre

Blüte Früh, aber nicht empfindlich. Guter Pollenspender. Bei starkem Fruchtansatz nach der Blüte ist ein Ausdünnen zur Alternanzminderung ratsam.

Ertrag Früh einsetzend, aber jährlicher Wechsel zwischen hohen und geringeren Ernten.

Anbauwert Die früher weite Verbreitung ist heute nicht mehr gegeben.

Lieferanten: Bergt, Leinweber.

Doppelnamen 'Gulderling', 'Livländer Liebling', 'Pomme de Jerusalem', 'St. Germainapfel', 'Virginischer Glasapfel' und andere.

Entstehung Ungewiss, wurde 1816 beschrieben, soll aber schon im 18. Jh. bekannt gewesen sein. Wahrscheinlich aus Virginia (USA) stammend, aber auch die Ostseeprovinzen werden als Herkunft genannt. 1870 nach Deutschland eingeführt und 1857 vom Deutschen Pomologenverein zum Anbau empfohlen.

Frucht Mittelgroß bis groß. Ungleichmäßige, hochrunde, auch konische Form mit flachen Kanten. Flache, gerippte Kelcheinsenkung mit halb offenem Kelch. Mittellanger Stiel in weiter Stielgrube.
Schale fest, glatt, fettend. Goldgelb, sonnenseits braunrot kurz gestreift. Deutlicher Duft. Fruchtfleisch etwas locker mit deutlichen Leitbündeln. Saftig, süßsäuerlich mit leichtem Zimtaroma. Geringe Säure.

Verwertung Für den Frischverzehr, auch als Wirtschaftssorte brauchbar. Frühapfel zum Backen.

Reife Ab Ende Juli, vom Baum essbar. Nicht windfest, mehrmaliges Durchpflücken ist ratsam. Etwa drei Wochen haltbar, wird dann schnell mehlig.

Vista Bella

Standort	Geschützte, wärmere Lagen sind bevorzugt. Nicht für höhere Lagen und arme Böden.
Anfällig	Mittelstark für Feuerbrand. Stark für Schorf, weniger für Mehltau.
Blüte	Mittelfrüh, guter Pollenspender. Durch Ausdünnung sind größere Früchte zu erzielen und die Alternanz zu mindern.
Ertrag	Früh einsetzend, mäßig hoch. Nach starkem Behang alternierend.
Anbauwert	Für Liebhaber süßaromatischer Sorten. Eingeschränkt empfehlenswert zugunsten moderner Frühsorten.

Lieferanten: Angendohr, Bergt, Cordes, Ganter, Leinweber.

Entstehung Nummernsämling x 'Julyred'. Rutgers University in New Brunswick (USA). Seit 1944 im Handel.

Frucht Klein bis mittelgroß, um 100 g schwer. Unterschiedliche und ungleichmäßige Form, meist flachkugelig mit flachen Kanten. Weite Kelcheinsenkung mit typisch aufrechten Kelchblättern und offenem Kelch. Mittellanger Stiel in tiefer und weiter Stielgrube. Schale derb, glatt, hellblau wachsig. Gelblichgrün, sonnenseits unterschiedlich rote Deckfarbe. Druckfest.
Fruchtfleisch fast weiß, bei älteren Bäumen unter der Schale rötlich, etwas locker. Süßaromatisch mit etwas parfümiertem Geschmack.

Verwertung Frühsorte für den Sofortverzehr.

Reife Ab Ende Juli, etwa mit 'Klarapfel'. Nicht windfest, mehrmaliges Durchpflücken ist erforderlich. Wird nach der Baumreife rasch mehlig. Nicht lagerfähig.

Baum Große, hochrunde, dichte Krone mit typisch dicken Trieben und großen, dunkelgrünen Blättern. Von Jugend an starkes, im Vollertragsalter immer noch kräftiger Wuchs.
Der Sommerschnitt zielt auf lichtere Krone zur besseren Fruchtausfärbung. Schattenfrüchte schmecken fade.

Standort der Sichtungsbäume: Bavendorf, Erfurt, Dresden-Pillnitz, Jork, Magdeburg, Müncheberg, Pomona Franconica, Triesdorf, Weihenstephan, Weinsberg, Wurzen.

Wachsrenette

Voller Name	'Wachsrenette von Benediktbeuren'
Entstehung	Ungewiss, Gebietssorte aus dem bayerischen Alpenvorland.
Frucht	Mittelgroß bis groß. Gleichmäßig hochrund mit weiter, gerippter Kelcheinsenkung und offenem Kelch. Kurzer Stiel in weiter Stielgrube. Schale fest, glatt, wachsig mit dunklen Schalenpunkten. Bei Reife goldgelb, nur sonnenseits etwas gerötet. Fruchtfleisch fast weiß, etwas locker. Saftreich, süß und angenehmes Aroma.
Verwertung	Überwiegend für den Frischverzehr, auch als Wirtschaftssorte gut brauchbar.
Reife	Ab Anfang Oktober. Wegen des kurzen Stieles drücken sich die Früchte oft vorzeitig ab. Im kühlen Naturlager höchstens drei Monate haltbar.
Baum	Große, hochrunde Krone, nur im Alter überhängend. Von Jugend an starker, im Vollertragsalter immer noch kräftiger Wuchs. Kann sehr alt werden.
Standort	Anspruchslos an Boden und Klima bis in Höhenlagen.
Anfällig	Besonders in Höhenlagen schorffest.
Blüte	Spät, nicht empfindlich. Guter Pollenspender.
Ertrag	Jährlicher Wechsel zwischen höheren und sehr niedrigen Erträgen (Alternanz).
Anbauwert	Liebhabersorte, besonders für raue Lagen. Lieferanten: Bergt, Brenninger, Leinweber.

Standort der Sichtungsbäume: Bavendorf, Müncheberg, Triesdorf, Weihenstephan.

Wagenerapfel

Doppelnamen 'Wageners Preisapfel', 'Wagener's Price Apple' (wahrscheinlich erster Name).

Entstehung Unbekannt. Soll eine alte Sorte aus Amerika sein.

Frucht Groß. Flachrund mit ungleichen Hälften und flachen Rippen über die Frucht. Weite und tiefe, trichterförmige Kelcheinsenkung mit geschlossenem Kelch. Dünner, mittellanger Stiel in tiefer, berosteter Stielgrube.
Schale glatt, oft fettend. Bei Reife hellgelb, sonnenseits sehr schön rot geflammt mit feinen Schalenpunkten. Schwacher Duft.
Fruchtfleisch feinzellig, zart und saftig mit zimtartiger Würze. Feinsäuerlich mit edler Süße.

Verwertung Vorzügliche Tafelsorte, aber auch sehr gut für die Wirtschaft brauchbar.

Reife Je nach Lage ab Mitte Oktober, windfest bis zur Reife. Im kühlen Naturlager etwa 5 Monate ohne Welke haltbar.

Baum Pyramidale, große und gut verzweigte Krone. Geeignet für alle Baumformen, auch für Spaliere. Von Jugend an kräftiger Wuchs, im Vollertragsalter deutlich schwächer.

Standort Geringe Ansprüche an Boden und Klima, jedoch ist ein warmer, nährstoffreicher Boden in mittlerer Höhenlage sehr günstig.

Anfällig Keine besonderen Schadeinflüsse bekannt.

Blüte Mittelfrüh, nicht empfindlich bei nasskalter Witterung.

Ertrag Früh einsetzend, dann mittelhoch bis hoch und fast regelmäßig.

Anbauwert Eine schöne und vielseitig verwertbare Sorte, die sich auch für den Garten eignet.

Lieferanten: Baumgartner, Bergt, Brenninger, Cordes, Dr. Hoffmann, Leinweber, Ulmer.

Standort der Sichtungsbäume: Bavendorf, Dresden-Pillnitz, Müncheberg, Pomona Franconica.

Doppelname   'Dorpater Rosenapfel', nach der estländischen Stadt Dorpat, wo die Sorte früher verbreitet war.

Mutante   'Wealthy Double Red', 1933 entstanden.

Entstehung   Um 1860, Sämling von der Kirschapfelsorte 'Cherry Crab'. Züchter Gideon in Excelsior/Minnesota (USA).

Frucht   Meist mittelgroß, seltener groß, um 140 g schwer. Unterschiedliche Form, meist flachrund. Trichterförmige Kelcheinsenkung mit geschlossenem Kelch. Mittellanger, dünner Stiel in enger Stielgrube. Schale hart, glatt, geschmeidig, druckempfindlich. Grüngelb, Deckfarbe intensiv gestreift bis flächig rot. Duftend.
Fruchtfleisch unter der Schale mitunter leicht rötlich. Feinzellig, fest. Sehr saftig, süßaromatisch.

Verwertung   Für den Frischverzehr, auch als Wirtschaftssorte gut brauchbar.

Reife   Ab Mitte September, windfest bis zur Baumreife. Einmaliges durchpflücken kann nötig sein. Im kühlen Naturlager bis zu drei Monate haltbar, im Kühlraum bis Februar, bei 2–3 °C.

Baum   Breite, aber kleinere Krone mit kurz verzweigten Trieben. Von Jugend an mittelstarkes, im Vollertragsalter schwaches Wachstum durch hohe Fruchtbarkeit. Der Schnitt zielt auf Erhalt der Wuchskraft. Im Holz extrem frosthart.

Standort   Auf nährstoffreichen, ausreichend feuchten Böden bis in raue Höhenlagen anbaufähig, wo andere Sorten versagen. Der Anbau ist aber auch in milden Lagen möglich. Arme Böden müssen verbessert werden.

Anfällig   Besonders in Höhenlagen kaum Krankheiten und Schädlinge.

Blüte   Spät, nicht empfindlich. Starker Fruchtansatz ist die Regel, deshalb ist eine Ausdünnung stets ratsam, um Kleinfrüchtigkeit und eine frühe Vergreisung des Baumes zu vermeiden.

Ertrag   Früh einsetzend, regelmäßig und hoch.

Anbauwert   Bei uns Liebhabersorte, die aber im englischsprachigen Raum, besonders in Irland, noch verbreitet ist. Empfehlenswert für alle Baumformen, auch Spaliere und Topfbäume. Sehr gut für Streuobstflächen.

Lieferanten: Baumgartner, Bergt, Cordes, Dr. Hoffmann.

Standort	Breit anbaufähig und sehr anspruchslos an Boden und Klima bis in höhere Lagen.
Anfällig	Sehr widerstandsfähig gegen Schorf, Mehltau und Krebs.
Blüte	Spät, nicht empfindlich. Guter Pollenspender.
Ertrag	Mittelspät einsetzend, dann (trotz Alternanz) insgesamt hoch.
Anbauwert	Wertvolle Sorte für den Streuobstanbau.

Doppelname	'Spätblühender Matapfel', 'Tiefbutzen', 'Weißer Würzapfel', 'Würzapfel' und andere.
Entstehung	Nicht gesichert. 1797 von dem Pomologen Sickler beschrieben. War in Süddeutschland im 18. Jh. verbreitet. Weitere Quellen deuten nach Hessen, Franken und ins Rheinland.
Frucht	Mittelgroß, ungleichhälftig, oft stumpf kegelförmig mit breiten Kanten über der Frucht. Kurzer dicker Stiel in tiefer, berosteter Stielgrube. Kelchgrube schüsselförmig und gerippt. Geschlossener Kelch. Fruchtschale glatt, bei Reife trüb gelb und beduftet, mit sonnenseits verwaschen rötlicher Deckfarbe und weißen Schalenpunkten. Fruchtfleisch ist gelblichweiß, später weiß, etwas grobzellig, aber saftig mit süßsäuerlichem Weingeschmack und angenehmem Duft.
Verwertung	Bedingt für den Frischverzehr.
Reife	Je nach Standort Mitte bis Ende Oktober, im kühlen Naturlager bis 7 Monate haltbar.
Baum	Umfangreiche, formschöne Krone. Die unteren Äste reichen fast bis zum Boden. Starker Wuchs. Im Holz vollkommen frosthart.

Standort der Sichtungsbäume: Geisenheim, Müncheberg, Triesdorf.

Weißer Rosmarinapfel

Doppelnamen — Gemäß dem Pomologen Diel: 'Weißer Italienischer', weitere: 'Mela di Rosmario' (örtliche Bezeichnung in Tirol).

Mutante — 'Weißer Rosmarin Brakeler' (Sichtung Veitshöchheim).

Entstehung — Ungewiss, soll bei Bozen in Tirol schon vor dem 18. Jh. entstanden sein.

Frucht — Mittelgroß, mitunter auch groß, lang, hoch gebaut mit flachen Rippen über der Frucht. Enge, stark gerippte Kelcheinsenkung mit halb offenem Kelch. Langer, dünner Stiel in tiefer Stielgrube.
Schale zart, leicht blau bereift. Bei Vollreife hellgelb, fast weißlich mit feinen Schalenpunkten. Sonnenseits leicht gerötet.
Fruchtfleisch weiß, nicht fest, zart. Saftig mit edler Würze und vorherrschender Säure mit hohem Zuckergehalt.

Verwertung — Edler Tafelapfel, aber auch gute Wirtschaftssorte und für Saft.

Reife — Ab Mitte September. Die Früchte hängen einzeln, drücken sich deshalb nicht ab. Windfest. Im kühlen Naturlager etwa 4 Monate haltbar.

Baum — Hoch gebaute, dicht verzweigte und beblätterte Krone. Mittelstarker, aufrechter Wuchs.
Ein aufmerksamer Schnitt zielt vor allem auf bessere Belichtung im Inneren der Krone. Gelegentlich wird auch eine Auslichtung nötig sein.

Standort — Gemäß der Herkunft nur für nährstoffreiche, ausreichend feuchte Böden in geschützter Lage. Höhenlagen sind zu meiden.

Anfällig — Bei Befallsdruck in geschlossener Tallage anfällig für Schorf und Mehltau.

Blüte — Mittelfrüh, etwas witterungsempfindlich. Eine Ausdünnung nach der Blüte ist selten erforderlich. Guter Pollenspender.

Ertrag — Spät einsetzend und abhängig von der Lage und dem Pflegezustand. Auf Hochstämmen mittelhoch mit nur geringer Alternanzneigung, auf schwachwachsenden Unterlagen hoch und regelmäßig.

Anbauwert — Auf zusagendem Standort eine gute Gartensorte und für alle Baumformen geeignet, auch Spalier und Topfbäume. Die Sorte war früher so begehrt, dass man sie bisweilen in Gewächshäusern anbaute.

Lieferanten: Baumgartner, Bergt, Cordes, Leinweber.

Standort der Sichtungsbäume: Müncheberg, Pomona Franconica, Triesdorf, Veitshöchheim.

Doppelnamen	'Calville blanche á Côte', 'Calville blanc', 'Eckapfel', 'Gelber Winterkalvill', 'Osterapfel' und viele andere.
Entstehung	Zahlreiche französische Bezeichnungen lassen eine Herkunft aus Frankreich vermuten. Wurde 1795 von J. C. Schiller beschrieben und 1877 vom Deutschen Pomologenverein empfohlen.
Frucht	Mittelgroß, an Spalieren auch groß. Unterschiedliche, stielbauchige Form mit typisch starken Rippen bis zum Stiel. Weite und tiefe Kelcheinsenkung mit halb offenem Kelch. Stiel kurz und dick in tiefer, strahlig berosteter Stielgrube. Schale weich, glatt und geschmeidig mit dunklen Schalenpunkten. Sehr druckempfindlich. Am Lager fettend. Weißgelblich, sonnenseits intensiver gelb und verwaschen rötlich. Duftend. Fruchtfleisch gelblich, feinzellig, etwas mürbe. Saftreich, feine Säure und edelaromatisch. Hoher Gehalt an Vitamin C.
Verwertung	Für Frischverzehr und Wirtschaftssorte.
Reife	Ab Anfang Oktober, windfest bis zur Baumreife. Mehrmaliges Durchpflücken kann Fruchtfall verhindern. Späte Ernte fördert jedoch die Fruchtqualität. Im kühlen Naturlager etwa sechs Monate haltbar, im Kühllager bis April, nicht unter 4 °C.
Baum	Mittelgroße, weniger verzweigte Krone mit großen, weichen Blättern. Im Vollertragsalter schwacher Wuchs. Der Schnitt zielt auf laufende Trieberneuerung und Erhalt der Wuchskraft, sonst bleiben die Früchte zu klein. Wurde früher fast ausschließlich als Spalier- oder Topfbaum im Windschutz vor Mauern gepflanzt. Im Holz nicht ganz frostfest.
Standort	Ungewöhnlich hohe Ansprüche an nährstoffreiche, schwere Böden im Weinbauklima. Abweichungen gehen auf Kosten der Fruchtqualität und bedeuten einen stärkeren Befall mit Schadfaktoren.
Anfällig	Mittel für Feuerbrand. Besonders in geschlossenen, warmen Lagen sehr stark Blatt- und Fruchtschorf, Mehltau, Krebs und Blutläuse. Empfindlich für Kupfer- und Schwefelmittel.
Blüte	Früh, witterungsempfindlich. Bei starkem Fruchtansatz wird ein energisches Ausdünnen angeraten, um einer frühzeitigen Erschöpfung des Baumes vorzubeugen. Selbstbefruchtung soll vorkommen.
Ertrag	Auf schwach wachsenden Unterlagen früh einsetzend, hoch und regelmäßig. Sonst unterschiedliche Erträge. Der Anteil an einwandfreien Früchten ist von Rundkronen verhältnismäßig klein.
Anbauwert	Seit jeher eine der „Prüfsorten" für erfahrene Anbauer und Liebhaber. Schnitt, Pflanzenschutz und Feuerbrandüberwachung können im ökologischen Anbau kaum ausreichend wirksam werden. Lieferanten: Angendohr, Baumgartner, Bergt, Brenninger, Cordes, Ganter, Herr, Dr. Hoffmann, Leinweber, Wetzel.

Standort der Sichtungsbäume: Erfurt, Geisenheim, Dresden-Pillnitz, Müncheberg, Pomona Franconica, Triesdorf, Veitshöchheim, Weihenstephan, Wurzen.

Weißer Wintertaffetapfel

Anfällig Etwas schorfempfindlich, sonst robust.

Blüte Spätblüher. Guter Pollenspender.

Ertrag Spät einsetzend, oft alternierend.

Anbauwert Besonders in mittleren und höheren Lagen in Deutschland, Schweiz, Österreich und Frankreich in Streuobstanlagen verbreitet. Früher als Straßenbaum verwendet.

Lieferant: Leinweber.

Doppelnamen 'Karthäuser', 'Silberrenette', 'Weißer Wachsapfel', 'Taffetas blanc' (in Frankreich), 'Taffetiner' (in Österreich).

Entstehung Unbekannt, soll eine sehr alte deutsche Sorte sein, die 1797 von Ludwig Christ beschrieben wurde.

Frucht Klein bis mittelgroß. Unsymmetrisch, flachkugelig, gegen Kelch und Stiel gerundet. Ohne Rippen, aber wulstig. Druckempfindlich. Wird nicht selten mit 'Champagner Renette' verwechselt.
Das Fruchtfleisch ist reinweiß, feinzellig, knackend, fest, saftig, mit weniger starkem, aber lieblichem Gewürz und frischer, angenehm wirkender Säure.

Verwertung Als Dessertapfel geschätzt, aber auch für Kompott, zum Dörren und für Most geeignet.

Reife Baumreife ist Ende Oktober, Genussreife ab Dezember bis Februar/März.

Baum Langsam wachsend. Bildet eine große, gewölbte und geschlossene Krone mit etwas hängenden Trieben.

Standort Breit anbaufähig bis in höhere Lagen. Auf wärmeren Standorten werden bessere Fruchtqualitäten erzielt.

Welschisner

Doppelnamen 'Böhmischer Brünnerling', 'Welsch-Isnyer', 'Isnyer Jahrapfel' und andere.

Entstehung Ungewiss. 1659 vom Freiherrn von Hochberg als 'Prinzapfel' und als weit verbreitet beschrieben. Ist vermutlich deutscher Herkunft (Isny im Allgäu?). Die Vorsilbe „welsch" deutet aber auch auf jenseits der Alpen oder Böhmen.

Frucht Meist groß, um 170 g schwer. Sehr unterschiedliche und ungleichmäßige Form. Meist flachrund mit unregelmäßigen Kanten über der Frucht. Flache, weite Kelcheinsenkung mit geschlossenem Kelch. Sehr kurzer Stiel in enger, berosteter Stielgrube. Schale hart, glatt, geschmeidig mit hellen Schalenpunkten. Gelbgrün, sonnenseits verwaschene Deckfarbe.
Fruchtfleisch fest, gering saftig. Hervortretende Säure, wenig Aroma.

Verwertung Frischverzehr erst nach längerer Lagerzeit, mehr Wirtschafts- und Mostsorte.

Reife Ab Anfang Oktober, windfest bis zur Baumreife. Wegen des kurzen Stieles drücken sich die Früchte oft vorzeitig ab. Im kühlen Naturlager etwa sieben Monate ohne Welke haltbar.

Baum Große, hohe und breite Krone mit überhängenden, meist kahlen Ästen. Im Vollertragsalter noch immer starker Wuchs. Der späte Schnitt (erst zur Blütezeit) zielt auf bessere Verzweigung. Im Holz frostfest.

Standort Ohne Ansprüche an Boden und Klima bis in raue Höhenlagen.

Anfällig In geschlossenen Tallagen für Schorf und Mehltau, sonst widerstandsfähig. Auf sehr schweren Böden krebsanfällig.

Blüte Spät, nicht empfindlich. Schlechter Pollenspender (triploid).

Ertrag Jährlich wechselnd zwischen sehr hohen und geringen Erträgen (Alternanz). Insgesamt mittelhoch.

Anbauwert Nur in Höhenlagen empfehlenswert, sonst verzichtbar.

Lieferanten: Baumgartner, Bergt, Brenninger, Cordes, Leinweber, Schmitt, Wetzel.

Standort der Sichtungsbäume: AHNU, Bavendorf, Geisenheim, Dresden-Pillnitz, Jork, Müncheberg, Pomona Franconica, Rhöner Apfelbüro, Triesdorf, Veitshöchheim, Weihenstephan, Weinsberg, Wurzen.

Wettringer Taubenapfel

Doppelname
Lt. dem Pomologen Oberdieck 'Taubenapfel von St. Louis', die alte Bezeichnung in der Literatur. Nach einer anderen Quelle entstand die Sorte gegen Ende des 19. Jh. in Wettringen bei Rothenburg o.T. und wurde ab 1930 weiter verbreitet.

Entstehung
Unbekannt, soll aus Wettringen, Kreis Steinfurt stammen, zwischen Osnabrück und der holländischen Grenze. Nach anderen Quellen aus den USA.

Frucht
Klein bis mittelgroß, mit ungleichen Hälften und sehr unterschiedlicher Form. Oft abgestumpft rundlich. Weite und tiefe, gerippte Kelcheinsenkung mit offenem Kelch. Meist langer Stiel in weiter Stielgrube. Schale Glatt, geschmeidig und leicht bereift. Bei Reife hellgelb, sonnenseits flächig karmesinrot mit blutroten Streifen.
Fruchtfleisch fast weiß, feinzellig, etwas locker, saftig. Schwache Würze. Vorherrschend weinsäuerlich mit ausreichender Süße.

Verwertung
Für den Frischverzehr und als guter Wirtschafts- und Mostapfel brauchbar.

Reife
Ab Mitte Oktober, wind- und sturmfest. Etwa 2 Monate im kühlen Naturlager haltbar.

Baum
Gerader, kräftiger Stamm und hoch gebaute, große Krone mit schräg aufrechten, gut verzweigten Ästen. Von Jugend an sehr starker, im Vollertragsalter immer noch mittelstarker Wuchs. Wurde früher gelegentlich als Stammbildner verwendet.
Der Schnitt kann sich auf gelegentliche Auslichtung beschränken. Im Holz frostfest. Kann sehr alt werden.

Standort
Ohne Ansprüche an Boden und Klima bis in Höhenlagen.

Anfällig
In geschlossenen Tallagen kann Schorf und Mehltau auftreten, in höheren Lagen weniger.

Blüte
Mittelfrüh, guter Pollenspender.

Ertrag
Als Hochstamm spät einsetzend und im Wechsel zwischen hohen und sehr geringen Erträgen.

Anbauwert
Wegen des starken Wuchses keine Gartensorte, aber empfehlenswert für den Streuobstanbau. Zwar geschmacklich recht gut, aber mit verhältnismäßig kurzer Lagerzeit. Soll heute noch vereinzelt in Obstwiesen des Großraumes Hildesheim angebaut sein.

Lieferanten: Baumgartner, Bergt, Brenninger, Hofmann, Dr. Hoffmann, Leinweber, Schmitt, Wörlein.

Standort der Sichtungsbäume: Müncheberg, Pomona Franconica, Triesdorf, Weihenstephan.
Einige Bäume stehen auch in der Obstanlage Lauf des Kreisverbandes Bamberg.

Der Schnitt zielt auf bessere Verzweigung und stabileres Astgerüst. Von Jugend an starker, im Vollertragsalter noch mittelstarker Wuchs. Im Holz frostfest. Kann sehr alt werden.

Standort
Ohne Ansprüche an Boden und Klima, bis in raue Höhenlagen, Tafelqualität wird nur in klimatisch günstigen Lagen erzielt.

Anfällig
Gering für Feuerbrand. Nur in geschlossenen Tallagen etwas Schorf und Mehltau, sonst widerstandsfähig.

Blüte
Mittelfrüh, nicht empfindlich. Guter Pollenspender. Ein Ausdünnen nach der Blüte kann die etwas schwankenden Erträge ausgleichen.

Ertrag
Spät einsetzend, unregelmäßig hoch und mittel hoch, jedoch ohne ausgeprägte Alternanz.

Anbauwert
Besonders für Höhenlagen und regenreiche Gebiete empfehlenswert.

Lieferanten: Angendohr, Baumgartner, Bergt, Brenninger, Cordes, Ganter, Hofmann, Dr. Hoffmann, Leinweber, Ley, Ritthaler, Schmitt, Wörlein.

Doppelnamen
'Weiße Wachsrenette' und andere.

Entstehung
Ungewiss, aber vor 1880. Wahrscheinlich aus der Grafschaft Wiltshire (England) stammend.

Frucht
Meist mittelgroß, um 130 g. Unterschiedliche und ungleichmäßige, meist hoch kugelige Form. Flache, strahlige Kelcheinsenkung mit halb offenem Kelch. Mittellanger Stiel in weiter, leicht berosteter Stielgrube.
Schale fest, glatt, etwas fettig. Hellgelb, sonnenseits leicht gestreift oder verwaschen gerötet mit unauffälligen Schalenpunkten. Duftend.
Fruchtfleisch etwas mürbe, grobzellig, saftig, süßaromatisch.

Verwertung
Für den Frischverzehr, auch Wirtschafts- und gute Mostsorte. Als Brennobst begehrt.

Reife
Ab Mitte September, windfest. Durchpflücken ist selten erforderlich. Im kühlen Naturlager etwa fünf Monate haltbar, ohne zu welken.

Baum
Große, hoch pyramidale Krone mit hängenden, von unten her verkahlenden Fruchtästen. Bei reichem Behang auch aufschlitzend.

Winesap

Doppelnamen 'Canada Red of Ontario', 'Winesap of Vermont'.

Entstehung Ungewiss, wahrscheinlich in Ontario (Kanada) entstanden. Wurde 1817 erstmals beschrieben und ist seit 1849 in Kanada und USA verbreitet im Anbau.

Frucht Meist groß. Ungleichmäßige, flachrunde Form mit flachen Kanten über der Frucht. Schüsselförmige Kelcheinsenkung mit geschlossenem Kelch. Sehr kurzer Stiel in weiter und tiefer Stielgrube.
Schale derb, glatt, geschmeidig, unauffällige Schalenpunkte.
Fruchtfleisch mittelfest, grobzellig, saftig, säuerlich mit leichtem Aroma.

Verwertung Für den Frischverzehr, auch gute Wirtschaftssorte.

Reife Ab Anfang Oktober, nicht windfest wegen der kurzen Fruchtstiele. Im kühlen Naturlager etwa sechs Monate haltbar.

Baum Große, breit ausladende Krone, mit kräftigen, verkahlenden Ästen. Von Jugend an starker, im Vollertragsalter noch immer kräftiger Wuchs. Der Schnitt zielt auf bessere Verzweigung. Im Holz nicht ganz frostfest.

Standort Beste Fruchtqualität in geschützter Lage, auf leichteren, nährstoffreichen Böden. Nicht für Höhenlagen geeignet.

Anfällig Mittelstark für Feuerbrand. Auf zusagenden Standorten widerstandsfähig.

Blüte Mittelfrüh, wenig empfindlich. Schlechter Pollenspender (triploid).

Ertrag Jährlicher Wechsel zwischen hohen und geringen Erträgen (Alternanz).

Anbauwert In den meisten Gebieten bei uns verzichtbar. Es existiert auch eine rote Auslese (Sichtung Triesdorf).

Lieferanten: Angendohr, Bergt, Cordes, Leinweber.

Standort der Sichtungsbäume: Dresden-Pillnitz, Pomona Franconica, Triesdorf, Wurzen.

Gelegentliche Auslichtungsschnitte sind erforderlich. Im Vollertragsalter noch mittelstarker Wuchs. Im Holz nicht ganz frostfest.

Standort   Auf nährstoffreichen, leichteren Böden bis in windgeschützte Höhenlagen anbaufähig.

Anfällig   Mittelstark für Feuerbrand. Nur in geschlossenen Tallagen für Schorf und Mehltau, sonst widerstandsfähig.

Blüte   Spät, nicht empfindlich. Guter Pollenspender (diploid).

Ertrag   Nur auf schwach wachsenden Unterlagen regelmäßig und mittelhoch, sonst spät einsetzend und alternierend.

Anbauwert   Tafelsorte nur in wärmeren Lagen, sonst bekannt als Streuobstsorte.

Lieferanten: Angendohr, Baumgartner, Bergt, Brenninger, Cordes, Dr. Hoffmann, Leinweber, W. Müller, Spieß.

Doppelname   'Flory of Winter-Banana' (Original).

Entstehung   Ungewiss. Zur Herkunft gibt es verschiedene Angaben: entweder 1860 in Montgomery (Ohio) oder 1876 gefunden in Cass (Indiana).

Frucht   Meist groß, um 170 g schwer. Ungleichmäßige, breitkugelige Form mit flachen Kanten und einem deutlichen Grat. Weite, strahlige Kelcheinsenkung mit typisch kleinem, geschlossenem Kelch. Kurzer Stiel in weiter, unberosteter Stielgrube.
Schale dünn, glatt, trocken. Gelbgrün, sonnenseits verwaschen bräunlich-orange mit dunklen Schalenpunkten. Nicht druckfest.
Fruchtfleisch mittelfest, saftig, mildsäuerlich mit schwacher Süße und leichtem Aroma.

Verwertung   Von warmen Standorten besseres Aroma für den Frischverzehr, sonst mehr Wirtschafts- und Mostsorte.

Reife   Ab Anfang Oktober, windfest. Schonend ernten. Bei guter Lagerung sechs Monate haltbar ohne zu welken Für die Aufbewahrung in perforierten Folienbeuteln geeignet.

Baum   Breitkugelige, große, gut verzweigte Krone mit schrägen Ästen. Im Alter hängende Fruchtäste mit dichter Belaubung.

Standort der Sichtungsbäume: Bamberg, Bavendorf, Geisenheim, Dresden-Pillnitz, Müncheberg, Rhöner Apfelbüro, Triesdorf, Veitshöchheim, Wurzen.

Winterrambur (Rheinischer)

Baum — Mächtige, weit ausladende, flach verzweigende Krone auf oft schiefem Stamm. Tief herabhängende Äste zur Erntezeit. Von Jugend an sehr starkes, im Vollertragsalter noch mittelstarkes Wachstum. Im Holz nicht ganz frosthart. Kann sehr alt werden.

Standort — Bevorzugt werden geschützte, wärmere Lagen. Auf nährstoffreichen Böden auch bis in windgeschützte Höhenlagen anbaufähig.

Anfällig — Anfällig für Vı röse Triebsucht. In geschlossenen Tallagen auch Schorf und Mehltau. Kaum Apfelwickler. Empfindlich für Kupfer- und Schwefelmittel.

Blüte — Spät, nicht empfindlich. Schlechter Pollenspender (triploid). Befruchter 'Goldparmäne', 'Ontario'.

Ertrag — Erst spät einsetzend, dann jährlich wechselnd zwischen sehr hohen Erträgen und völligem Ausfall (ausgeprägte Alternanz).

Anbauwert — Typische Sorte für den Anbau in Streuobstwiesen bis in höhere Lagen. Es existiert auch eine rote Auslese (Sichtung Triesdorf).

Lieferanten: Brenninger, Dr. Hoffmann, Leinweber, Wetzel, Wörlein.

Doppelnamen — 'Rambour d'Hiver', 'Teuringer Rambur', 'Menznauer Jägerapfel' (Schweiz).

Entstehung — Ungewiss. Es ist eine sehr alte Sorte, die seit 1700 bekannt sein soll. Herkunft vermutlich Holland oder Belgien, auch Deutschland und die Schweiz werden genannt.

Frucht — Groß, bis 300 g schwer. Je nach Herkunft sehr unterschiedliche und ungleichmäßige Form. Meist flachrund mit starken, breiten Rippen über der Frucht. Schüsselförmige Kelcheinsenkung mit geschlossenem Kelch. Kurzer, dicker Stiel in weiter und tiefer Stielgrube.
Schale hart, glatt, fettig mit hellen Schalenpunkten. Gelbgrün mit sonnenseits flächiger Deckfarbe, sonst stark gestreift. Stark duftend.
Fruchtfleisch grünlich, grobzellig, etwas mürbe. Saftig mit vorherrschender Säure. Geringes Aroma, aber reich an Vitamin C.

Verwertung — Weniger für den Frischverzehr, sehr gute Wirtschafts- und Mostsorte.

Reife — Ab Ende September bis Mitte Oktober. Bis zur Baumreife windfest, dann starker Fruchtfall. Im kühlen Naturlager etwa sechs bis sieben Monate haltbar. Auf Fleischbräune ist zu achten.

Winter-Zitronenapfel

Doppelnamen
'Silberpepping', 'Königsrenette', 'Reinette du Roi' und etliche Namen französischen Ursprungs.

Entstehung
Ungewiss, wurde schon 1628 beschrieben. Vermutlich deutscher oder französischer Herkunft. Früher weit verbreitet, heute teilweise noch im Rheinland und in Hessen anzutreffen.

Frucht
Groß, um 190 g schwer. Je nach Herkunft unterschiedliche, oft flachrunde, auch hoch gebaute Form. Flache, leicht gerippte Kelcheinsenkung mit kleinem, geschlossenem Kelch. Kurzer Stiel in tiefer, strahlig berosteter Stielgrube.
Schale dünn, glatt, leicht fettig, druckempfindlich. Zitronengelb, sonnenseits rötlich überhaucht mit feinen Schalenpunkten.
Fruchtfleisch etwas mürbe, grobzellig. Saftig mit vorherrschender Säure, ohne Aroma. Oft glasig und stippig.

Verwertung
Überwiegend Wirtschafts- und Mostsorte. War früher der übliche Küchenapfel.

Reife
Ab Anfang Oktober, genussreif ab Dezember. Winefest bis zur Baumreife. Wegen der fettigen Schale etwa sechs bis sieben Monate im kühlen Naturlager haltbar.

Baum
Hohe und weit ausladende, gut verzweigte Krone mit überhängenden Fruchtästen. Auch im Alter noch kräftiges Wachstum. Im Holz frostfest.

Standort
Ohne Ansprüche an Boden und Klima bis in windige, raue Höhenlagen.

Anfällig
Nur in geschlossenen Tallagen für Schorf und Mehltau, sonst widerstandsfähig. Empfindlich für Schwefelmittel.

Blüte
Spät, lange anhaltend, nicht empfindlich. Schlechter Pollenspender (triploid).

Ertrag
Jährlicher Wechsel zwischen sehr hohen Erträgen und völligem Ausfall (ausgeprägte Alternanz).

Anbauwert
Typische Sorte für den Anbau in Streuobstwiesen.

Lieferanten: Baumgartner, Bergt, Cordes, Herr, Leinweber, Ley.

Standort der Sichtungsbäume: Bavendorf, Geisenheim, Pomona Franconica, Triesdorf, Veitshöchheim.

Zabergäurenette

Doppelname — Erstmalig 1926 vorgestellt als 'Graue Renette vom Zabergäu'.

Bemerkung — Trotz weitgehender Ähnlichkeit ist die Sorte nicht zu verwechseln mit der 'Kanadarenette' oder der 'Grauen Französischen Renette'.

Entstehung — 1885, Zufallssämling in Hausen an der Zaber, Kreis Heilbronn. Es kann sich aber auch um die ältere Sorte 'Canada Gris' aus Frankreich handeln, die mit 'Zabergäu' in allen Merkmalen völlig übereinstimmt und die im Pomologischen Institut von Lucas in Reutlingen vorhanden war.

Frucht — Meist groß bis sehr groß, um 220 g schwer. Sehr unterschiedlich und ungleichmäßig in der Form. Oft hochrund mit schüsselförmiger Kelcheinsenkung, tiefer Stielgrube Unterschiedlich langer Stiel in weiter und tiefer Stielgrube.
Schale dick, trocken, meist voll berostet. Gelbgrün, sonnenseits trüborange mit fein verwaschenen Streifen. Druckfest.
Fruchtfleisch gelblichweiß, feinzellig, etwas mürbe, wenig saftig.

Verwertung — Für Frischverzehr, auch Wirtschafts- und Mostsorte. Schnittflächen bräunen schnell. Als Brennfrucht begehrt.

Reife — Ab Anfang Oktober, windfest bis zur Baumreife, dann starker Fruchtfall. Mehrmaliges Durchpflücken ist ratsam. Wegen der rauen Schale soll das Lager feucht sein, dann etwa sechs Monate haltbar.
Auf Stippe, besonders von jungen, scharf geschnittenen Bäumen, ist zu achten.

Baum — Große, flache und breite Krone mit aufwärts gerichteten, mäßig verzweigten Ästen. Von Jugend an sehr starkes Wachstum, im Vollertragsalter immer noch kräftig.
Der Schnitt zielt auf bessere Verzweigung, der Sommerschnitt auf regelmäßigeren Ertrag. Im Holz nicht ganz frostfest, besonders nach hohen Erträgen.

Standort — Am besten sind tiefgründige, nährstoffreiche Böden in warmen, auch windigen Lagen. Abweichungen wirken sich auf die Fruchtqualität aus.

Anfällig — Gering für Feuerbrand, weniger für Schorf und Mehltau. Anfällig für Rote Spinne, auf schweren, nassen Böden Krebs. Sehr empfindlich für Kupfermittel.

Blüte — Mittelfrüh, nicht empfindlich. Schlechter Pollenspender (triploid). Ausdünnen nach dem Junifall kann die Alternanz mindern.

Ertrag — Auf schwachwachsenden Unterlagen mittelhoch, selten hoch und fast regelmäßig, sonst alternierend.

Anbauwert — Im Vergleich zu 'Boskoop' ist die Sorte milder im Geschmack und der Baum sicherer im Ertrag.
Nur für bevorzugte Lagen im Garten und extensiven Anbau empfehlenswert.

Lieferanten: Baumgartner, Brenninger, Dr. Hoffmann, Leinweber, Rinn, Ritthaler, Schmitt, Spieß, Wetzel, Wörlein.

Standort der Sichtungsbäume: AHNU, Bavendorf, Erfurt, Geisenheim, Dresden-Pillnitz, Müncheberg, Pomona Franconica, Rhöner Apfelbüro, Triesdorf, Veitshöchheim, Weihenstephan, Wurzen.

Voller Name	'Von Zuccalmaglios Renette', nach dem Schwiegervater des Züchters, Justizrat V. von Zuccalmaglio benannt.
Entstehung	1878. aus 'Ananasrenette' x 'Purpurroter Agatapfel'. Züchter Diedrich Uhlhorn jr. in Grevenbroich/Rhl.
Frucht	Klein bis mittelgroß, um 120 g schwer. Meist etwas ungleichmäßige, hoch gebaute Form. Schüsselförmige, strahlige Kelcheinsenkung mit halb offenem Kelch. Kurzer Stiel in tiefer und enger, berosteter Stielgrube. Schale fest, glatt, trocken mit dunklen Schalenpunkten. Gelbgrün, sonnenseits verwaschen rötlich. Kräftiger Duft. Fruchtfleisch gelblich weiß, zur Schale hin dunkler. Mäßig fest, feinzellig, mittel saftig. Mild säuerlich süß mit feinem Aroma.
Verwertung	Für den Frischverzehr, auch sehr gute Wirtschafts- und Mostsorte, industriell für Saft.
Reife	Ab Anfang Oktober, windfest bis zur Vollreife. Höherer Zuckergehalt und noch besseres Aroma bei spätest möglicher Ernte, mitunter kurz vor dem Frost. Mehrmaliges Durchpflücken ist deshalb anzuraten. Im kühlen Naturlager etwa fünf Monate haltbar, danach welkend.
Baum	Hochkugelige, geschlossene, ungleichmäßige Krone mit schräg aufrechten Leitästen und leicht hängendem Seitenholz. Im Vollertragsalter schwacher Wuchs. Durch Sommer- und Überwachungsschnitt lassen sich regelmäßigere und höhere Erträge erzielen. Wiederholte Verjüngung ist vorteilhaft. Im Holz frostfest.
Standort	Keine trockenen Böden. Sonst bis in mittlere, geschützte Höhenlagen anbaufähig.
Anfällig	Gering für Feuerbrand und Schorf, stärker für Mehltau, in sehr schweren und armen Böden krebsanfällig. Kein Blutlausbefall.
Blüte	Mittelfrüh, lange anhaltend, nicht empfindlich. Guter Pollenspender. Ausdünnen nach der Blüte fördert die Fruchtgröße und mindert die Alternanzneigung.
Ertrag	Früh einsetzend, etwa nach dem 3. Standjahr. Auf schwach wachsenden Unterlagen jährlicher Wechsel zwischen mittelhohen und geringeren Erträgen, sonst ausgeprägte Alternanz. Insgesamt höchstens mittelhoch. Durch Blattdüngung sofort nach der Ernte lässt sich die Alternanz (neben Sommerschnitt und Ausdünnung) mindern.
Anbauwert	Für Liebhaber noch immer eine Spitzensorte. Bei richtiger Pflege (Schnitt, Pflanzenschutz) geeignet für alle Baumformen, auch Spaliere und Topfbäume. Lieferanten: Baumgartner, Brenninger, Cordes, Heinrich, Herr, Dr. Hoffmann, Leinweber, Schmitt, Wetzel.

Standort der Sichtungsbäume: AHNU, Bavendorf, Erfurt, Geisenheim, Dresden-Pillnitz, Magdeburg, Müncheberg, Pomona Franconica, Rhöner Apfelbüro, Triesdorf, Weihenstephan, Weinsberg, Wurzen.

Zwiebelborsdorfer

Reife Ab Ende Oktober. Dicht hängende Früchte drücken sich oft schon vor der Baumreife ab. Etwa 5–6 Monate im kühlen Naturlager haltbar.

Baum Mittelgroße, flache Krone. Im Alter fast waagerecht abstehende, dünn verzweigte Äste. Mittelstarker, im Alter schwacher Wuchs. Geringer Pflegeaufwand. Im Holz frostfest.

Standort Ohne Ansprüche an Boden und Klima bis in höhere, auch raue Lagen. Wurde in Sachsen für kalte Lagen und feuchte Böden empfohlen.

Anfällig In wärmeren Lagen stark für Regenflecken, Blatt- und Fruchtschorf, mittel für Mehltau. In höheren Lagen wenig anfällig.

Ertrag Mittelfrüh einsetzend mit ausgeprägter Alternanz.

Anbauwert Keine Gartensorte. Für Obstwiesen in höheren Lagen noch empfehlenswert.

Lieferant: Bergt, Cordes, Hammerschmidt, Leinweber, Ritthaler.

Bemerkung 'Borsdorfer' ist keine einzelne Sortenbezeichnung, sondern ein früherer, pomologischer Sammelbegriff, unter dem alle „Borsdorfer Reinetten" zusammengefasst wurden.

Doppelnamen 'Oignon de Borsdorf', 'Zipollenapfel', 'Zwiebelapfel' und andere.

Entstehung Unbekannt. Soll schon im 17. Jh. in der Gegend um Leipzig bekannt gewesen sein.

Frucht Klein, höchstens mittelgroß und flach- oder plattrund. Oft mit ungleichen Hälften. Weite Kelcheinsenkung mit geschlossenem Kelch. Strahlig berostete Stielgrube mit sehr kurzem Stiel.
Schale glatt, matt glänzend, manchmal mit Warzen. Nicht druckfest. Bei Reife hellgelb, sonnenseits flächigrot oder geflammt.
Fruchtfleisch hell gelblichweiß, feinzellig, fest, wenig Saft und Würze. Vorherrschend weinsäuerlich bei unterschiedlicher Süße.

Verwertung Vorwiegend als Wirtschafts- und Mostsorte. 1886 vom Deutschen Pomologenverein zum Dörren empfohlen.

Standort der Sichtungsbäume: Pomona Franconica, Triesdorf.

Sorte	Empfindlich gegen Feuerbrand	Empfindlich gegen Schorf	Empfindlich gegen Mehltau	Empfindlich gegen weitere Schädlinge und Krankheiten	Sonstiges	Standort
Adersleber Kalvill	sehr stark	gering	mäßig	Spinnmilben, Krebs	Kupfermittel	
Ahra	mittelstark	Resistenz durchbrochen	sehr stark	krebsfest	alterniert	
Ahrina	?	möglich	möglich			
Akane	mittelstark	mittelstark	stark		stark Stippe	
Alantapfel				Krebsneigung		
Alkmene	stark	gering	gering	Spinnmilben, Triebsucht		
Allington Pepping	mittelstark bis stark	stark	mäßig	Fruchtfäule		warme Lage
Altländer Pfannkuchen	?	robust	robust	Holzfrost	Alternanz	Seeklima
Ananasrenette	stark	gering	gering	stark Krebs, Blutläuse		
Angold	?	robust (M. Antonowka)	stark	Spinnmilben		
Antonowka	?	ohne	ohne		Glasigkeit	Höhenlage
Arlet	gering	stark	mäßig	Obstmade		geschützte Lage
Auralia	stark	mäßig	stark		Stippe, hohe Erträge	
Ausbacher Roter	?	stark	mäßig		Stippe	Höhenlage
Bath (Schöner von)	gering	mäßig	mäßig	Obstmade	Kupfermittel	warme Lage
Batullenapfel	ohne	sehr gering	sehr gering		Alternanz	Höhenlage
Baumanns Renette	stark	stark	stark	Blutläuse	Kupfer, Schwefel Stippe	
Beerbacher Taffetapfel					Alternanz	Höhenlage
Berkersheimer Roter	ohne	sehr gering	gering		anspruchslos	Höhenlage
Berlepsch	stark	gering	gering	stark Krebs	Kupfer, Schwefel Alternanz	

Sorte	Empfindlich gegen Feuerbrand	Empfindlich gegen Schorf	Empfindlich gegen Mehltau	Empfindlich gegen weitere Schädlinge und Krankheiten	Sonstiges	Standort
Berner Rosenapfel (Neuer)	mittelstark	stark	stark	Krebs, Blutläuse	Schwefelmittel	
Beutelspacher Renette	?	mittelstark	mittelstark	Krebs	Alternanz	Höhenlage
Biesterfelder Renette	stark	wenig	stark		Alternanz	geschützte Lage
Bischofshut	mittelstark	mittelstark	stark	Krebs		
Bismarckapfel	stark	stark	stark		Holzfrost	geschützte Lage
Bittenfelder Sämling	mittelstark	ohne	ohne	krebsfest	Alternanz	
Blauacher Wädenswill	?	gering	mittel			
Blenheim	mittelstark	wenig	stark	stark Krebs	Kupfermittel, stark Stippe	
Börtlinger Weinapfel	?	mittelstark	gering	stark Krebs, Spinnmilben	Alternanz	
Bohnapfel (Rheinischer)	gering	gering	gering	gering Krebs	Alternanz	Höhenlage
Bonza	stark	mittelstark	stark		Kupfer, Schwefel	warme Lage
Boskoop	gering	stark	gering	Kragenfäule	Kupfer, Schwefel Alternanz	
Braeburn	stark	stark	stark		Stippe, Alternanz	warme Lage
Bramleys Sämling	?	stark	mittelstark	Spinnmilbe	Stippe, Alternanz	warme Lage
Brauner Matapfel	mittelstark	mittelstark	mittelstark	Krebs	gering Alternanz	Höhenlage
Brettacher	stark	möglich	stark		Alternanz	warme Lage
Breuhahn (Geheimrat)	stark	gering	gering	Krebs	Stippe, gering Alternanz	warme Lage
Cadel	mittelstark	stark	stark	Virosen	Stippe	warme Lage
Carola	mittelstark	mittelstark	gering		Stippe, Glasig-keit	
Carpentin	?	ohne	gering	ohne Triebsucht	gering Alternanz	

Sorte	Empfindlich gegen Feuerbrand	Empfindlich gegen Schorf	Empfindlich gegen Mehltau	Empfindlich gegen weitere Schädlinge und Krankheiten	Sonstiges	Standort
Cellini	ohne	kaum	kaum		gering Alternanz	Extremlagen
Champagnerrenette	stark	stark	kaum	stark Krebs, Blutläuse	Holzfrost	
Charlamowsky	mittelstark	mittelstark	stark	Krebs	keine Alternanz	Extremlagen
Clivia	mittelstark	mittelstark	gering	Lagerkrankheiten	Stippe	
Collina		noch resistent	anfällig		Ausdünnen	warme Lage
Cortland	?	mittelstark	mittelstark	Krebs	Glasigkeit	
Coulons Renette	?	gering	mittelstark	Krebs	Stippe, Alternanz	
Cox Orange	stark	stark	stark	Krebs, Virosen	Kupfer, Schwefel	warme Lage
Croncels	mittelstark	stark	stark	Triebsucht	Kupfer, Schwefel Alternanz	
Danziger Kantapfel	stark	stark	stark	stark Krebs	Kupfer, Schwefel	Höhenlage
Deans Küchenapfel		mittel	mittel	Fruchtfäule, Spitzendürre		Höhenlage
Delbarestivale	sehr stark	mittelstark	wenig	Spinnmilben	Alternanz	warme Lage
Der Leckerbissen					sehr robust	mittlere Höhe
Deutscher Goldpepping					robust	Höhenlage
Discovery	stark	gering	gering	Kragenfäule, stark Krebs	Alternanz	
Ditzels Rosenapfel	?	mittelstark	gering		anspruchslos, Alternanz	
Dülmener Rosenapfel	gering	gering	stark	Virosen, Blutläuse	kaum Alternanz	
Ecolette		noch resistent	mittel		Stippe	
Edelborsdorfer	?	gering	gering		Alternanz	Höhenlage
Edelrambur von Winnitza	?	gering	gering		Alternanz	Höhenlage

Sorte	Empfindlich gegen Feuerbrand	Empfindlich gegen Schorf	Empfindlich gegen Mehltau	Empfindlich gegen weitere Schädlinge und Krankheiten	Sonstiges	Standort
Elan	mittelstark	stark	mittelstark			geschützte Lage
Elise	?	mittelstark	mittelstark	stark Krebs	Holzfrost, Stippe Glasigkeit	
Ellisons Orange	stark	mittelstark	mittelstark	Krebs	Kupfer, Schwefel	warme Lage
Elstar	stark	stark	stark	Triebsucht	Holzfrost, Alternanz	
Engelsberger	stark	stark	mittelstark		Alternanz	Höhenlage
Enterprise	(noch) ohne	Resistenz durchbrochen	mittelstark		gering Stippe, Alternanz	
Erbachhofer	?				Alternanz	Höhenlage
Ernst Bosch	?	resistent	gering			
Erwin Baur		robust	robust		Stippe, Glasigkeit nicht frosthart	warme Lage
Falstaff	mittelstark	mittelstark	mittelstark			geschützte Lage
Fameuse	?	robust	robust		Alternanz	Höhenlage
Fießers Erstling	?	kaum	kaum		Alternanz	Höhenlage
Finkenwerder Prinzenapfel	gering	gering	gering	Krebs	Alternanz	Seeklima
Freedom	mittelstark bis stark	noch resistent (Vf)	ohne			geschützte Lage
Fresco	mittel	gering	mittelstark	Krebs auf schweren Böden	Schnitt	warme Lage
Fromms Goldrenette	stark	gering	gering			
Fuji	mittelstark	stark	mittelstark		Glasigkeit, Alternanzneigung	warme Lage
Gacksapfel	?			stark Krebs	Alternanz	
Gala	stark	sehr stark	stark	Spinnmilben, Krebs, Triebsucht		
Galloway Pepping		robust	mittel			mittlere Höhe

Sorte	Empfindlich gegen Feuerbrand	Empfindlich gegen Schorf	Empfindlich gegen Mehltau	Empfindlich gegen weitere Schädlinge und Krankheiten	Sonstiges	Standort
Gartenmeister Simon	?	gering	gering		geringe Erträge	
Gascoynes Scharlachroter	?	stark	mittel	Spinnmilben, Virosen	Alternanz	
Geflammter Kardinal	?	gering	gering	Kupfermittel	kaum Alternanz	
Geheimrat Wesener	?	mittelstark		Krebs	Alternanz	
Gehrers Rambur	stark	gering	stark	Spinnmilben	kaum Alternanz	Höhenlage
Gelber Bellefleur	mittelstark	stark	stark	Krebs, Blutläuse	Schwefelmittel	
Gelber Edelapfel	stark	mittelstark	gering	Krebs, Blutläuse		Höhenlage
Gelber Richard	mittelstark	mittelstark	mittelstark	Krebs	Alternanz	warme Lage
George Cave	mittelstark	stark	stark		Stippe	warme Lage
Gerlinde	mittelstark	stark – sehr stark	gering	Rindenkrankheiten	Glasigkeit	
Gewürzluiken	stark	wenig	wenig	Krebs		geschützte Lage
Glockenapfel	gering	mäßig	gering	Krebs	Kupfer, Schwefel Alternanz	
Glogierowka	?	gering	gering		keine Alternanz	Extremlage
Gloria Mundi	?				Stippe, Alternanz	Höhenlage
Gloster	stark	stark	mäßig	Krebs, Triebsucht	Glasigkeit, Stippe	
Golden Delicious	mittelstark	stark	gering	Virosen	Kupfer, Schwefel	warme Lage
Goldparmäne	stark	stark	stark	Virosen	Holzfrost, Alternanz	
Goldstar		noch resistent	mittel		Stippe	warme Lage
Goldzeugapfel	mittel	stark	mäßig			mittlere Höhe
Goro	mittelstark	gering	stark			geschützte Lage

Sorte	Empfindlich gegen Feuerbrand	Empfindlich gegen Schorf	Empfindlich gegen Mehltau	Empfindlich gegen weitere Schädlinge und Krankheiten	Sonstiges	Standort
Grahams	stark	gering	ohne	Krebs	Kupfer, Schwefel Stippe	
Granny Smith	mittelstark	mäßig	stark	Krebs, Spinnmilben	Stippe	
Graurenette	gering	mäßig		Krebs	Kupfer, Schwefel Alternanz	
Gravensteiner	mittelstark	stark	stark	Krebs	Kupfer, Schwefel Alternanz	
Greensleeves	stark	stark	gering	Krebs		
Großer Bohnapfel	gering	gering		Krebs	Alternanz	Extremlagen
Großherzog Friedrich	?	gering	stark		Glasigkeit, Stippe Fruchtfall	
Grünapfel						Extremlagen
Grüner Fürstenapfel	?	robust	robust		Alternanz	Extremlagen
Grüner Stettiner	?	robust	robust		keine Alternanz	Höhenlage
Halder (Apfel von)	?	robust	robust	Krebs		mittlere Höhe
Hammerstein	stark	stark	stark	Blutläuse	stark Stippe	Höhenlage
Harberts Renette	ohne	gering	stark	Lagerfäule	Stippe	Alternanz
Hausmütterchen		gering			robust	
Hauxapfel	stark	robust	robust	gering Krebs	keine Alternanz	Höhenlage
Helios	stark	gering	mittelstark		Alternanz, im Holz frosthart	Höhenlage
Herrnhut (Schöner von)	?	mittelstark	mittelstark	Krebs	Alternanz	Höhenlage
Heuchelheimer Schneeapfel	?	wenig	wenig		Alternanz	Höhenlage
Hibernal	?	robust	robust		Alternanz	Extremlagen
Hilde	gering	gering	stark	Krebs möglich		warme Lage

Sorte	Empfindlich gegen Feuerbrand	Empfindlich gegen Schorf	Empfindlich gegen Mehltau	Empfindlich gegen weitere Schädlinge und Krankheiten	Sonstiges	Standort
Himbacher Grüner	?			Spinnmilben	Alternanz	Höhenlage
Himbeerapfel von Holovaus	?	robust	robust	Krebs	Glasigkeit, Stippe Alternanz	
Idared	stark	stark	stark	Virosen	hohe Erträge	warme Lage
Ingol	mittelstark	stark	mittelstark	Krebs	Stippe, Glasigkeit, Alternanz	
Ingrid Marie	stark	stark	stark	Fruchtfäule, Krebs	Alternanz-neigung	
Ivette	stark	stark	stark		hohe Erträge	geschütze Lage
Jakob Fischer	ohne	selten	selten	ohne Triebsucht	keine Alternanz	Höhenlage
Jakob Lebel	stark	mäßig	stark		Stippe, Alternanz	Höhenlage
Jamba	mittelstark	stark	stark		Stippe, keine Alternanz	Seeklima
James Grieve	stark	mäßig	gering	Spinnmilben, Fruchtfäule	Kupfer, Schwefel	
Johannes Böttner	mittelstark	mittelstark	stark	Krebs möglich		geschützte Lage
Jonagold	mittelstark	gering	stark	Virosen	Glasigkeit	warme Lage
Jonathan	stark	mäßig	sehr stark	stark Krebs, Virosen	Kupfer, Schwefel Holzfrost	
Josef Musch	?	robust	robust		Alternanz-neigung	Höhenlage
Jubilée	gering	gering	gering			warme Lage
Juno	mittelstark	mäßig	mäßig	Spinnmilben	Alternanz	
Kaiser Alexander	?	mäßig	stark	Fruchtfäule, Spinnmilben	Alternanz-neigung	
Kaiser Wilhelm	mittelstark	mäßig	stark	Fruchtfäule, Lagerfäule	Alternanz	
Kanadarenette	gering	gering	gering	stark Krebs	Kupfer Alternanz	
Kandil Sinap	?	robust	robust		keine Alternanz	Höhenlage

Sorte	Empfindlich gegen Feuerbrand	Empfindlich gegen Schorf	Empfindlich gegen Mehltau	Empfindlich gegen weitere Schädlinge und Krankheiten	Sonstiges	Standort
Kanzi	mittelstark	mittelstark		Krebs	Stippe	warme Lage
Kardinal Bea	mittelstark	gering	robust	Spinnmilben	keine Alternanz	warme Lage
Karmeliter-Renette	?	mittelstark	mittelstark	Blutläuse		warme Lage
Karmijn	stark	gering	stark	Fruchtfäule	Alternanz-neigung	warme Lage
Kasseler Renette (Große)	?	sehr stark	gering	stark Krebs		Höhenlage
Katja	stark	robust	robust	keine Fruchtfäule	Glasigkeit, keine Alternanz	
Klarapfel	stark	mäßig	stark	Fruchtfäule	Kupfer, Schwefel	Höhenlage
Kleiner Herrenapfel					Alternanz	Höhenlage
Königlicher Kurzstiel	?	robust	mittel		Stippe möglich, Alternanz	milde Lage
Kohlapfel	?	ohne			lang lagerfähig	Höhenlage
Korbiniansapfel	?	mittelstark	robust		lang lagerfähig	Höhenlage
Kronprinz Rudolf	?	stark	stark		Alternanz	Extremlage
Landsberger Renette	gering bis stark	stark	mäßig	Triebsucht	Kupfer, Schwefel Alternanz	
Lanes Prinz Albert	gering	ohne	mäßig		Rauch, Abgase, keine Alternanz	geschützte Lage
Langtons Sondergleichen	?	robust	stark	Fruchtfäule	Alternanz	Extremlagen
Lausitzer Nelkenapfel	?	mittel	mittel	Spinnmilben	Alternanz-neigung	Höhenlage
Leipferdinger Langstiel	?	mittelstark bis stark	robust		Alternanz	Höhenlage
Liberty	?	Resistenz durchbrochen	sehr stark			
Linda	?	mäßig	gering	Virosen möglich	keine Alternanz	
Linsenhofener	?	robust	robust			anspruchsvoll

Sorte	Empfindlich gegen Feuerbrand	Empfindlich gegen Schorf	Empfindlich gegen Mehltau	Empfindlich gegen weitere Schädlinge und Krankheiten	Sonstiges	Standort
Lobo	stark	stark	stark	stark Krebs	hohe Erträge	
Lodi	?	mäßig	stark		Alternanz	
Lohrer Rambur	gering	mäßig	stark	Krebs	Alternanz	Höhenlage
Lombarts Kalvill	mittelstark	mäßig	mittelstark	Krebs		
Lord Lambourne	stark	mittelstark	mittelstark			warme Lage
Lotos		noch resistent	gering		stark Stippe	
Luna		resistent	wenig	Krebs	robust	
Lunow (Apfel von)	?	robust	robust		Alternanz	Höhenlage
Luxemburger Triumph		robust	robust			Höhenlage
Macoun	?	mäßig	stark	Krebs	Alternanzneigung	
Mairac		mittelstark	gering	Krebs		mittlere Höhe
Malus pumila	ohne	robust	robust			Höhenlage
Mars		resistent	wenig		Fruchtausdünnung	
Martini				krebsfest		mittlere Höhe
Maunzenapfel	gering	robust	robust		Alternanz	Extremlage
McIntosh Rogers	stark	stark	mäßig	Rindenbrand, stark Krebs	Alternanzneigung	
Melrose	mittelstark	mäßig	stark	Triebsucht	Alternanzneigung	warme Lage
Muskatrenette	?	robust	robust		keine Alternanz	Höhenlage
Mutterapfel	?	mäßig	robust			Höhenlage
Nathusius Taubenapfel	?	stark	gering		keine Alternanz	Höhenlage

Sorte	Empfindlich gegen Feuerbrand	Empfindlich gegen Schorf	Empfindlich gegen Mehltau	Empfindlich gegen weitere Schädlinge und Krankheiten	Sonstiges	Standort
Newton (Köstliche Renette v.)	?	robust	robust		stark Stippe, Alternanz	warme Lage
Nordhausen (Schöner von)	stark	mäßig	mittelstark	Triebsucht	stark Stippe	Höhenlage
Oberdiecks Renette	mittelstark bis stark	stark	stark	ohne Krebs		geschützte Lage
Öhringer Blutstreifling	?	stark	stark	Krebs		Höhenlage
Oldenburg	stark	stark	stark	stark Krebs, Triebsucht	Kupfer, Schwefel	
Ontario	gering bis stark	gering	stark	Triebsucht, Virosen	Alternanz	
Opal		schorffest	gering			warme Lage
Orleansrenette	?	mittelstark	sehr stark	Krebs	hohe Erträge	warme Lage
Peasgood	?	mäßig	gering	Fruchtfäule	geringe Erträge	Höhenlage
Pfirsichroter Sommerapfel	?		stark	Krebs möglich	keine Alternanz	Höhenlage
Pia	?	gering	mäßig		hohe Erträge	
Piflora	?	mittelstark	mittelstark		hohe Erträge	
Pilot	mittelstark	mittelstark	mittelstark	Gummiholz	Holzfrost, hohe Erträge	
Pingo	?	gering	gering		hohe Erträge	
Pink Lady	mittelstark	stark	mittelstark	Krebs	Holzfrost, Frühfrost	warme Lage
Pinova	mittelstark	mäßig	stark		hohe Erträge, Nachblüher	geschützte Lage
Pirella	wenig	mittelstark	gering		hohe Erträge	
Piros	mittelstark	gering	gering	stark Krebs, Rindenbrand	keine Alternanz	
Pohorka	stark	mäßig	mäßig		Stippe, Glasigkeit Fleischbräune	warme Lage
Pommerscher Krummstiel	ohne	robust	robust		Alternanz	Höhenlage

Sorte	Empfindlich gegen Feuerbrand	Empfindlich gegen Schorf	Empfindlich gegen Mehltau	Empfindlich gegen weitere Schädlinge und Krankheiten	Sonstiges	Standort
Porzenapfel			stark		Alternanz	geschützte Lage
Primiera		resistent	gering		Blütenausdünnung	warme Lage
Prinz Albrecht	?	gering	mittelstark	Fruchtfäule	Holz frosthart	Höhenlage
Prinzessin Luise	?	gering	gering	Krebs		geschützte Lage
Priscilla	gering	noch resistent (Vf)	mittelstark			
Purpurroter Cousinot	?	mittelstark	mittelstark		robust, hohe Erträge	Höhenlage
Reanda	ohne	noch resistent (Vf)	stark		Stippeneigung, hohe Erträge	
Rebella	ohne	Resistenz durchbrochen	stark		robust, hohe Erträge	
Recolor		resistent	gering			mittlere Höhenlage
Red Delicious	mittelstark	mittelstark	mittelstark	stark Krebs, Spinnmilben		
Reglindis	gering	resistent (Antonowka)		ohne Virosen	druckempfindlich	
Rekarda		resistent	gering	ohne Spinnmilben, Bakterienbrand		
Remo	gering	Resistenz durchbrochen	kein	Spinnmilben		Höhenlage
Resi	resistent	noch resistent (Vf)	mäßig		hohe Erträge	
Resista	?	noch resistent	gering			warme Lage
Rewena	ohne	Resistenz durchbrochen	kein	Regenflecken, keine Triebsucht		geschützte Lage
Rheinischer Krummstiel	?		stark		wird sehr alt, Alternanz	warme Lage
Ribston Pepping	mittelstark	mittelstark	stark	Krebs	Kupfermittel, Alternanz	
Riesenboiken	?	kaum	mittelstark	Krebs	Alternanz	Höhenlage
Roter Astrachan	?	mittelstark	mittelstark	Obstmade	Alternanzneigung	Extremlagen

Sorte	Empfindlich gegen Feuerbrand	Empfindlich gegen Schorf	Empfindlich gegen Mehltau	Empfindlich gegen weitere Schädlinge und Krankheiten	Sonstiges	Standort
Roter Bellefleur	?	kaum	mittelstark			Höhenlage
Roter Eiserapfel	gering	robust	robust		Kupfermittel, hohe Erträge	Extremlagen
Roter Hauptmann	gering	mittelstark	stark		Alternanz	Höhenlage
Roter Herbstkalvill	?	mittelstark	mittelstark	Krebs		Höhenlage
Roter Jungfernapfel	mittelstark	robust	robust		Alternanz	Höhenlage
Roter Metternich	mittelstark	mäßig	stark		Kupfermittel, Glasigkeit, Alternanz	
Roter Trierer Weinapfel	mäßig	mittelstark	mäßig			warme Lage
Roter Stettiner	?				lange lagerfähig, Alternanz	Höhenlage
Roter Winterkalvill	mittelstark	mittelstark	mittelstark	stark Krebs	Alternanz	geschützte Lage
Rote Sternrenette	mittelstark	wenig	wenig		Kupfermittel, Alternanz	Extremlagen
Rote Walze	ohne	robust	robust			Höhenlage
Rubinette	mittelstark	stark	gering	Spinnmilben, Krebs, stark Fruchtfäule		
Rubinola	mäßig	Resistenz durchbrochen	gering			warme Lage
Ruhm von Kirchwerder			stark		geringe Erträge	Seeklima
Safran-Pepping	?				Holz frostfest, Alternanz	Extremlagen
Salemer Klosterapfel			mittelstark		Alternanz	geschützte Lage
Santana	möglich	noch resistent	stark	Krebs	Alternanzneigung	warme Lage
Saturn	mittelstark	stark	gering		Stippe, Alternanzneigung	warme Lage
Schafsnase (Rheinische)	stark	stark	stark	Krebs	Alternanz	
Schmalzprinz	?	robust	stark		Alternanz	Seeklima

Sorte	Empfindlich gegen Feuerbrand	Empfindlich gegen Schorf	Empfindlich gegen Mehltau	Empfindlich gegen weitere Schädlinge und Krankheiten	Sonstiges	Standort
Schweizer Orangenapfel	stark	wenig	mittelstark		stark Stippe, Alternanz	warme Lage
Shampion	stark	stark	mittelstark	Virosen	Stippeneigung	
Signe Tillisch	mittelstark	stark	stark		Schwefel, Alternanz	Seeklima
Sir Prize		gering	stark	Spinnmilben	Alternanz-neigung	warme Lage
Sommer-Gewürzapfel			stark			Hochlagen
Sommer-Parmäne	?	gering	gering		Alternanz-neigung	Höhenlage
Sonnenwirtsapfel	?	gering	mittelstark		keine Alternanz	Höhenlage
Spätblühender Taffetapfel	mittelstark	gering	gering		Fruchtfall	Höhenlage
Spartan	mittelstark	mittelstark	mittelstark	Krebs		mittlere Höhe
Stark Earliest	gering	stark	mittelstark	Krebs		warme Lage
Starking	mittelstark	stark	gering	Bakterienbrand	Alternanz	warme Lage
Sternapi	?			Krebs	Alternanz	Höhenlage
Stina Lohmann	?	robust	mittelstark	krebsfest	Alternanz	Seeklima
Summerred	mittelstark	stark	stark	stark Krebs, Triebsucht		warme Lage
Suntan	mittelstark	stark	mittelstark	Krebs	Holzfrost	
Sweet Delicious	gering	stark	gering	Krebs, Kragenfäule Triebsucht		
Teser	?	ohne	gering			warme Lage
Topaz	mittelstark	Resistenz durchbrochen	gering	Kragenfäule, Blattläuse	hohe Erträge	
Ulmer Polizeiapfel					robust	
Undine	stark	gering	stark	Virosen	Holzfrost	warme Lage

Sorte	Empfindlich gegen Feuerbrand	Empfindlich gegen Schorf	Empfindlich gegen Mehltau	Empfindlich gegen weitere Schädlinge und Krankheiten	Sonstiges	Standort
Vesna		noch resistent (Vf)	mittel	Spinnmilben		
Virginischer Rosenapfel	?	mittelstark	mittelstark		Stippe, Glasigkeit Alternanz	Höhenlage
Vista Bella	?	stark	mittelstark		Alternanz	warme Lage
Wachsrenette	?	kaum	robust		Alternanz	Höhenlage
Wagenerapfel			mittelstark			mittlere Höhe
Wealthy	?	robust	robust		keine Alternanz	Höhenlage
Weißer Rosmarinapfel	?	stark	mittelstark		Alternanz	warme Lage
Weißer Winterkalvill	mittelstark	stark	stark	Blutlaus	Kupfer, Schwefel	warme Lage
Weißer Wintertaffetapfel		gering			robust	
Welschisner	?	mittelstark	stark	Krebs	Alternanz	Extremlagen
Wettringer Taubenapfel	?					Höhenlage
Wiltshire (Schöner von)	gering	gering	mittelstark		keine Alternanz	Extremlagen
Winesap	mittelstark	robust	robust		Alternanz	warme Lage
Winterbanana	mittelstark	mäßig	mittelstark		Alternanz	Höhenlage
Winterrambur (Rheinischer)	stark	mittelstark	mittelstark		Kupfer, Schwefel Alternanz	warme Lage
Winter-Zitronenapfel	?	gering	gering		Schwefelmittel, Alternanz	Extremlagen
Zabergäurenette	gering	wenig	mittelstark		Kupfermittel, Alternanz	warme Lage
Zuccalmaglio	gering	wenig	stark	Krebs	Alternanz	
Zwiebelborsdorfer	?	mittelstark	mittelstark		lange lagerfähig, Alternanz	Extremlagen

Apfelsorte	Baumreife	Tafel	Backen	Most	Apfelsorte	Baumreife	Tafel	Backen	Most
Aargauer Jubiläumsapfel	Ende 9		+	+	Berner Rosenapfel (Neuer)	Mitte 9	+	++	+
Adams Parmäne	Ende 9	++	+	+	Beutelspacher Renette	Mitte 9		++	++
Adersleber Kalvill	Mitte 10	+	+	+	Biesterfelder Renette	Mitte 9	+	++	
Ahra	Mitte 9	+	+−		Birnförmiger Apfel	Mitte 10	+−	++	++
Ahrina	Mitte 9	++			Bischofshut	Mitte 9	+−	++	++
Akane	Ende 8	+			Bismarckapfel	Anfang 10		+	+
Alantapfel	Mitte 10	++	+	+	Bittenfelder Sämling	Anfang 10		+	++
Alkmene	Mitte 9	++	+		Blauacher Wädenswil	Ende 9		++	++
Allington Pepping	Ende 9	+−	++	+	Blenheim	Anfang 9	+	++	+
Altländer Pfannkuchenapfel	Ende 10	+−	++	++	Blumberger Langstiel	Ende 9		++	+−
Ananasrenette	Anfang 10	+	++	+	Börtlinger Weinapfel	Mitte 10		+	++
Angold	Anfang 10	++	+	+	Bohnapfel (Rheinischer)	Mitte 10	+−	++	++
Antonowka	Mitte 9	+−	++	+	Bonza	Ende 9	+		
Ariwa	Ende 9	++	+		Boskoop	Ende 9	++	++	++
Arlet	Ende 9	++	+		Braeburn	Ende 10	++		
Auralia	Mitte 9	++	+	+	Bramleys Sämling	Mitte 9	+−	++	+
Ausbacher Roter	Anfang 10		++	++	Brauner Matapfel	Anfang 10	+−	+	++
Bath (Schöner von)	Ende 7	++	+		Brettacher	Anfang 10	+−	+	++
Batullenapfel	Mitte 10		++	++	Breuhahn (Geheimrat)	Mitte 9	+	+	+
Baumanns Renette	Mitte 9	+	++	++	Čadel	Anfang 10	++	+	
Beerbacher Taffetapfel	Ende 9		++	++	Carola	Mitte 9	++	+	
Berkersheimer Roter	Mitte 10		+	++	Carpentin	Ende 9		++	++
Berlepsch	Ende 9	++	++	++	Cellini	Mitte 9	+−	++	

Apfelsorte	Baumreife	Tafel	Backen	Most	Apfelsorte	Baumreife	Tafel	Backen	Most
Champagnerrenette	Ende 10	+	+ +	+	Ellisons Orange	Anfang 9	+ +	+ +	
Charlamowsky	Mitte 8	+	+		Elstar	Mitte 9	+ +	+ +	
Clivia	Mitte 10	+ +	+		Engelsberger	Mitte 9			+ +
Collina	Anfang 8	+ +			Enterprise	Ende 9	+ +	+ −	
Cortland	Mitte 9	+ +			Erbachhofer	Mitte 9			+ +
Coulons Renette	Mitte 10	+ +	+ +	+	Ernst Bosch	Ende 9	+	+ −	+ −
Cox Orange	Mitte 9	+ +	+ +		Erwin Baur	Anfang 10	+ +	+ +	+ −
Cox Pomona	Mitte 9		+ +		Fameuse	Anfang 10	+	+ +	+
Croncels	Ende 8	+	+ +	+	Fießers Erstling	Anfang 9		+	+ +
Danziger Kantapfel	Ende 9	+	+	+	Finkenwerder Prinzenapfel	Ende 9	+ +	+	+
Deans Küchenapfel	Anfang 10		+ +		Freedom	Ende 9	+ +	+ −	
Delbarestivale	Ende 8	+ +	+		Fresco (Wellant)	Ende 9	+ +		
Der Leckerbissen	Mitte 10		+	+	Fromms Goldrenette	Ende 9	+ −	+ +	+
Deutscher Goldpepping	Mitte 10	+ +	+ +	+	Fuji	Mitte 10	+ +	+ −	
Discovery	Anfang 8	+ +	+		Gacksapfel	Ende 9	+ −	+ +	+ +
Ditzels Rosenapfel	Anfang 9		+ +	+ +	Gala	Mitte 9	+ +	+ −	
Diwa	Mitte 9	+ +	+		Galloway Pepping	Mitte 10	+ +	+ +	+
Dülmener Rosenapfel	Anfang 9	+	+ +		Gartenmeister Simon	Anfang 9	+ −	+ +	+
Ecolette	Anfang 10	+ +	+		Gascoynes Scharlachroter	Ende 8	+ +	+ +	+ −
Edelborsdorfer	Ende 9	+ +	+ +	+	Geflammter Kardinal	Ende 9	+	+ +	+
Edelrambur von Winnitza	Anfang 10		+ +	+ +	Geheimrat Wesener	Mitte 9	+ +	+ +	
Elan	Mitte 9	+ +	+ +		Gehrers Rambur	Mitte 9		+	+ +
Elise	Ende 9	+ +	+ +		Gelber Bellefleur	Ende 9	+	+ +	+ +

Apfelsorte	Baumreife	Tafel	Backen	Most	Apfelsorte	Baumreife	Tafel	Backen	Most
Gelber Edelapfel	Ende 9	+ −	+ +	+	Grüner Fürstenapfel	Mitte 9	+ −	+ +	+ +
Gelber Richard	Anfang 10	+ +	+		Grüner Stettiner	Mitte 10	+ −	+	+
George Cave	Mitte 8	+ +	+ −		Halberstädter Jungfernapfel	Mitte 9	+ −	+ +	+ +
Gerlinde	Ende 8	+ +	+ −		Halder (Apfel von)	Mitte 10	+ +	+ +	+
Gestreifter Cousinot	Mitte 9	+	+ +		Hammerstein	Anfang 10	+	+	+ +
Gewürzluiken	Ende 9	+ −	+	+ +	Harberts Renette	Mitte 9	+	+ +	+
Glockenapfel	Mitte 10	+ +	+		Hausmütterchen	Anfang 10		+ +	+ +
Glogierowka	Ende 9	+ −	+ +	+ −	Hauxapfel	Mitte 9		+	+ +
Gloria Mundi	Mitte 10		+ +		Hawthornden	Ende 9		+ +	+ −
Gloster	Anfang 10	+	+ −		Helios	Anfang 8	+ +	+ +	
Golden Delicious	Anfang 10	+ +	+		Herma	Mitte 10	+ +	+ +	+
Goldparmäne	Mitte 9	+ +	+ +	+	Herrnhut (Schöner von)	Anfang 9	+	+	
Goldstar	Anfang 10	+ +	+ +		Heuchelheimer Schneeapfel	Mitte 9	+ −	+ +	+ +
Goldzeugapfel	Anfang 10	+ +	+ +	+	Hibernal	Anfang 9	+ −	+ +	+ −
Goro	Anfang 9	+ +	+		Hilde	Anfang 10	+ −	+	+ +
Graham	Mitte 9	+	+ +	+ −	Himbacher Grüner	Anfang 10	+ −	+	+ +
Granny Smith	Ende 10	+ +	+ −		Himbeerapfel von Holowaus	Anfang 10	+	+	
Graurenette	Mitte 9	+	+ +	+ +	Honey Crisp	Ende 9	+ +	+ −	
Gravensteiner	Ende 8	+ +	+ +		Idared	Mitte 10	+	+ −	+ −
Greensleeves	Mitte 9	+ +	+ −		Ingol	Mitte 9	+ −	+ +	+ +
Großer Bohnapfel	Mitte 10		+ +	+ +	Ingrid Marie	Anfang 9	+ +	+	
Großherzog Friedrich	Anfang 9	+ −	+	+	Ivette	Ende 9	+ +	+ +	
Grünapfel	Ende 10	+ −	+ +	+ +	Jakob Fischer	Mitte 8	+	+ −	

Apfelsorte	Baumreife	Tafel	Backen	Most	Apfelsorte	Baumreife	Tafel	Backen	Most
Jakob Lebel	Anfang 9	+	+ +	+ +	Korbiniansapfel	Mitte 10	+	+ +	+
Jamba	Mitte 8	+	+ −		Kronprinz Rudolf	Anfang 10	+	+ +	
James Grieve	Ende 8	+	+ +		Landsberger Renette	Mitte 9	+	+ +	+ +
Johannes Böttner	Anfang 10	+ −	+ +	+ +	Lanes Prinz Albert	Anfang 10		+ +	+
Jonagold	Anfang 10	+ +	+		Langtons Sondergleichen	Mitte 10		+	+
Jonathan	Anfang 10	+	+ −		Lausitzer Nelkenapfel	Anfang 9		+ +	+
Josef Musch	Mitte 9	+ −	+	+	Leipferdinger Langstiel	Ende 9		+ +	+ +
Jubilée	Mitte 10		+ +	+ −	Liberty	Ende 9	+	+ −	
Juno	Mitte 10	+	+	+ +	Linda	Mitte 9	+	+	+
Kaiser Alexander	Mitte 9	+ −	+ +		Linsenhofener	Mitte 10		+	+ +
Kaiser Wilhelm	Mitte 9	+	+ +	+	Lobo	Anfang 9	+		
Kanadarenette	Mitte 10	+ +	+ +	+	Lodi	Mitte 7	+		
Kandil Sinap	Mitte 10	+ +	+	+	Lohrer Rambur	Mitte 9	+ −	+ +	+ +
Kanzi	Mitte 9	+ +			Lombarts Kalvill	Ende 9	+	+	+
Kardinal Bea	Anfang 9	+ −	+ +	+ +	Lord Lambourne	Ende 9	+	+	+ −
Karmeliter-Renette	Mitte 10	+ +	+ +	+	Lotos	Anfang 9	+	+ −	
Karmijn	Mitte 9	+ +	+ −	+ +	Luna	Mitte 10	+		+
Kasseler Renette (Große)	Anfang 10	+	+ +	+ +	Lunow (Apfel von)	Mitte 10	+ −	+	+
Katja	Mitte 8	+ +			Luxemburger Triumph	Mitte 10	+	+ +	+ +
Klarapfel	Mitte 7	+ +	+ +		Macoun	Ende 9	+	+	+
Kleiner Herrenapfel	Ende 9	+ −	+ +	+	Mairac	Anfang 10	+		
Königlicher Kurzstiel	Ende 9	+	+ +	+ +	Mars	Anfang 10	+ +		
Kohlapfel	Ende 10	+ −	+ +	+ +	Martini	Anfang 10	+	+	+

Apfelsorte	Baumreife	Tafel	Backen	Most	Apfelsorte	Baumreife	Tafel	Backen	Most
Maunzenapfel	Anfang 9		++	++	Pingo	Mitte 10	+	+−	
McIntosh Rogers	Anfang 9	++		+−	Pink Lady	Anfang 11	++		
Mecklenburger Königsapfel	Anfang 10	+	++	+	Pinova	Anfang 10	++	+	+−
Melrose	Mitte 10	+	+−		Pirella	Mitte 9	+	+	+
Morgenduft	Mitte 10	+−	+		Piros	Anfang 8	+	+	+
Multhaupts Renette	Anfang 10	++	++		Pohorka	Ende 9	+	++	++
Muskatrenette	Mitte 9	+	++	++	Pommerscher Krummstiel	Anfang 10	+−	++	+−
Mutterapfel	Mitte 9	+	+		Porzenapfel	Mitte 9		+	++
Nathusius Taubenapfel	Mitte 9	+	++		Primiera	Mitte 10	++		+
Newton (Köstliche Renette von)	Mitte 10	+	++	+	Prinz Albrecht	Mitte 9	+	+	+
Nordhausen (Schöner von)	Mitte 9	+	+	+	Prinzessin Luise	Anfang 10	++	+	
Oberdiecks Renette	Mitte 10	+	+	+	Priscilla	Ende 9	++		
Oberdiecks Taubenapfel	Mitte 10	++	++	+	Purpurroter Cousinot	Anfang 9		+	+
Öhringer Blutstreifling	Ende 9	+	+		Reanda	Ende 9	++	+	+
Oldenburg	Anfang 9	+	+		Rebella	Mitte 9	++	+	
Ontario	Ende 10	+	++	++	Recolor	Mitte 9	+		+
Opal	Ende 9	++			Red Delicious	Anfang 10	+	+	
Orleansrenette	Mitte 9	+	+	+	Red Winter	Mitte 10	++	++	
Peasgood	Mitte 9	+−	+		Reglindis	Anfang 9	+	++	++
Pfirsichroter Sommerapfel	Anfang 8	+	+−		Rekarda	Mitte 10	+		+
Pia	Ende 8	++	+		Remo	Mitte 9	+−	++	++
Piflora	Mitte 9	++	+		Resi	Mitte 9	++	+−	
Pilot	Anfang 10	+−	++	++	Resista	Anfang 10	+	+−	

Apfelsorte	Baumreife	Tafel	Backen	Most	Apfelsorte	Baumreife	Tafel	Backen	Most
Rewena	Ende 9	+−	++	++	Santana	Mitte 9	++	+	+
Rheingold	Ende 7	++	+		Saturn	Mitte 9	++		
Rheinischer Krummstiel	Ende 9	+−	++	++	Schafsnase (Rheinische)	Ende 9		++	++
Ribston Pepping	Mitte 9	++	++	+	Schmalzprinz	Mitte 9		++	++
Riesenboiken	Ende 9	+−	++	++	Schweizer Orangenapfel	Mitte 10	++	++	+
Roter Astrachan	Ende 7	+−	+	+	Shampion	Ende 9	++	+	
Roter Augustiner	Mitte 10	+−	++	++	Signe Tillisch	Mitte 9	+	++	+−
Roter Bellefleur	Mitte 9	+	+	+	Sir Prize	Ende 9	++	+	
Roter Eiserapfel	Ende 9		++	++	Sommer-Gewürzapfel	Anfang 8	++	+	
Roter Hauptmann	Mitte 9	+	+−		Sommer-Parmäne	Mitte 9	++	++	
Roter Herbstkalvill	Mitte 9	+	++		Sonnenwirtsapfel	Mitte 9		++	++
Roter Jungfernapfel	Anfang 10		++	+	Spätblühender Taffetapfel	Ende 9	+−	++	++
Roter Metternich	Anfang 9	+	+		Spartan	Ende 9	++	+−	
Roter Stettiner	Mitte 10		+	++	Stark Earliest	Ende 7	++	+−	
Roter Trierer	Ende 9			++	Starking	Anfang 10	+		
Roter Winterkalvill	Anfang 10	+	+−		Sternapi	Ende 10			+
Rote Sternrenette	Mitte 9	+	+−	+−	Stina Lohmann	Mitte 10	+	+	
Rote Walze	Mitte 10		++	++	Summerred	Mitte 8	++	+	+−
Rubinette	Mitte 9	++	+	+	Suntan	Mitte 9	++	+	+
Rubinola	Ende 8	++		+	Sweet Delicious	Anfang 10	++	+−	
Ruhm von Kirchwerder	Mitte 8	++	+	+	Teser	Ende 9	++	+	
Safran-Pepping	Mitte 10	+	++		Topaz	Ende 9	++	+	+−
Salemer Klosterapfel	Anfang 9	++	++	+−	Ulmer Polizeiapfel	Ende 9		+	+

Apfelsorte	Baumreife	Tafel	Backen	Most	Apfelsorte	Baumreife	Tafel	Backen	Most
Undine	Mitte 10	+ +	+		Welschisner	Anfang 10	+ −	+ +	+ +
Vesna	Mitte 9	+ +	+		Wettringer Taubenapfel	Mitte 10	+	+ +	+ +
Virginischer Rosenapfel	Ende 7	+ +	+ +		Wiltshire (Schöner von)	Mitte 9	+	+	+ +
Vista Bella	Ende 7	+ +			Winesap	Anfang 10	+	+ +	+ −
Wachsrenette	Anfang 10	+	+		Winterbanana	Anfang 10	+ −	+ +	+ +
Wagenerapfel	Mitte 10	+ +	+ +	+ −	Winterrambur (Rheinischer)	Ende 9		+ +	+ +
Wealthy	Mitte 9	+	+ +	+ −	Winter-Zitronenapfel	Anfang 10	+ −	+ +	+ +
Weißer Matapfel	Mitte 10	+ −	+ +	+ +	Zabergäurenette	Anfang 10	+ +	+ +	+ +
Weißer Rosmarinapfel	Mitte 9	+ +	+ +	+	Zuccalmaglio	Anfang 10	+ +	+ +	+ +
Weißer Winterkalvill	Anfang 10	+ +	+		Zwiebelborsdorfer	Ende 10		+ +	+ +
Weißer Wintertaffetapfel	Anfang 10	+ −	+ +	+ +					

Sorte	Vitamin C mg/100 g	Sorte	Vitamin C mg/100 g	Sorte	Vitamin C mg/100 g	Sorte	Vitamin C mg/100 g
Berkersheimer Roter	viel	Königlicher Kurzstiel	8	Winterbanana	13	Alkmene	20
Rote Sternrenette	2	Lohrer Rambur	8	Winter-Zitronenapfel	13	Arlet	20
Öhringer Blutstreifling	3	McIntosh Rogers	8	Altländer Pfannkuchen	14	Auralia	20
Liberty	4	Welschisner	8	(Goldr. v.) Blenheim	14	(Kl. Rhein.) Bohnapfel	20
Ausbacher Roter	5	Berliner Schafsnase	9	(Graue Ren. v.) Zabergäu	14	Brettacher	20
Finkenwerder Prinzen.	5	Jonathan	9	Zuccalmaglio	14	Discovery	20
Landsberger Renette	5	Prinz Albrecht	9	(Geheimr.) Breuhahn	15	Ellisons Orange	20
(Geheimrat) Oldenburg	5	Roter Trierer Weinapfel	9	Gewürzluiken	15	Goro	20
Red Delicious	5	Adersleber Kalvill	10	Holsteiner Cox	15	Graurenette	20
Schweizer Orangenapfel	5	Calagolden	10	Ingrid Marie	15	Ingol	20
Dülmener Rosenapfel	6	Elstar	10	Jonagold	15	Juno	20
Fießers Erstling	6	Gala	10	Kaiser Wilhelm	15	Mantet	20
Grahams Jubiläum	6	Melrose	10	(Malling) Kent	15	Mutsu	20
Grüner Stettiner	6	Rheinischer Krummstiel	10	Klarapfel	15	Rubinette (Rafzubin)	20
(Minister v.) Hammerstein	6	Summerred	10	(Schöner von) Wiltshire	15	Boskoop	21
Laxtons Superb	6	Berner Rosenapfel	11	(Rhein.) Winterrambur	15	Harberts Renette	21
(Schöner v.) Nordhausen	6	Cox Orange	11	Baumanns Renette	16	Ontario	21
Creo	7	Riesenboiken	11	Glockenapfel	16	Ananasrenette	22
Golden Delicious	7	Champagnerrenette	12	Weißer Wintertaffetapfel	16	Gelber Edelapfel	25
Jamba	7	Clivia	12	Gelber Bellefleur	18	Prima	25
James Grieve	7	Gascoynes Scharlachr.	12	Goldparmäne	18	Croncels	27
Signe Tillisch	7	Rubens	12	Großer Bohnapfel	18	Maigold	30
Gloster	8	Starking	12	Idared	18	Ribston Pepping	30
Granny Smith	8	Topaz	12	Kanadarenette	18	Berlepsch	31
Gravensteiner	8	Biesterfelder	13	Karmijn	18	Undine	35
Jakob Lebel	8	Lanes Prinz Albert	13	Rosana	18	Weißer Winterkalvill	39

Der Gehalt an Vitamin C wird im Wesentlichen von der Sorte bestimmt. Innerhalb der Sorten wirken aber eine Reihe von Faktoren auf die Bildung ein, u.a. Standort, Jahreswitterung, Sonnenscheindauer, Behangdichte und die Belichtung der Früchte in der Krone. Deshalb können Messungen von Jahr zu Jahr unterschiedliche Ergebnisse bringen. Gleiches gilt auch für andere Messungen, z. B. Zucker oder Säure.

Adressen

Im Text genannte Standorte von Sichtungsbäumen für alte und neue Apfelsorten

Kurzform	Adresse
AHNU	Arbeitskreis Heimat, Natur und Umwelt Bad Schönborn e.V., Bahnhofstraße 38 76669 Bad Schönborn, Tel. 07253/5644 www.ahnu-bad-schoenborn.de
Ahrensburg	Bundesanstalt für Züchtungsforschung an Kulturpflanzen Bornkampsweg 31, 22926 Ahrensburg Tel. 04102/51124
Auweiler	Gartenbauzentrum der Landwirtschaftskammer Nordrhein-Westfalen Gartenstraße 11, 50765 Köln-Auweiler Tel. 0221/5340-160
Bamberg	Amt für Landwirtschaft und Ernährung Galgenfuhr 21, 96050 Bamberg Tel. 0951/12077
Bavendorf	Kompetenzzentrum Obstbau-Bodensee 88213 Ravensburg, Tel. 0751/7903322 www.kob-bavendorf.de
Dresden-Pillnitz	Bundesanstalt für Züchtungsforschung an Kulturpflanzen Pillnitzer Platz 3a, 01326 Dresden Tel. 0351/26162-0
Erfurt	Lehr- und Versuchsanstalt Gartenbau Leipziger Str. 75a, 99085 Erfurt Tel. 0361/3789722, www.lvg-erfurt.de
Geisenheim	Forschungsanstalt Geisenheim Von-Lade-Straße 1, 65366 Geisenheim Tel. 06722/502561, www.fa-gm.de
Jork	Obstbauversuchsanstalt der Landwirtschafts-kammer Niedersachsen (OVA Jork) Moorende 53, 21635 Jork Tel. 04162/6975, www.ovb-jork.de
Langförden	Versuchs- und Beratungsstation für Obst- und Gemüsebau, Standort Langförden Spredaer Straße 2, 49377 Vechta Tel. 04447/9623-0
Müncheberg	Lehranstalt für Gartenbau (LFG) Obstversuchsstation in Müncheberg Eberswalder Str. 84 i, 15374 Müncheberg Tel. 033432/89592
Neustadt	Dienstleistungszentrum ländlicher Raum Rheinpfalz Breitenweg 71, 67435 Neustadt/W. Tel. 06321/671-0
Pomona Franconica	Pomona Franconica Hauptstraße 56, 91732 Merkendorf Tel. 09826/1348
Rhöner Apfelbüro	Rhöner Apfelinitiative, Jürgen Krenzer Eisenacher Str. 24, 36115 Ehrenberg-Seiferts Tel. 06683/96340, www.rhoenapfel.de
Rostock	Landesforschungsanstalt für Landwirtschaft und Fischerei Dorfplatz 1, 18276 Gülzow Tel. 03843/789219, www.lfamv.de
Triesdorf	Landwirtschaftliche Lehranstalten Triesdorf Markgrafenstraße 12, 91746 Weidenbach Tel. 09826/18-0, www.triesdorf.de
Veitshöchheim	Bay. Landesanstalt f. Wein- u. Gartenbau (LWG) An der Steige 15, 97209 Veitshöchheim Tel. 0931/9801-300, www.lwg.bayern.de
Weihenstephan	Staatliche Forschungsanstalt für Gartenbau Weihenstephan, Institut für Gartenbau Am Staudengarten 14, 85350 Freising Tel. 08161/71-3347, www.hswt.de/fgw
Weinsberg	Reiserschnittgarten Weinsberg Comburgstr. 31/1, 74177 Bad Friedrichshall Tel. 07136/964375, www.reiserschnittgarten.de
Wurzen	Bundessortenamt Prüfstelle Wurzen Torgauer Straße 100, 04808 Wurzen Tel. 03425/9040-0, www.bundessortenamt.de

Anfragen über alte und neue Apfelsorten:

Gesellschaft für Pomologie und Obstsortenerhaltung Bayern
Hauptstraße 56, 91732 Merkendorf, www.gpo-bayern.de
und beim
Deutschen Pomologenverein
Bundesgeschäftsstelle, Deutschherrenstraße 94, 53177 Bonn,
Tel. 0228/3361193, www.pomologen-verein.de
mit Ansprechpartnern in zahlreichen Bundesländern

Bezugsquellen von Edelreisern für Eigenvermehrung:

* Obstmuttergarten Rheinland, Gesellschaft für Anzucht und
  Vertrieb von Vermehrungsmaterial
  Ollheimer Straße 65, 53913 Swisttal, Tel. 02255/949152
* Reisermuttergarten Magdeburg
  Silberbergweg 5, 39128 Magdeburg
* Reiserschnittgarten Weinsberg GmbH
  Comburgstraße 31/1, 74177 Bad Friedrichshall-Untergries-
  heim, Tel. 07136/964375, www.reiserschnittgarten.de
* Landwirtschaftliche Lehranstalten Triesdorf
  Markgrafenstraße 12, 91746 Weidenbach
  Tel. 09826/18-129, www.triesdorf.de
* Einige Baumschulen

Sortenneuheiten

Vermehrungsrechte für bestimmte Sortenneuheiten besitzen die
Mitglieder der:
„Artus-Group" Gesellschaft für Obstneuheiten mbH
Alte Karlsruher Str. 8, 76227 Karlsruhe
Tel. 0721/944807, www.artus-group.de
Die Sorten können über bestimmte Baumschulen auch von Privat-
personen bezogen werden.

Vermehrungsrechte für weitere Sortenneuheiten besitzen die
Mitglieder der:
„GEVO" Gesellschaft für Erwerb und Vertrieb von Obstgehölz-
neuheiten mbH
Beide Verbände haben im Juli 2010 fusioniert, behalten aber den
Namen bei. Die Geschäftstelle der „GEVO" ist ebenfalls in
Karlsruhe (s. o.), www.gevo.info

Lieferanten alter Sorten

Zuerst fragt man in einer örtlichen Baumschule nach der gewünschten Sorte - Baumärkte sollten als Lieferanten ausscheiden. Die unten genannten Baumschulen sind auf den schonenden Versand von Obstgehölzen eingerichtet und liefern Bestellungen in der Regel zur vereinbarten Zeit aus.

Angendohr in 41334 Nettetal
Armhold in 21720 Cuderhandvierte
Artländer Pflanzenhof in 40610 Quakenbrück
Bahlmann in 49413 Dinklage
Baumgartner in 84378 Nöham
Baumschule Oberdorla in 99986 Oberdorla
Belser & Scheuermann in 74348 Laufen
Bergt in 31812 Bad Pyrmont
Bötsch in 84347 Pfarrkirchen
Brenninger in 84439 Steinkirchen
Cordes in 22880 Wedel/Holstein
Dietrich in 64546 Mörfelden
Engelhardt in 35398 Gießen
Fleuren in NL-5991 Baarloo
Friedlein in 97877 Wertheim
Ganter in 79369 Wyhl
Giesebrecht in 44532 Lünen
Gräb in 56220 Kettig
Hahne in 30880 Laatzen
Hammerschmidt in 24966 Winderatt
Heinrich in 65474 Bischofsheim
Heros Baumschulen in 04643 Geithein
Herr in 53340 Meckenheim
Dr. Hoffmann in 27330 Asendorf
Hofmann in 91049 Langensendelbach

Einige Sorten können allerdings nicht sofort verfügbar sein, weil der Bestand an ungewöhnlichen Sorten in den Baumschulen begrenzt ist. Bei entsprechenden Bestellungen werden dann Edelreiser von vorhandenen Mutterbäumen entnommen, auf die gewünschte Unterlagen veredelt und dann frühestens im folgenden Jahr ausgeliefert. Edelreiser aus den Muttergärten sind in der Regel krankheitsfrei.

Horstmann in 25582 Hohenaspe
Hügele in 79331 Teningen-Heimbach
Jäger in 68526 Ladenburg
Kiefer in 77799 Ortenberg
König in 31033 Brüggen
Krämer in 32758 Detmold
Kühnen in 22880 Wedel
Lehner in CH-Felben-Wellhausen
Leinweber in 36148 Niederkalbach
Ley in 53340 Meckenheim
Marktgemeinschaft Altes Land in 21635 Jork
Müller in 04758 Oschatz
Nicolin in 35510 Butzbach
Oberholz in 67251 Freinsheim
Pfänder in 72622 Nürtingen
Plattner in 94501 Aldersbach
Rinn in 35398 Gießen
Ritthaler in 66882 Hütschenhausen
Schachtschneider in 27801 Döttlingen-Aschenstedt
Schmitt in 91099 Poxdorf
Spiess in 37194 Wahlsburg
Ulmer in 73235 Weilheim/Teck
Vivai F.LLI Zanzi in I-44040 Fossanova S. Marco (vivaizanzi.it)
Vogg in 74632 Neuenstein
Wetzel in 69121 Heidelberg
Wörlein in 86911 Dießen

Notizen

Notizen

Aus dem Verlagsprogramm

Obst | **Gesundheit aus dem Garten** | **Lebensraum & Ökologie**

Willi Votteler

Altbewährte Apfel- und Birnensorten

Dieses Buch zeigt speziell für den Hausgarten bewährte Apfel- und Birnensorten, die noch in rauen Lagen gedeihen, gut schmecken und nur wenig Pflanzenschutz- und Schnittmaßnahmen benötigen.
33 Apfel-, 15 Birnensorten

21 x 20 cm, broschiert, 56 Seiten, 47 Farbbilder

€ 4,50

Franz Mühl

Alte und neue Birnensorten, Quitten und Nashi

Die Sorten werden in einer übersichtlichen Einteilung nach Frucht, Reife, Baum, Blüte, Ertrag, Widerstandsfähigkeit und Anbaueignung sachlich beurteilt, mit allen Vorteilen und Schwächen.
109 Birnen-, 12 Quitten- und 7 Nashisorten

21 x 20 cm, broschiert, 156 Seiten, 140 Farbbilder,

€ 11,00

Hermine Hofbauer

Verwertung von Obst und Gemüse aus dem Garten

In diesem Buch werden ausführlich alle häuslichen Verwertungsverfahren für alle Gartenprodukte beschrieben. Dazu kommen Hinweise für den richtigen Erntezeitpunkt, die Lagerung und natürlich viele bewährte Rezepte.

21 x 20 cm, broschiert, 156 Seiten, 154 Farbbilder

€ 13,00

Helmut und Margrit Hintermeier

Streuobstwiesen Lebensraum für Tiere

Durch ihren nahezu einmaligen Strukturreichtum und ihre extensive Bewirtschaftung zählen hochstämmige Streuobstwiesen zu den artenreichsten Lebensräumen. Bis zu 3.000 Tierarten konnten beobachtet werden.

21 x 20 cm, broschiert, 180 Seiten, 356 Farbbilder

€ 14,50

Die Garten- und Versandbuchhandlung des Obst- und Gartenbauverlages

- Über 2.000 verschiedene Fachbücher
- Modernes Antiquariat
- Qualitäts-Gartenwerkzeuge wie Scheren, Sägen, Messer
- Fachzeitschrift »Der praktische Gartenratgeber«

Obst- und Gartenbauverlag
Herzog-Heinrich-Straße 21 · 80336 München
Telefon (0 89) 54 43 05-14/15 · Fax (0 89) 54 43 05 41
E-Mail bestellung@gartenbauvereine.org
Online-Shop www.gartenratgeber.de/shop

U-Bahnstation Goetheplatz, Parkplätze direkt vor dem Haus
Öffnungszeiten: Mo–Do 8–16.30 Uhr, Fr 8–14 Uhr

359

Gartenbauvereine
helfen Mensch und Natur!

Freude am
eigenen Garten

Die Mitgliedschaft in einem bayerischen Gartenbauverein
bietet viele Vorteile:

Kompetenz und Erfahrung

Wir geben unseren Mitgliedern praxisnahe Hilfestellung zur
Anlage und Pflege ihres Gartens.

Natur und Familie

Wir begeistern und sensibilisieren auch Kinder und junge Menschen
für die Belange der Natur als ein lebens- und erhaltenswertes Gut.

Gartenkultur und Landespflege

Wir vermitteln Freude am Garten und leisten unseren akti-
ven Beitrag zur Verschönerung der Dörfer, Gemeinden und
Städte durch naturnahe Gärten, Wettbewerbe, Pflanzaktio-
nen und Patenschaften z. B. für Schulgärten, Tag der offenen
Gartentür, Streuobstwiesen, öffentliche Grünflächen u. v. m.

Willkommen in einer großen Gemeinschaft

Mehr als 544.000 Mitglieder in über 3.300 Vereinen sind unter
dem Dach des Bayerischen Landesverbandes für Gartenbau
und Landespflege e. V. zusammengeschlossen.
Nicht nur von anderen fordern, sondern selbst anpacken und
mit positiven, nachahmenswerten Beispielen neue Wege auf-
zeigen, ist unser Erfolgsrezept.

Seit über 100 Jahren treten wir ein für die Förderung von
Obst- und Gartenbau, Umweltschutz, Heimatpflege und so-
mit für die gesamte Landeskultur.

Ziel unserer Bildungsarbeit ist es, ein verstärktes ökologi-
sches Verständnis bei möglichst vielen Bürgern zu wecken so-
wie für die Bewahrung und Förderung der Natur in Garten,
Siedlung und Landschaft als »Kulturaufgabe« zu werben.
Die Dachorganisation der Gartenbauvereine ist deshalb be-
müht, mit praxisnahen Unterlagen wie Bilderserien, Merk- und
Fachblättern, Büchern sowie der Monatszeitschrift »Der prak-
tische Gartenratgeber« die bestmögliche Beratung zu leisten.
Darüber hinaus werden mit Schwerpunktprogrammen und
Wettbewerben im ganzen Land wichtige Aktivitäten ausgelöst.

Herzog-Heinrich-Straße 21
80336 München
Telefon
(089) 54 43 05- 0

Fax
(089) 54 43 05 34
E-Mail
info@gartenbauvereine.org